escritores

SU VIDA Y SUS OBRAS

escritores

SU VIDA Y SUS OBRAS

Prólogo de JAMES NAUGHTIE

DK LONDRES

Edición sénior Angela Wilkes
Edición de arte sénior Helen Spencer
Edición ejecutiva Gareth Jones
Edición ejecutiva de arte sénior Lee Griffiths
Diseño de cubierta Surabhi Wadhwa-Gandhi, Juhi Sheth
Dirección de desarrollo del diseño Sophie MTT
Edición de cubierta Claire Gell
Producción (Preproducción) Dave Almond
Producción sénior Mandy Inness
Subdirección editorial Liz Wheeler
Dirección editorial Jonathan Metcalf
Dirección de arte Karen Self

De la edición española
Coordinación editorial Elsa Vicente
Asistencia editorial y producción Lisa De Jesus

Producido para DK por
cobaltid
www.cobaltid.co.uk

Edición de arte Paul Reid, Darren Bland, Rebecca Johns

Edición Marek Walisiewicz, Diana Loxley, Johnny Murray, Kirsty Seymour-Ure

Servicios editoriales: Tinta Simpàtica
Traducción: Eva Jiménez Julià

Publicado originalmente en Gran Bretaña en 2018
por Dorling Kindersley Limited
80 Strand, London WC2R 0RL
Parte de Penguin Random House

Título original: *Writers. Their Lives and Works*
Primera edición: 2019

ISBN: 978-1-4654-8678-3

Impreso y encuadernado en China.

www.dkespañol.com

COLABORADORES

Kay Celtel
es doctora en Historia. Tras una carrera dedicada a la edición, la formación y las subastas, trabaja actualmente como escritora, investigadora y editora.

Helen Cleary
trabaja desde su casa en el campo en Gales del Sur como escritora, editora y grabadora. Está graduada en Literatura inglesa por la Universidad de Cambridge y tiene un máster en Escritura creativa.

R. G. Grant
ha escrito de manera frecuente en los campos de la historia, la biografía y la cultura. Ha colaborado en *1001 libros que hay que leer antes de morir* (2006) y *501 grandes escritores* (2008).

Ann Kramer
es escritora e historiadora y ha escrito numerosos libros de divulgación sobre temas que van desde la historia de las mujeres al arte y la literatura.

Diana Loxley
es editora y escritora *freelance* y fue la directora general de una empresa editorial radicada en Londres. Es doctora en Literatura.

Esther Ripley
es escritora y editora; inició su carrera en el periodismo y fue directora editorial de DK. Estudió Literatura y Psicología y escribe sobre un amplio abanico de temas culturales.

Kirsty Seymour-Ure
está graduada en Literaturas inglesa e italiana por la Universidad de Durham. Vive en Italia y es una experimentada escritora y editora *freelance*.

Bruno Vincent
es un autor y editor afincado en Londres. Ha escrito o colaborado en cerca de una treintena de libros, entre los que cabe destacar la serie *Enid Blyton for Grown Ups*.

Marcus Weeks
es escritor y músico. Ha escrito y colaborado en numerosos libros sobre filosofía, literatura y arte, entre ellos varios títulos de la serie publicada por DK «Big Ideas Simply Explained».

Iain Zaczek
estudió Francés e Historia en el Wadham College, de la Universidad de Oxford. Ha escrito más de 30 libros sobre literatura, historia y arte.

Consultor de contenidos: Peter Hulme
es profesor emérito de Literatura de la Universidad de Essex, en la que ha dado clases durante 40 años. Entre sus libros destacan *Colonial Encounters: Europe and the Native Caribbean, 1492-1797* (1986) y *Cuba's Wild East: A Literary Geography of Oriente* (2011).

PRÓLOGO
James Naughtie
es un aclamado locutor radiofónico y presentador de televisión británico. Inició su carrera como periodista antes de pasar a la radio en 1986. Durante más de 20 años fue copresentador del programa *Today*, en la BBC Radio 4, y ha dirigido el club de libros mensual de Radio 4 desde sus inicios en 1998. James Naughtie ha presidido los jurados de los premios Man Booker y Samuel Johnson y ha escrito distintos ensayos, entre los que cabe destacar *The Rivals: The Intimate Story Of A Political Marriage*, *The Accidental American: Tony Blair And The Presidency*, *The Making Of Music* y *The New Elizabethans*, así como dos novelas, *The Madness of July* y *Paris Spring*.

PÁGINA 2: GRABADO COLOREADO DE WILLIAM SHAKESPEARE EN UNA IMAGEN DE JUVENTUD, c. 1750

PÁGINA 3: ESCRITORIO DE HERMAN MELVILLE EN ARROWHEAD, PITTSFIELD, MASSACHUSETTS, ESTADOS UNIDOS

▷ *JOHANN WOLFGANG VON GOETHE CON SU SECRETARIO EN SU ESTUDIO, J. J. SCHMELLER, 1851*

CAPÍTULO 1
Hasta el siglo XVIII

CAPÍTULO 2
Inicios del siglo XIX

CAPÍTULO 3
Finales del siglo XIX

CAPÍTULO 4

Inicios del siglo XX

Prólogo

En una ocasión, un escritor famoso se disculpó conmigo por haber desaparecido un tiempo de la escena pública. «He estado batallando con una novela durante seis meses», me dijo. No necesité mayores explicaciones. Tenía que volver a la lucha, porque no podía dejar a un lado el argumento, debía desarrollarlo de un modo u otro. Pluma en mano, tenía que enfrentarse una vez más a la página en blanco.

Los novelistas, dramaturgos y poetas de los que se habla en este libro, y muchísimos otros, se sintieron a menudo llamados a recluirse. Comprendieron, con distintos grados de alegría o reticencia, según el caso, que era eso lo que debían hacer. La primera decisión de un autor no es tanto escribir la primera palabra, sino saber ver la necesidad de atender a esa llamada.

Esta afirmación es válida tanto para escritores que están movidos por el impulso de enfrentarse al mundo que les rodea (un satírico como Jonathan Swift, un Dickens, un Kafka) como para aquellos que quieren imaginar lugares nuevos y distantes. Son conscientes de lo que algunos poetas o novelistas han caracterizado como una función casi sacerdotal, como si fueran los intérpretes de una verdad superior para quienes necesitan de su intervención y su guía a fin de poder verla y comprenderla.

Podría decirse que se trata de una creencia oportuna, porque lo envuelve todo de misterio y sugiere que hay secretos que los extraños nunca podrán desentrañar. En efecto, es así. Los escritores que no admitan que están realizando un viaje hacia lo desconocido no podrán producir nunca una obra duradera, pues carecerán de la magia capaz de contagiar la mente del lector. Incluso los escritores que se enfrentan a las luchas cotidianas de su oficio vuelven, una y otra vez, al inexplicable carácter de esa fuerza que les impulsa. George Orwell describió a los escritores como «vanos, egoístas y perezosos», pero puntualizó que no era una debilidad moral de esa naturaleza lo que les hacía perseverar (producir un libro era para él como una larga y dolorosa enfermedad), sino una fuerza ante la que no podían resistirse ni comprender.

Por supuesto, los poetas tienen el privilegio de estar más abiertos a este impulso que los novelistas, porque en todas las culturas se les supone siempre estar en contacto con la musa, de alguna manera negada a los demás. Mucho antes de que los románticos de la Inglaterra de principios del siglo XIX dejaran de lado el espejismo de que los poetas anteriores estaban apegados a la naturaleza, y pusieran el foco en su vida interior, la poesía era ya el vehículo que podía alejarnos del mundo de un modo tan seguro como el relato de una tradición oral que mezcla la historia con el misterio y la fantasía cuando los versos y las historias son transmitidas de una generación a la siguiente.

Seamus Heaney, premio Nobel de Literatura a finales del siglo XX, revisitó la *Eneida* con la traducción del libro VI de la epopeya de Virgilio, que describe cómo el héroe troyano Eneas desciende al inframundo tras cortar la rama de oro para protegerse, la mítica historia que inspiró a poetas desde Dante en la Edad Media italiana, hasta el angloamericano T. S. Eliot, que escribió justo tras la Primera Guerra Mundial, casi seis siglos más tarde. Al igual que Heaney, todos ellos se sintieron atraídos por las historias más antiguas, aquellas que queremos reinterpretar una y otra vez para explicarnos quiénes somos y por qué nos comportamos como lo hacemos.

Ningún buen escritor puede escapar a esa tarea. Al final de *El gran Gatsby*, de F. Scott Fitzgerald, el narrador Nick Carraway dice: «Así que seguimos avanzando, barcos contra la corriente, atraídos incesantemente hacia el pasado». Es mucho más que un grito de pesar ante la ostentosa insustancialidad de un mundo de riqueza que primero atrae a Carraway y luego le repele; el profundo sentimiento del propio Fitzgerald respecto de un viaje destinado a no terminar jamás. Es tan claramente relevante para toda la historia de la vida estadounidense como la lucha elemental contra las fuerzas salvajes de la naturaleza en el *Moby Dick* de Melville. Generaciones después, un novelista como John Updike lidiaba con la misma pregunta, en la misma cultura: ¿qué nos mueve?

Ya sea en las reflexiones sobre el poder y la responsabilidad individual que motivaron a los escritores europeos a través de los siglos, o en la literatura oriental, con su amplio abanico de sensibilidad histórica y mítica, cualquier escritor, poeta o prosista, que no se enfrente a esta cuestión se verá condenado a ir a la deriva por la superficie hasta desaparecer en la lejanía y terminará por quedar olvidado. Ninguno de los escritores de este libro, tanto si se trata de un narrador realista, de un urdidor de grandes fantasías o de un joven (o viejo) provocador, quedará en el olvido, porque de alguna manera, con un destello de genialidad o una vida de esfuerzo agotador, han legado a sus lectores un personaje o una tragedia, un momento de placer o una pregunta insistente que no se desvanecerá.

Todos sabemos que regresaremos a sus obras. ¿Cuántos de nosotros no anhelamos tomar uno de nuestros libros favoritos y releer una primera línea memorable, o reencontrarnos con un viejo amigo en el primer capítulo, no porque estemos buscando una nueva experiencia, sino porque queremos revivir algo que no podemos olvidar? ¿O no empezamos a leer un poema que guardamos en nuestra memoria? Los escritores también lo saben, y quizá el impulso misterioso que les motiva tiene al menos un componente obvio que todos podemos reconocer: el deseo insistente de dar. Nos iluminan y nos entretienen; nos inquietan y nos sorprenden. Levantan nuestro ánimo.

Es algo que sabemos bien. Pero valoramos también el irresoluble misterio de cómo se consigue eso, porque sabemos que los buenos escritores son personas únicas. Hacen aquello de lo que nosotros no somos capaces, y por eso los necesitamos; y la mayor parte del tiempo no sentimos envidia.

¿Cómo podríamos? Están atados a la rueda de su propio suplicio. Ernest Hemingway, con su estilo malhumorado y testosterónico, intentó en una ocasión que su escritura pareciera sencilla, pero logró justo lo contrario. Dijo: «Solo tienes que escribir una frase sincera. Escribe la frase más sincera que sepas».

Pero ahí es cuando empiezan las dificultades.

James Naughtie

HASTA EL SIGLO XVIII

CAPÍTULO 1

Dante Alighieri

1265-1321, ITALIANO

Autor del poema épico la *Divina Comedia*, Dante es una figura cumbre de la historia de la literatura. Su impresionante visión del infierno, el purgatorio y el cielo ha inspirado a autores y artistas de todos los tiempos.

Dante Alighieri nació en Florencia, Italia, probablemente en el mes de mayo de 1265. Por aquel entonces, Florencia era una ciudad-estado de inigualable riqueza. Los productos de sus talleres y la perspicacia de sus banqueros atraían la admiración y la envidia. Era habitual la inestabilidad política y familias rivales luchaban con frecuencia de forma violenta por controlar el gobierno de la ciudad.

Su padre, prestamista y jurista, pertenecía a la facción política de los güelfos, y cuando Dante tenía 11 años se prometió con Gemma Donati, miembro de una poderosa familia güelfa. Este matrimonio concertado duró toda su vida y tuvieron al menos tres hijos. Sin embargo, Dante nunca escribió nada sobre su esposa Gemma. La mujer que aparece en sus obras como objeto de su amor fue la florentina Beatriz Portinari.

Dante relata su extraño amor por Beatriz en una temprana obra escrita en prosa y verso, *Vita Nuova* (Vida Nueva, 1294). Cuenta que la conoció cuando tenía nueve años (y ella diez) y se enamoraron a primera vista. Solo la volvió a ver otra vez, nueve años más tarde, cuando se saludaron brevemente en la calle. Esto fue suficiente para que Beatriz se convirtiera en el símbolo de las más altas aspiraciones románticas. Además de inspirar su lírica más temprana, reaparece en sus obras finales, el «Purgatorio» y el «Paraíso», partes de la *Divina Comedia*.

△ **DANTE Y BEATRIZ**
Esta escena, imaginada por el pintor británico del siglo XIX Henry Holiday, se inspira en la *Vita Nuova* (*Vida Nueva*) de Dante. Muestra a Dante y Beatriz (en color crema) con sus acompañantes cerca del Ponte Vecchio de Florencia. Beatriz evita deliberadamente la mirada de Dante.

Primeros mecenas

A principios del Renacimiento, Florencia se convirtió en un centro de innovación de las artes y la filosofía, al redescubrirse las obras de los escritores clásicos griegos y latinos que proporcionaban una fuente de autoridad alternativa a la Iglesia. El desarrollo intelectual de Dante estuvo influido por dos mecenas florentinos: el erudito Brunetto Latini (c. 1220-94), quien le introdujo en el pensamiento humanista más reciente, y el poeta galante Guido Cavalcanti (c. 1250-1300), que le sirvió de modelo para su escritura en verso. Cavalcanti escribía en el *Dolce Stil Novo* (Dulce Estilo Nuevo), culminación de la tradición medieval del amor cortés en el que el poeta celebra un amor puro por una lejana e inalcanzable dama. La historia de su amor por Beatriz

SEMBLANZA
Giotto di Bondone

Casi contemporáneo de Dante, el pintor Giotto di Bondone (c. 1266-1337) también nació en Florencia. Reconocido como el mayor pintor de su época, Giotto introdujo realismo a la pintura de escenas religiosas. Dante fue amigo y admirador de Giotto y quizá influyera en su pintura, en especial su representación del infierno en los frescos de la capilla Scrovegni en Padua. Dante y Giotto son considerados los dos precursores del Renacimiento italiano.

***JUCIO FINAL* (DETALLE), GIOTTO, 1306**

« No hay **mayor dolor**, en la **miseria**, que recordar el **tiempo de la dicha.** »

DANTE, «INFIERNO» (CANTO 5, VERSOS 121-23)

▷ **RETRATO**
Dante inspiró a muchos artistas de su nativa Florencia. Este retrato de 1475, con una corona de laurel, símbolo de sus logros, es de Sandro Botticelli.

encaja tan bien en este patrón, que muchos críticos han sospechado que solo consistía en una ficción inventada por el poeta para cumplir con el estereotipo. De todas formas, cabe decir que Beatrice Portinari realmente existió y murió con 24 años.

Conflictos políticos

En Florencia, Dante era conocido tanto por su lírica como por sus actividades políticas. Como miembro de los güelfos, desempeñó un papel cada vez más importante en la turbulenta vida política de la ciudad. Luchó con el ejército güelfo contra sus eternos rivales, los gibelinos, en la batalla de Campaldino en 1289 y desde 1295 fue elegido representante del gobierno republicano florentino.

En el verano de 1300, fue elegido miembro del consejo que escogía a los priores, pero pronto empezó a tener problemas. Los güelfos, que tradicionalmente habían apoyado a los papas contra sus enemigos seculares por el poder en la Cristiandad (emperadores del Sacro Imperio Romano) se habían dividido entre güelfos negros, que apoyaban al Papa, y güelfos blancos, que estaban contra él, a los que pertenecía Dante. Como prior de la ciudad, formó parte de la delegación enviada ante el papa Bonifacio VIII a su residencia cerca de Roma. Allí fue detenido por el Papa y tratado como prisionero. En Florencia, los güelfos negros tomaron el control de la ciudad a instancias del Papa y lanzaron una persecución generalizada contra los güelfos blancos. Dante fue enviado al exilio y sus propiedades, confiscadas. Fue condenado a la hoguera si volvía a pisar Florencia.

▽ **DANTE Y SU POEMA**
En este fresco de Domenico di Michelino de 1465, Dante sostiene una copia de la *Divina Comedia*. Detrás del poeta, aparece una representación de su «Infierno» y la ciudad de Florencia, vetada a Dante.

▷ **BONIFACIO VIII**
La estatua de mármol de la fachada de la Basílica de Santa Maria del Fiore de Florencia ensalza al enemigo de Dante, el papa Bonifacio VIII. Dante se vengó de él antes de que muriera en 1303, condenándole al infierno en la *Divina Comedia*.

Exilio de Florencia

Dante encontró refugio en varias otras ciudades italianas y en especial en Verona, donde lo acogió la familia gobernante Scaligeri. Como hombre poco flexible y poco dado al perdón, Dante actuaba con rabia contra sus enemigos florentinos y se unió a otros exiliados en vanas conspiraciones para recuperar por la fuerza Florencia de los güelfos negros. Sin embargo, la expulsión de su ciudad natal parece que llevó su literatura a otro nivel. En estos primeros años de exilio escribió el influyente ensayo *De Vulgari Eloquentia*, en latín, lengua literaria de los eruditos europeos de la época. En él paradójicamente pedía el estatus de lengua literaria para la lengua vernácula de Italia. Así, argumentaba cuál de las versiones habladas debía tomarse para este propósito.

Divina Comedia

Al parecer, Dante empezó a escribir su obra maestra, la *Divina Comedia*, hacia 1307. El poema, de más de 14 000 versos, describe el viaje del narrador por el infierno y el purgatorio hacia el paraíso, y una visión de Dios. En la primera parte, «Infierno», Dante es conducido por el poeta latino Virgilio. En la segunda y tercera partes, «Purgatorio» y «Paraíso», sigue a su amada Beatriz como guía espiritual. Por el camino encuentra a personajes contemporáneos, históricos y mitológicos, y cada uno le cuenta una historia. El «Infierno» siempre ha sido la parte más leída del poema.

△ **LA FLORENCIA DE DANTE**
La ciudad de Florencia, que se muestra en esta vista aérea, estaba ligada de manera indisoluble a la vida de Dante. La imagen del gran poeta aparece por toda la ciudad en varios frescos, estatuas y relieves.

Sus vívidas descripciones de crímenes y castigos en los círculos del infierno, inspiraban horror y pena. Dante no duda en vengarse de sus enemigos en la vida real y condenarlos a torturas. Pero simpatiza con algunos de los condenados, como los amantes Paolo Malatesta y Francesca da Rimini, condenados por sucumbir a la lujuria; o su antiguo mentor Brunetto Latini, culpable de sodomía. La figura mitológica de Ulises está en el infierno (en parte por el engaño con el caballo de Troya), pero la descripción de Dante de su incansable búsqueda del conocimiento parece más heroica que condenable.

Además de una visión del más allá, la obra presenta la interpretación del autor de los defectos del orden político del momento. El ideal que abrazó al final de su vida era el de una cristiandad unida bajo el liderazgo político del emperador del Sacro Imperio Romano y el espiritual del Papa, cumpliendo así los designios de Dios en la Tierra. Desarrolló este concepto en el tratado *De Monarchia* y en las cartas de apoyo al emperador Enrique VII, quien invadió Italia en 1310. La muerte del emperador en 1313 acabó con las esperanzas de Dante de cualquier progreso real hacia este ideal. Nunca regresó a Florencia y pasó sus últimos años en la corte de la familia Polenta, los gobernantes de Rávena. Allí parece que terminó la *Divina comedia*, poco antes de morir en 1321, a la edad de 56 años. Los últimos cantos del poema se descubrieron en su habitación tras ser enterrado.

FORMA

Tercetos encadenados

Para escribir la *Divina Comedia*, Dante creó una nueva forma de componer versos conocida como tercetos encadenados (*terza rima*). El poema está formado por tercetos que introducen una rima consonante nueva en su verso central. Así, en cada terceto el primer verso rima con el tercero y el central con el primero y el tercero del siguiente terceto. Esta rima encadenada, que enlaza un terceto con el siguiente, otorga al poema mucha fuerza. Desde entonces ha sido usada por muchos poetas, como Geoffrey Chaucer, Garcilaso de la Vega, Percy Bysshe Shelley, William Carlos Williams y Sylvia Plath.

MANUSCRITO DE LA BIBLIOTECA ESTENSE DE LA *DIVINA COMEDIA*, SIGLO XIV

OBRAS CLAVE

c. 1294
Se publica *Vita Nuova*; sus pasajes en prosa y verso exploran el idealizado amor de Dante por Beatriz.

c. 1303
De Vulgari Eloquentia defiende el uso del toscano como lengua literaria.

c. 1307-9
La primera parte de la *Divina Comedia* describe el viaje de Dante a través del infierno, guiado por el poeta Virgilio.

c. 1308-12
En la segunda parte de la *Divina Comedia* Dante escala el Monte Purgatorio, donde los pecadores expían sus pecados.

c. 1314
En *Monarchia*, Dante argumenta que la autoridad debe dividirse entre el sacro emperador romano y el Papa.

c. 1316-21
La última parte de la *Divina Comedia*, «Paraíso», describe el ascenso de Dante por el paraíso hasta ver a Dios.

Giovanni Boccaccio

1313-1375, ITALIANO

Las magníficas historias de Boccaccio sobre la vida cotidiana de la gente común sentaron las bases literarias de la narrativa en prosa, y sirvieron de inspiración tanto a escritores renacentistas como posteriores.

Giovanni Boccaccio, hijo ilegítimo del adinerado banquero Boccaccino di Chellino, nació en Italia en 1313. Fue criado por su padre y Margherita de Mardoli, una noble que se convirtió en su madrastra. En 1327, la familia se mudó de Florencia a Nápoles, donde se esperaba que Boccaccio siguiera el negocio de su padre. Pero el joven tenía otras ideas. Estudió derecho seis años y desarrolló el amor por la literatura, especialmente de Dante (a quien Boccaccio describió como «el primer guía de mis estudios»). Se alejó del comercio y el derecho, y dedicó sus energías a la lectura, con la que acumuló un vasto conocimiento sobre cultura, ciencia y literatura. Una vida de privilegio le permitió conocer de cerca la corte de Roberto I de Nápoles, en la que se inspiró en sus escritos posteriores.

▽ **CERTALDO, TOSCANA**
En 1363, Boccaccio, en la pobreza, se retiró al pueblo de Certaldo en las montañas de la Toscana. Regresó a Florencia en 1373 para leer la *Divina Comedia* de Dante.

Fiammetta

En Nápoles, Boccaccio se enamoró de una dama, que algunos creen podía ser la hija del rey. Aunque su identidad sigue sin ser descubierta, aparece como Fiammetta («llamita») en su prosa temprana y en el *Decamerón*. También aparece en *Elegía de Madonna Fiammetta* (1343-44), considerada la primera novela psicológica de la literatura occidental y donde ella relata las fases de un romance con Panfilo, un personaje vagamente autobiográfico.

En 1341, Boccaccio se reunió, de mala gana, con su padre viudo en Florencia, una ciudad devastada por la peste y sacudida por la agitación política. Cuando su padre murió por la peste en 1348, heredó su patrimonio y adquirió independencia financiera. Su hogar se convirtió en un lugar de encuentro de intelectuales, escritores y eruditos. Durante los siguientes tres años, escribió su obra más conocida, El *Decamerón* (ver recuadro, derecha), en que se alejó del tema medieval de las virtudes y los vicios e introdujo una visión más humanista. Sus personajes tenían una dimensión real y, a través de ellos, reflexionaba sobre el poder de las personas para moldear su propio destino, mientras aceptaban sus limitaciones humanas.

Últimos años

Boccaccio trabó una gran y duradera amistad con el poeta Petrarca, que era el escritor más famoso de su generación. A partir de 1350, Boccaccio se concentró en el estudio, escribió varias obras en latín, y realizó labores cívicas y diplomáticas en favor de la ciudad de Florencia. En la vejez se sintió profundamente desilusionado y deprimido. La muerte de su amigo Petrarca en 1374 le inspiró un último poema lírico. Boccaccio murió justo al año siguiente y fue enterrado en el pueblo de Certaldo, en las cercanías de Florencia.

FORMA
El *Decamerón*

En el *Decamerón* de Boccaccio, diez jóvenes florentinos escapan a la peste negra que arrasa la ciudad y se trasladan a una villa en el campo. Acuerdan que diariamente cada uno de ellos contará una historia. El libro está dividido en diez días, con diez cuentos cada uno, enlazados por la narración del autor. Así, Boccaccio construyó un marco para explorar una gran variedad de temas (como el engaño, el amor infeliz y el libertinaje) e ir cambiando el tono del relato de cómico a trágico con facilidad.

REPRESENTACIÓN DEL SIGLO XIX DE LOS DIEZ NARRADORES DEL *DECAMERÓN*

▷ **HUMANISTA**
Este retrato anónimo representa a Boccaccio como un hombre laureado dedicado al estudio de los clásicos.

« **Nada hay** tan **indecente** que a todos esté prohibido **si en términos decentes** se expresa. »

BOCCACCIO, *DECAMERÓN*

Geoffrey Chaucer

c. 1343-1400, INGLÉS

Chaucer fue uno de los primeros grandes escritores en lengua vernácula inglesa. Sus vívidas caracterizaciones de los peregrinos en los *Cuentos de Canterbury* se popularizaron desde la Edad Media.

Nacido en Londres, Chaucer era hijo de un comerciante de vinos. Aunque se sabe poco de sus primeros años y educación, su vida profesional está bien documentada por ser funcionario, servidor público y diplomático en la corte de Eduardo III y Ricardo II. Recibió el mecenazgo de Juan de Gante, quien sería su cuñado.

Su agitada carrera pudo haber contribuido a su obra. Las antologías contemporáneas apenas mencionan su poesía. El día de San Jorge de 1374, en que se celebraban los logros en las artes, Eduardo III le otorgó «un galón de vino diario para el resto de su vida».

Influencias europeas

La vida como diplomático le dio a Chaucer experiencia en el extranjero. Viajó en misiones a Francia, mientras trabajaba para Leonel de Amberes, tercer hijo de Eduardo III. Capturado por los franceses en 1359, fue liberado tras el pago de un rescate por el rey, quien luego lo envió a otras misiones diplomáticas a Flandes, España e Italia. Allí estuvo expuesto a las nuevas ideas radicales del Renacimiento italiano y probablemente a los escritos de Dante y Boccaccio entre otros.

Mientras que las historias cortesanas de la época medieval habían estado pobladas de figuras idealizadas inmersas en el dogma cristiano, los escritores del Renacimiento italiano miraban hacia la civilización clásica. Desde su visión humanista, estos autores escribían sobre personajes ordinarios y preocupaciones cotidianas. Además, para tener más lectores, redactaban sus obras en lengua vernácula. Siguiendo su ejemplo, Chaucer eligió escribir en inglés medio, en un momento en que la mayor parte de los textos estaban en latín o francés. Tras la conquista normanda de Gran Bretaña en 1066, el inglés no tenía estatus oficial, y el francés se convirtió en el idioma de la nobleza y del poder. Como respuesta, el pueblo desarrolló el inglés medio.

Primeros poemas

Chaucer publicó sus primeros poemas importantes a la edad de 30 años. *El Libro de la duquesa* es una elegía de Blanca, duquesa de Lancaster. Utiliza el ajedrez como motivo central. Blanca fue la primera esposa del mecenas de Chaucer, Juan de Gante, quien encargó

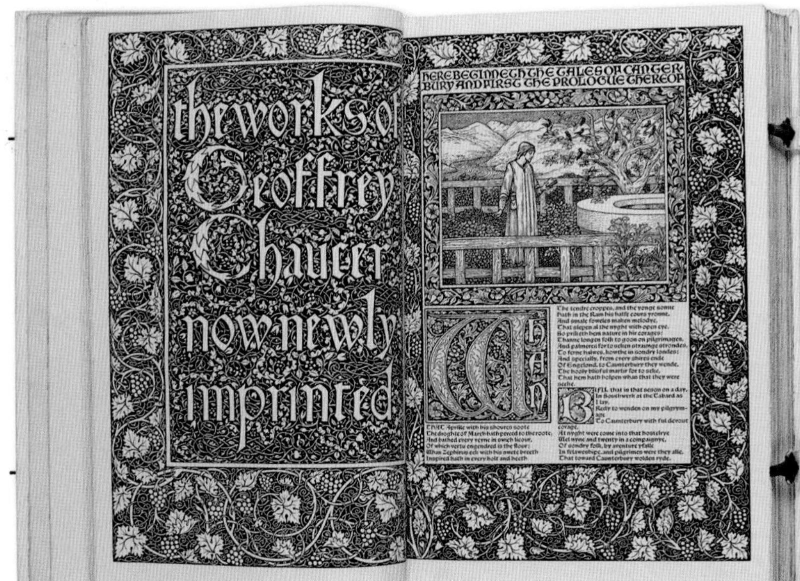

▷ **EL CHAUCER DE KELMSCOTT**
En 1896, el escritor y diseñador inglés William Morris produjo esta colección muy ornamentada de las obras de Chaucer en su Kelmscott Press.

CONTEXTO
Peregrinación

La idea de un viaje sagrado, para enriquecer el alma, existe en muchas religiones. En el cristianismo los primeros peregrinos siguieron los pasos de Jesús en Tierra Santa y de los apóstoles y primeros mártires en Roma y en otros lugares. A menudo, los peregrinos posteriores estaban motivados por indulgencias (promesa de perdón de los pecados por la Iglesia a cambio de un viaje piadoso) o por el deseo de escapar de los confines del hogar y ver el mundo exterior. Algunos peregrinos hicieron largos y peligrosos viajes a lugares como Jerusalén o Santiago de Compostela; otros sencillamente visitaron santuarios cercanos con reliquias de santos.

PYLGRIM'S WAY (CAMINO DE PEREGRINOS) DE WINCHESTER A CANTERBURY

« Este mundo **no es más que un camino** lleno de aflicción y nosotros, **peregrinos** que discurrimos por él **de aquí para allá.** »

GEOFFREY CHAUCER, *CUENTOS DE CANTERBURY*

▷ ***CHAUCER* (PINTOR DESCONOCIDO)**
Se cree que este retrato de la Bodleian Library, Oxford, Inglaterra, se pintó tras la muerte de Chaucer. Es posible que la cifra «1400» sea la fecha de su muerte.

aucer 1400

△ **RELICARIO DE BECKET, c. 1180**
El 29 de diciembre de 1170, el arzobispo Tomás Becket fue asesinado en la catedral de Canterbury por cuatro caballeros al servicio de Enrique II. El asesinato sorprendió a los cristianos y condujo a la canonización de Becket en 1173, convirtiendo Canterbury en el principal lugar de peregrinación de Inglaterra. Este elaborado relicario está decorado con escenas de su martirio.

probablemente la obra cuando ella murió. Otras obras tempranas incluyen los poemas más cortos «Anelida y Arcite» y «La casa de la fama», que hace abiertamente referencia a autores clásicos e italianos como Ovidio, Virgilio, Boccaccio y Dante. La afinidad de Chaucer con los autores italianos y el rápido desarrollo de sus aptitudes literarias, le convierten en pionero del Renacimiento literario inglés, ya que la mayoría de los autores renacentistas del país son de finales del siglo XV.

Nombramientos

Hacia 1366, Chaucer se casó con Philippa Roet, una dama de honor de la reina, y la pareja tuvo al menos tres hijos. La hermana de Philippa se casó más tarde con Juan de Gante.

En 1374, Chaucer fue nombrado contralor de aduanas de Londres, una posición de gran prestigio porque los derechos de aduana eran una fuente importante de riqueza para la ciudad. Este puesto le granjeó enemigos influyentes y cuando perdió la protección de su mecenas, el alcalde de Londres, Chaucer fue denunciado y obligado a huir a la relativa seguridad de Kent. En 1386, se convirtió en miembro del Parlamento por Kent y también fue nombrado juez de paz. Más tarde, ocupó varios cargos reales para Eduardo III y Ricardo II, incluido el de maestro de obras del rey, a cargo de la construcción y reparación de las residencias y los parques reales, así como de muros, puentes y alcantarillas del Támesis.

▷ **CATEDRAL DE CANTERBURY**
Chaucer se vale de la peregrinación a Canterbury como marco para organizar las historias de un variado grupo de personajes de diferentes niveles sociales, que solo se habrían reunido en un viaje como este.

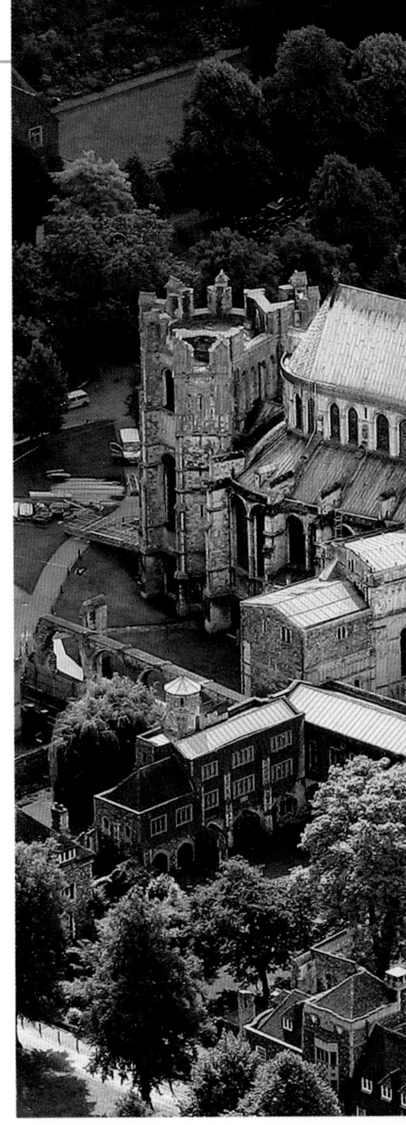

Cuentos de Canterbury

Durante los 12 años de servicio como contralor de aduanas, escribió prolíficamente, y produjo poemas como *La leyenda de las buenas mujeres* y su muy admirado y épico *Troilo y Crésida*, que cuenta, en inglés medio, la historia de los dos amantes durante el sitio de Troya. Empezó su obra más célebre, los *Cuentos de Canterbury*, a principios de la década de 1380.

El libro es una colección de 24 vivaces y naturalistas relatos contados en un concurso de narración de cuentos por un grupo de peregrinos de diversas posiciones sociales y ocupaciones durante su viaje al santuario de Tomás Becket en Canterbury. Para su gran obra, Chaucer se pudo inspirar en el *Decamerón* (1353) de Boccaccio, una serie de cien historias en prosa narradas por diez personas comunes reunidas en una villa cerca de Florencia que huían de la peste.

Es casi seguro que Chaucer recurrió a personas de la vida real para construir los personajes de los *Cuentos de Canterbury*. El posadero comparte nombre con una persona conocida del Londres de la época; los estudiosos también han sugerido identidades para la comadre de Bath, el mercader, el hombre de leyes y el estudiante. Chaucer se aseguró de que el discurso y las maneras de cada personaje reflejaran su estatus y ocupación, y de que sus historias cobrasen vida. Demostró su capacidad satírica al introducir el acento regional del alguacil y exponer la hipocresía de la religión en el «Cuento del perdonador».

La obra es admirada por su humor terrenal y su vertiente picante. En el «Cuento del molinero», el infeliz admirador de la esposa de este cae en una treta para que le bese el trasero.

▽ **EL PUNTO DE ENCUENTRO**
Un grabado de 1843 de la pintura de Edward Henry Corbould muestra a los peregrinos de Chaucer en la Tabard Inn de Southwark, al sur de Londres, donde empezaron su viaje a Canterbury.

« La vida es tan corta y hay tanto que aprender. »

GEOFFREY CHAUCER, *EL PARLAMENTO DE LAS AVES*

«La comadre de Bath» cuenta con alegría que ha manipulado a cinco maridos y felizmente sigue sin hijos. Los lectores actuales obtienen una visión de la vida diaria y las opiniones de la gente corriente de finales del siglo XIV que muestra poca inquietud por su pureza espiritual y mucho más interés por su posición social y los placeres físicos.

Un aspecto importante es el «Prólogo general» de Chaucer, en el que el narrador presenta a los peregrinos y explica cómo se conocieron en la Tabard Inn de Southwark. En el verso 20, el narrador se convierte en «yo» y suplica intimidad: socava la autoridad de su propia historia al afirmar que desea describir a cada peregrino como él lo percibe, y sugiere que los cuentos pueden ser poco fiables y estar influidos por su opinión personal. Cada personaje se define por su posición social, que parece ser el foco principal de la obra.

Dificultades económicas

Chaucer no había terminado su obra maestra cuando murió en 1400, y no todos los peregrinos incluidos en el «Prólogo» cuentan su historia. El autor tuvo dificultades financieras en los últimos años de su vida. Aunque recibió una pensión de Ricardo II, el nuevo rey, Enrique IV (1367-1413), no continuó con el compromiso de su predecesor. Una de las últimas obras de Chaucer, *La queja de Chaucer a su bolso* es un poema de amor a su bolso y un ruego al rey para que renovase la anualidad.

Fue el primer poeta en ser enterrado en el Poet's Corner de la abadía de Westminster. El monumento erigido allí un siglo después de su muerte sugiere que murió el 25 de octubre de 1400, pero, como gran parte de la vida de Chaucer, el dato es muy dudoso.

FORMA

Rima real

Chaucer es reconocido por su innovación métrica y su invención poética. Creó la rima real, en la que cada estrofa tiene siete versos, usualmente en pentámetro yámbico. Fue de los primeros poetas en usar versos de cinco acentos en pareados rimados. La rima real es característica de los poemas largos de Chaucer, *Troilo y Crésida* y *El Parlamento de las aves*. También aparece en cuatro de los *Cuentos de Canterbury*: «Cuento del hombre de leyes», «Cuento de la priora», «Cuento del erudito» y «Cuento de la segunda monja». Luego sería la forma métrica más común en inglés.

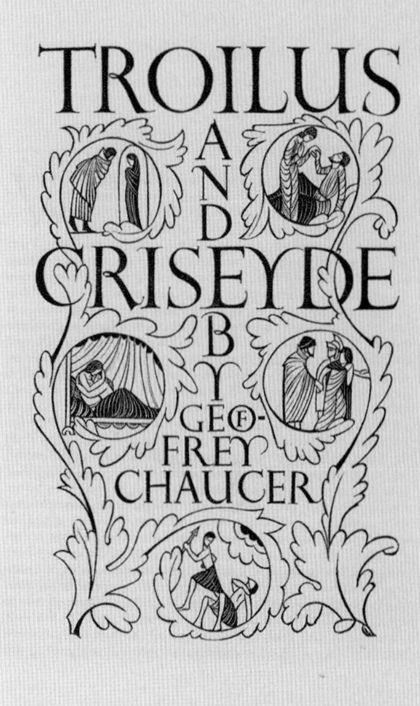

FRONTISPICIO DE ERIC GILL EN UNA EDICIÓN DE 1927 DE *TROILO Y CRÉSIDA*

OBRAS CLAVE

1379-80
Se publica *La casa de la fama*, un poema de 2000 versos. Cuenta una visión onírica en la que el narrador es guiado por un águila.

1381-82
En *El Parlamento de las aves*, Chaucer hace la primera referencia en inglés a un día especial que celebra el amor: el Día de San Valentín.

Años 1380
Escribe *Troilo y Crésida*, que se inspira en el *Decamerón* de Boccaccio.

1386-88
Se publica *La leyenda de las buenas mujeres*. Cuenta las historias de diez mujeres virtuosas del mundo clásico.

1387-1400
Se publican los *Cuentos de Canterbury*, que se convierte en la obra más popular de Chaucer.

François Rabelais

1493/4-1553, FRANCÉS

Escritor, médico, erudito y sacerdote, Rabelais fue un gigante intelectual de la Francia del siglo XVI. Su obra maestra *Gargantúa y Pantagruel* es sinónimo de humor terrenal y obsceno en varios idiomas.

◁ **LA DEVINIERE**
Rabelais nació y se crio en esta casa de campo cerca del pueblo de Seuilly. Las primeras batallas en *Gargantúa* transcurren en los alrededores.

Hijo de un abogado y terrateniente, François Rabelais nació a finales del siglo XV en Chinon, en la región vinícola de Turena. Este paisaje se describe en detalle en las aventuras de su gigante, Gargantúa, cuya batalla con su enojado vecino Picrochole transcurre en los campos y castillos de alrededor de la casa de la infancia de Rabelais.

Estudió derecho a principios de los años 1500, pero tras entrar en un convento franciscano en La Baumette y tomar los hábitos en Poitou, tuvo problemas con la poca flexibilidad mental de la tradición escolástica franciscana. En cambio, se vio atraído por el humanismo renacentista (enfoque basado en un resurgimiento del interés por las ideas clásicas); Rabelais se acercó a los eruditos que usaban nuevas traducciones de los manuscritos latinos y griegos para crear una educación filosófica más amplia e ilustrada. El estudio de antiguos pergaminos puso también la base para las primeras traducciones modernas de la Biblia. En su convento, sin embargo, su pasión por el griego se consideró herética y fuente de pensamientos peligrosos.

El Papa le concedió una dispensa para continuar sus estudios como monje benedictino, pero hacia 1530 había roto sus votos y se había mudado a la Universidad de Montpellier a estudiar medicina. Es probable que los dos hijos que tuvo con una mujer viuda de la que se desconoce el nombre nacieran en esta época. Empleado como médico en el hospital Hôtel-Dieu de Lyon, basó sus tratamientos en sus propias traducciones de las obras de Galeno e Hipócrates y destacó por la forma en que cuidaba de las víctimas de la peste.

Agenda renacentista

Rabelais vivió en tiempos turbulentos. La prolongada guerra de Francia contra Carlos V, el emperador del Sacro Imperio Romano Germánico, sobre los territorios en Italia, llevó a los franceses a una derrota humillante en 1525, cuando Francisco I fue capturado y retenido para pedir un rescate. El auge del humanismo también coincidió con la expansión de la Reforma desde Alemania. Carteles en las calles francesas que criticaban la corrupción de la Iglesia y las prácticas católicas, generaron violencia contra los luteranos, acusados de herejía y llevados a la hoguera.

> « **Es mejor** escribir sobre la **risa** que sobre las lágrimas, pues la risa es la **propiedad del hombre. Vive con alegría.** »
>
> FRANÇOIS RABELAIS

ESTILO

Invento de la comicidad

Como lingüista, Rabelais se deleitaba con el poder del lenguaje y sus efectos cómicos, a menudo llenando sus capítulos con juegos de palabras y listas. Rabelais tuvo una gran influencia en el francés escrito, fabricando nuevas palabras y popularizando expresiones como *Ne pas valoir un clou* «No vale un clavo» (No vale nada) y *La nature a horreur au vide* (La naturaleza aborrece el vacío). Pantagruel es descrito como un gigante con un apetito voraz que ha dado lugar a la expresión en español «comida pantagruélica». A veces se utiliza la expresión «rabelesiano» en referencia al estilo burlón y satírico usado por Rabelais.

Pantagruel.
Les horribles et espouēta-
bles faictz & prouesses du tresrenōme
Pantagruel Roy des Dipsodes/
filz du grand geāt Gargan-
tua/ Cōposez nouuelle-
ment par maistre
Alcofrybas
Nasier.
On les vend a Lyon en la maison
de Claude nourry/dict le Prince
pres nostre dame de Confort.

FRONTISPICIO GRABADO DEL *PANTAGRUEL* DE RABELAIS, 1532

▷ **UN INNOVADOR DE LA PROSA**

Este retrato del siglo XVII en memoria de Rabelais cuelga en el castillo de Versalles, cerca de París. Su legado fue una prosa libre de sus limitaciones medievales.

△ **INSTRUMENTAL MÉDICO DE RABELAIS**
Rabelais, médico muy considerado en su época, dio una lección pública de anatomía con la disección de un hombre ahorcado.

En el umbral de este mundo que cambiaba vertiginosamente, Rabelais comenzó a escribir cuentos sin precedentes en la literatura medieval. En ellos relata las aventuras de dos gigantes, Gargantúa y su hijo Pantagruel. *Pantagruel* fue publicado en 1532 con el título *Las hazañas y hechos horribles y espantosos del muy renombrado Pantagruel, Rey de los Dipsodas*, con el seudónimo de Alcofribas Nasier (anagrama del nombre de Rabelais). *La muy horripilante vida del gran Gargantúa*, de 1535, fue su siguiente cuento.

Las narraciones están llenas de humor obsceno y a menudo escatológico: algunos capítulos contienen largas listas de insultos vulgares; los personajes reciben nombres groseros y los títulos de los capítulos muestran el gusto de Rabelais por lo cómico («De cómo Grandgousier reconoció en la invención de un limpia-culo la maravillosa inteligencia de Gargantúa»). Sin embargo, debajo de la superficie, los cuentos bullen de sátira y perspicacia filosófica.

SEMBLANZA
Erasmo

Rabelais contó con los grandes humanistas franceses Pierre Amy, Guillaume Budé y André Tiraqueau como aliados, y el humanista del Renacimiento flamenco Erasmo de Róterdam como guía. Fue fiel seguidor de este erudito, de gran humanidad e ingenio, y compartía la idea de Erasmo de que se podían obtener principios humanos básicos y mucho conocimiento de la lectura de manuscritos griegos y latinos antiguos. Ambos se cartearon y Rabelais tomó a su «padre espiritual» como modelo para la vida, las actividades intelectuales, la medicina y la escritura humorística.

ERASMO, QUINTEN MASSYS, 1517

Pasos de gigante

Rabelais tenía amplios conocimientos de las tradiciones del amor caballeresco medieval y llenó sus cuentos de borracheras, glotonería, libertinaje, funciones corporales y extraños cambios de trama. Por ejemplo, Gargantúa otorga a un monje la suntuosa abadía de Thélème, donde monjas y monjes viven en el lujo y se casan bien. La risa es básica para el libro, pero Rabelais invita a los lectores a exprimir el sentido más intelectual de los cuentos, ya que ridiculiza la guerra inútil, el dogma religioso y la educación estrecha de miras. En su búsqueda del sentido de la vida, los gigantes y sus compañeros muestran aptitudes para el derecho, la ciencia, la filosofía, la poesía, la medicina, la naturaleza y el pacifismo.

Rabelais se basó en la poesía y la prosa de épocas anteriores, pero sabía entrelazarlas con sabiduría moderna, nuevas palabras de raíz griega y latina, y aforismos como «La ignorancia es la madre de todos los males» y «La naturaleza aborrece el vacío», muchos de ellos usados hoy.

Patrocinio y censura

Pantagruel y *Gargantúa* fueron aclamados por el público, pero condenados por obscenos por los censores de la Universidad de la Sorbona de París, que repetidamente pidieron a la Corte Suprema que los prohibiera por su contenido político y herético. Sin embargo, Rabelais tenía amigos influyentes y disfrutó de la protección del alto dignatario Guillaume du Bellay, y de los eclesiásticos liberales de alto rango, el cardenal Jean du Bellay, el obispo Geoffroy d'Estissac, y el cardenal Odet de Châtillon. También formaba parte

△ ***MARGARITA DE NAVARRA*, c. 1527**
Rabelais disfrutó del mecenazgo de Margarita de Navarra (la hermana mayor de Francisco I de Francia). Aparece aquí en un retrato de Jean Clouet, pintor de la corte de Francisco I.

« ... **una buena acción** hecha con libertad a un **hombre de razón** nace de **pensamientos** y **recuerdos nobles.** »

FRANÇOIS RABELAIS, *GARGANTÚA*

de un círculo de poetas y escritores protegidos por Margarita de Navarra, hermana de Francisco I de Francia. El rey y su sucesor, Enrique II, concedieron a Rabelais el privilegio real de publicar sus obras durante toda la vida. En 1535, el autor acompañó a Roma, como médico y amigo, al cardenal Jean du Bellay, donde fue absuelto por el Papa por renunciar a sus hábitos. Luego regresó a Francia, y se convirtió en sacerdote secular y médico. En 1537, se doctoró en medicina en Montpellier.

Nuevos volúmenes

Pasaron más de diez años antes de que Rabelais retomara la historia de Pantagruel y su amigo Panurgo, un truhan vagabundo, en el *Tercer Libro*. En estos años murieron dos de sus mecenas más importantes, mientras en Francia reinaba un creciente clima de intolerancia religiosa. Así, Rabelais se vio obligado a huir a la ciudad alemana de Metz, donde trabajó como médico, leyó a Lutero y se mostró intransigente sobre su obra.

Los teólogos que habían atacado salvajemente sus libros anteriores, se vieron ridiculizados en el cómico *Cuarto Libro*, que Rabelais preparó durante otra estancia en Italia con el cardenal Jean du Bellay. Gracias a sus poderosos mecenas, se publicaron estos capítulos sobre las aventuras de Pantagruel, a pesar de las repetidas condenas y la censura de la Sorbona y la Corte Suprema.

Tras regresar a Francia, se le concedieron las parroquias de Meudon y Saint-Christophe-du-Jambet, para apoyarle en su vejez, pero nunca ofició en ellas. Murió en París en 1553. Sus supuestas últimas palabras revelan una gran disposición a la gran próxima aventura: «Voy en busca de un gran quizá».

OBRAS CLAVE

1532
Pantagruel se inicia con detalles groseros del nacimiento del gigante y describe después la creación de una raza de seres diminutos que se tiran pedos.

1534
Gargantúa muestra la imaginación del gigante al usar una oca de «limpia-culo». El padre Gargantúa es llevado a una guerra infantil sobre unos pasteles robados.

1546
El *Tercer Libro* presenta a Panurgo, un truhan en busca de consejo sobre si debe casarse tras profetizársele que será engañado.

1552
El *Cuarto Libro* lleva a Pantagruel y Panurgo a un viaje por mar y a la batalla con los chinchulines, unos personajes que son mitad personas y mitad salchicha.

1564
El *Quinto Libro* se publicó póstumamente y narra viajes a diversas islas inventadas. Puede que no sea obra de Rabelais.

▷ ***GARGANTÚA* DE DORÉ, 1873**
El grabador francés Gustave Doré mostró de forma grotesca a Gargantúa en sus xilografías del siglo XIX. Aquí, los hombres llenan de mostaza la boca del gigante.

Michel de Montaigne

1533-1592, FRANCÉS

Nacido en una familia aristocrática, Montaigne disfrutó de una exitosa carrera como político antes de dedicarse a la escritura. Su principal obra, *Ensayos*, estableció el ensayo como un género literario.

Michel de Montaigne nació en 1533 en Guyena, sudoeste de Francia. Perteneciente a la nobleza menor, al principio se educó en casa, en latín. Luego le mandaron al Collège de Guyena de Burdeos, que tenía fama en la enseñanza de humanidades. Más tarde ingresó en la Universidad de Toulouse para estudiar derecho y, tras ser elegido para el Parlamento de Burdeos, el joven parecía dispuesto a continuar una exitosa carrera en el gobierno. Sin embargo, en 1568, el padre de Montaigne encargó a Michel la traducción del tratado teológico del siglo xv *Theologia Naturalis* de Raimundo de Sabunde, una tarea que alimentó su pasión por la literatura y la filosofía. Ese mismo año, su padre murió y Michel heredó el título de Seigneur de Montaigne y la propiedad que lo acompañaba. Empezó a liberarse de sus responsabilidades en Burdeos y en 1571 finalmente se retiró del Parlamento y se mudó de forma permanente a Guyena.

Un lugar donde pensar

Montaigne se dedicó a escribir y eligió la torre sur del castillo como lugar de trabajo, rediseñándola para albergar su estudio y biblioteca. Allí escribió una serie de piezas cortas en prosa que llamó ensayos (ver recuadro, derecha), que cubrían un amplio abanico de temas, desde política y filosofía hasta amor, sexo, ira, canibalismo y el arte de la conversación. Sus escritos eran críticos con las teorías tradicionales; tanto que Montaigne defendió la incertidumbre y se contradijo a menudo a sí mismo. La forma en que combinó la experiencia personal con la investigación filosófica le convirtió en uno de los pensadores más originales de su tiempo. Hacia 1580, había escrito suficientes de estas piezas cortas en prosa como para sacar una primera edición en dos volúmenes de *Ensayos*.

Últimos años

Poco después, le detectaron cálculos renales y viajó a Italia para buscar una cura. Estando allí, descubrió que le habían elegido alcalde de Burdeos y decidió regresar a Francia para ocupar su puesto. Aunque el cargo le debió suponer una distracción de la escritura (el trabajo incluía tratar los conflictos locales entre católicos y protestantes), encontró tiempo para revisar y añadir más ensayos, publicando varias ediciones adicionales, que culminaron en una quinta edición, que incluía todos sus ensayos. Murió en 1592.

◁ **CASTILLO DE MONTAIGNE**
Michel de Montaigne vivió en este castillo del siglo xiv de Guyena, Périgord. La mayor parte de la estructura fue reconstruida tras un devastador incendio en 1885.

FORMA

El ensayo

Montaigne es considerado el creador de lo que hoy se conoce como ensayo: una obra corta en prosa que expresa un punto de vista personal. Escogió la palabra *essais* (intentos) para describir sus experimentos con esta forma de escribir; el término se adoptó más tarde para el género de textos cortos que presentan un argumento u opinión (incluido el ensayo académico «formal»). Fue su enfoque subjetivo lo que inspiró el desarrollo del ensayo como género.

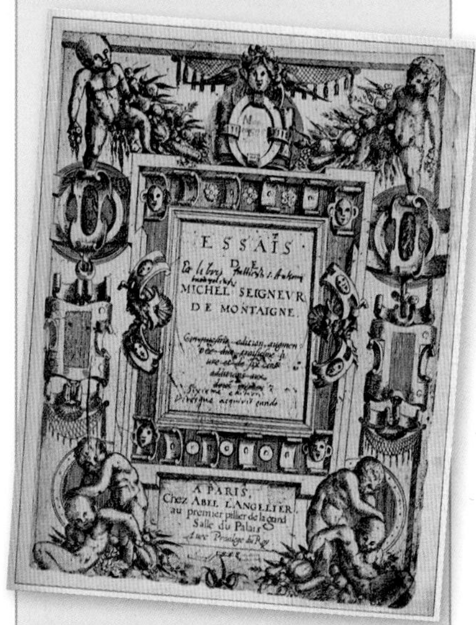
ESSAIS
MICHEL SEIGNEVR DE MONTAIGNE.
A PARIS,

PORTADA DE LA QUINTA EDICIÓN DE LOS *ENSAYOS* (1588), MONTAIGNE

◁ **ESCRITOR Y POLÍTICO**
Este retrato de Michel de Montaigne, pintado por un artista anónimo francés a principios del siglo xvii, se encuentra en el castillo de Versalles.

« Es **a mí** a quien **retrato... yo mismo** soy el tema de **mi libro.** »

MICHEL DE MONTAIGNE, *ENSAYOS* (LIBRO I)

Miguel de Cervantes

1547-1616, ESPAÑOL

El escritor español más famoso de la historia fue, en el siglo XVI, soldado, poeta, dramaturgo y novelista. Su obra cumbre, *Don Quijote*, se considera la primera gran novela de la literatura moderna.

▷ **RETRATO INCIERTO**
No existe ningún retrato incuestionado de Cervantes. Muchas imágenes del escritor, incluyendo la que aparece en la moneda de un euro de España, se basan en esta pintura, quizá de Juan de Jáuregui.

Miguel de Cervantes tenía 50 años y estaba en la cárcel por tercera vez en su vida cuando una historia comenzó a tomar forma en su mente. Tras su liberación, dio rienda suelta a su imaginación y creó a Don Quijote, un aspirante a caballero, enloquecido por la lectura de romances caballerescos que parte en busca de aventuras por La Mancha, montado en su esquelético caballo *Rocinante* y acompañado por su fiel escudero Sancho Panza. Publicado cinco años después de que Cervantes abandonara la cárcel en 1605, *Don Quijote* no tenía precedentes en la historia de la literatura y durante siglos se convirtió en un trampolín para experimentar con la novela. El libro generó el adjetivo «quijotesco», para describir cierto idealismo defensor de las causas perdidas. La palabra es una adecuada descripción de la propia vida de Cervantes, con altos y bajos, heroísmos militares y capturas, además de los relatos que corrían en una época conflictiva de la historia española.

Infancia y educación

Nacido el 29 de septiembre de 1547 en Alcalá de Henares, cerca de Madrid, Miguel era el cuarto de los siete hijos de Leonor de Cortinas, hija de un noble, y Rodrigo de Cervantes, un cirujano de cuota y sangrador. Poco se sabe de la vida temprana de Cervantes, pero a los 21 años estudia con el profesor humanista Juan López de Hoyos, en Madrid, quien lo describió como su «amado discípulo». Hacia 1569, Cervantes se había mudado a Roma (posiblemente porque lo buscaban en España por herir a un rival en un duelo) donde trabajaba a servicio de un cardenal.

Conflicto y captura

En dificultades para arrebatar el control del Mediterráneo a los otomanos bajo Selim II, España había formado una alianza de fuerzas católicas con Venecia y el papado. En 1570, Cervantes y su hermano Rodrigo abrazaron la causa y se incorporaron al ejército en Nápoles controlada por los españoles. Los dos hermanos navegaron con la flota a bordo de la *Marquesa* y participaron en la cruenta batalla de Lepanto cerca de Corinto,

△ **BATALLA DE LEPANTO**
Cervantes fue herido de gravedad en 1571 en la batalla de Lepanto, que aparece en este cuadro del siglo XVI, en la que fuerzas navales cristianas derrotaron a los turcos.

> « Para mí solo **Don Quijote** nació y **yo para él**. El suyo era el **poder** de la acción; el mío, el de la **escritura**. »
>
> MIGUEL DE CERVANTES, *DON QUIJOTE* (SEGUNDA PARTE)

FORMA
Realidad y fantasía

Cervantes experimentó con muchas formas literarias a lo largo de su vida, pero en *Don Quijote* creó un juego de espejos. El lector es atraído hacia las fantasías de un loco héroe, que sin embargo viaja por el mundo real con un compañero sensato. La comedia, la tragedia y las tensiones sociales de la época afloran en esta interacción entre realidad e ilusión. La novela se desarrolla en episodios, con historias de múltiples personajes y referencias al propio autor: los protagonistas son conscientes de su papel en el libro, y el narrador hace apariciones regulares para hablar sobre las argucias de la obra y los efectos seductores de la literatura.

EL INGENIOSO
HIDALGO DON QVI-
xote de la Mancha.
Compuesto por Miguel de Cervantes Saavedra.
DIRIGIDO AL DVQVE DE
Bejar, Marques de Gibraleon, Conde de Benalcaçar, y Bañares, Vizconde de la Puebla de Alcozer, Señor de las villas de Capilla, Curiel, y Burguillos.

Impresso con licencia, en Valencia, en casa de Pedro Patricio Mey, 1605.
A costa de Iusepe Ferrer mercader de libros, delante la Diputacion.

PORTADA DE LA PRIMERA PARTE DE *DON QUIJOTE*, PUBLICADA EN 1605

△ **CINCO AÑOS DE ESCLAVO**
Cervantes fue capturado y vendido como esclavo. Se basó en sus experiencias en «La historia del cautivo» en *Don Quijote* y en dos obras teatrales ambientadas en Argel.

que terminó en una aplastante derrota de los turcos. Cervantes recibió dos disparos en el pecho, y su mano izquierda quedó casi destrozada por un tercero, pero se recuperó para luchar en nuevas batallas. Sus experiencias alimentaron sus historias posteriores, pero el tiempo pasado en suelo italiano también fue fundamental: como ávido lector, estuvo expuesto a la revolución filosófica y literaria del Renacimiento surgido en sus ciudades.

Los hermanos regresaban a España en 1575 cuando piratas berberiscos atacaron su barco, capturaron a la tripulación y fueron vendidos como esclavos en Argel, centro musulmán del tráfico de esclavos cristianos. Cervantes llevaba cartas de recomendación del alto mando, con la esperanza de obtener más tarde una capitanía en España; estas cartas lo convirtieron en un preciado botín por el que pedir un gran rescate. Según otros esclavos, Cervantes era un valiente cabecilla y organizó cuatro intentos de huir, pero escapaba del castigo e incluso de la muerte por la alta consideración en que lo tenían sus captores. Permaneció encarcelado cinco años y estuvo a punto de ser enviado a Constantinopla y vendido cuando su familia, ayudada por frailes trinitarios, recaudó 500 escudos de oro para liberarlo y llevarlo a Madrid.

▷ **ORGULLO DE LA CIUDAD**
Cervantes y su creación, *Don Quijote*, se han convertido en un símbolo de España. Esta estatua del escritor se encuentra en la plaza Cervantes de Alcalá de Henares, ciudad natal del autor.

Vuelta a España

Tras su regreso a España, el manco de Lepanto, sobrenombre por el que Cervantes es conocido desde entonces, luchaba por ganarse la vida; así que volvió a escribir. Enriquecida por las colonias americanas, España se encontraba en pleno Siglo de Oro, de intensa creatividad artística y literaria, cuando Cervantes escribió dos de sus primeras obras. *El trato de Argel* se basa en su estancia como esclavo cristiano en dicha ciudad, y *La Numancia* contaba la historia del cruel asedio de la población de Numancia por los romanos. Cervantes también escribió ficción. Su novela pastoril *La Galatea* (1585) se centra en la historia de dos pastores que se enamoran de la ninfa del mar Galatea.

Aunque le pagaban por escribir, no ganaba lo suficiente para mantener a su compleja familia. A los 37 años,

CONTEXTO
España en decadencia

En el momento del nacimiento de Cervantes, la casa de Austria española era una superpotencia con territorios en las Indias Orientales, los Países Bajos e Italia. Enormes cantidades de oro de las Américas enriquecían el país, y España era foco del arte, la literatura y la filosofía de Europa. Sin embargo, las principales obras de Cervantes fueron escritas en un país que estaba en decadencia. Los reinados de Felipe II (1527-98) y Felipe III (1598-1621) se caracterizaron por la represión, el fanatismo religioso de la Inquisición, la Contrarreforma católica, la reducción de las riquezas llegadas de las colonias y la derrota de la Armada Invencible.

***DÍA SIETE DE LA BATALLA CON LA ARMADA*, HENDRICK CORNELISZ VROOM, 1601**

conoció al amor de su vida, Ana Franca de Rojas, una mujer casada y que le dio su única hija, Isabel de Saavedra. Luego se casó con Catalina Salazar y Palacios, pero vivió separado de ella, viajando por Andalucía como comisario de provisiones para la armada española.

La derrota de la Armada Invencible frente a los ingleses en 1588 aceleró la decadencia de España como superpotencia (ver recuadro, página anterior). La monarquía intentó poner remedio a la tambaleante economía con la imposición de impuestos punitivos a los campesinos. A pesar de muchas discrepancias en los libros de contabilidad como comisario de abastos, Cervantes fue nombrado recaudador de impuestos. Más tarde, fue encarcelado en Sevilla por malversación de fondos por un breve período, y luego otra vez por un año. Tras la liberación, escribió sonetos y obras de teatro, y la gran historia que había imaginado en la cárcel.

Don Quijote

En 1605, a la edad de 57 años, publicó su obra maestra, *Don Quijote*, e inició su período más productivo como escritor. La novela era una parodia del mundo caballeresco medieval y sus damas, y una sátira sobre la sociedad española de la época. Tuvo un éxito instantáneo en España. El nombre de Cervantes se hizo famoso en Inglaterra, Francia e Italia, ya que su libro fue traducido y publicado en esos países. Sin embargo, su prosperidad económica solo fue temporal porque había vendido los derechos de autor. Se mudó entonces a Madrid, donde vivió entre escritores y poetas, y allí redactó nuevas obras, como las *Novelas ejemplares* (1613) y *Viaje del Parnaso* (1614). Indignado por la aparición de una segunda parte de las aventuras de Don Quijote escrita por un autor anónimo, publicó su propia secuela en 1615. Cervantes murió «viejo, soldado, hidalgo y pobre» el 22 de abril 1616, y fue enterrado en el convento de los trinitarios descalzos en Madrid. En 2015, se recuperaron sus restos mortales y el mejor escritor de la literatura española recibió entonces un entierro formal.

OBRAS CLAVE

1585
La Galatea, primera obra importante de Cervantes, es una novela pastoril muy popular en su tiempo. Termina abruptamente, a mitad de la segunda parte.

1605
Se publica la primera parte de *El Ingenioso Hidalgo Don Quijote de la Mancha*, que se convierte en un éxito de inmediato.

1613
Se publican las *Novelas ejemplares*, una colección de 12 historias cortas que narran los problemas de la España del siglo XVII.

1616
Aparece la segunda parte de *Don Quijote*, tras la publicación de una secuela por un escritor desconocido.

1617
Aparece *Los trabajos de Persiles y Sigismunda*. Cervantes terminó la obra tres días antes de morir.

▷ **COMBATE CON LOS MOLINOS**
Lo cotidiano se transforma en extraordinario en el mundo de Cervantes. Su excéntrico héroe, don Quijote, es famoso por atacar molinos de viento en la creencia de que son gigantes.

William Shakespeare

1564-1616, INGLÉS

Destacado poeta y dramaturgo del Renacimiento inglés, Shakespeare escribió más de 30 obras de teatro, además de poemas narrativos y sonetos. Como maestro de la tragedia y la comedia no tiene parangón en la literatura.

◁ **CASA DE LA INFANCIA**
Shakespeare nació y creció en esta casa con estructura de madera de Stratford-upon-Avon. Fue dividida en dos: una parte era la vivienda familiar y la otra, el local comercial de su padre.

William Shakespeare nació en el municipio de Stratford-upon-Avon, Warwickshire, en abril de 1564. Se desconoce la fecha exacta de su nacimiento, pero se suele fijar en el 23 de abril, día de San Jorge. Su padre era un hombre con ambiciones que había nacido en el seno de una familia de arrendatarios de tierras, pero que abandonó la actividad agrícola para convertirse en un próspero comerciante en Stratford. Se casó con la hija de la familia de terratenientes Arden, arrendadores de la familia Shakespeare. Desempeñó un papel prominente en la vida de Stratford y era propietario de dos casas.

Fue el mayor de los cinco hijos que sobrevivieron a la infancia, y asistió a la escuela secundaria local. Más tarde, su compañero, el dramaturgo inglés Ben Jonson, dijo de él que «sabía poco latín y menos griego», pero sin duda estudió a los autores clásicos latinos, base esencial para cualquier persona instruida de la época. Poco se sabe de su evolución desde sus raíces provinciales al éxito como actor y dramaturgo en la ciudad de Londres, solo se puede dar credibilidad a algunos datos básicos de su biografía.

Inicios en Stratford

Shakespeare se casó con Anne Hathaway, una mujer de Stratford ocho años mayor que él. Por entonces estaba embarazada y a la primera hija pronto le siguieron gemelos (el niño gemelo fue bautizado con el nombre de Hamnet). A los 23 años Shakespeare vivía en la casa de su padre con su esposa y tres hijos. Luego se mudó a Londres, dejando atrás a su familia. Según algunas fuentes, se vio obligado a dejar Stratford tras ser acusado de la caza furtiva de un ciervo; otras sugieren que huyó de un matrimonio sin amor. Pero tal vez, consciente de su excepcional talento para la poesía, solo fuera en busca de fama y fortuna.

Debut en Londres

Cuando Shakespeare llegó a Londres en 1587, el panorama teatral de la ciudad era muy escaso. Los pocos

CONTEXTO

Cuartillas y pliegos

Shakespeare escribió sus obras para ser representadas, no para ser leídas. Sus manuscritos eran propiedad de la compañía. En vida del escritor se editaron algunas de sus obras en «cuartillas», algunas autorizadas por la compañía. Otras fueron pirateadas por algún espectador que escribía a escondidas los versos que los actores iban recitando. Obviamente, estas «malas cuartillas estaban plagadas de errores. Tras la muerte del autor se publicaron recopilaciones de sus obras minuciosamente preparadas y editadas en «pliegos». El primero (*First Folio*), de 1623, es considerado la fuente más fiable de la mayoría de sus obras.

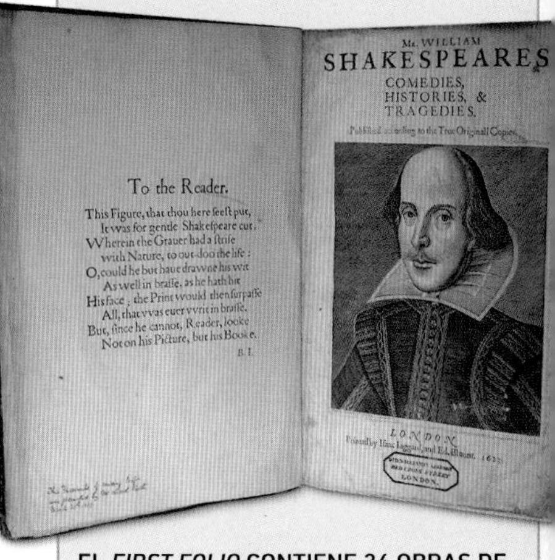

EL *FIRST FOLIO* CONTIENE 36 OBRAS DE SHAKESPEARE

« Estamos hechos de la misma **materia** / que los **sueños** y **nuestra pequeña vida** / termina **durmiendo**. »

WILLIAM SHAKESPEARE, *LA TEMPESTAD*

▷ **RETRATO COBBE, c. 1612**
Se cree que este es el único retrato de William Shakespeare pintado en vida. Fue encargado a un artista desconocido por el patrón del escritor, el conde de Southampton. Su nombre viene de la familia Cobbe, propietaria de la obra.

CONTEXTO

El Globe Theatre

Lord Chamberlain's Men, la compañía teatral a la que pertenecía Shakespeare, hizo construir un nuevo teatro a orillas del Támesis en 1599. Con un aforo para 3000 espectadores, The Globe tenía tres gradas con asientos y un foso para espectadores de pie. El escenario sobresalía sobre un patio a cielo abierto. El edificio original del Globe se incendió en 1613; fue reconstruido y permaneció abierto hasta 1642. En una réplica moderna del teatro, erigida cerca del sitio original, se han representado obras desde 1997.

EL GLOBE THEATER DE SHAKESPEARE EN BANKSIDE, LONDRES

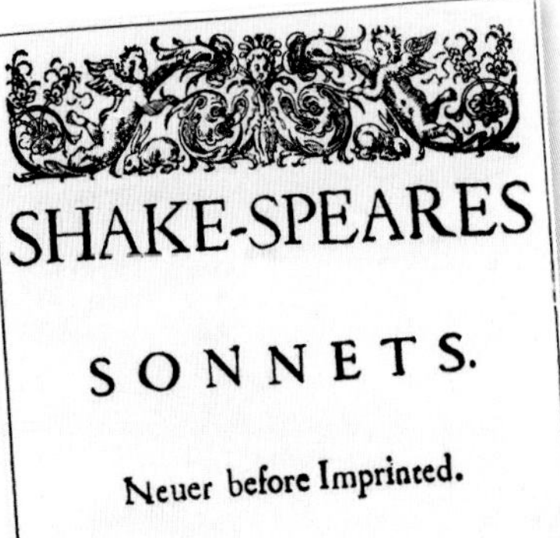

SHAKE-SPEARES

SONNETS.

Neuer before Imprinted.

AT LONDON
By G. Eld for T. T. and are
to be solde by Iohn Wright, dwelling
at Christ Church gate.
1609.

◁ **SONETOS, PRIMERA EDICIÓN**
Esta edición de 1609 de los *Sonetos* fue probablemente compilada y ordenada por el propio Shakespeare. Contiene algunos de los más famosos versos de la literatura inglesa.

teatros permanentes, construidos en las afueras de la ciudad, tenían apenas una década, y un puñado de poetas universitarios, incluidos Thomas Nashe, Robert Greene y Christopher Marlowe, empezaban a escribir obras originales para ser representadas por actores. Se ha especulado sobre cómo Shakespeare logró introducirse en este precario mundo teatral. Según la leyenda, comenzó cuidando caballos frente a teatros, pero se sabe que en 1592 ya era actor y dramaturgo.

Las producciones teatrales isabelinas se hacían en colaboración y las primeras obras del repertorio de Shakespeare (incluyendo las tres partes de *Enrique VI* y *Ricardo III*) pudieron haber sido escritas con contribuciones de otros dramaturgos como Marlowe o Nashe. El tremendo éxito popular de estas obras dio a Shakespeare suficiente fama como para recibir amargos ataques verbales del dramaturgo rival Robert Greene, que le tildó de «cuervo advenedizo».

Peste y poesía

De 1592 a 1594, la carrera como dramaturgo de Shakespeare se vio interrumpida por la peste que diezmó la población de Londres. Se cerraron todos los teatros y durante ese período de inactividad escribió *Venus y Adonis*, un poema de amor narrativo publicado en 1593 y dedicado a Henry Wriothesley, conde de Southampton, de 20 años. El segundo poema narrativo de Shakespeare, *La violación de Lucrecia*, aparecido el año siguiente, estaba también dedicado al conde.

Por entonces, Shakespeare empezó a escribir sus sonetos, género poético popularizado por Edmund Spenser. Probablemente escritos entre 1591 y 1603, y publicados por primera vez juntos en 1609, los 154 sonetos narran vagamente el amor del poeta por un joven y una dama. Muchos estudiosos han intentado identificarlos con personas del entorno del poeta, como el misterioso «Mr W. H.» a quien están dedicados los sonetos. Los poemas sugieren que Shakespeare pudo ser homosexual o bisexual; y algunos eruditos señalan que el joven puede ser el conde de Southampton o el conde de Pembroke, último patrón de Shakespeare. También es posible que los poemas fueran solo fruto de su imaginación y que poco tengan que ver con su vida privada. Sea como fuera, son sin duda el mejor poemario de la lengua inglesa.

Éxitos en el teatro

Cuando la peste amainó y los teatros reabrieron en 1594, Shakespeare se incorporó a una compañía conocida como Lord Chamberlain's Men (así llamada porque su patrón era lord Hunsdon, gran chambelán de la reina). La compañía contaba con dos de los mejores actores de la época: el comediante Will Kemp y el trágico

▷ **WILL KEMP**
El actor y el popular payaso inglés Will Kemp (muerto en 1603) aparece bailando en este grabado, c. 1600. Kemp fue uno de los actores de Shakespeare y su nombre aparece mencionado en las indicaciones para actores de las primeras ediciones de las obras de autor («Entra Will Kemp»).

Richard Burbage. Shakespeare también actuaba, pero su papel principal era crear nuevo material. En los cinco años siguientes escribió diez obras, incluyendo *Romeo y Julieta*, las comedias *El sueño de una noche de verano* y *Como gustéis*, y las piezas históricas *Ricardo II*, *Enrique IV* (primera y segunda parte) y *Enrique V*. Todas ellas tuvieron un éxito inmediato, tanto entre las audiencias populares de Londres, como cuando fueron representadas ante la corte de la reina.

Shakespeare no inventaba los argumentos, sino que los tomaba de distintas fuentes y se inspiraba en un amplio abanico de personajes que plasmaba con un incomparable y vigoroso lenguaje. La mezcla de alta tragedia y baja comedia, romance y depravación, incomodaba a algunos isabelinos cultos preocupados por las reglas clásicas del drama, aunque incluso ellos finalmente sucumbieron a la fuerza de su inventiva e imaginación. Mientras que otros dramaturgos llevaban vidas disolutas (Marlowe fue asesinado con 36 años en una pelea de pub y Jonson estuvo dos veces encarcelado por ofender a las autoridades), Shakespeare se mantuvo alejado de problemas y pudo

△ ***OFELIA***
En *Ofelia* (1851-52), el artista inglés sir John Everett Millais representa una escena de la tragedia de Shakespeare *Hamlet*, c. 1601 (acto IV, escena VII). Ofelia aparece aquí flotando en un arroyo, en el que se ahoga profundamente angustiada al oír que Hamlet, su amante, ha asesinado a su padre.

« Todo el **mundo es teatro** / y todos los **hombres** y **mujeres** no son sino **actores**. »

WILLIAM SHAKESPEARE, *COMO GUSTÉIS*

SEMBLANZA
La reina Isabel I

Isabel I Tudor, que reinó de 1558 a 1603, presidió el Renacimiento inglés, patrocinando a artistas, poetas y dramaturgos. Las obras históricas de Shakespeare reflejan el orgullo nacional que ella le inspiró. Pero su reinado estuvo plagado de enfrentamientos religiosos. Hizo ejecutar a su prima católica María Estuardo, reina de Escocia, y se enfrentó a la armada enviada contra Inglaterra por el rey español Felipe II. (Aunque la familia Shakespeare pudo haber tenido simpatías católicas, el escritor evitó problemas incluso cuando su antiguo patrón, el conde de Southampton, estuvo implicado en la fallida rebelión de Essex en 1601.) Soltera, a Isabel le sucedió su primo Jacobo VI de Escocia.

ISABEL I, c. 1588

acumular un modesto patrimonio. Compró New Place, una casa considerable en Stratford, y adquirió tierras fuera del pueblo. Cuando la compañía de Chamberlain construyó el Globe Theatre en Londres en 1599, fue uno de los copropietarios que invirtió en el edificio. Pero el éxito público fue eclipsado por una gran desgracia privada, cuando el hijo de 12 años del escritor, Hamnet, murió en 1596.

Teatro sombrío

Muchos críticos han destacado el pesimismo del estado de ánimo de Shakespeare a principios del siglo XVII, que se refleja en la sucesión de tragedias que escribió: *Julio César* (1599); *Hamlet* (c. 1601); *Otelo*, *El rey Lear* y *Macbeth* (c. 1604-6); *Antonio y Cleopatra* y *Coriolano* (1606-7). También se especula sobre una posible enfermedad venérea, que provocó violentas expresiones de repulsión al acto sexual en alguna de estas obras. Por otro lado, en este período también escribió la meliflua comedia *Noche de reyes*. Como la tragedia era considerada la más elevada forma teatral, no es de extrañar que un dramaturgo en la cima de su fama produjera tragedias de peso.

Tras la muerte de la reina Isabel en 1603, la Chamberlain's Men recibió el patrocinio del nuevo ocupante del trono, el escocés Jacobo I y la compañía se convirtió en King's Men, que destacó por las frecuentes y bien pagadas actuaciones ante la corte. Al situar Macbeth en Escocia, Shakespeare probablemente tenía la intención de atraer el interés de Jacobo I, aunque la tragedia no hace una referencia elogiosa de la vida política del país del norte.

△ ***MACBETH***
Esta pintura, *Macbeth* (c. 1820), del artista inglés John Martin, representa una escena de la obra de William Shakespeare en la que Macbeth y Banquo conocen a las tres brujas (a la izquierda en la pintura).

Cambios de estilo

Shakespeare siguió escribiendo teatro para el Globe, que atraía una sana audiencia en que se mezclaban gentes sofisticadas y el bullicioso pueblo. Sin embargo, la creciente influencia de la corte le empujó gradualmente hacia un estilo más refinado, más acorde con el gusto del público culto. Esta tendencia se acentuó cuando, desde 1608, la compañía comenzó a actuar también en el más pequeño teatro cubierto Blackfriars, un lugar que atraía a un público más exclusivo. El estilo de obras como *Pericles* y *Cuento de invierno* es más florido y menos vigoroso.

La tempestad, escrita hacia 1611, es probablemente la última obra de Shakespeare. Su discurso final, en que el mago Próspero se dirige a la audiencia clamando indulgencia con un «liberadme», se interpreta a menudo como la despedida de Shakespeare del teatro. Siguió escribiendo para la compañía King's Men especialmente en asociación con John Fletcher. Sin embargo, el estreno de *Enrique VIII* en 1613 llevó al desastre: se disparó un cañón utilizado como efecto especial que

OBRAS CLAVE

c. 1591-92
Enrique VI, partes 1 a 3, es una trilogía de las obras históricas basada en la Guerra de las Rosas.

c. 1596
El sueño de una noche de verano es una comedia romántica basada en un cuento de hadas universal.

1599
Julio César, una tragedia romana, es una de las primeras obras interpretadas en el GlobeTheatre.

c. 1601
Hamlet, una compleja historia de asesinato, locura y venganza situada en Dinamarca, es la obra más larga de Shakespeare.

c. 1604
Otelo es una tragedia en que los locos celos de un soldado moro le llevan a asesinar a su esposa inocente.

1606
Macbeth es una de las tragedias más tristes de Shakespeare, y habla del sentimiento de culpabilidad.

1609
Se publica la secuencia completa de *Sonetos*. El libro fue escrito entre la década de 1590 y principios de 1600.

1611
La tempestad relata la historia del mago Próspero y su hija; es la última obra completa escrita por Shakespeare.

« **La vida** no es más que una **sombra en marcha**; un **mal actor** / que **se pavonea** y **se agita** una hora **en el escenario**. »

WILLIAM SHAKESPEARE, *MACBETH*

incendió el techo del Globe y el edificio se quemó. El teatro fue reconstruido y Shakespeare siguió involucrado en los asuntos de la compañía teatral.

Según un bien fundado rumor, el escritor contrajo unas fiebres durante su viaje de regreso a Stratford desde Londres a continuación de una cordial reunión con amigos poetas en la Mermaid Tavern. Falleció en abril de 1616, posiblemente en su 52 cumpleaños. Dejó un testamento que refleja su normal preocupación por el futuro de los miembros de su familia. La única curiosidad es el legado a su esposa del «segundo mejor lecho». Al parecer, esta segunda mejor cama se refiere al lecho marital, pues era costumbre de la hospitalidad que la mejor cama se reservara a los invitados. La familia de Shakespeare le erigió un monumento en la iglesia de la Santísima Trinidad de Stratford, donde fue enterrado.

▷ **BEN JONSON**
Este retrato de Jonson, amigo y rival de Shakespeare, es de Abraham van Blyenberch, c. 1617. Jonson describió en un poema los escritos de Shakespeare como algo «que ningún hombre ni musa pueden alabar demasiado».

▽ **IGLESIA DE LA SANTÍSIMA TRINIDAD**
Shakespeare fue enterrado (25 de abril de 1616) en la misma iglesia en que fue bautizado (26 de abril de 1564). Su esposa y su hija mayor están enterradas con él.

ILLVMINA
NOSTRAS

John Donne

1572-1631, INGLÉS

Donne tuvo una carrera rica y variada. Fue soldado, político, cortesano, diplomático y clérigo, pero es recordado por su verso sorprendentemente original y reconocido como uno de los mejores poetas del Renacimiento.

John Donne nació en Londres. Su padre era ferretero y su madre, la hija del dramaturgo John Heywood. Estudió en la Universidad de Oxford, pero no llegó a graduarse. En 1592, ingresó en la Lincoln's Inn (una asociación de abogados) de Londres. Nunca se dedicó a la abogacía, pero su conocimiento de las leyes tuvo un importante impacto en su obra escrita.

Convertido en soldado, en 1596 se incorporó a la expedición del conde de Essex contra España. Su participación en estos hechos le inspiró dos poemas («The Calme» y «The Storme») y le permitió acceder a su primer cargo importante como secretario de sir Thomas Egerton, Custodio del Gran Sello. En 1601, fue miembro del Parlamento por el distrito de Brackley.

Problemas de amor

Donne escribió gran parte de sus mejores poemas de amor en esta época, pero, irónicamente, el amor le llevó a su ruina profesional. En 1601, se casó en secreto con Anne More, sobrina de 17 años de lady Egerton. Horrorizado, el padre de Anne intentó anular el matrimonio, Donne perdió su cargo e incluso fue brevemente encarcelado. Sin trabajo ni casa, la pareja tuvo que confiar por un tiempo en la generosidad de los amigos. Donne aprovechó la oportunidad para estudiar y desarrollar su escritura, pero fracasó en su intento de conseguir un cargo.

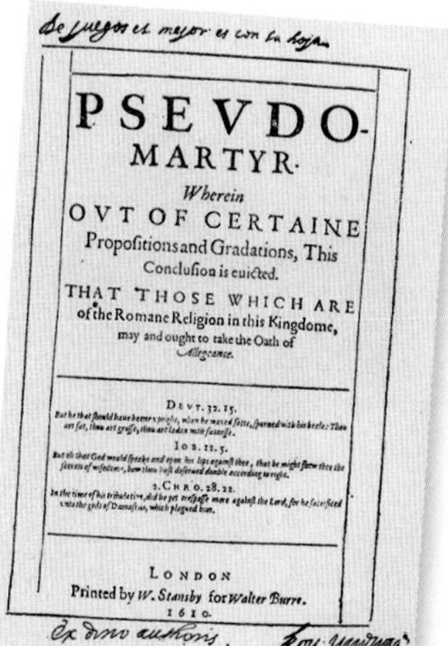
PSEVDO-MARTYR.
Wherein
OVT OF CERTAINE
Propositions and Gradations, This
Conclusion is euicted.
THAT THOSE WHICH ARE
of the Romane Religion in this Kingdome,
may and ought to take the Oath of
Allegeance.

DEVT. 32. 15.

IOB. 11. 5.

2. CHRO. 28. 22.

LONDON
Printed by W. Stansby for Walter Burre.
1610.

◁ ***PSEUDO-MARTYR***
Reproducción de la portada de la edición de 1610 de *Pseudo-Martyr* de Donne, con frases manuscritas en la parte superior e inferior.

Carrera eclesiástica

Donne se dio cuenta de que su única esperanza era la Iglesia, pero había sido criado en la fe católica y eran tiempos difíciles para estos creyentes, sobre todo después de la Conspiración de la Pólvora de 1605, cuando los rebeldes católicos intentaron volar el Parlamento. Con el tiempo, Donne se convirtió a la Iglesia de Inglaterra, e incluso escribió un tratado, *Pseudo-Martyr* (1610), instando a otros a seguir su ejemplo. Fue ordenado sacerdote en 1615, se convirtió en capellán real y más tarde en deán de San Pablo. Predicó ante Jacobo I y Carlos I, y fue elegido para una prestigiosa misión de paz con Alemania (1619-20).

Produjo prosa y verso, y abordó temas seculares y religiosos; también escribió versos para ganarse el favor de potenciales patrones. Su poesía amorosa es ingeniosa y picante. Muchos de sus poemas son de estilo coloquial, como si se dirigiera a una amante imaginaria: «Por amor de Dios, sujeta tu lengua y déjame amar...» («La canonización»). Sus versos giran en torno a juegos de palabras o ideas ingeniosas, pero también pueden ser muy tiernos: «¿Qué hicimos tú y yo / hasta que nos amamos?...» («Los buenos días»). Al final de su vida, Donne se centró en temas religiosos, como en sus *Sonetos sagrados*.

Venerado como maestro cuando sus poemas fueron publicados, cayó en desgracia en el siglo XVIII. Recuperó la fama en el siglo XX, al ser aclamado por T. S. Eliot como precursor de la poesía modernista.

◁ ***JOHN DONNE*, c. 1695**
Este retrato, realizado por un artista inglés anónimo, muestra a Donne como amante taciturno. La inscripción reza: «Oh, señora, ilumina nuestra oscuridad», sugiriendo que la causa de su tristeza es una mujer.

CONTEXTO

Poetas metafísicos

Se considera a Donne como el más destacado de los poetas metafísicos. El grupo no era una escuela formal, aunque sus miembros compartieron ciertas características estilísticas. Incluye figuras como George Herbert, Henry Vaughan, Andrew Marvell y Thomas Traherne. Originalmente, el término era peyorativo, y fue utilizado por Dryden y el Dr. Johnson para criticar sus elaborados juegos de palabras. A Johnson no le gustaba el «descubrimiento de semejanzas ocultas en cosas aparentemente muy diferentes».

***ANDREW MARVELL*, ARTISTA DESCONOCIDO, c. 1655**

▽ **ACCIÓN EN ESPAÑA**
Como soldado, Donne participó en la guerra anglo-española, cuando las fuerzas inglesas y holandesas atacaron la ciudad de Cádiz. Este grabado de 1596 representa la llegada de las tropas y el ataque a los barcos españoles en el puerto.

▷ ***MILTON*, c.1629**
Este retrato de pintor desconocido representa a Milton al principio de su treintena, cuando estudiaba en Cambridge. El poeta comenzó a escribir en su juventud y compuso algunos de sus grandes poemas cuando era estudiante.

John Milton

1608-1674, INGLÉS

Autor del poema épico *El paraíso perdido*, John Milton fue un escritor políticamente comprometido que abogó por la ejecución de Carlos I. En sus últimos 20 años se vio afectado por una ceguera total.

« La **mente** es su **propio lugar**, y puede hacer un **cielo** del **infierno** y un **infierno** del **cielo**.»

JOHN MILTON, *EL PARAÍSO PERDIDO*

John Milton nació en Londres en 1608, hijo de un próspero abogado. Niño estudioso, aprendió latín, hebreo e italiano. Fue enviado a la Universidad de Cambridge a completar su educación, pero encontró aburrida la enseñanza y la compañía. En la Navidad de 1629, escribió su primer gran poema, «La mañana del nacimiento de Cristo», al que siguió *L'Allegro* y *Il Penseroso,* brillantes ejercicios en el estilo bucólico. Dejó Cambridge en 1632, convencido de que su destino estaba en la poesía.

Los primeros escritos de Milton muestran una tensión creativa entre su fe protestante y el mundo de la mitología, descubierta por él a través de sus lecturas de los clásicos latinos. En 1634, escribió *Comus*, una mascarada (forma de entretenimiento cortesano festivo) en la que la virtud cristiana triunfa sobre el desenfreno. *Lycidas*, escrito en 1637 para llorar la muerte de un amigo, combina una exuberante exhibición de conocimientos clásicos y un ataque al deterioro del clero anglicano.

CONTEXTO

Guerra civil y regicidio

En 1642, un largo enfrentamiento entre el Parlamento inglés y el rey Carlos I, se convirtió en guerra abierta. El Parlamento luchaba para defender derechos tradicionales contra el monarca y rechazar la autoridad de los obispos sobre la vida religiosa. En 1649, con la derrota de las fuerzas reales, Carlos I fue decapitado en Londres. El líder parlamentario, Oliver Cromwell, se convirtió en un dictador militar hasta su muerte en 1658. Poco después, la monarquía fue restaurada. Milton creía que la construcción de una república virtuosa era obra de Dios, y escribió en defensa de Cromwell.

OLIVER CROMWELL

Panfletista republicano

En los años 1640, cuando todavía era poco conocido como poeta, Milton sobresalió como prominente figura en el debate sobre forma de gobierno y religión en Inglaterra. En la guerra civil apoyó el parlamentarismo y sirvió como funcionario en el gobierno republicano de Oliver Cromwell (ver recuadro, izquierda). Su famosa y polémica obra *Areopagítica* de 1644 es un apasionado alegato en favor de la libertad de expresión. Milton nunca renunció a su republicanismo y tuvo la suerte de escapar a la represión cuando se restauró la monarquía en 1660.

En 1642 se casó con Mary Powell, de 16 años, hija de una familia realista. Aunque Milton se lamentó del matrimonio y se convirtió en defensor del divorcio, la pareja se mantuvo unida y sobrevivieron tres de sus hijos. Tras la muerte de Mary en 1652, Milton se volvió a casar, pero enviudó de nuevo en 1658. Había quedado totalmente ciego y tenía que dictar sus obras a un amanuense. Escribió dos sonetos profundamente sentidos como reacción a sus desgracias: «Sobre su ceguera» y «Sobre su esposa muerta», mención a un sueño en que recuperaba temporalmente a su segunda esposa muerta y su vista. Milton se casaría por tercera vez en 1662 con Elizabeth Minshull, una mujer 30 años más joven que él.

Desde finales de la década de 1650, se dedicó a escribir su poema épico *El paraíso perdido*, una amplia visión cosmológica que abarca desde la revuelta de Satanás contra Dios a la caída de Adán y Eva. Publicado en 1667, constaba de más de 10 000 versos en un estilo elaborado, con influencias latinas. En sus últimos años, escribió *El paraíso recobrado*, una réplica a su anterior epopeya, y una tragedia, *Sansón agonista* (ambos de 1671), una poderosa evocación de la ceguera y la esclavitud.

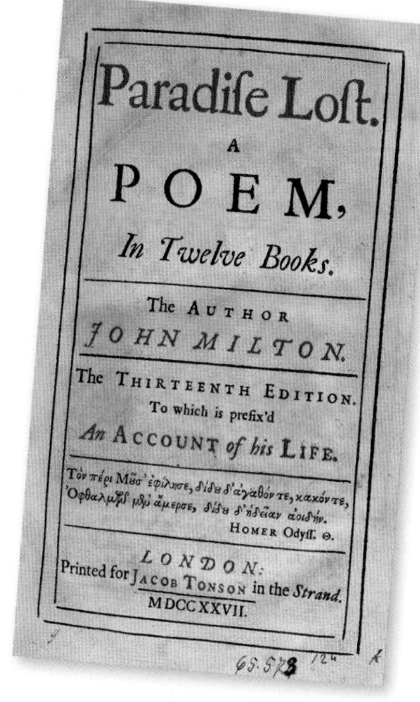

Paradiſe Loſt.

A

POEM,

In Twelve Books.

The AUTHOR

JOHN MILTON.

The THIRTEENTH EDITION.

To which is prefix'd

An ACCOUNT *of his* LIFE.

Τὸν περὶ Μοῦσ᾽ ἐφίλησε, δίδου δ᾽ ἀγαθόν τε, κακόν τε,
Ὀφθαλμῶν μὲν ἄμερσε, δίδου δ᾽ ἡδεῖαν ἀοιδήν.

HOMER Odyſſ. θ.

LONDON:

Printed for JACOB TONSON in the *Strand.*

MDCCXXVII.

△ **PRIMERA EDICIÓN**

La primera edición de *El paraíso perdido* tuvo un reducido número de lectores, en parte debido a las opiniones políticas y religiosas de Milton. Abordaba temas tan profundos como la caída del hombre, el bien y el mal, y la relación entre libre albedrío y autoridad.

▷ **ESTUDIO DE MILTON**

El estudio de Milton se encuentra en su casa del pueblo de Chalfont S. Giles, Buckinghamshire. En él escribió su obra maestra *El paraíso perdido*.

Molière

1622-1673, FRANCÉS

Molière es considerado el mejor dramaturgo cómico de Francia. Destacó en todos los aspectos: tuvo su propia compañía, escribió, produjo y dirigió sus propias obras, e incluso actuó en ellas.

Jean Baptiste Poquelin nació en París, hijo de un tapicero real. Fue educado en el Collège de Clermont, una famosa escuela jesuita, y luego comenzó a estudiar derecho. Su padre consiguió para él un puesto como tapicero real en la corte, pero sus planes fracasaron, pues, en 1643, el joven anunció que renunciaba a su trabajo y a sus estudios de derecho para dedicarse a formarse como actor.

No está claro qué alimentó su interés por el teatro. Quizá le influyeron las comedias y tragedias latinas que se representaban en su escuela, o puede que le introdujera en el teatro su amor por Madeleine Béjart, una actriz cuatro años mayor que él, que se convirtió en su amante. Ambos trabajaron para la misma compañía, Illustre Théâtre, que comenzó a actuar en una pista de tenis adaptada en París. Al cabo de un año, Poquelin ya era el director del grupo y adoptó el nombre artístico de Molière.

Los primeros trabajos de la compañía fracasaron y al cabo de unos meses surgieron dificultades financieras que casi llevaron a Molière a la cárcel por deudas. Abandonaron París y pasaron los siguientes 13 años de gira por provincias. Esto permitió al dramaturgo en ciernes aprender su oficio lejos de la crítica. La compañía representaba un repertorio mixto de comedias y tragedias populares, y las propias obras de Molière. Algunas de estas eran adaptaciones de piezas de la *commedia dell'arte* (ver recuadro, abajo) y otras se centraban en la sátira social, elemento que iba a convertirse en su marca personal.

Éxito en la corte

El éxito le llegó a Molière con la representación de una de sus comedias (ahora perdida) en el Louvre ante la corte en octubre 1658. Se ganó el favor del hermano del rey, que le aseguró una base en la capital y que compartió con el actor italiano Tiberio Fiorillo. Durante la siguiente década, Molière produjo sus mejores obras, que incluían, entre otros, elementos de la farsa italiana. Perfeccionó la comedia costumbrista satirizando a grupos sociales, como las mujeres convencionales (*Las preciosas ridículas*) y los aspirantes a caballeros (*El burgués gentilhombre*), y creando personajes complejos en que se mezclaban la comedia bulliciosa con ideas profundas. Algunas de sus creaciones cómicas más populares se basan en personajes excéntricos con obsesiones patológicas, como las de un avaro (*El avaro*) y un desesperado hipocondríaco (*El enfermo imaginario*).

Relaciones escandalosas

Las obras de Molière se hicieron inmensamente populares, pero su carrera no estuvo exenta de controversias. Su matrimonio con Armande Béjart fue un escándalo (se rumoreaba que era hija de una antigua amante) y su estudio de la hipocresía religiosa (*Tartufo*) fue prohibido y no pudo representarse durante algunos años. Molière, sin embargo, continuó actuando hasta el final. Irónicamente, murió tras aparecer en una representación de *El enfermo imaginario*.

LE
TARTVFFE,
OV
L'IMPOSTEVR,
COMEDIE.
PAR I. B. P. DE MOLIERE.

Imprimé aux despens de l'Autheur, & se vend
A PARIS,
Chez IEAN RIBOV, au Palais, vis-à-vis
la Porte de l'Eglise de la Sainte Chapelle,
à l'Image S. Loüis.
M. DC. LXIX.
AVEC PRIVILEGE DV ROY.

△ ***TARTUFO***
El *Tartufo* de Molière se representó por primera vez en 1664 y el manuscrito fue publicado cinco años después. Toda la obra está escrita en versos pareados de doce sílabas.

▷ ***MOLIÈRE COMO CÉSAR***
Molière solía representar el papel principal en las producciones teatrales de su compañía. Este retrato de Nicolas Mignard lo muestra como Julio César en la obra *La Muerte de Pompeyo* de Pierre Corneille.

CONTEXTO

La *commedia dell'arte*

Molière siempre reconoció su enorme deuda con la *commedia dell'arte*. Esta forma de teatro se originó en Italia en el siglo XVI y se popularizó en Francia y otros países de Europa. Los actores, enmascarados y disfrazados, no seguían un guion preestablecido, sino que improvisaban sus actuaciones en escenarios imprevistos, intercalando una variedad de *lazzi* (rutinas cómicas). Molière pudo observar a los italianos de cerca cuando compartieron un teatro en París. Se inspiró en sus numerosos personajes (el viejo codicioso, el marido celoso, el criado astuto) y tomó prestados muchos de sus giros cómicos.

ESCENA DE LA *COMMEDIA DELL'ARTE*

Aphra Behn

1640-1689, INGLESA

Behn es reconocida como una de las primeras mujeres de su país en ganarse la vida escribiendo. Se dedicó a la ficción, al teatro y a la poesía, e influyó en el desarrollo de la novela. También fue espía del gobierno.

△ **TEATRO DE DORSET GARDEN**
Muchas obras de Behn se estrenaron en el Teatro Dorset Garden de Londres (también llamado Teatro del Duque), construido en 1671. Behn vivía en las proximidades, cerca de su amigo, dramaturgo y poeta John Dryden.

Con la rápida expansión del Imperio y de las exploraciones en el siglo XVII, creció el interés de los británicos por leer sobre tierras lejanas, relatos que formaron parte del «mito emergente del Imperio». Así pues, quizá no sorprenda que en este contexto la novela *Oroonoko*, una historia de esclavos ambientada en Surinam y con una visión del «buen salvaje» como tema central, tuviera un gran éxito al publicarse en 1688. Lo más notable es que fue escrita por Aphra Behn en un momento en que las voces de las mujeres estaban ausentes de la esfera pública. Pese a su declaración de que la suya es «solo una pluma femenina» al principio del texto, al final del mismo hace un alegato sobre el estatus de su autoría: «Espero que la reputación de mi pluma sea suficientemente considerable como para que su glorioso nombre sobreviva a través de los tiempos».

Inicios inciertos

Es probable que naciera en Canterbury con el nombre de Aphra Johnson. En 1663 pasó algún tiempo en Surinam (por entonces colonia inglesa), que más tarde sería escenario de *Oroonoko*, su obra más famosa. Tras su regreso a Inglaterra en 1664, se casó con Johan Behn, comerciante de origen alemán u holandés, pero el matrimonio duró poco. En 1665, fue reclutada como espía por el gobierno y enviada a los Países Bajos (ver recuadro, abajo).

Producción versátil

Behn practicó todos los géneros y usó una amplia gama de temas, desde el amor, el matrimonio, la prostitución y la sexualidad, a las clases sociales, la política y el mundo brutal de la esclavitud y el colonialismo. Sorprende para la época su discurso sobre el deseo femenino en una canción de su tercera obra, *El amante holandés* (1673), y el análisis de los roles de género en el poema «La decepción» (1680). Entre 1670 y 1688, se representaron 19 obras suyas (tanto comedias como tragicomedias).

Aunque en vida fue reconocida como escritora importante, la popularidad de Behn desapareció durante dos siglos después de su muerte porque su trabajo era considerado indecente. Además, el hecho de que fuera mujer dificultó un análisis serio de sus textos. Pero aparte del ingenio y brillantez de muchas de sus obras de teatro, poemas y relatos cortos, *Oroonoko* es considerada una de las primeras novelas y una de las obras que más influyó en el desarrollo del género. Precedió al *Robinson Crusoe* (1719) de Defoe, etiquetada como la primera novela inglesa. En años recientes, la obra de Behn ha atraído un renovado interés y popularidad.

Behn murió en 1689 y fue enterrada en la abadía de Westminster. Dos siglos y medio más tarde, la famosa escritora y líder feminista Virginia Woolf le rindió homenaje en *Un cuarto propio* (1929): «Todas las mujeres juntas deberían ir a lanzar flores sobre la tumba de Aphra Behn, pues fue ella quien les enseñó que tenían derecho a permitir que sus mentes hablasen».

◁ ***APHRA BEHN*, c.1670**
Behn se hizo famosa en vida, sobre todo por sus obras «escandalosas» y su verso homoerótico. Este retrato fue pintado por sir Peter Lely, artista de origen holandés que fue pintor de la corte inglesa.

CONTEXTO

Agente secreto

De 1665 a 1667, ingleses y holandeses estuvieron en guerra por las rutas comerciales. Behn, conservadora y monárquica, fue reclutada como espía por el gobierno de Carlos II y enviada a Amberes con la misión de descubrir cualquier complot para atacar Inglaterra o desestabilizar el gobierno. Utilizando los nombres clave «160» y «Astrea», enviaba informes al Home Office. En uno de ellos alertaba de un plan holandés para enviar una flota al Támesis. A su regreso a Londres en 1667, Behn no pudo pagar los gastos en que había incurrido en el servicio a la Corona y fue enviada a la cárcel. Tras ser liberada, se dedicó a escribir para ganarse la vida.

EL EENDRACHT Y UNA FLOTA DE BUQUES DE GUERRA HOLANDESES, LUDOLF BACKHUYSEN, c. 1665

Matsuo Bashō

1644-1694, JAPONÉS

Bashō, el poeta más famoso de Japón, llevó el haiku a una forma artística sublime. Se trasladó de los círculos literarios urbanos a un entorno rural en busca de una experiencia espiritual en que arraigar su poesía trascendental.

Nacido con el nombre de Matsuo Munefusa en Ueno, cerca de Kioto, Bashō era el segundo hijo de un samurái de poco rango que murió cuando su hijo tenía 12 años. Seis años más tarde, Basho entró al servicio de un general samurái como paje de su hijo, Tōdō Yoshitada. El amor a la poesía unió a ambos jóvenes, y Bashō publicó su primer poema conocido en 1662 con el seudónimo de Sōbō. Tras la temprana muerte de Yoshitada en 1666, abandonó el servicio de su noble patrón y vivió una temporada en Kioto.

En la década de 1670 estableció su reputación como escritor compilando antologías de poesía como *El juego de la concha marina* (1671). A los 28 años se trasladó a Edo (actual Tokio) donde trabajó en el departamento de obras hidráulicas mientras continuaba escribiendo con el seudónimo de Tōsei. En esa época, su estilo poético predominante era el satírico *haikai no renga* (ver recuadro) compuesto de forma colectiva. Los poetas se reunían para escribir versos cortos que formarían un poema largo de estructura tradicional. En Edo, Bashō ingresó en la escuela de poesía Danrin dirigida por el prestigioso poeta Nishiyama Sōin.

Viajes espirituales

Hacia 1680, Bashō se había convertido en un respetado maestro de escritura, pero no se sentía satisfecho y empezó a estudiar budismo zen. En 1680 se trasladó del bullicioso Edo a una pequeña cabaña en las afueras de la ciudad. En esta época comenzó a escribir con el nombre de Bashō (que significa «bananero») y su poesía devino más innovadora y de tono más oscuro. A finales de 1682, se vio afectado por el incendio de su cabaña y la noticia de la muerte de su madre. Se quedó a vivir en la provincia de Kai con unos amigos, intensificó sus estudios zen y hacia 1684 empezó a recorrer el país en busca de inspiración. El resultado de sus viajes a pie fue *Diario de una calavera a la intemperie*, escrito en forma de *haibun*, una combinación de prosa y poesía.

En 1689, Bashō emprendió un viaje de 2000 km que se convirtió en el tema principal de su obra maestra *Sendas de Oku*. Junto con su compañero, Sora, exploró el remoto y accidentado interior del norte del país en un viaje tanto espiritual como físico. Junto a un campo de batalla escribió: «Hierba de verano / lo único que queda / de los sueños de los guerreros». En un tormentoso interludio mostró su irónico y terrenal sentido del humor: «Pulgas, piojos / y un caballo que orina / junto a mi almohada».

A su regreso a Edo en 1691, Bashō se vio nuevamente inmerso en la vorágine de la vida de un poeta en contra de su deseo de soledad. Fue entonces cuando formuló el concepto de «levedad» que dominaría el resto de su poesía.

En 1694 emprendió el que sería su último viaje. Murió de una dolencia intestinal en Osaka a los 50 años rodeado de sus discípulos. Su último haiku fue: «En un viaje, enfermo / mis sueños vagan / sobre un páramo marchito».

▽ **INSPIRACIÓN EN LA NATURALEZA**
Bashō viajó por el norte de Japón. Su poesía se inspiró en su experiencia directa con la naturaleza, como la quietud de las piedras y el movimiento del agua.

FORMA
Haiku

Al principio del largo y entrelazado verso *haikai* en el que Bashō tanto sobresalió había una estrofa de tres versos de 17 sílabas (5-7-5) llamada *hokku*. Bajo la influencia de Bashō, el *hokku* adquirió importancia por derecho propio. Más tarde se conocería como haiku, que pretende transmitir la esencia de la naturaleza y contiene una referencia a las estaciones y dos imágenes o ideas paradójicas. Bashō se basó en el budismo zen y en la tradición de la poesía china más introspectiva para elevar el haiku a una forma poética intensamente sonora y sumamente expresiva pese a su brevedad. Su haiku más famoso (1686) es: «Un viejo estanque / una rana salta / el sonido del agua».

UN HAIKU DE BASHŌ GRABADO EN PIEDRA

▷ **PASEOS CONTEMPLATIVOS**
Este grabado en madera del siglo XIX por Tsukioka Yoshitoshi muestra a Bashō en uno de sus muchos viajes hablando con dos hombres al lado del camino.

Daniel Defoe

1660-1731, INGLÉS

Devoto presbiteriano, Defoe fue comerciante, escritor, periodista, espía del gobierno, panfletista y propagandista. Sus obras de ficción tuvieron un impacto cultural inmenso y de largo alcance.

◁ **COMPLOT Y TRAICIÓN**
En este grabado se muestra la ejecución del duque de Monmouth tras su fracasado complot para derrocar a Jacobo II. El duque fue derrotado por las fuerzas del rey en la batalla de Sedgemoor.

Daniel Defoe es conocido por sus panfletos satíricos y como pionero literario, pero su vida personal fue también notable. Nacido en el seno de una familia de comerciantes en St Giles, Londres, seis años antes del Gran Incendio de 1666, al principio se llamaba simplemente Daniel Foe. Más tarde añadió el «De», según se dice para darse un aire de dignidad y aristocracia. Su familia era presbiteriana de origen flamenco, por lo que eran considerados disidentes (fuera de la principal corriente anglicana de la sociedad inglesa, sobre todo de la corte). Se le prohibió el ingreso en las grandes universidades inglesas, por lo que fue educado en la academia para disidentes de Londres dirigida por Charles Morton, que luego fue vicepresidente de la Universidad de Harvard, Massachusetts, Estados Unidos.

◁ **DANIEL DEFOE**
A Defoe le gustaba presumir de su riqueza y dandismo a través de la vestimenta, como se muestra en este temprano grabado del siglo XVIII. Llevaba peluca larga, encajes, volantes y a menudo una espada.

Carrera en los negocios

Defoe parecía destinado al sacerdocio, pero optó por dedicarse al comercio. En torno a la época de su matrimonio en 1684 (tuvo seis hijos con su esposa, Mary), emprendió un negocio de venta de prendas de caballero y, hacia 1690, tenía un próspero negocio de tabaco y vino. Luego amplió sus actividades con empresas más especulativas, como una incursión en el campo de los seguros que le llevó a la quiebra en 1692; tardó la siguiente década en pagar sus deudas.

Al mismo tiempo, Daniel Defoe se mantuvo activamente involucrado en política, escribiendo panfletos a favor de sus creencias disidentes. Cuando el procatólico Jacobo II ascendió al trono en 1685, apoyó la rebelión de Monmouth y pudo evitar por poco su ejecución en este intento de derrocar al rey.

« **La justicia** siempre es **violencia** para la **parte infractora**, pues todo hombre es **inocente** a sus propios ojos. »

DANIEL DEFOE, *EL CAMINO MÁS CORTO CON LOS DISIDENTES*

SEMBLANZA
Guillermo de Orange

Nacido en la República neerlandesa de La Haya, Guillermo (1650-1702) estaba llamado a convertirse en jefe del Estado neerlandés. Fue considerado un héroe protestante cuando expulsó a las fuerzas católicas francesas de su país en 1673. En 1677, se casó con su prima, María, hija de Jacobo, duque de York, y heredero del trono inglés. Cuando Jacobo ocupó el trono en 1685, muchos protestantes ingleses pusieron en entredicho su fe católica y temieron una sucesión católica cuando Jacobo tuvo un heredero en 1688. Los adversarios del rey instaron a Guillermo a invadir Inglaterra. Tras la llegada de sus fuerzas en 1688, Jacobo capituló y Guillermo pasó a gobernar el país junto a su esposa.

BUSTO DE GUILLERMO DE ORANGE (GUILLERMO III) DE CERÁMICA DE DELFT

CONTEXTO

Whigs y tories

La Revolución Gloriosa de 1688, que llevó a Guillermo de Orange al trono inglés, estableció el parlamentarismo como forma de gobierno del país. Las palabras «*whig*» (liberal) y «*tory*» (conservador) hacen referencia a dos facciones opuestas del Parlamento británico en el siglo XVIII. Ambas se refieren a delitos: «*whig*» a un ladrón de caballos y «*tory*» a un delincuente papista. En la época de Defoe, los conservadores *tories* representaban a la aristocracia que hasta hacía poco creía en los derechos divinos del rey y se oponía a la tolerancia religiosa. Los liberales o *whigs* representaban a los terratenientes, que querían mantener la monarquía bajo control, y a las nuevas clases medias.

GRABADO CON CARICATURAS DE *TORIES* (IZQUIERDA) Y *WHIGS* (DERECHA), THOMAS SANDERS, SIGLO XVIII

Sátira y sedición

Defoe era un férreo partidario de Guillermo de Orange, que llegó al trono en 1689. La Revolución Gloriosa de Guillermo, de 1688, supuso la implantación del parlamentarismo en Inglaterra y consolidó la supremacía de la fe protestante, lo que creó un clima de libertad para los Disidentes. Sin embargo, tras la muerte de Guillermo en 1702, la reina Ana, devota anglicana que odiaba a los Disidentes y simpatizaba con los *tories* (ver recuadro, arriba), consiguió hacerse con el trono inglés y recortar las actividades de sus adversarios. Defoe respondió publicando un panfleto titulado «El camino más corto con los Disidentes». En una aguda parodia del pensamiento *tory*, argumentaba que los Disidentes deberían ser eliminados con: «Ahora vamos a crucificar los ladrones».

Cuando se puso de manifiesto la intención satírica del folleto, la clase política dirigente se indignó. Defoe fue acusado de difamación, enviado a la picota tres veces y encerrado en la cárcel de Newgate, donde conoció a Moll King, la inspiradora de su novela *Moll Flanders*. El secretario de Estado, Robert Harley (líder *tory*), vio las ventajas de aprovechar la hábil, astuta e ingenua retórica de Defoe. Lo liberó y lo envió por el país para establecer una red de espías; en Escocia, Defoe incluso sembró la discordia e incertidumbre antes de la votación del Acta de la Unión de 1707, que unió ambos países. A menudo viajaba de incógnito bajo numerosas identidades.

La cuestión de la verdad

Defoe llegó a la ficción a los 57 años con *La vida e increíbles aventuras de Robinson Crusoe*, su obra más famosa. Sus novelas fueron escritas y publicadas como si fueran «verdaderos» relatos autobiográficos: los lectores eran inducidos a creer que Robinson Crusoe y Moll Flanders eran los autores de las respectivas obras. El nombre de Defoe no aparece en ninguna publicación: *Robinson Crusoe*, escrito en el estilo directo de un diario, es atribuido al propio Crusoe, el protagonista de la obra (ver la cubierta en la página siguiente); y la novela *Moll Flanders* dice haberse «escrito desde sus propios recuerdos».

Por otro lado, la novela de Defoe de 1722 *Diario del año de la peste*, que narra las experiencias de un hombre durante la epidemia de peste bubónica de Londres en 1665, fue considerada por sus lectores como una obra de periodismo directo, con Defoe actuando más como editor del libro que como autor del mismo. El texto incluye referencias precisas de fechas y lugares, y reproduce datos sobre las víctimas de la epidemia. Defoe despliega una reconstrucción periodística meticulosa. Sus intenciones parecen haber sido altruistas, como los rumores de la

◁ **LA CASA DE STOKE NEWINGTON**
Como Disidente, Defoe no pudo formar parte de la clase dirigente inglesa. Por ello, tuvo que establecerse a una cierta distancia de Londres, en Stoke Newington.

> « **La naturaleza** ha dejado su **impronta** en la **sangre**, y todos los hombres serían **tiranos** si pudieran. »
>
> DANIEL DEFOE, *THE HISTORY OF THE KENTISH PETITION*

OBRAS CLAVE

1702
Se publica «El camino más corto con los Disidentes» que le valió la cárcel.

1704
Escribe *La tormenta*, relato de una tormenta que azotó Inglaterra en 1703. Se considera una de las primeras obras del periodismo moderno.

1719
Logra el éxito con la novela *Robinson Crusoe*, a la que siguió *Nuevas aventuras de Robinson Crusoe* el mismo año.

1722
Publica *Diario del año de la peste* bajo el nombre H. F. (iniciales de su tío Henry Foe, que sobrevivió a la peste).

1722
Escribe *Moll Flanders*, novela picaresca sobre los cambios de fortuna de una hermosa mujer nacida en la cárcel de Newgate.

época sobre un nuevo brote de peste venida de Francia. Con la descripción de los hechos con exactitud, Defoe esperaba dar a los lectores una mejor oportunidad de sobrevivir.

La novela moderna

Publicada en 1719, *Robinson Crusoe* es considerado (junto con *Don Quijote* de Cervantes) uno de los primeros ejemplos de lo que ahora se llama novela. Estas obras comparten ciertas características. Por ejemplo, ambas, escritas en prosa, usan la narrativa de ficción y están destinadas a ser leídas de forma individual, a diferencia de la poesía y la prosa épica de épocas anteriores, compuestas para ser leídas en voz alta. Además, fueron escritas para una emergente y culta clase media. A diferencia de los poemas de Milton y del teatro de Shakespeare, sus principales protagonistas ya no son emperadores, reyes o dioses, sino gente común cuyas historias transcurren en situaciones con que los lectores pueden identificarse.

Relatos de las islas

Robinson Crusoe tuvo gran éxito (cuatro ediciones impresas el primer año de publicación), en parte porque narra una historia humana convincente, la de un hombre a la deriva en una isla desierta, luchando contra los elementos y la «mala suerte» para sobrevivir. Algunos críticos han interpretado el texto como una metáfora de la lucha del individuo por la vida. Para otros, la importancia del libro radica en el hecho de que es un producto acrítico de la ideología de una época que llevó a la colonización europea de grandes partes del planeta. La relación entre colonizador y colonizado es representada por la interacción entre Viernes, un habitante local de la isla, y Crusoe, el portador de la «civilización». Con la ayuda de un arma, Crusoe enseña al «salvaje» Viernes a reconocer los caminos del mundo occidental, incluyendo, sobre todo, la sumisión a la autoridad.

En su época, se producían muchos naufragios y derivas, por lo que circulaban relatos sobre experiencias reales. Defoe se habría inspirado en ellos para su libro, incluyendo los de Alexander Selkirk, que pasó años en una isla del Pacífico, y de Henry Pitman, un náufrago que escapó de un penal de una isla caribeña.

Daniel Defoe pasó los últimos años de su vida enfermo, endeudado y escondido de los acreedores. Murió en 1731, al parecer de un derrame cerebral, siete años tras la publicación de su última novela, *Roxana*.

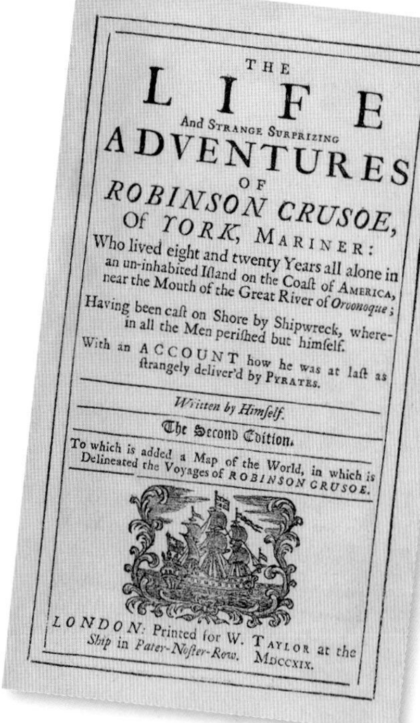
THE
LIFE
And Strange Surprizing
ADVENTURES
OF
ROBINSON CRUSOE,
Of YORK, MARINER:
Who lived eight and twenty Years all alone in an un-inhabited Iſland on the Coaſt of AMERICA, near the Mouth of the Great River of Oroonoque;
Having been caſt on Shore by Shipwreck, wherein all the Men periſhed but himſelf.
With an ACCOUNT how he was at laſt as ſtrangely deliver'd by PYRATES.
Written by Himſelf.
The Second Edition.
To which is added a Map of the World, in which is Delineated the Voyages of ROBINSON CRUSOE.
LONDON: Printed for W. TAYLOR at the *Ship* in *Pater-Noſter-Row*. MDCCXIX.

△ ***ROBINSON CRUSOE*, 1719**
Esta historia de Defoe sobre conquista y supervivencia es uno de los libros más exitosos de todos los tiempos. Solo es superado por la Biblia como obra más traducida del mundo.

▽ **LA ISLA DE ROBINSON CRUSOE**
Esta isla del Pacífico, a unos 650 km al oeste de la costa central de Chile, albergó temporalmente al náufrago escocés Alexander Selkirk, que fue al parecer una de las muchas fuentes de inspiración de la famosa historia de Defoe.

▷ ***SWIFT, DEÁN DE SAN PATRICIO***
Este retrato de Swift de 1718 por Charles Jervas muestra al escritor vestido con atuendos clericales. En la mesa aparecen ejemplares de Esopo, Horacio y Luciano.

Jonathan Swift

1667-1745, IRLANDÉS

Swift fue un destacado escritor satírico cuya prosa refleja su indignación contra la guerra y el imperialismo. Parodió la crueldad y la absurdidad de la humanidad en *Los viajes de Gulliver*.

« La **sátira** es una suerte de **espejo** en el que **quienes miran** generalmente **descubren los rostros de todos** menos el propio... »

JONATHAN SWIFT, *LA BATALLA DE LOS LIBROS*

Jonathan Swift nació tan solo siete meses después de la repentina muerte de su padre, oficial del rey en Dublín. Ante la penuria, su madre, hija de un clérigo inglés, regresó a Inglaterra, y dejó a Jonathan al cuidado de su tío. Fue enviado a Kilkenny School, la mejor escuela de Irlanda, y más tarde se graduó en el Trinity College de Dublín, pese al incumplimiento de sus normativas. Entre 1689 y 1694, Swift leyó vorazmente en la biblioteca de Moor Park, Surrey, donde trabajó como secretario del diplomático sir William Temple. Conoció a Esther Johnson, la frágil hija del ama de llaves, que se convirtió en su amiga y pupila. Tras ejercer como clérigo en Irlanda y estudiar en Oxford, regresó a Moor Park para encontrar que su protegida se había convertido en «una de las mujeres más hermosas, agraciadas y simpáticas de Londres, solo un poco demasiado gorda».

CONTEXTO

Política y religión

Como anglicano, Swift se opuso a los intentos de Jacobo II de restaurar la monarquía católica y apoyó los principios *whig* de libertad civil y religiosa, y de una monarquía bajo control parlamentario. Cambió su lealtad al gobierno *tory* en los tiempos de la reina Ana, pero este se hundió tras la muerte de la soberana, lo que puso fin a sus esperanzas de ascenso en el seno de la Iglesia anglicana. Irónicamente, se convirtió en héroe nacional para los irlandeses (católicos) gracias a sus escritos que enfatizaban el injusto gobierno colonial de Inglaterra.

REINA ANA, MICHAEL DAHL, C. 1714

Cambio de dirección

Llegado a la treintena, Swift publicó una serie de obras satíricas tanto de forma anónima como bajo seudónimo. *Cuento de una barrica* (1704) es una sátira sobre la ética y la moral de la época, y en los panfletos publicados con el seudónimo de «Bickerstaff» (1708-9) demolió la carrera del famoso astrólogo John Partridge por profetizar su muerte. En Londres, fundó el Club Scriblerus con el poeta Alexander Pope y los dramaturgos William Congreve y John Gay. También editó el periódico *The Examiner* y se convirtió en propagandista del gobierno *tory*. Swift aspiraba alcanzar una alta posición clerical en Inglaterra, pero en 1713 fue nombrado deán de la catedral de San Patricio de Dublín.

Mantuvo relaciones con varias mujeres, en particular con Esther Vanhomrigh (apodada Vanessa) que aparece en su poema «Cadenus y Vanessa», pero al mismo tiempo Swift escribía a Esther Johnson (apodada Stella); sus sinceras, tiernas cartas sobre su vida en Londres fueron luego reunidas y publicadas póstumamente como *Diario para Stella*. No está claro si Esther llegó a casarse.

Con la caída del gobierno *tory*, Swift se exilió a Irlanda donde, en 1724, publicó *Cartas del pañero*, un ataque feroz al dominio inglés de los irlandeses, y apenas dos años después *Los viajes de Gulliver*, que fue escrito «para fastidiar al mundo, no para divertirlo». Le siguió: «Una propuesta modesta» (1729), que sugería que los bebés irlandeses podían ser vendidos como manjar y eran el único artículo comercial no restringido por los ingleses.

Hacia 1742, un derrame cerebral le dejó paralizado y sin habla. Murió en 1745, a los 77 años, y fue enterrado junto a Esther Johnson en la catedral de San Patricio. En su epitafio, escrito por él mismo, puede leerse que aquí yace «donde la feroz indignación ya no puede romperle el corazón».

TRAVELS
INTO SEVERAL
Remote Nations
OF THE
WORLD.
IN FOUR PARTS.
By LEMUEL GULLIVER,
first a SURGEON, and then a CAPTAIN
of several SHIPS.
VOL. I.
LONDON:
Printed for BENJ. MOTTE, at the Middle
Temple-Gate in Fleet-street.
M, DCC, XXVI.

△ **PRIMERA EDICIÓN, 1726**

Los viajes de Gulliver narran las aventuras del náufrago Lemuel Gulliver entre liliputienses y gigantes, en una tierra donde caballos civilizados llamados Houyhnhnms controlan a los viles humanos Yahoos. Es una sátira corrosiva de todos los aspectos de la humanidad.

▷ **MOOR PARK, SURREY**

Este dibujo de Charles Herbert Woodbury muestra la casa donde Swift vivió y trabajó de 1689 a 1699. Fue aquí donde comenzó a escribir *Cuento de una barrica*.

Voltaire

1694-1778, FRANCÉS

Voltaire fue el epítome de la Ilustración. Su obra satiriza las supersticiones de la Iglesia católica y el ejercicio arbitrario del poder del Estado, y aboga por la libertad de expresión y la tolerancia religiosa.

François-Marie Arouet, conocido con el seudónimo de Voltaire, nació en París en 1694. Hijo de un notario, fue educado en el prestigioso Collège Louis-le-Grand, donde las estrictas normas de los jesuitas le llevaron más al escepticismo que a la devoción. En su juventud, se alejó de la carrera de derecho a la que parecía destinado y se volcó en el estudio de la literatura.

Voltaire empezó a codearse con los círculos de la élite social, frecuentados por libertinos y librepensadores, y sus audaces y agudos dardos contra las autoridades religiosas y políticas le granjearon muchas simpatías. Sin embargo, en 1717, sobrepasó los límites al calumniar al regente francés y fue encarcelado durante 11 meses. Voltaire se jactaba de que su encarcelamiento en la Bastilla le había dado tiempo para pensar y para escribir su primera tragedia, *Edipo*, que se estrenó en París en 1718, y que le valió elogios y dinero. Le siguió un poema épico, *La Henriada* (1723), basado en el rey Enrique IV y en que denunciaba el fanatismo religioso y la intolerancia.

◁ ***VOLTAIRE CON LA HENRIADA***
En este retrato de 1728, Voltaire sostiene una copia abierta de *La Henriada*, un poema que utiliza un relato sobre el asedio de París para mostrar la situación política de Francia.

Experiencias inglesas

Voltaire se trasladó a Gran Bretaña por una disputa personal con el caballero Rohan, miembro de una poderosa familia noble. Los dos años que pasó en Londres moldearon su pensamiento sobre la tolerancia religiosa, la libertad política y el valor de la ciencia basada en la evidencia. Al regresar a Francia, publicó *Cartas inglesas* (1733), en que criticaba el gobierno, la Iglesia y la sociedad de su país en comparación con las prácticas al otro lado del canal. Estos ensayos fueron denunciados por anticatólicos, y Voltaire tuvo que refugiarse en Suiza, antes de pasar discretamente por Cirey donde vivía su amante, Madame du Châtelet (ver recuadro, derecha).

Escritos satíricos

Voltaire admiraba a Federico II de Prusia como «déspota ilustrado», y a principios de la década de 1750 pasó tres años en su corte en Berlín, antes de salir huyendo por un nuevo escándalo. Se instaló en Ferney, en el sudeste de Francia, con su joven sobrina, Madame Denis, y su amante. Desde allí, lanzó una serie de campañas contra las injusticias religiosas en Francia, como la bárbara tortura y ejecución del caballero La Barre por blasfemia en 1766.

Las obras más leídas de Voltaire en la actualidad son sus *contes*, relatos breves de ficción que satirizan la sociedad contemporánea, entre ellos *Cándido* (1759). En él, Voltaire ataca duramente la idea (atribuida a Leibniz) de que «todo sucede para bien de este, el mejor de los mundos posibles». El libro concluye que la única respuesta sensata a un mundo desordenado es retirarse a «cultivar el propio jardín».

Voltaire murió en 1778, después de su regreso triunfal a París para la representación de la última de sus tragedias, *Irène*.

▽ ***CÁNDIDO*, EDICIÓN DE 1759**
Aunque escrito en estilo ligero e ingenioso, la obra de Voltaire presenta una visión sombría del mundo, dominado por la irracionalidad y la crueldad.

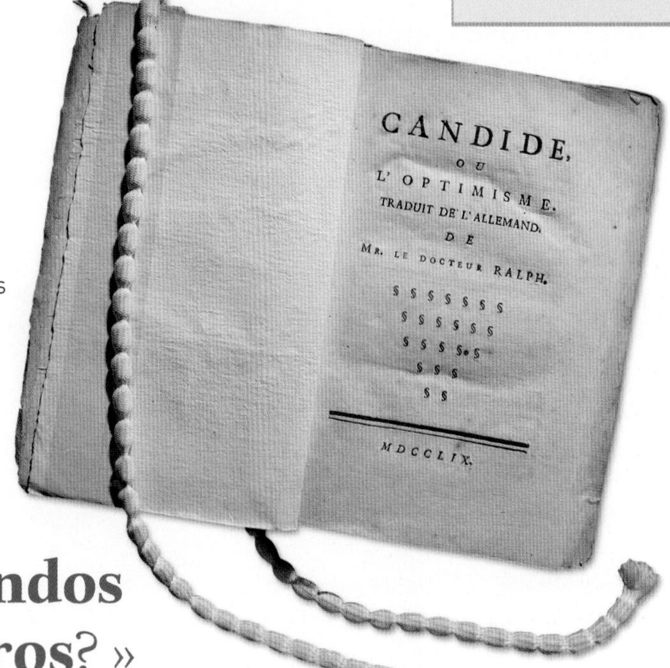
CANDIDE,
OU
L'OPTIMISME,
TRADUIT DE L'ALLEMAND,
DE
MR. LE DOCTEUR RALPH.
MDCCLIX.

SEMBLANZA
Madame du Châtelet

La amante de Voltaire durante 15 años, desde 1733, fue Madame du Châtelet (1706-49). Era una mujer inteligente que escribió obras influyentes sobre física y filosofía de la ciencia. Tradujo al francés *Principios matemáticos* de Isaac Newton, con un comentario que sugería un nuevo enfoque de la mecánica. Voltaire reconoció su contribución en su *Elementos de la filosofía de Newton* (1738). En 1748, tenía un amante más joven y al año siguiente murió de parto.

MINIATURA DE MADAME DU CHÂTELET DE UNA PETACA DE TABACO

« Si **este** es el **mejor** de los **mundos posibles**, ¿cómo serán **los otros**? »

VOLTAIRE, *CÁNDIDO*

Directorio

François Villon

1431-?, FRANCÉS

El poeta francés más famoso de finales de la Edad Media, François Villon, se graduó en la Universidad de París en 1452. Frecuentó malas compañías y, cuatro años después, mató a un sacerdote en el transcurso de una reyerta callejera.

Se vio obligado a huir a París por el robo de unas monedas de oro; tue encarcelado en 1461 y arrestado de nuevo en París en 1462; condenado a la horca, la sentencia fue conmutada por el exilio. No quedan rastros de su vida a partir de 1463. Sarcástica, amarga, divertida, compasiva y autoindulgente, la poesía de Villon habla de pobreza, delito, miseria, del paso del tiempo y de la muerte. A veces utiliza la jerga de los ladrones, pero su obra principal, *El testamento*, tiene una lucidez fascinante. En ocasiones hace referencia directa a su propia experiencia, sobre todo en «La balada de los ahorcados».

OBRAS CLAVE: *El legado (o Pequeño testamento)*, c. 1457; *El testamento*, c. 1461; *La balada de los ahorcados*, c. 1463

Luís Vaz de Camões

1524-1580, PORTUGUÉS

El poeta más famoso de Portugal, Camões llevó una vida aventurera. De joven perdió un ojo luchando contra los musulmanes en Marruecos, y la mayor parte de su vida adulta la pasó en puestos remotos del Imperio portugués, como Goa en la India y Macao en China. Tras muchas vicisitudes, regresó a Portugal en 1570 con el manuscrito de una larga epopeya histórica, *Los lusiadas*. Relato ficticio del viaje a la India del explorador portugués Vasco de Gama, el poema se basa en la experiencia del autor en el transcurso de peligrosos viajes oceánicos y tierras exóticas; la realidad se entrelaza con el mito y los dioses del Olimpo presidiendo el destino humano. Aunque *Los lusiadas* le valió la asignación de una pensión real, pasó sus últimos años en la pobreza. Fue enterrado en una tumba anónima. Sus poemas líricos, incluidos sus emocionales y complejos sonetos, fueron publicados póstumamente.

OBRAS CLAVE: *Los lusiadas*, 1572; *Ritmos*, 1595; *Rimas*, 1598

▽ Torquato Tasso

1544-1595, ITALIANO

Hijo de un poeta y cortesano, Tasso fue un niño prodigio que escribió su primer poema épico, *Rinaldo*, hacia los 18 años. Entró en la corte renacentista de la familia D'Este de Ferrara, donde escribió cientos de poemas de amor a damas de la corte y compuso el drama pastoril *Aminta* para ser interpretado allí. Escrita en los años 1570, su obra maestra fue el poema épico *Jerusalén liberada*; basado en la Primera Cruzada, combina relatos de batallas y asedios con melancólicas historias de amor. Por desgracia, Tasso empezó a perder su estabilidad mental. Las críticas sobre que *Jerusalén liberada* era poco ortodoxa en términos religiosos y literarios contribuyeron a hundirlo en la manía persecutoria y fue encerrado en un manicomio durante siete anos. Liberado en 1586, murió en Roma donde acudió a ser laureado por el Papa como mejor poeta de su tiempo.

OBRAS CLAVE: *Aminta*, 1573; *Jerusalén liberada*, 1581; *El rey Torrismondo*, 1587

△ *TORQUATO TASSO*, AUTOR DESCONOCIDO

Lope de Vega

1562-1635, ESPAÑOL

Uno de los autores más prolíficos del Siglo de Oro español, Lope de Vega era de origen humilde. Abandonó el colegio jesuita y su formación en el sacerdocio para perseguir a una mujer, iniciando una vida tormentosa de amoríos. Había empezado a escribir teatro antes de servir en la Armada Invencible (1588). Convertirse en sacerdote en 1614 no cambió mucho su estilo de vida. Sus obras, incluidas las comedias de «capa y espada» y las piezas históricas, rompían las reglas clásicas para atraer a una audiencia de gente común, usando «el lenguaje de los necios, ya que son ellos quienes nos pagan». Su poesía incluía *La Dragontea* (1598), un poema épico sobre sir Francis Drake, y La *Gatomaquia* (1634), comedia épico burlesca sobre gatos.

OBRAS CLAVE: *El Acero de Madrid*, 1608; *Peribáñez y el comendador de Ocaña*, c. 1609; *Fuenteovejuna*, c. 1613; *El perro del hortelano*, 1613; *El Caballero de Olmedo*, 1620-25; *La Dorotea*, 1632

Christopher Marlowe

1564-1593, INGLÉS

Primer gran dramaturgo isabelino, Marlowe estableció la tragedia como forma suprema del teatro inglés. Su

△ *JEAN DE LA FONTAINE*, HYACINTHE RIGAUD, 1675-85

corta vida estuvo llena de misterio. Hijo de un zapatero de Canterbury y graduado por la Universidad de Cambridge, pudo haber sido espía del gobierno, y su muerte, apuñalado en una taberna, quizá no fuera debida una simple pelea de borrachos.

Escribió para la compañía de teatro The Admiral's Men y creó algunas de las obras escénicas más populares en lengua inglesa. Dominó tanto el verso libre y como la rima. Sus tragedias, como *Tamerlán el Grande* y *Doctor Fausto*, allanaron el camino a William Shakespeare (se cree que colaboró en sus primeras obras). Además de sus tragedias, cabe destacar la composición lírica «El pastor apasionado», así como el poema épico *Hero y Leandro*.

OBRAS CLAVE: *Tamerlán el Grande*, c. 1586-87; *El judío de Malta*, c. 1590; *Doctor Fausto*, c. 1592; *Eduardo II*, 1593

△ Jean de la Fontaine

1621-1695 , FRANCÉS

La Fontaine es conocido por sus Fábulas, ingeniosos relatos en verso. Pasó la mayor parte de su vida en París, donde se asoció con los dramaturgos Racine y Molière, y el crítico literario Boileau. Aunque no le importara el dinero, siempre contó con benefactores. Rara vez veía a su esposa e hijo: en un encuentro con este ya adulto, no le reconoció.

La Fontaine comenzó a publicar ya mayor unos *Cuentos* de versos irreverentes y lascivos. Sus *Fábulas*, basadas en Esopo y otros autores clásicos, tuvieron un éxito inmediato. Entre ellas destacan *La cigarra y la hormiga*, *La zorra y las uvas* y *La liebre y la tortuga*, que, bajo una superficie divertida, incluyen un mensaje social o político. Fascinantes y poco pretenciosas, pero ricas en mensajes morales y psicológicos, sus fábulas todavía hoy hacen las delicias de niños y adultos.

OBRAS CLAVE: *Cuentos y relatos en verso*, 1664, 1666, 1671; *Los amores de Psique y Cupido*, 1669; *Fábulas en verso*, 1668, 1678, 1694

Madame de La Fayette

1643-1693, FRANCESA

La Fayette inició la tradición de la novela psicológica francesa con la historia de amor frustrado *La princesa de Clèves*. Nacida Marie-Madeleine Pioche De la Vergne, se casó a los 21 años con el conde de La Fayette, un oficial 18 años mayor que ella. Tuvo dos hijos, pero abandonó el hogar para unirse a un círculo de intelectuales de París, entre ellos el duque de La Rochefoucauld, famoso por sus perspicaces *Máximas*.

La princesa de Montpensier, un relato de adulterio publicado de forma anónima, le sirvió de modelo para otras obras. *La princesa de Clèves*, una exploración más madura del mismo tema, narra la historia de una entregada esposa cuya vida se ve alterada al enamorarse. La refinada lucidez de la prosa de La Fayette y su fino análisis de la emoción dieron a la novela un éxito inmediato.

OBRAS CLAVE: *La princesa de Montpensier*, 1662; *Zaïde*, 1670; *La princesa de Clèves*, 1678

Henry Fielding

1707-1754, INGLÉS

Famoso sobre todo como autor de la novela cómica *Tom Jones*, Fielding empezó escribiendo obras satíricas para los escenarios de Londres. El endurecimiento de la censura en 1737 puso fin a su carrera como dramaturgo, pero el éxito de la novela de Samuel Richardson *Pamela* en 1740 le indujo a escribir una respuesta paródica, *Shamela*. Le siguió su primera novela larga, *Joseph Andrews*, un relato satírico que describió como «un poema épico cómico en prosa».

Tom Jones continuó el género picaresco. Este cuento de ascenso social está protagonizado por un héroe atractivo, una trama ingeniosamente trabajada y personajes bien definidos. Fielding fue también magistrado y fundador de los Bow Street Runners, el primer cuerpo de policía de Londres. Tras la muerte de su primera esposa, provocó un escándalo al casarse con su criada. Murió en Portugal, donde había ido en busca de una cura para sus dolencias.

OBRAS CLAVE: *Joseph Andrews*, 1742; *La historia de vida del difunto señor Jonathan Wild, el grande*, 1743; *La historia de Tom Jones, expósito*, 1749

Jean-Jacques Rousseau

1712-1778, SUIZO

Conocido por su filosofía igualitaria, Rousseau también fue un precursor del Romanticismo literario. Hijo de un relojero de Ginebra, vivió gran parte de su vida en Francia. Se hizo famoso con su *Discurso sobre las ciencias y las artes* (1750), en que afirmaba que la cultura corrompe la natural bondad de la humanidad. Su creencia de que la igualdad y la libertad forman parte de la condición humana natural culminó en *El contrato social*, con su contundente declaración inicial: «El hombre nace libre, pero en todos lados está encadenado».

La única novela de Rousseau, *La nueva Eloísa*, fue un éxito; sus sensibles descripciones de la naturaleza y elevadas emociones prefiguran una nueva sensibilidad prerromántica. El candor de sus obras autobiográficas, *Ensoñaciones del caminante solitario* y *Confesiones*, ejemplifica su radical creencia en la autenticidad personal y la verdad sobre uno mismo.

OBRAS CLAVE: *Julia, o la nueva Eloísa*, 1761; *El contrato social*, 1762; *Ensoñaciones del caminante solitario*, 1782; *Confesiones*, 1782, 1789

INICIOS DEL SIGLO XIX

CAPÍTULO 2

J.W. von Goethe

1749-1832, ALEMÁN

Maestro de la literatura alemana, Goethe ya había escrito un gran éxito con 25 años. En sus numerosas obras, que incluían poesía, teatro y ficción, trató las contradicciones y complejidades de la experiencia humana.

En agosto de 1831, Johann Wolfgang von Goethe selló el manuscrito de la segunda parte de *Fausto*, con instrucciones para que se publicara tras su muerte. Fue la última obra de una carrera como escritor de más de 60 años y el mayor exponente de un extraordinario cuerpo literario de 40 volúmenes de sorprendente variedad y complejidad. La vida de Goethe transcurrió en una época de guerras y revoluciones que reconfiguraron Europa. Vivió los grandes cambios culturales de la Ilustración, el Romanticismo y el Neoclasicismo. Esta rica diversidad de influencias están reflejadas en la evolución de la obra del autor.

◁ ***GOETHE*, 1828**
Este retrato del escritor a los 70 años es de Joseph Karl Stieler, pintor de la corte de los reyes bávaros.

Familia y educación

Nacido en Frankfurt el 28 de agosto de 1749, Goethe era el hijo mayor de Johann, un hombre culto que vivía bien de su fortuna heredada y de Catharina, hija de una poderosa familia de Frankfurt, más de 20 años más joven que él. La hermana de Goethe, Cornelia, fue la única de sus hermanos en llegar a la edad adulta y los dos siguieron estando muy unidos, hasta la muerte de esta en 1777.

Goethe fue educado en casa por su padre hasta los 16 años, cuando marchó a Leipzig a estudiar derecho. Sus primeros trabajos se alimentaron sobre todo de su apasionado amor por las mujeres inalcanzables. El rechazo de la hija de un posadero, Kätchen Shönkopf, queda reflejado en su pieza teatral *Los cómplices*, pero fue *Las penas del joven Werther* la novela que le hizo célebre. En ella, Goethe cuenta que un joven se suicida tras quedar atrapado en una dolorosa amistad con la mujer que ama y su prometido. La historia se basa en el suicidio de un amigo enamorado, pero también contiene elementos de la relación de Goethe con su hermana Cornelia y su esposo. Publicada en 1774, *Werther* fue un éxito inmediato. Los jóvenes de toda Europa, incluido el propio Goethe, pronto empezaron a vestirse como

◁ **CASA Y JARDÍN DE GOETHE**
Goethe compró esta casa antigua con viñedos cuando llegó a Weimar en 1776. En su vejez, le proporcionó un lugar tranquilo donde trabajar sin ser molestado.

CONTEXTO
Goethe y Schiller

En 1794, Goethe conoció a Friedrich Schiller, el poeta, dramaturgo, filósofo y médico alemán que escribió *Oda a la alegría* (a la que Beethoven pondría música) y cuyo aspecto salvaje y romántico, y actitud escandalosa convirtieron en un héroe de culto. Pese a sus diferentes estilos de vida, ambos se hicieron amigos, escribieron poemas y trabajaron juntos en publicaciones periódicas. Fueron figuras destacadas del clasicismo de Weimar, movimiento que pretendía aportar armonía, equilibrio y un nuevo humanismo a las obras del momento a través de los clásicos griegos.

MONUMENTO A GOETHE Y SCHILLER DE ERNST RIETSCHEL, EN WEIMAR, 1857

« El **comportamiento** es el **espejo** en que cada uno refleja su **imagen**. »

J.W. VON GOETHE, *MÁXIMAS Y REFLEXIONES*

FORMA
Novela de aprendizaje

En *Aprendizaje de Wilhelm Meister*, publicada por primera vez en 1796, Goethe estableció la forma de lo que iba a ser conocido como el *Bildungsroman* o novela centrada en el desarrollo moral del joven. En el relato de Goethe, el sufrimiento y la pérdida llevan al joven Wilhelm a la búsqueda de la realización personal y la sabiduría. El *Bildungsroman* llegó a ser una forma de novela importante, como reflejan *David Copperfield*, de Charles Dickens, y *Siddhartha*, de Hermann Hesse.

EL JOVEN WILHELM REPRESENTADO EN UN GRABADO EN LA NOVELA DE GOETHE

Werther y la oleada de suicidios imitando al personaje produjo gran indignación. El libro se convirtió en un clásico del movimiento alemán precursor del Romanticismo *Sturm und Drang* (Tormenta e Ímpetu). Los autores de esta corriente artística rechazaban el racionalismo de la Ilustración, y escribían novelas y obras de teatro que se caracterizaban por una extremada emoción, una inmensa energía y una gran creatividad.

La corte de Weimar

La fama de Goethe atrajo la atención de Carlos Augusto, duque de Sajonia-Weimar, de 18 años, y en 1776, el escritor fue llamado a la corte para trabajar como su consejero privado. Ambos estaban unidos por los ideales de la Ilustración de tolerancia, igualdad y esfuerzo intelectual. Goethe trabajó en la corte 10 años, convirtiéndose en un experto en impuestos, carreteras, agricultura y minería, mientras ponía orden en los asuntos de Estado.

En 1782, el autor, que actuaba como primer ministro de Weimar, recibió un título nobiliario y pasó a ser Von Goethe y se mudó a una casa grande en Frauenplan, Weimar. Su relación platónica con una mujer mayor y casada, Charlotte von Stein, le trajo tranquilidad, su escritura se volvió más sosegada, se alejó del *Sturm und Drang* y empezó a explorar el humanismo con obras neoclásicas (en prosa) como *Ifigenia en Táuride*. Sin embargo, hacia 1780 sintió que necesitaba contar con nuevas fuentes de inspiración, su poesía no fluía como solía hacerlo antes y se obligó a continuar *La misión teatral de Wilhelm Meister*. Como siempre hacía en los momentos en que se enfrentaba a una sequía creativa, se centró en el estudio científico, pero era cada vez más consciente de que su trabajo en la corte había dejado de ser compatible con su carrera literaria.

En 1786, partió de Weimar para realizar un viaje a Italia que tenía planeado desde bastante tiempo atrás. Allí, Goethe se sumergió en el arte y la arquitectura clásicos durante dos años y regresó totalmente transformado y convencido de las virtudes de la cultura clásica. Cuando volvió tuvo una joven amante, Christiane Vulpius, y escribió una serie de poemas eróticos con métrica clásica, recogidos en las *Elegías romanas*.

Christiane le dio un hogar estable e hijos, aunque solo sobrevivió uno hasta la edad adulta. Con una relación segura y libre de sus funciones en la corte, Goethe se concentró en su poesía. Mientras estuvo en Roma, trabajó en la edición de sus obras completas, terminó una novela, *Egmont*, y empezó *Torquato Tasso*, una tragedia sobre un poeta italiano de finales del Renacimiento. Hacia 1789, ya casi había terminado sus obras completas y al año siguiente publicó el primer fragmento de *Fausto*.

▷ ***GOETHE Y VON STEIN*, c.1790**
Esta acuarela de autor desconocido muestra a Goethe conversando con su amiga y confidente Charlotte von Stein mientras espera a la princesa de Prusia Anna Amalia. Charlotte fue la musa de Goethe, su ideal de belleza femenina. Le escribió unas 1500 cartas.

OBRAS CLAVE

1774
La novela epistolar *Las penas del joven Werther* le hace famoso por toda Europa.

1795
Schiller le convence para que publique *Elegías romanas*, un tributo con gran carga erótica a los poetas latinos de este género.

1810
Goethe publica *Teoría de los colores* en que estudia los colores y su vínculo con las emociones.

1832
Goethe termina *Fausto*, la historia de un culto aristócrata que firma un pacto con el diablo.

◁ **VIAJE A ITALIA**
Goethe tenía casi 40 años, y era ya un famoso escritor, cuando visitó Italia en 1786. Su estancia en Roma, donde se alojó con el pintor Johann Heinrich Tischbein, supuso un renacimiento creativo. El pintor de paisajes alemán Jakob Philipp Hackert plasma aquí una visita al Coliseo.

▽ ***FAUSTO***
La obra más importante de Goethe, *Fausto*, es una versión de una leyenda alemana del siglo XVI. Cuenta la historia de un hombre que, en busca del conocimiento supremo, hace un trato con el demonio Mefistófeles. La obra de Goethe se ha versionado en música, cine y ópera. El compositor Charles Gounod la estrenó en París en 1859.

Campaña militar

En 1792-3 Goethe dejó la escritura al ser convocado por el duque de Sajonia-Weimar para sus campañas contra la Francia revolucionaria. Esta experiencia le confirmó su escaso gusto por el militarismo y por los grandes estados centralizados cuyas autoridades se preocupaban poco por las personas a las que gobernaban. Ya había escrito sobre estos temas en su drama *Götz von Berlichingen* (1773), basado en la vida de este histórico inconformista héroe.

En 1794, Goethe conoció al hombre que mayor influencia tendría en uno de los períodos más productivos de su vida, Friedrich Schiller. Intercambiaron más de 1000 cartas, y su amistad le proporcionó la energía necesaria para terminar algunos de sus mayores éxitos, incluido el poema épico *Germán y Dorotea* para el *Aprendizaje de Wilhelm Meister*, novela que había empezado años atrás, y para terminar la primera parte de *Fausto* .

Cuando Schiller murió en 1805, Goethe quedó muy afligido. Al año siguiente, Weimar fue saqueada por tropas napoleónicas tras la batalla de Jena (octubre de 1806), pero gracias a la rapidez de reflejos de Christiane pudieron salvar la casa de Goethe. Poco después, se casaron, pero el matrimonio resultó ser demasiado compromiso para Goethe, quien se enamoró de una joven llamada Wilhelmina Harzlieb. Una vez más, trasladó su complicada actitud hacia el amor a sus obras. *Las afinidades electivas* (1809) explora el conflicto entre las convenciones sociales y la pasión, y llega a la triste conclusión de que es difícil mantener la moralidad y ofrece escaso consuelo. Sin embargo, decidió no renunciar al amor e intercambió encendidos poemas con una mujer que tenía la mitad de su edad y le pidió matrimonio a una niña de 19 años cuando su esposa falleció en 1816. Él tenía 73.

Últimos años

Goethe dedicó los años finales de su vida a la preparación de una colección de sus obras y en varios volúmenes de la autobiografía que había empezado con *Viaje a Italia* en 1813. Terminó *Fausto*, su trágico drama en dos partes, sobre un hombre que, como el propio Goethe, pasa toda su vida en busca de la esencia de la vida. Con su obra conclusa, murió en el sillón de su casa en 1832.

« El **arte** es largo, la **vida** breve, el **juicio** difícil, la **ocasión** fugaz. **Actuar** es fácil, **pensar** es **difícil**; **actuar** según se piensa es **aún más difícil**. »

J. W. VON GOETHE, *APRENDIZAJE DE WILHELM MEISTER*

William Wordsworth

1770-1850, INGLÉS

Figura clave del Romanticismo inglés, Wordsworth combina alabanzas a una naturaleza mística y la preocupación por la vida de las clases humildes campesinas. Su uso del «lenguaje real de la gente» tuvo gran influencia en la poesía inglesa.

◁ **ESTHWAITE WATER**
Wordsworth pasó largas horas caminando cerca de este lago, que tenía «millas de agradables paseos». Aquí situó «Líneas dejadas sobre un asiento en un tejo», que aparece en *Baladas líricas*.

Nacido en Cockermouth, Cumberland, noroeste de Inglaterra, en 1770, William Wordsworth era hijo del representante legal del conde de Lonsdale, un terrateniente local. Sus padres murieron cuando él tenía 13 años y debía recibir una sustancial herencia, pero, por problemas legales, no lo hizo hasta cumplir los 20. Tenía cuatro hermanos y todos llegaron a puestos relevantes: su hermano mayor se convirtió en un próspero abogado de Londres y otro de ellos logró ser profesor del Trinity College de Cambridge.

Infancia y educación

Su idílica infancia aparece descrita en la parte más célebre de su poema autobiográfico *El preludio* (1805): una escena de patinaje sobre un lago y la escalada por los riscos en busca de huevos de pájaro. Estos hechos sucedieron mientras estaba internado en Esthwaite Water, en el Lake District.

Según él, creció «como un ingenuo salvaje, entregado a la naturaleza y a los libros». Aunque no fue demasiado buen estudiante, tres años en el St John's College de Cambridge le proporcionaron cierta sofisticación.

Aventuras revolucionarias

Al renunciar a una carrera tradicional, Wordsworth entró en una fase experimental de su vida. El estallido de la Revolución francesa en 1789 había encendido los ánimos de los radicales británicos y en 1791-92 Wordsworth hizo un largo viaje a Francia, donde se convirtió al republicanismo revolucionario. Más tarde escribió sobre sus emociones en esta época en los famosos versos: «La felicidad era estar vivo y ver ese amanecer, / pero ser joven era un verdadero paraíso». Pero sus inquietudes no eran solo políticas. Su amante, Annette de Vallon, una realista francesa, estaba embarazada de su hija. Su relación se interrumpió por la guerra entre Gran Bretaña y Francia, y la sangrienta degeneración de la Revolución. Al volver a Inglaterra, Wordsworth perdió contacto con ellas.

En 1793, publicó los primeros poemas, *Un paseo por la tarde* y *Bocetos descriptivos*. Por aquel entonces, reavivó su relación con su hermana Dorothy y volvieron a ser

SEMBLANZA
Dorothy Wordsworth

Descrita por William como «mi hermana del alma», Dorothy Wordsworth (1771-1855) fue la constante compañera de su hermano desde 1795. Su estrecha relación persistió a pesar del matrimonio de Wordsworth en 1802. Siempre a la sombra de su hermano William, nunca desarrolló por completo su propio talento excepcional como escritora. La publicación póstuma de su diario, *Grasmere Journal*, en 1897, reveló que era una gran y audaz observadora de la naturaleza y mostraba cuánto había influido en el trabajo literario de su hermano.

DOROTHY WORDSWORTH

« La **felicidad** era **estar vivo** y ver ese amanecer, pero **ser joven** era un verdadero **paraíso**. »

WILLIAM WORDSWORTH, *EL PRELUDIO*

▷ **WILLIAM WORDSWORTH, 1842**
Este retrato de Wordsworth a los 72 años es de Benjamin Haydon. El escritor aprobó el resultado, describiéndolo como «mi verdadera imagen, no un simple retrato objetivo, sino uno de carácter poético».

△ ***LA TOMA DE LA BASTILLA*, 1789**
A Wordsworth le afectó mucho el fervor desatado por la Revolución francesa. De joven, visitó París poco después del asalto de la Bastilla, un evento descrito en este cuadro de François Léonard.

inseparables. A mitad de los años 1790, sufrió una gran depresión por el curso que tomaba la Revolución francesa, en la que había puesto tantas esperanzas. También se sintió frustrado como autor, ya que no conseguía encontrar quien quisiera representar su obra teatral de carácter histórico *The Borderers*, escrita en 1795-96. En 1797, encontró por fin una salida a su situación a través de su alianza con el poeta Samuel Taylor Coleridge. Ambos vivían en Quantock Hills, Somerset, y compartían su afición por dar largos paseos por el campo, las baladas populares y los debates sobre las limitaciones que presentaba el racionalismo ilustrado.

Fruto de su colaboración con Coleridge son las *Baladas líricas* de 1798, en las que tomó forma la identidad de Wordsworth como poeta, ya que utilizaba un lenguaje poco convencional, jamás usado para expresar las grandes emociones inspiradas por la naturaleza y para contar las historias de los humildes campesinos, cuyos corazones puros creía que revelaban la esencia de la naturaleza humana.

Poetas lakistas

Al entrar en un período de gran creatividad, Wordsworth empezó a trabajar en un poema autobiográfico en verso blanco, *El preludio*, con la intención de que fuera la primera parte de un largo filosófico poema épico, *The Recluse*, que nunca acabó. De estos años también son la *Abadía de Tintern* (1798), que evoca con dignidad trágica la historia de un pastor y su hijo, y los *Poemas de Lucy* (1798-1801), cuyo tema no se ha podido relacionar con ninguna mujer de la vida del autor.

A finales de 1799, Dorothy y William regresaron al Lake District y se instalaron en Dove Cottage en Grasmere. Allí, Wordsworth, Coleridge y Robert Southey formaron el grupo que se conocería como el de los poetas lakistas.

En esta época, Wordsworth escribió algunas de sus obras maestras, como «Resolución e independencia», donde narra un encuentro con un recolector de sanguijuelas, y «Oda a la inmortalidad», que considera la visión del niño superior a la de un adulto. También empezó a escribir sonetos, ya que prefería las formas estrictas de verso y sentía el «peso de demasiada libertad». Son de entonces sus mejores sonetos: «El mundo está demasiado con nosotros», ataque al materialismo, y «Compuesto bajo el puente de Westminster».

△ **ESCRITORIO DE WORDSWORTH**
Aquí se ve el escritorio de Wordsworth, con algunos de sus papeles, en su casa de Cockermouth, Cumberland, en el noroeste de Inglaterra. El poeta nació y vivió en esta casa georgiana durante su infancia.

▷ **DOVE COTTAGE**
Wordsworth vivió de 1799 a 1808 en esta pequeña casa de campo a las afueras del pueblo de Grasmere y escribió en ella muchas de sus mejores obras. Actualmente es un museo.

Facultades menguantes

En 1802, Wordsworth finalmente recibió su herencia y pudo casarse. con Mary Hutchinson, a quien conocía desde la infancia. Tuvieron cinco hijos. Continuó viviendo en Dove Cottage con su hermana, su mujer y su familia hasta 1808. Algunos de sus poemas más conocidos, incluido «El segador solitario» y «Narcisos», son de este período, pero sus facultades menguaban: «La excursión» (otra parte del planeado poema épico *The Recluse*) era inferior al estándar de *El preludio*.

Varias desgracias afectaron al autor. Tras la muerte de su hermano John en un naufragio en 1805, su amistad con Coleridge se terminó porque este estaba cayendo en la adicción al opio. La mala respuesta que obtuvieron los *Poemas* en 1807 (Lord Byron describió su lenguaje como «no solo simple sino pueril») le afectó profundamente y la muerte de dos de sus hijos en 1812 fue para él una gran tragedia.

A partir de 1813, Wordsworth vivió en Rydal Mount cerca de Ambleside. Obtuvo el cargo de distribuidor de sellos para el condado de Westmoreland, que le proporcionaba poco trabajo y seguridad financiera. Por entonces, sus actitudes políticas cambiaron. Aunque había sido espiado por agentes del gobierno como posible subversivo, se había convertido en partidario incondicional de la monarquía y de la Iglesia establecida. Escribía poemas patrióticos alabando las victorias británicas y se oponía a las protestas populares y las reformas políticas. Así, se convirtió en una figura del sistema, ridiculizado por jóvenes poetas románticos como Shelley. Sin embargo, continuó defendiendo a los pobres y marginados, y se opuso con fuerza a las Leyes de Pobres de 1830, que condenaban a las personas desempleadas al asilo para pobres. La inspiración de Wordsworth era cada vez menor y su reconocimiento, mayor. Fue nombrado poeta laureado en 1843. En sus últimos años, mientras Dorothy se vio afectada de senilidad prematura, la hija del poeta, Dora, se convirtió en otra de las mujeres en ocuparse de las necesidades de su padre, antes de escapar para casarse a la edad de 39 años contra los deseos de su progenitor. La muerte de Dora en 1847 supuso la tragedia final para el autor, que murió a los 80 años, el 23 de abril de 1850.

OBRAS CLAVE

1798
Se publica de forma anónima *Baladas líricas*, con poemas de Wordsworth y Coleridge.

1800
Prefacio a baladas líricas es un manifiesto de Wordsworth sobre sus opiniones en poesía.

1802-4
Publica «Oda a la inmortalidad», una reflexión sobre la infancia y la pérdida de la inocencia.

1804
Se publica «Narcisos» que se convierte en el poema lírico más conocido de Wordsworth.

1805
Se publica *El preludio*, primera versión de la autobiografía de Wordsworth en verso blanco.

1814
Se publica *La excursión*, con la intención de ser la primera parte de un poema filosófico más largo, *The Recluse*.

△ **ULLSWATER, LAKE DISTRICT**
La popularidad de los poemas de Wordsworth alentó el turismo al Lake District, que rechazaba. Se opuso a la construcción de un ferrocarril que daría acceso a la región.

◁ **«NARCISOS»**
Copia manuscrita del poema «Narcisos» de Wordsworth, empieza con el famoso verso «Vagué solitario como una nube...», inspirado en una entrada del diario de su hermana Dorothy.

FORMA
Baladas líricas

El poemario *Baladas líricas* (1798), con obras de Wordsworth y Coleridge, fue publicado como contestación a las convenciones poéticas del siglo XVIII: Wordsworth declaró que los poemas deberían ser «considerados experimentos». El radicalismo de sus autores se encuentra en su estilo directo y sencillo y, en el caso de los poemas de Wordsworth, en la elección de temas cotidianos. Algunos de ellos, como «El niño idiota», imita las baladas populares, poemas narrativos tradicionales en estrofas cortas. Al principio, tuvo poco eco en la crítica, aunque ahora se considera una obra capital del Romanticismo inglés.

***SAMUEL TAYLOR COLERIDGE*, PIETER VAN DYKE, 1795**

« ... **la poesía** es el **desbordamiento espontáneo** de **sentimientos** poderosos; tiene su origen en la **emoción recogida** en la **tranquilidad**... »

WILLIAM WORDSWORTH, *PREFACIO A LAS BALADAS LÍRICAS*

Jane Austen

1775-1817, INGLESA

Austen fue una de las mejores novelistas británicas. De una familia rural modesta, retrató la sociedad de su tiempo con gran ironía y perspicacia en la descripción de los personajes.

Jane Austen nació en Steventon, Hampshire, y fue la séptima de ocho hijos. Su padre, George, era el rector de la parroquia del pueblo, y aunque era de una buena familia y se había educado en Oxford, vivía modestamente. Para ganarse la vida, George daba clases a los hijos de algunos de los nobles de la zona, ya que no tenía tierras, arrendatarios ni otros ingresos.

Algunos críticos de las novelas de Austen reprochan su insistencia en el tema del dinero y los parientes ricos y los matrimonios ventajosos, pero estos temas son muy comprensibles. Desde pequeña, Jane habría sido consciente de sus escasas perspectivas. Sin dote, era difícil encontrar un marido adecuado. Además, veía que había formas de escapar al propio destino. Alrededor de 1783, unos parientes lejanos, los adinerados Knight, que no tenían hijos, adoptaron a su hermano Edward. Por entonces, las adopciones de este tipo eran frecuentes. De repente, la fortuna había sonreído a Edward y tenía un estilo de vida y una posición social nuevos. A la joven Jane, este cambio le debió parecer casi mágico, por lo que no es de extrañar que luego intentara proporcionar a las heroínas de sus libros experiencias similares a las del cuento de Cenicienta.

◁ **STEVENTON, HAMPSHIRE**
El padre de Austen fue el rector de esta iglesia de Steventon. Era un hombre tranquilo y erudito que defendía a su hija como escritora.

Vida doméstica

Jane tuvo una infancia feliz. Su hermana mayor, Cassandra, y ella tenían una relación muy estrecha y fueron educadas juntas, primero en el internado de Mrs. Cawley, Oxford, y luego en la Abbey School, Reading.

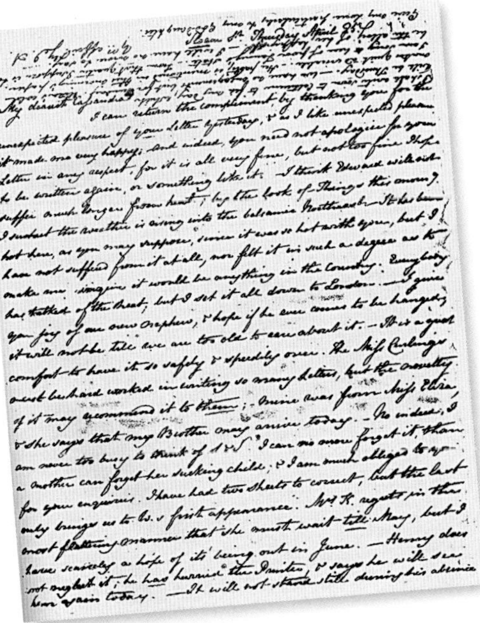

△ **CARTAS A CASSANDRA**
La vida de Austen estaba muy ligada a la de su querida hermana mayor, Cassandra, y le escribía cada vez que se separaban.

Estaban contentas, pero las tasas eran demasiado altas para su padre, y volvieron a casa a finales de 1786. Siguieron siendo confidentes y sus cartas han aportado una inestimable información sobre los puntos de vista e intereses de Jane. Cassandra destruyó muchas de las cartas tras la muerte de Jane, con lo que quedaron muchos huecos sin aclarar en la historia de su vida.

SEMBLANZA
Fanny Burney

Jane Austen fue una novelista pionera, pero no fue la primera mujer británica en dejar huella en este terreno. Fanny Burney (1752-1840) y Maria Edgeworth (1767-1849) ya habían tenido éxito antes que Jane Austen. Admiraba mucho a ambas autoras, pero sobre todo le influyó Burney. De hecho, tomó prestado el título de su novela más famosa, *Orgullo y prejuicio*, de un pasaje de la *Cecilia* de Burney. Esta era la hija de Charles Burney, un distinguido músico, que le dio acceso a un animado círculo cultural que incluía al Dr. Johnson. Austen se sentía atraída sobre todo por los temas de las novelas más conocidas de Burney, *Evelina* (1778), *Cecilia* (1782) y *Camilla* (1796), en las que la autora describía cómo una joven dama se abría camino en sociedad.

FANNY BURNEY, EDWARD FRANCIS BURNEY, 1784-85

« La persona, ya sea **caballero** o **dama**, que **no obtiene placer** de una **buena novela**, debe ser **intolerablemente estúpida**. »

JANE AUSTEN, *LA ABADÍA DE NORTHANGER*

▷ ***JANE AUSTEN*, c.1788**
Se cree que en este retrato anónimo y sin fecha, atribuido a Ozias Humphry, Jane Austen tenía 13 años, aunque recientes estudios cuestionan su origen.

△ **PRIMERA EDICIÓN**
Orgullo y prejuicio, de Austen, ha sido constantemente reimpresa desde la primera edición de 1813. Es una de las obras más populares en inglés, con más de veinte millones de ejemplares vendidos en todo el mundo.

A partir de 1786, Jane se quedó en casa con su familia, escarbando en la biblioteca de su padre para completar su educación literaria. La vida pocas veces era aburrida. A su hermano mayor, James, le encantaba organizar representaciones teatrales para aficionados, amigos y familiares que les visitaban con frecuencia, mientras ella tocaba el piano. Más aún, empezó a escribir. A los 12 años, comenzó a llenar de historias y poemas los tres cuadernos que le había regalado su padre. Este conjunto de volúmenes, conocido hoy como *Juvenilia*, ponen en evidencia la gran lectora que era Jane, sobre todo de autores como Samuel Richardson y Henry Fielding.

La forma epistolar

1793 es la fecha final de sus relatos de juventud. A partir de entonces, Austen empezó a trabajar en sus novelas, aunque pasarían años antes de que se publicaran. Al principio, prefería escribir en formato epistolar, es decir, contar toda la historia a través del intercambio de cartas entre los personajes principales. También usó otras fuentes de documentación, como diarios y revistas. Austen escribió *Elinor y Marianne* (una versión temprana de *Sentido y sensibilidad*) con este formato y existen indicios de que una primera versión de *Orgullo y prejuicio* también lo estuviera.

Las novelas epistolares fueron muy populares en el siglo XVIII. En Inglaterra, las difundió Samuel Richardson, uno de los autores favoritos de Jane. Este escritor utilizó la técnica con gran eficacia en sus novelas más conocidas, *Pamela*, de 1740, y *Clarissa*, de 1749.

A finales de siglo, la novela epistolar dejó de estar de moda, y por ello Austen abandonó el formato. En su lugar, decidió escribir en una forma narrativa completamente nueva, que los críticos llaman «estilo indirecto libre». Es una variante de la narración en tercera persona, pero que incorpora la esencia del discurso en primera persona, ya que el narrador introduce los pensamientos o el discurso del personaje sin la necesidad de utilizar expresiones como «ella dijo» o «ella pensó».

Nueva técnica

Austen usó su nueva técnica de fusionar el narrador y el personaje con gran sutileza. En *Emma*, por ejemplo, donde la heroína malinterpreta de manera continuada las intenciones y los sentimientos de sus amigos, Austen se burla del lector al usar al narrador para contarle los delirios de Emma como si fueran hechos. El lector no puede estar seguro de cual es en realidad la situación hasta que Emma se da cuenta de que está enamorada de Mr. Knightley. Austen también usó el estilo indirecto libre en un sentido más físico, como si el narrador estuviera dentro del cuerpo del personaje. Así, en *Persuasión*, uno de los personajes femeninos baja los ojos y hace una reverencia a un caballero; el narrador solo cuenta lo que se puede escuchar excluyendo lo que el personaje no ve.

Editores reacios

Como mujer, a Austen le resultó difícil publicar. En 1797, su padre estaba tan entusiasmado con *Primeras impresiones* (versión inicial de *Orgullo y prejuicio*) que escribió al editor Thomas Cadell para pedirle que leyera el manuscrito. Cadell declinó. A la escritora no le fue mucho mejor.

CONTEXTO
Bath

La familia Austen vivió en Bath durante cinco años (1801-6). A Jane no le gustaba mucho la ciudad, que ya no estaba de moda, pero sin duda le ofrecía mucho material para sus novelas, que a menudo usaba de detonante en sus tramas. En la estricta sociedad de la época, a menudo era difícil conocer a las personas apropiadas, pero, en Bath, los encuentros eran más fáciles. Por las mañanas, las capas más altas de la sociedad se reunían en el *Pump Room* para tomar las aguas, y por la noche había bailes y conciertos en las *Assembly Rooms*, eventos sociales supervisados por el maestro de ceremonias.

ROYAL CRESCENT, BATH (GRABADO), JOHN HILL, 1804

« Es una **verdad** universalmente reconocida que el **hombre soltero** poseedor de una **buena fortuna** debe **tomar esposa**. »

JANE AUSTEN, *ORGULLO Y PREJUICIO*

△ **CASA DE CAMPO EN CHAWTON**
Austen vivía en esta casa en Hampshire con su madre, su hermana Cassandra y su amiga Martha Lloyd. Estaba cerca de la gran casa del adinerado hermano de Jane, Edward Austen Knight, y lo visitaba con frecuencia.

En 1803, vendió *Susan* (luego publicada como *La abadía de Northanger*) a la editorial Crosby & Co. por 10 libras. Fue su primera gran novela, una suave sátira sobre el terror gótico de moda en la época. El editor no hizo nada con el manuscrito y, en 1816, el hermano de Austen, Henry, volvió a comprar los derechos. La autora no la vio publicada en vida.

Estancia en Bath

En 1801, el padre de Austen dejó la rectoría y la familia se mudó a Bath. Allí, Austen tuvo una experiencia que bien podría haber salido de una de sus novelas. En diciembre de 1802, Harris Bigg Wither, el hermano de un amigo de Austen, le propuso matrimonio. Ella aceptó de inmediato, pero a la mañana siguiente cambió de opinión. Se ha especulado mucho sobre sus razones, pero sigue sin haber respuestas. Tal vez, a diferencia de sus heroínas, valoraba demasiado su independencia para cambiarla por seguridad económica.

El padre de Austen murió en 1805 y la familia se vio obligada a abandonar Bath. Carecían de dinero, pero Edward Austen Knight les ofreció vivir en una de sus propiedades, una casa de campo en Chawton, Hampshire. Fue aquí donde la carrera de Jane Austen acabó por despegar. En 1811, *Sentido y sensibilidad* se convirtió en su primera novela publicada, Obtuvo críticas positivas y se vendió bien. Apareció con autoría anónima (con la anotación «por una dama»), práctica común de las escritoras de la época, aunque en los círculos literarios, la identidad de Austen era un secreto a voces. Pronto ganó muchos admiradores, como el escritor sir Walter Scott y el príncipe regente, el futuro Jorge IV, quien le pidió que le dedicara *Emma*. Lo hizo sin mucho entusiasmo y, en 1815, recibió una invitación para visitar la biblioteca de Carlton House, donde vivía el príncipe.

Austen no tuvo mucho tiempo para disfrutar de sus éxitos y reconocimiento público. En 1816, empezó a sufrir una misteriosa enfermedad, conocida actualmente como enfermedad de Addison. Murió al año siguiente y fue enterrada en la catedral de Winchester.

▷ **CAJA DE ESCRITURA**
La caja de escritura portátil de Austen fue un regalo de su padre cuando tenía 20 años. Ahora se exhibe en la British Library de Londres.

OBRAS CLAVE

1803
Vende a un editor *La abadía de Northanger*, su primera gran novela, publicada en 1817.

1811
Se imprime *Sentido y sensibilidad*, una vez retocado el original, escrito en forma epistolar.

1813
Se publica *Orgullo y prejuicio*. Empezó la novela en 1796, pero se rechazó y Austen la revisó en 1811-12.

1814
Se publica *Mansfield Park*. Los críticos están divididos, pero el libro es popular entre el público y se vende muy bien.

1815
Se publica *Emma*. La autora describe a Emma como una «heroína que solo a mí me gustará mucho».

1817
Persuasión, la sombría novela final de Austen, escrita cuando la salud ya le fallaba, se publica póstumamente.

Mary Shelley

1797-1851, INGLESA

Uno de los mayores exponentes de la novela gótica, Mary Shelley se hizo famosa por su icónica historia de terror, *Frankenstein*. También destacó como ensayista y escritora de cuentos y viajes.

La introducción de Mary Shelley a la edición de *Frankenstein* de 1831 ofrece una sobrecogedora descripción de la génesis de su obra maestra. En junio de 1816, ella y su futuro marido, Percy Shelley, habían estado viviendo con Lord Byron y su amigo médico John Polidori, en Villa Diodati, a orillas del lago Leman. Una noche se desató una violenta tormenta eléctrica y estuvieron leyendo hasta el amanecer historias de terror alemanas a la luz de las velas. Luego, decidieron competir para ver cuál de ellos podría escribir la mejor historia de terror. Dos obras clásicas surgieron del concurso, *El vampiro* de Polidori y *Frankenstein* de Mary Shelley.

Mary Shelley era hija de William Godwin, un filósofo y novelista radical, y Mary Wollstonecraft, gran luchadora por los derechos de la mujer, que escribió *Vindicación de los derechos de la mujer*, un texto emblemático del movimiento feminista. Mary empezó a escribir muy pronto y le gustaba mezclarse con los amigos literatos de su padre, entre los que se encontraba el poeta Percy Bysshe Shelley. La pareja se conoció en 1812 y se enamoraron. Su lugar de encuentro favorito era junto a la tumba de la madre de Mary, que murió 11 días después de su nacimiento.

◁ ***MARY SHELLEY*, 1840**
Mary Shelley, retratada aquí por Richard Rothwell, nunca repitió el éxito de su primera novela, pero siguió escribiendo y su reputación literaria creció.

Subvertir la naturaleza

Con 16 años, Mary se fugó con Percy a Francia y se formó un gran escándalo. Se casaron en 1816, cuando ya tenían dos hijos ilegítimos.

En estas circunstancias, Mary Shelley escribió *Frankenstein*. La novela pretendía sacar el mayor rendimiento posible de la moda por el terror gótico, centrándose en lo siniestro y lo macabro. Sin embargo, el relato, y en especial su completa reelaboración del tema de la monstruosidad, va más allá del género y se basa en los debates científicos, sociales y políticos de la época, como el de los orígenes de la vida; la religión frente a la ciencia; la maldad y el papel del entorno y la educación en la formación del carácter. Para la creación del monstruo se inspiró en los experimentos del galvanismo de fines del siglo XVIII, que usaban electricidad para mover los músculos de un animal disecado.

En décadas recientes, el libro de Mary Shelley ha generado importantes debates feministas sobre las consecuencias para las mujeres de que los hombres asuman el control total; la manipulación y la violación de las leyes de la naturaleza, y la búsqueda por parte del hombre de la eliminación de la mujer del acto de creación.

Frankenstein fue un éxito inmediato. Tuvo varias reediciones y hubo varias adaptaciones teatrales. Pero el triunfo de Mary Shelley estuvo marcado por la tragedia. En 1824, era la única superviviente de esa noche tormentosa en Ginebra. Polidori se suicidó en 1821, Byron falleció en la guerra de independencia griega (1824) y Percy murió en un accidente de navegación en 1824. Mary Shelley continuó escribiendo: *El último hombre* (1826), considerada la mejor de sus últimas novelas, o el relato «Transformación» (1831).

◁ **VILLA DIODATI, 1833**
Este grabado, a partir de un dibujo de William Purser, muestra la villa donde se hospedaron Lord Byron y John Polidori en 1816. Se cree que las tormentas que inspiraron *Frankenstein* fueron anomalías climáticas causadas por la erupción del Monte Tambora en 1815.

CONTEXTO
Frankenstein y el cine

La gran fama de *Frankenstein* debe mucho a su popularidad entre los cineastas. En la época del cine mudo, James Searle Dawley (1910) y Joseph Smiley (1915) hicieron adaptaciones de la historia, pero la versión clásica es de 1931, dirigida por James Whale. Protagonizada por Boris Karloff, creó una imagen del monstruo que aún hoy es reconocible al instante. El tema ha sido retomado por numerosos directores de todo el mundo. También se ha tratado en tono de comicidad, como en *El jovencito Frankenstein*, de Mel Brooks, y en el musical de culto *The Rocky Horror Picture Show*, con Tim Curry como el Dr. Frank N. Furter.

CARTEL DE *FRANKENSTEIN* CON BORIS KARLOFF, 1931

Lord Byron

1788-1824, BRITÁNICO

Extravagante, librepensador y dandi, Byron encarna el Romanticismo del siglo XIX. Sus rimas inteligentes, su estilo irónico y el uso de un lenguaje de gran belleza lo sitúan entre los más grandes poetas de su época.

George Gordon Byron nació en 1788, hijo del capitán John Byron y su segunda esposa, Catherine Gordon. La familia vivía en Aberdeen, en parte para distanciarse de los numerosos acreedores del padre. A la muerte de este en 1791 siguió la de su tío abuelo, con lo cual el niño se convirtió en el sexto barón de Byron, y heredó Newstead Abbey, una romántica casa gótica en Nottinghamshire.

Byron fue enviado a Harrow School, donde entabló amistad con otros chicos, y también con Mary Chaworth, una prima lejana y un amor temprano. Luego entró en el Trinity College de Cambridge, donde fue más conocido por sus aventuras amorosas y sus frívolas diversiones (el juego y el boxeo), que por sus habilidades académicas.

A los 17 años, Byron produjo su primer volumen de poemas, *Fugitive Pieces*, pero canceló su publicación cuando le dijeron que el contenido era considerado indecente. El primer poemario publicado, *Horas ociosas* (1807), fue criticado en *The Edinburgh Review*, provocando una respuesta de Byron en forma de poema satírico, *Bardos ingleses y críticos escoceses*.

Viajes y problemas

En 1809, los viajes de Byron por Portugal, España, Malta, Grecia y Turquía le inspiraron su primer poema largo, *Las peregrinaciones de Childe Harold*, que narra los viajes de un joven decepcionado, prototipo del «héroe byroniano» (ver recuadro, derecha). La publicación de los dos primeros versos del poema en 1812 dieron fama a Byron y le abrieron las puertas de la sociedad literaria de Londres. Tuvo una aventura con la glamurosa (casada) lady Caroline Lamb y publicó una serie de poemas heroicos situados en un entorno exótico u oriental, que se hicieron populares y rentables, entre ellos *El Giaour* (1813) y *El corsario* (1814). En 1815, Byron se casó con Annabella Milbanke. La pareja tuvo un hijo, pero ella le dejó tras rumores de una relación con su hermanastra Augusta, cuya hija, nacida en 1814, se decía que era suya. Byron se sentía un marginado social y abandonó Inglaterra en 1816, para no volver.

Aventuras italianas y griegas

Byron se quedó en Ginebra con Claire Clairmont y con Percy y Mary Shelley, y se puso a trabajar en *Childe Harold* y en otro poema con un héroe byroniano, Manfredo. Luego se trasladó a Italia. En Rávena, inició una larga relación con Teresa Guiccioli, una joven condesa italiana casada. En Venecia escribió *Beppo*, ambientada en el famoso carnaval de la ciudad. Este fue el poema en que adoptó el estilo irónico, digresivo e ingenioso que marcó su trabajo posterior y su última obra maestra, *Don Juan*, un largo poema compuesto en 16 cantos, que la muerte le impidió completar. El de *Don Juan*, con sus muchos amoríos, era un tema escandaloso, pero el poema fue admirado por el público, así como por numerosos escritores, entre ellos Goethe.

Byron abrazó la causa de la independencia griega de los otomanos y viajó a Grecia, preparado para luchar para «salvar un país». Antes de que pudiera intervenir en la acción, sufrió una fiebre y murió en abril de 1824.

CONTEXTO

Héroe byroniano

La expresión «héroe byroniano» se refiere a una persona temperamental que muestra rasgos de melancolía romántica y crítica con la sociedad. El personaje es para algunos un autorretrato: Byron era un hombre de pensamiento y acción extremos. Escribió: «Soy una mezcla tan extraña del bien y del mal, que sería difícil describirme». Los héroes de varias de sus obras, incluidos Harold Childe, Conrad, de *El corsario*, y Manfredo, conforman el tipo byroniano. Don Juan es una variación posterior del mismo tema, pero más desapegado e irónico y descrito de forma muy humorística.

FRONTISPICIO DE *LAS PEREGRINACIONES DE CHILDE HAROLD* (1825)

◁ ***LA RECEPCIÓN DE LORD BYRON EN MISSOLONGHI*, 1861**
Este cuadro de Theodore Vryzakis muestra a Byron al inicio de su aventura griega en Missolonghi. Su muerte en Grecia lo convirtió en héroe nacional de ese país y promovió a la causa griega en Europa.

▷ ***GEORGE GORDON BYRON*, 1813**
Byron fue un escritor brillante con un carácter temerario. En este retrato de Richard Westall, Byron, con 25 años, exhibe una bella figura romántica.

▷ ***BALZAC*, 1836**
Este retrato del escritor a los 37 años pintado por Louis Candide Boulanger fue un encargo de su amante, Ewelina Hanaska. Muestra a Balzac vestido con la túnica algo monástica que le gustaba llevar en casa cuando escribía.

Honoré de Balzac

1799-1850, FRANCÉS

Balzac pintó un amplio fresco de la sociedad francesa del siglo XIX en novelas y relatos cortos interconectados en *La comedia humana*. Es considerado uno de los fundadores del realismo literario.

« El **secreto** de las **grandes fortunas**... es un **crimen olvidado**, efectuado **con limpieza**. »

HONORÉ DE BALZAC, *PAPÁ GORIOT*

Honoré Balzac nació en Tours, centro de Francia, en 1799. Más tarde añadió el «de» a su nombre arguyendo un falso parentesco con una familia aristocrática. Su padre, un artesano, fue un trepador social que se casó sin amor con una mujer de estatus más alto. De niño, recibió muy poca atención de los padres, y a los ocho años fue enviado a un internado de Vendôme, de donde ni siquiera regresaba a casa en vacaciones. Su novela de 1832 *Louis Lambert* describe esta dura experiencia.

Dificultades tempranas

Afincado en París, donde pasaría el resto de su vida, Balzac trabajó como pasante en un bufete de abogados, una experiencia que le dio una valiosa visión de las pequeñas artimañas y la codicia de los propietarios.

En la década de 1820, tras rechazar la abogacía, luchó para ganarse la vida como escritor. Al principio escribió teatro sin éxito, por lo que pasó a publicar, de forma anónima, obras baratas y comerciales. Sus intentos en el mundo empresarial publicando e imprimiendo fueron fracasos costosos. Al borde de la pobreza, pudo acceder a círculos mundanos a través de aventuras amorosas con diversas mujeres aristocráticas. Su lucha por mantener una apariencia elegante con pocos ingresos le proporcionó temas para novelas como *La piel de zapa* (1831) y *Papá Goriot* (1835).

Retrato de la sociedad

Su primer éxito le llegó en 1829 con la novela histórica *Los chuanes*, que se sitúa en la época de la insurrección realista contra la República. En 1832, año de su célebre novela *El cura de Tours*, concibió el proyecto de plasmar toda la sociedad francesa en una sucesión de novelas, en una obra que llamaría *La comedia humana*, por analogía con la *Divina comedia* de Dante. *Eugenia Grandet* (1833) es un estudio sobre la corrosiva influencia de la avaricia en las relaciones humanas. Otras obras exitosas fueron *Papá Goriot*, *César Birotteau* (1837), los tres volúmenes de *Las ilusiones perdidas* (1837, 1839, 1843), *La prima Bette* (1846) y *El primo Pons* (1847).

Observación del detalle

Las novelas de *La comedia humana* se agrupan en categorías tales como Escenas de la vida provincial, Escenas de la vida parisina y Escenas de la vida privada. Presentan una sociedad abierta a la ambición despiadada, en que el fuerte puede hacer fortuna y el débil hundirse en la miseria. Aunque las tramas de Balzac tienden al melodrama, su obra muestra una impresionante comprensión de la vida en todos los niveles de la sociedad, reflejada en sus exhaustivas descripciones de la ropa y el mobiliario, en detalles precisos sobre la riqueza y las rentas. Los grandes personajes están bien dibujados, y la codicia, la ambición social y las obsesiones sexuales aparecen descritas con cinismo.

A Balzac le movió la constante necesidad de dinero que persistió incluso después de hacerse famoso. Escribía 15 horas al día y su producción era asombrosa. *La comedia humana* comprende unas 90 novelas, relatos cortos y cuentos.

Murió en 1850 a los 51 años, cinco meses después de casarse con la aristócrata polaca Ewelina Hanaska, su amante de toda la vida.

◁ **RETIRO EN EL CAMPO**
Balzac vivía en París, pero a menudo visitaba el castillo de Saché, propiedad de su amigo Jean de Margonne. Escribía en el escritorio de su dormitorio. La casa se conserva como museo.

△ **EL RELOJ DE BALZAC**
Balzac fue un agudo observador de la sociedad. Detalles como la forma y estilo de un reloj de bolsillo, por ejemplo, le permitían juzgar a una persona.

ESTILO
Personajes recurrentes

Una característica innovadora de *La comedia humana* de Balzac es la aparición de un mismo personaje en distintas novelas. Por ejemplo, Rastignac, el ambicioso joven de *Papá Goriot*, también aparece, o se menciona, en otras 17 novelas. Otras figuras recurrentes son el poeta y periodista Lucien de Rubempré, el usurero Gobseck, el villano del inframundo Vautrin y el banquero Nucingen. Una técnica ahora muy usada en cine y en series de televisión, la aparición de unos mismos personajes crea la sensación de una sociedad extensa y estrechamente cohesionada.

EL VILLANO VAUTRIN, ILUSTRACIÓN DE UNA EDICIÓN DE *PAPÁ GORIOT*

Victor Hugo

1802-1885, FRANCÉS

Victor Hugo, destacada figura de la literatura del siglo XIX francés, fue poeta, dramaturgo y novelista, y un activo defensor de los derechos de los pobres y oprimidos.

Nacido en 1802, Victor Hugo fue el tercer hijo de un militar francés, que se había alistado en el ejército para luchar por la causa de la Revolución francesa. Conoció a la madre de Hugo, Sophie Trébuchet, en Bretaña, donde fue enviado a sofocar una revuelta contrarrevolucionaria de católicos realistas. El marcado contraste entre el firme compromiso de su padre con la Revolución y las creencias religiosas y monárquicas de la madre no contribuyeron a crear una familia feliz y estable, y sus padres pronto llevaron vidas separadas.

Algunas de las experiencias tempranas más estimulantes de Victor fueron los viajes con su madre para breves estancias con el padre destinado en España e Italia. El exotismo de España impresionó especialmente al niño, que, ya adulto, reflejaría en obras como *Hernani* (1830) y *Ruy Blas* (1838).

Talento temprano

Hugo y sus hermanos fueron criados sobre todo en París por la madre. Para acabar con la influencia materna sobre ellos, el padre insistió en que fueran a un internado. Pero fue en vano. Los muchachos se educaron en el catolicismo y el monarquismo.

El talento literario de Hugo fue muy precoz. A los 14 años ya había escrito miles de versos y a los 17 fundó con sus hermanos una revista literaria. La madre apoyó plenamente su inclinación por la literatura, resistiendo la presión del padre para que sus hijos escogieran profesiones más lucrativas.

Cuando murió su madre en 1821, Hugo ya estaba enamorado de su futura esposa, Adèle Fouchet. Para ser un candidato digno a su mano, publicó, a los 20 años, su primer poemario, *Odas y poesías diversas*. La pareja se casó en 1822. A partir de entonces, Hugo se reconcilió con su padre, que tuvo una profunda influencia en sus opiniones políticas: abandonó el monarquismo y se convirtió en un admirador de Napoleón Bonaparte, al que su padre había servido.

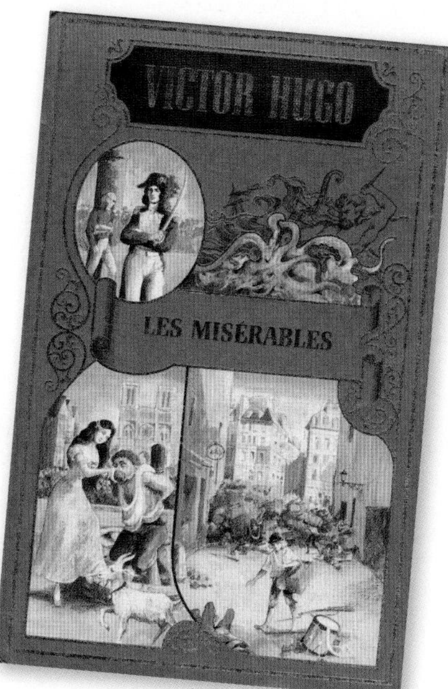

◁ ***LOS MISERABLES***
La obra más famosa de Hugo es una historia de injusticia, heroísmo y amor. Combina una narrativa emocionante con un relato de la turbulenta historia revolucionaria de Francia.

Una revolución romántica

En la década de 1820, Hugo se convirtió en líder del movimiento romántico francés, expresando su anhelo de libertad en la literatura y la política. El prefacio a su drama de versos épicos, *Cromwell*, escrito en 1827, fue un manifiesto del Romanticismo francés, mientras que su colección de poesía de 1829, *Los orientales*, celebraba la lucha de los griegos por la liberación nacional del dominio turco (además de satisfacer el gusto de la época por la sensualidad exótica de un imaginario Este). En el mismo año, publicó la novela *El último día de un condenado a muerte*, una protesta apasionada contra la pena de muerte, y solo un año más tarde, asestó un golpe contra las restricciones de la tradición clásica del teatro francés en *Hernani*, que trajo una libertad shakespeariana a la escena francesa.

Victor Hugo tuvo una fenomenal producción literaria en la década de 1830. Además de la exitosa novela

CONTEXTO
Chateaubriand

Como joven escritor, Hugo veneraba al distinguido anciano François-René de Chateaubriand (1768-1848), considerado el padre del Romanticismo francés. Hugo escribió poemas elogiándolo: «Quiero ser Chateaubriand o nada». Al igual que su ídolo, Hugo combinaba la escritura con una carrera política, pero mientras que este abrazaba la Revolución, Chateaubriand defendía la monarquía católica. Aristócrata, se exilió durante la Revolución y escribió una defensa de la fe católica, *El genio del cristianismo* (1802). Sus obras *Atala* (1801) y *René* (1802) aportaron melancolía y riqueza a la prosa francesa. Su autobiografía, *Memorias de ultratumba*, es considerada su mejor obra.

***CHATEAUBRIAND*, ANNE-LOUIS GIRODET DE ROUSSY-TRIOSON, c.1808**

« En el **siglo XX** la guerra habrá **muerto**, la **monarquía** habrá **muerto** y los **dogmas** habrán **muerto**; pero el **hombre** sobrevivirá. »

VICTOR HUGO

◁ ***VICTOR HUGO*, 1879**
Un envejecido y circunspecto Victor Hugo aparece aquí pintado por Léon Joseph Bonnat. Si no hubiera alcanzado una gran fama como escritor, la habría obtenido como reformador político y social.

△ ***LÉOPOLDINE HUGO,* c.1835**

Esta pintura de la hija de Hugo es obra del poeta y pintor francés Auguste de Châtillon. La muerte de Léopoldine ahogada persiguió a Hugo el resto de su vida y encontró su expresión en poemas elegíacos como el famoso «En Villequier» (1847).

« Es un **consuelo para la humanidad** que el **futuro** sea un **amanecer** y no un **ocaso.** »

VICTOR HUGO, «WILLIAM SHAKESPEARE»

CONTEXTO

Golpes y revoluciones

La Revolución francesa de 1789 inició un siglo turbulento en Francia. Napoleón Bonaparte tomó el poder en un golpe militar en 1799 y se coronó emperador en 1804. Diez años más tarde, se restauró la monarquía. En1830, la Revolución de julio llevó a Luis-Felipe de Orleans al trono, pero en 1848 otra revolución proclamó la Segunda República. Tres años después, un golpe de Estado del sobrino de Bonaparte, Luis Napoleón, estableció el Segundo Imperio. Este régimen, odiado por Hugo, duró hasta la derrota de Francia en la guerra con Prusia en 1870. La Tercera República sobrevivió tras sofocar el levantamiento de la Comuna en París en 1871.

***LOUIS-NAPOLEON,* FRANZ WINTERHALTER, c. 1850**

gótica *Nuestra señora de París* (1831), poemarios como *Las hojas de otoño* (1831) y *Los cantos del crepúsculo* (1835) lo situaron como el mejor poeta lírico de Francia, y la pieza en verso de 1838 *Ruy Blas* resultó ser su mejor obra de teatro.

Vida turbulenta

La vida privada de Victor Hugo resulto ser bastante activa y turbulenta. Tuvo cuatro hijos con Adèle, pero su matrimonio terminó siendo un fracaso. Ella se enamoró del crítico Charles-Augustin Sainte-Beuve, un hombre menos vehemente y refinado que su marido, y Hugo dio rienda suelta a sus efervescentes deseos. Una larga relación con la actriz Juliette Drouet, quien le consagró su vida, no excluyó muchos otros romances, incluida una aventura adúltera con Léonie Biard que acabó con un proceso penal instigado por el marido; Hugo evitó la cárcel pero ella no.

También vivió una terrible tragedia personal cuando su hija favorita, Léopoldine, y su marido murieron ahogados en un accidente, cuando se hundió en el Sena el barco en el que viajaban, en 1843.

Actividad política

Hugo buscó reconocimiento oficial bajo la "monarquía burguesa" de Luis Felipe. Fue elegido miembro de la Academia francesa en 1841 y se le concedió un título de nobleza. Pero, la Revolución de 1848 detuvo su integración en las instituciones (ver recuadro, izquierda). Su implicación en la política había sido, hasta entonces, solo teórica, pero caída la monarquía y establecida la república, se convirtió en portavoz de la libertad y los derechos de la gente común, al tiempo que rechazaba el caos y la anarquía. Cuando Luis Napoleón llevó a cabo el golpe de Estado en diciembre de 1851, que acabó con la República e instauró el Segundo Imperio, Hugo se puso al lado de la gente que protestaba en las calles. Al encontrarse en el lado perdedor, tuvo que exiliarse a las islas del canal de la Mancha, primero a Jersey y luego a Guernsey.

Regreso del exilio

En el exilio, Hugo lanzó un mordaz ataque contra el Segundo Imperio de Luis Napoleón en el poemario *El Imperio en la picota* y, menos directamente, en *Los miserables*, que comenzó en la década de 1840 y concluyó en 1862. En *Los miserables*, novela de 650 000 palabras llena de digresiones del autor, Hugo se identifica con los pobres en su revuelta contra la riqueza y el poder.

En esta época, se siente fascinado por el espiritismo. Su obsesión por la muerte de su hija sobrevuela los versos de *Las contemplaciones*, publicados en 1856. Su visión idiosincrásica de la religión y la historia jugaron un papel importante en su poesía, tema que adquirió una calidad épica en obras como *La leyenda de los siglos*, cuya primera serie apareció en 1859. Sin embargo, la novela melodramática *Los trabajadores del mar*, ambientada en Guernsey, tenía menos fuerza.

La caída del Segundo Imperio tras el desastre de la guerra franco-prusiana de 1870 le permitió a Hugo regresar del exilio a París, a tiempo para contemplar las privaciones de la ciudad bajo el cerco alemán. Sus intentos de jugar un papel político

▷ **HAUTEVILLE HOUSE**

En esta casa de St Peter Port, Guernsey, vivió Victor Hugo durante 14 años. La decoró con su propio estilo y escribió en ella muchas de sus obras más famosas.

en los eventos que siguieron entonces (proclamación de la Tercera República y levantamiento de la Comuna de París) fueron en gran medida un fracaso. Su vida también se ensombreció con la muerte de su esposa en 1868 y de sus hijos en 1871 y 1873. Pero su ilimitada energía perduró, como se muestra en su última novela, *Noventa y tres* (1874), en sus continuas conquistas sexuales y, a partir de 1876, en su actividad política como senador. Alentado por el éxito popular de su cálido y sencillo tratado *El arte de ser un abuelo* (1877), Hugo alcanzó una especie de apoteosis en sus últimos años como icono francés del patriotismo, el republicanismo y el optimismo por el progreso humano. Su ochenta cumpleaños fue declarado fiesta nacional. Cuando murió en 1885, tuvo un lujoso funeral de Estado y una muchedumbre asistió al traslado de su cuerpo al Panteón.

△ ***LA LIBERTAD GUIANDO AL PUEBLO***
Hugo se inspiró para sus escritos en la obra del gran pintor romántico Eugène Delacroix. Se cree que el personaje de Gavroche de su obra maestra *Los miserables* se inspiró en el muchacho que lleva pistolas en el cuadro de Delacroix *La Libertad guiando al pueblo* (1830), mostrado aquí.

OBRAS CLAVE

1822
Odas y poesías diversas, primer libro de Hugo, atrae la atención favorable de Luis XVIII.

1830
Hernani recibe un gran aplauso el día de su estreno y anuncia el triunfo de Romanticismo en Francia.

1831
Nuestra señora de París, un melodrama ambientado en el París medieval, consolida la fama popular de Hugo.

1856
Se publica durante su exilio *Las contemplaciones*, un poemario sobre el recuerdo, el amor y la muerte.

1862
Se publica *Los miserables*, una historia épica sobre el amor y una denuncia de la pobreza y de la explotación.

1883
La leyenda de los siglos, el último volumen del poemario de Hugo, se publica 24 años después del primer volumen.

Hans Christian Andersen

1805-1875, DANÉS

La vida de Andersen parece uno de sus cuentos de hadas. Alcanzó fama y riqueza al ser uno de los escritores más publicados de la historia de la literatura, pero los amores no correspondidos ensombrecieron su vida.

Hans Christian Andersen nació en Odense, en la isla de Funen. Su padre murió en 1816 y su madre, lavandera, luchó para pagar la educación del niño. La excepcional voz de soprano de Andersen llamó la atención del Teatro Real danés de Copenhague, pero sus esperanzas de dedicarse a la escena se frustraron cuando le cambió la voz. Trabó amistad con Jonas Collin, uno de los directores del teatro, que se convirtió en su benefactor y, con el apoyo financiero del rey Federico VI, ingresó en un prestigioso internado de Copenhague. Su estancia allí le deprimió, pero le permitió acceder a un puesto en la Universidad de Copenhague en 1828.

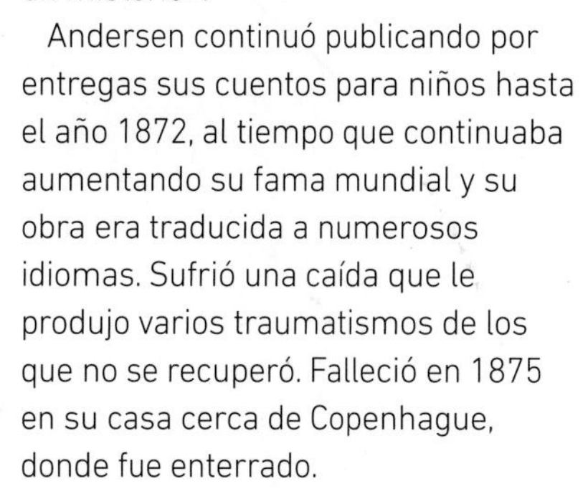

◁ **PERSPECTIVA INFANTIL**
Andersen, fotografiado aquí en 1860, fue un verdadero innovador de la literatura infantil. Sus cuentos, a menudo agridulces, reflejan las experiencias de su propia infancia.

Un año después, escribió su primera obra significativa, *Un viaje a pie desde el canal de Holmen a la punta oriental de la Isla de Amager en los años 1828 y 1829*, en que el narrador se encuentra con una serie de criaturas y personajes fantásticos en un viaje por un camino cerca de Copenhague. El éxito de esta obra en Dinamarca le animó a seguir escribiendo novelas, poesía y teatro, cuya acogida fue desigual. Su afición a viajar le llevó a visitar Escandinavia, el sur de Europa, Asia Menor, y África, viajes que influyeron en sus obras.

Andersen se basó en sus experiencias infantiles para escribir los cuentos de hadas que le hicieron famoso. Impregnó estas historias de emociones complejas y a menudo conflictivas, y las llenó de personajes arquetípicos tomados del folclore popular y presentes durante generaciones en todas las culturas. Cuentos como «La Sirenita», «El traje nuevo del emperador» y «Pulgarcita» se publicaron bajo el título *Cuentos de hadas* (1837). Pese a su calidad y fácil lectura, al principio apenas se vendían en su Dinamarca natal.

Deseos frustrados

Propenso a la vanidad, Andersen nunca se casó. Se cree que su abierta pasión por la cantante de ópera sueca Jenny Lind inspiró el cuento «El ruiseñor», y el rechazo de esta, «La reina de las nieves». También mostró una fuerte inclinación por los hombres, incluido el Gran Duque de Weimar y el famoso bailarín Harald Scharff, pero declaró en una carta que tales sentimientos «deben seguir siendo un misterio».

Andersen continuó publicando por entregas sus cuentos para niños hasta el año 1872, al tiempo que continuaba aumentando su fama mundial y su obra era traducida a numerosos idiomas. Sufrió una caída que le produjo varios traumatismos de los que no se recuperó. Falleció en 1875 en su casa cerca de Copenhague, donde fue enterrado.

△ **LA REINA DE LAS NIEVES**
Los cuentos de Andersen han inspirado desde libros y ballets hasta grandes producciones del cine de animación. La película *Frozen* (2013) de Disney se basó en su cuento «La reina de las nieves».

CONTEXTO
Amistad con Dickens

Andersen mantuvo correspondencia con el novelista británico Charles Dickens, a quien visitó por primera vez en Inglaterra en 1847, y luego una década después. Las obras de ambos fueron publicadas en la revista de Dickens *Bentley's Miscellany* donde los dos escribieron sobre las adversidades de los pobres. Pero en 1857, Andersen abusó de la hospitalidad de Dickens al prolongar su estancia en la casa de su anfitrión. Kate Dickens recordaría posteriormente que su padre describió a Andersen como un «escuálido aburrido». Sintiendo la desaprobación, Andersen se arrepintió e intentó resucitar la amistad, pero Dickens le escribió una sucinta carta poniendo fin a su relación.

CHARLES DICKENS EN SU CASA DE GADSHILL CON SUS HIJAS

▷ **LA SIRENITA**
La estatua de bronce de Edvard Eriksen del personaje de su cuento es una de las mayores atracciones de Copenhague desde 1913.

▷ ***EDGAR ALLAN POE*, 1848**
Poe presentó este retrato a Sarah Helen Whitman, poeta y ensayista viuda que había conocido en 1848 y a quien pretendía románticamente. Los dos escritores se comprometieron por un tiempo, pero su relación resultó demasiado tormentosa para sobrevivir.

Edgar Allan Poe

1809-1849, ESTADOUNIDENSE

Creador de relatos góticos y de terror, Poe es un coloso de la historia de la literatura. Su vida, marcada por el abuso del alcohol, la pobreza, la inestabilidad y la depresión, fue tan extravagante como su muerte.

« **Me volví loco**, con **largos intervalos** de **horrible cordura**. »

EDGAR ALLAN POE

Escritor, poeta, periodista y crítico, Edgar Allan Poe es conocido por sus cuentos de terror, como creador de la novela detectivesca y renovador de la novela gótica. Sus padres eran ambos actores empobrecidos de Boston y tras la muerte de su madre cuando él tenía dos años, fue adoptado por la familia Allan de Virginia (más tarde añadió «Allan» a su nombre). En 1815, la familia se mudó a Gran Bretaña, donde permaneció durante cinco años, tiempo durante el cual Poe estudió en un internado de Londres, una amarga experiencia en que se basó «La caída de la casa Usher».

◁ **VIRGINIA ELIZA CLEMM**
La novia de Poe, su prima hermana, tenía la mitad de su edad cuando se casaron en 1835. Su muerte siete años después le sumió en una profunda depresión.

En 1826, Poe fue a la Universidad de Virginia para estudiar idiomas, pero pronto acumuló grandes deudas de juego y bebida. A finales de año, con los fondos agotados, abandonó los estudios y se alistó en el ejército estadounidense, en el que ascendió rápidamente a sargento mayor. Poe se enroló en la Academia Militar de West Point; pronto quiso abandonarla y en 1831 tramó su propia expulsión contraviniendo las normas. *Tamerlán y otros poemas*, un breve poemario de poesía romántica inspirada por Byron, pasó desapercibido cuando fue publicado en 1827. El joven escritor no alcanzó cierto éxito hasta 1833, en que recibió un premio literario por «Manuscrito encontrado en una botella», un cuento de terror ambientado a bordo de un barco.

Éxito de las series

Poe se mudó de nuevo a Virginia en 1834, donde se casó con su prima, Virginia Clemm. Incapaz de ganarse la vida escribiendo ficción, trabajó como redactor y crítico en diversas revistas, en las que aparecieron muchos de sus relatos por primera vez, entre ellos «La caída de la casa Usher» (1839), en que el descenso a la locura del protagonista es un reflejo de su ruinosa casa. Le siguieron «Los crímenes de la calle Morgue» (1841), considerado el primer cuento detectivesco, y «El gato negro» (1843), una historia de deterioro mental. En 1845 dio un gran paso adelante con la publicación del poema «El cuervo», que le dio fama, pero no dinero.

Los cuentos de Poe se publicaron por entregas, género adecuado a su estilo. Estas solían ser cortas y anticipaban intrigas para atraer a los lectores a sus cuentos de horror gótico y suspense. Su mayor habilidad residía en la capacidad que mostraba para crear estados de ánimo a menudo claustrofóbicos y de una tensión creciente, como se manifiesta de manera clara, por ejemplo, en «La caída de la casa Usher» o «El barril de amontillado» (1846).

Final misterioso

La vida de Poe llegó a su fin en octubre de 1849, dos días después de ser encontrado «con gran angustia» en una calle de Boston con ropas que no eran suyas. Se desconoce la causa de la muerte, y se especula sobre una amplia variedad de motivos: droga, alcohol, ataque cardíaco, sífilis o por infección de un murciélago vampiro rabioso. Solo siete personas asistieron al funeral. Lo cierto es que Poe tenía la capacidad de transmitir la oscura angustia interna de una mente desquiciada. Su obra surge de la psique atormentada de un escritor que se encuentra en la frontera entre la locura y el genio.

◁ **LA VIVIENDA DE POE**
En 1846, Poe, su esposa y su madre se trasladaron a esta modesta casa de campo en el pueblo de Fordham (ahora parte del Bronx), Nueva York. La casa fue trasladada a un parque cercano después de la muerte del autor.

CONTEXTO
El legado de Poe

En una carrera que duró apenas una década, Poe transformó el panorama literario. Su extraño genio inspiró a numerosos escritores británicos y estadounidenses, como Hawthorne, Dickens, Melville, Stevenson, Wilkie Collins y Agatha Christie. Su detective francés ultrarracional C. Auguste Dupin, que apareció por primera vez en «Los crímenes de la calle Morgue», fue el precursor del famoso detective de Conan Doyle, Sherlock Holmes. Destacados escritores franceses de finales del siglo XIX, como Baudelaire, Rimbaud y Mallarmé, son deudores de las obras de Poe, al igual que los simbolistas y los surrealistas. Sus escritos también han influido en la cultura popular: música, televisión y cine (en particular las adaptaciones de los años 1960), y sigue inspirando géneros tales como la ciencia ficción y la literatura fantástica. En los últimos 50 años, su trabajo ha tenido una particular resonancia entre los teóricos de la literatura (incluidos estructuralistas y postestructuralistas), así como para aquellos interesados en la relación entre literatura y teoría del psicoanálisis.

BELA LUGOSI EN LA PELÍCULA DE 1935 QUE ADAPTA SU RELATO «EL CUERVO»

Charles Dickens

1812-1870, INGLÉS

Dickens, el escritor victoriano por excelencia, superó la adversidad para alcanzar el éxito con sus novelas por entregas. Sus obras destacan por su visión épica, sus tensas tramas y sus bien dibujados personajes.

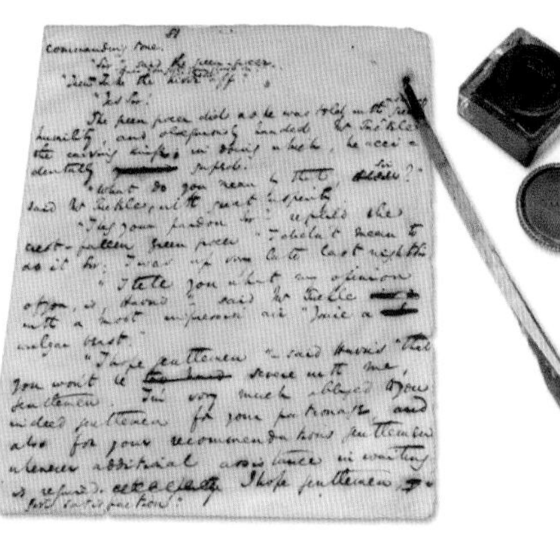

△ **ÚTILES DE ESCRITURA**
Dickens era muy exigente con sus útiles de escritura, y en sus cartas solía hacer referencia a la calidad de la tinta y de las plumas de escribir. La imagen de arriba muestra parte del manuscrito de *Los papeles de Pickwick*.

Charles Dickens disfrutó de una feliz infancia. El segundo de ocho hijos de John y Elizabeth Dickens, Charles John Huffam nació en Portsmouth, Inglaterra, donde su padre trabajaba en la Oficina de la Pagaduría de la Armada. Tres años después de su nacimiento, la familia se trasladó por un tiempo a Fitzrovia en Londres antes de mudarse a Kent.

Primeras influencias

Mientras su padre tuvo un empleo bien remunerado, la familia pudo enviarle a una escuela primaria dirigida por antiguas profesoras jubiladas y luego a la escuela William Giles en Chatham. El joven Dickens era un voraz lector y asaltaba la biblioteca de su padre en busca de libros de Tobias Smollet y Henry Fielding, cuyas novelas de aventuras eran protagonizadas por héroes ingeniosos o trágicos, como el personaje de Tom Jones. A Dickens le fascinaban las tramas meticulosamente planeadas y los planteamientos morales. También le influyó *Las mil y una noches*, una recopilación de cuentos del Próximo Oriente, que había sido traducida al inglés a principios del siglo XVIII. Leyó y releyó las narraciones, recreando las escenas de amor y las gestas descritas en distintos géneros, de la tragedia a la comedia.

Como muchos de sus personajes, la vida de Dickens cambió profundamente en su juventud. Después de contraer una importante deuda con el panadero, su padre fue enviado a la prisión de morosos de Marshalsea, Southwark, en 1824. La familia se reunió con él en la cárcel, como era habitual en aquella época, pero el impresionable Charles, de tan solo doce años, y su hermana mayor Fanny fueron excluidos. Charles tuvo que alojarse en Camden Town, en casa de una amiga de la familia ya mayor, Elizabeth Roylance, que luego le inspiraría la Sra. Pipchin en *Dombey*

CONTEXTO
El Londres victoriano

Dickens es el autor victoriano por excelencia y escribió casi todas sus obras durante el largo reinado de la reina Victoria (1837-1901). La vida en la ciudad era muy dura y a menudo corta: casi una cuarta parte de los londinenses sufría tifus en la década de 1840, y la esperanza de vida era de solo 27 años. El adjetivo «dickensiano» se utiliza para describir las calles insalubres, llenas de *smog* y habitadas por los pobres de Londres. Dickens «caminaba por las oscuras calles de Londres de quince a veinte millas muchas noches» para observar la sociedad londinense de cerca. Esto le permitió introducir en sus obras comentarios sobre las condiciones en los suburbios, el maltrato de los niños y las diferencias sociales. A lo largo de su carrera, produjo cambios sociales al concienciar a posibles donantes de ayuda con sus relatos.

***CALLES DEL LONDRES VICTORIANO,* GUSTAVE DORÉ, 1782**

> « Si soy yo **el héroe** de **mi propia vida**... lo dirán **estas páginas**. »
>
> CHARLES DICKENS, *DAVID COPPERFIELD*

▷ ***CHARLES DICKENS,* 1859**
Este retrato de William Powell Frith muestra a Dickens en la cima de su fama. El escritor está en el estudio de su casa de Bloomsbury, con parte de *Historia de dos ciudades* sobre el escritorio a su lado.

ESTILO
Caracterización

A Dickens le apasionó siempre el teatro, y muchas de sus novelas han sido adaptadas tanto para el teatro como para el cine. El teatro le proporcionó inspiración para sus caracterizaciones y diálogos. Los nombres que dio a sus personajes eran tan distintivos que algunos de ellos se incorporaron a la lengua vernácula. Dickens imbuyó a sus personajes de profundidad e intriga. Del gangueo cockney del carterista Artful Dodger en *Oliver Twist* al acento de Kent del amable herrero Joe Gargery en *Grandes esperanzas*, el uso de dialectos es magistral y transmite un fuerte sentido del lugar, al tiempo que permite un retrato convincente de los personajes.

HELENA BONHAM CARTER COMO MISS HAVISHAM EN *GRANDES ESPERANZAS*

e hijo (1846-48). A continuación pasó una temporada viviendo en una habitación de la casa de Archibald Russell, un gordo jovial, que luego inmortalizaría como Mr. Garland en *La tienda de antigüedades* (1840-41). Fanny y Charles pudieron acceder a la cárcel de Marshalsea en que se encontraba su padre, y el escritor reflejó sus vivencias en la novela *La pequeña Dorrit* (1855-57).

Pobreza y redención

Dickens, sin contar con medios, no tuvo más remedio que abandonar sus estudios. Para pagar su alojamiento se puso a trabajar en una fábrica de betún para calzado en Charing Cross y luego en Chandos Street, donde los obreros estaban expuestos a los transeúntes. Esta amarga experiencia le dejó una profunda huella, y sembró la semilla de su posterior interés por las reformas sociales. Su novela más autobiográfica, *David Copperfield* (1850), recoge muchas de sus vivencias, como, por ejemplo, las terribles condiciones de los reclusos, la miseria de los pobres y de los sin techo, y la difícil situación de las prostitutas de Londres.

Un golpe de suerte permitió al padre de Charles heredar la suma de 450 libras y pudo pagar a sus acreedores. La familia regresó a casa, pero la madre, que arrastraba una gran angustia por la situación familiar, no solicitó el regreso de Charles. Este escribió: «Nunca olvidé, nunca olvidaré, nunca podré olvidar, que mi madre estaba deseando mandarme de vuelta [al trabajo]».

Trayectoria profesional

Con la familia libre ya de problemas financieros, Dickens pudo reanudar sus estudios durante tres años en la Wellington House Academy hasta 1827. Luego trabajó como pasante en un bufete de abogados donde adquirió conocimientos sobre el sistema legal que castigaba descaradamente a los pobres y protegía a los ricos. Satirizó su crueldad en tres de sus novelas: *Nicholas Nickleby* (1839), *Dombey e hijo* (1848) y *Casa desolada* (1853).

Desilusionado con la justicia, decidió dar un cambio a su vida. Charles ya era conocido por amigos y colegas como un mimo talentoso, y había actuado en pequeños teatros de Londres, por lo que dirigió sus pasos hacia los escenarios. Sin embargo, pospuso una audición con un actor y mánager profesional porque decidió seguir escribiendo. Con la publicación del cuento «Una cena en Poplar Walk» en el semanario *Monthly Magazine* comenzó su carrera como escritor.

Cambios en la sociedad victoriana, sobre todo en mayores niveles de alfabetización y la creciente mecanización de las imprentas, impulsaron la demanda de periódicos y revistas, y en consecuencia de buenos escritores. Dickens, ayudado por su tío William Barrow, encontró trabajo en *The Mirror of Parliament*, en que informaba sobre los debates parlamentarios; por esa época, también empezó a cubrir las campañas electorales para *The Morning Chronicle*.

Alentado e inspirado por el nuevo trabajo, comenzó a escribir una serie de historias, crónicas y esbozos de personajes, que se publicaban en varios periódicos con el título «Cuentos de Boz» (apodo de Dickens). En 1836, comenzó a trabajar con los respetados editores londinenses Chapman y Hall en una serie de historias ilustradas, pero tras la muerte del ilustrador original, Dickens sugirió que los cuentos tendrían que fijarse más en el texto que en las imágenes. La primera entrega de la serie (*Los papeles de Pickwick*) vendió 500 ejemplares cuando fue publicada en marzo de 1836; el último episodio vendió 40 000 ejemplares el año siguiente.

Círculos sociales

La carrera en el periodismo de Dickens le permitió conocer a personas influyentes de Londres, y el editor del *Chronicle*, George Hogarth, tomó al joven escritor bajo su protección. Dickens estaba encantado de

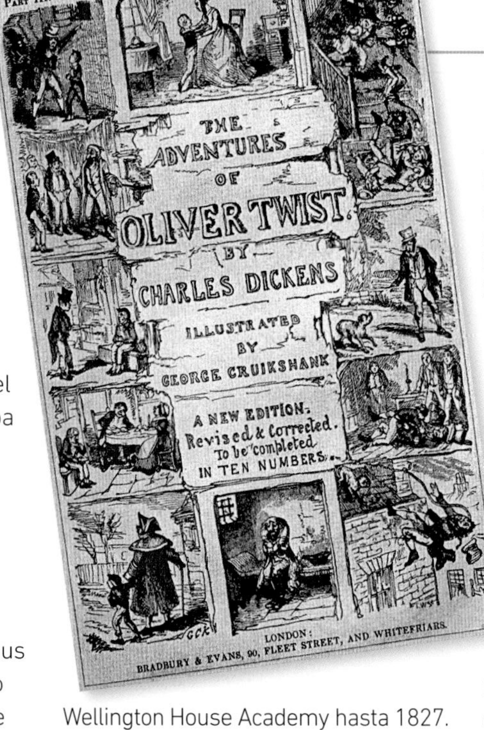

◁ ***OLIVER TWIST***
En 1846, Dickens publicó *Las aventuras de Oliver Twist*, versión en un solo volumen de esta historia. En él explora la pobreza infantil y el aprendizaje esclavista. El libro fue ilustrado con 24 planchas grabadas en acero por George Cruikshank.

▷ **FIGURITA DE PICKWICK**
Los papeles de Pickwick tuvo tanto éxito que generó un gran negocio de objetos relacionados, desde cigarros Pickwick hasta figuras de porcelana de Sam Weller y otros personajes del libro.

visitar a la familia Hogarth en su casa, y fue allí donde conoció a su futura esposa, Catherine Hogarth, y a sus hermanas. La alta posición social y la fama le permitieron frecuentar al grupo de solteros que se reunía en casa del novelista William Harrison Ainsworth. Otros miembros del grupo eran Benjamin Disraeli y John Macrone, que se convirtió en su primer editor.

En noviembre de 1836, Dickens pasó a dirigir *Bentley's Miscellany*, una revista mensual en la que en los dos últimos años había publicado por entregas *Oliver Twist*. Cada entrega estaba ilustrada por George Cruikshank, un artista de gran talento con el que trabajaría a lo largo de su carrera.

Aventuras en el extranjero

Dickens se convirtió en un autor prolífico, con alrededor de una novela al año. Su éxito comercial fue impulsado por su olfato para los negocios, que se evidenció cuando tomó el control de su obra y recuperó los derechos de autor en manos de John Macrone y Richard Bentley. Sin embargo, a medida que su fama aumentaba, su vida personal parecía tambalearse. Criticaba a su esposa, Catherine, por su apatía e intelecto aburrido. Empezó a propasarse con mujeres jóvenes en público y a pasar más tiempo fuera de casa.

Dickens emprendió una serie de viajes por el extranjero, entre ellos a Estados Unidos y Canadá. Parte de su misión era influir en la reforma de la legislación sobre los derechos de autor, porque su propio trabajo había

△ **LA CASA DE BLOOMSBURY**
El año 1836 fue importante para Dickens: se casó con Catherine Hogarth y se instalaron en su primera casa familiar, en el número 48 de Doughty Street en Bloomsbury, Londres. Allí nació Charley, el primero de sus diez hijos.

« Un hombre **público** puede ser desdeñado... **por su posición elevada** y no por su culpa. »

CHARLES DICKENS, *NICHOLAS NICKLEBY*

« Es extraño que **un hombre pueda vivir** y morir **en Londres** sin que sea noticia, **ni buena, ni mala ni indiferente.** »

CHARLES DICKENS, *CUENTOS DE BOZ*

◁ **EDICIÓN ESPECIAL**
Las obras de Dickens fueron tan populares que se publicaron en ediciones baratas en varios tomos, para hacerlas más asequibles a la mayoría de los lectores.

sido ampliamente pirateado. En los viajes a Estados Unidos pudo ver de primera mano las injusticias de la esclavitud y la pobreza, lo que le ayudó a consolidar sus opiniones sobre la justicia social y la urgencia de reformas. A su regreso a Inglaterra, y tras visitar Field Lane Ragged School (una institución creada para ayudar a los niños hambrientos y analfabetos de las calles de Londres) decidió abordar en sus escritos el problema de la pobreza y la desigualdad. Así lo hizo en su siguiente cuento, *Canción de Navidad*, que alcanzó una gran popularidad; la primera edición se agotó en solo cinco días, en diciembre de 1843. Al llegar a la madurez, su trabajo adquirió un tono más sosegado: en 1853, escribió *Casa desolada*, una sátira sobre el injusto sistema judicial; un año más tarde salió a la luz *Tiempos difíciles*, obra en que arremete contra la dura filosofía del utilitarismo, la idea de que los valores morales de una acción se miden por su utilidad, y lo responsabiliza de las malas condiciones que padecen los obreros de todo el país en sus puestos de trabajo. A finales de la década, publicó su novela más sombría, *Historia de dos ciudades* (1859), una obra de ficción histórica situada en Londres y París durante los años de la Revolución francesa.

Obras posteriores

En 1856, Dickens cumplió su deseo de comprar Gad's Hill Place, una gran casa de campo en Kent, que había codiciado desde la infancia. Por entonces, confió a su amigo (y más tarde biógrafo) John Forster, que había luchado durante mucho tiempo por su matrimonio con Catherine. Sus dificultades conyugales empeoraron cuando mostró su interés por la actriz Ellen Ternan, a quien había visto actuar en el Haymarket Theatre. Cuando Dickens ayudó al montaje de la obra *En mares helados* (escrita por su amigo Wilkie Collins), Ternan fue

△ **ELLEN (NELLY) TERNAN**
Ternan se convirtió en la amante de Dickens en 1857; algunos historiadores creen que la pareja tuvo al menos un hijo.

SEMBLANZA
Hablot Knight Browne

Dickens trabajó con varios ilustradores para sus libros. Solo dos de sus grandes novelas (*Tiempos difíciles* y *Grandes esperanzas*) no se ilustraron. Dickens eligió al excepcional grabador y acuarelista Hablot Knight Browne para ilustrar *Los papeles de Pickwick* y trabajaron estrechamente durante los siguientes 23 años. Browne realizó más de 700 ilustraciones para los libros de Dickens, adaptando su trabajo para que coincidiera con los cambios de estilo y la perspectiva del escritor, en una de las colaboraciones más fructíferas de la historia de la industria editorial.

LA PEQUEÑA DORRIT **(ILUSTRACIÓN), HABLOT KNIGHT BROWNE**

incorporada al elenco junto con su madre y hermana. A pesar de los 27 años de diferencia, iniciaron una relación y Charles se separó formalmente de Catherine en 1858.

Dickens vivió hasta su muerte con Ternan, a la que alojó en varias casas bajo seudónimo y con la que vivió en Francia, aunque se resistió a llevarla consigo en una segunda gira por Estados Unidos por temor al escándalo que provocaría tal desafío de las convenciones.

En la década final de su vida, escribió *Grandes esperanzas*, *Nuestro amigo común* y *El misterio de Edwin Drood*, que dejó inacabado a su muerte. En 1865, se vio involucrado en un accidente de tren cuando viajaba con Ternan. Hubo diez muertes y la salud de Dickens se vio afectada por el accidente. Perdió la voz durante dos semanas, y hacia 1868 empezó a sentir mareos e incluso parálisis. Sufrió un derrame cerebral ese mismo año y se derrumbó mientras participaba en una gira en Preston en 1869.

Dickens murió en su casa el 8 de junio de 1870. En el testamento dejó una gran cantidad de dinero a su familia y a su íntimo amigo John Forster, y legó incluso una suma de casi 20 libras a cada uno de sus sirvientes. Había pedido que lo enterraran en la catedral de Rochester, pero la nación exigió que «el autor más popular de Inglaterra» fuera enterrado en el rincón del poeta de la abadía de Westminster.

△ ***EL SUEÑO DE DICKENS*, 1875**
Esta pintura inacabada de Robert William Buss muestra al escritor relajándose en su estudio de Gad's Hill Place, rodeado de muchos de los personajes de sus novelas. El pintor era un gran admirador de Dickens, a pesar de no haberle encargado la ilustración de *Los papeles de Pickwick*.

OBRAS CLAVE

1836-37
Se publica en veinte entregas *Los papeles de Pickwick*, su primera novela larga.

1837-39
Las aventuras de *Oliver Twist* aparece en entregas mensuales en la revista *Bentley's Miscellany*.

1849-50
Se publica *David Copperfield*, el libro más autobiográfico de Dickens.

1852-53
Casa desolada, su novena novela, es considerada por muchos, como el respetado crítico G. K. Chesterton, su mejor trabajo.

1860-61
Se publica *Grandes esperanzas*, en que explora las tensiones sociales entre ricos y pobres.

1870
Dickens muere, dejando inacabado *El misterio de Edwin Drood*.

Charlotte y Emily Brontë

1816-1855 (CHARLOTTE), 1818-1848 (EMILY), INGLESAS

Charlotte y Emily Brontë transformaron la literatura inglesa con sus novelas apasionadas que a menudo se centran en la vida interior de la mujer. Las hermanas tuvieron vidas duras y trágicamente cortas a causa de enfermedades.

La familia Brontë llegó al pintoresco pueblo de Pennine de Haworth, Yorkshire, Inglaterra, en 1820. El reverendo Patrick Brontë era oriundo de Irlanda y su esposa Maria, de Cornualles. Patrick había dejado su tierra natal para mejorar sus perspectivas profesionales y, en 1806, se graduó en teología en St John's College, Cambridge. Allí cambió la ortografía de su apellido irlandés, Brunty a Brontë, que en griego significa «trueno».

Patrick y Maria se conocieron en Yorkshire. Maria se había trasladado allí para ayudar a una tía a gestionar una nueva escuela metodista. Patrick, entonces coadjutor en Shropshire, también fue invitado a trabajar en la escuela. Se enamoraron a primera vista y se casaron poco después. Se trasladaron a Hartshead, donde nació su primera hija, Maria. Elizabeth, Charlotte, Branwell (su único hijo varón), Emily y Anne nacieron en Thornton, antes de que la familia se instalara en la rectoría de Haworth.

◁ ***LAS HERMANAS BRONTË*, c. 1834**
En este retrato de las hermanas Brontë se ve a Anne (izquierda), Emily (centro) y Charlotte (derecha). Fue pintado por su hermano, Branwell, quien originalmente incluyó su propia imagen en el cuadro (centro), pero luego pintó sobre ella.

CONTEXTO

El mundo literario

La bien surtida biblioteca de la rectoría de Haworth permitía a las Brontë acceder a textos clave, no solo religiosos, sino también a autores como Bunyan, Byron, Homero, Milton, Scott y Virgilio. Sin embargo, viviendo en el campo en el norte de Inglaterra, las hermanas estaban alejadas de la sociedad literaria londinense.

Emily murió tras haberse hecho un nombre con *Cumbres borrascosas* (pero sin revelar su verdadera identidad). Charlotte vivió para disfrutar de la fama y conocer a varios escritores, incluido Thackeray. Pero después de un encuentro con Dickens, dijo que no le gustaba y se negó a volver a verle.

RECTORÍA DE HAWORTH, CASA DE LA FAMILIA BRONTË

Golpes trágicos

La vida de los Brontë en Haworth tomó un giro trágico en 1821, cuando la madre, Maria, murió de cáncer, dejando a seis niños menores de ocho años. Muchos de los personajes femeninos de las hermanas Brontë no tienen madre o son huérfanos y son reflejo de este trauma temprano. Su tía Elizabeth Branwell se trasladó a la casa parroquial para ayudar a su cuñado con los niños y con la casa. En 1824, las cuatro mayores fueron enviadas a un internado con la intención de que se convirtieran en institutrices. El padre, pese a sus limitados recursos, quería que recibieran una buena educación. Pero la descripción de Charlotte del internado en *Jane Eyre* muestra su

▷ **REVERENDO PATRICK BRONTË**
Padre de una de las más famosas familias literarias de Gran Bretaña, Patrick sobrevivió a su esposa y a sus hijos. Este retrato fue tomado en 1860, el año anterior a su muerte con 84 años.

« ... **dependíamos** totalmente **unos de otros**, de los **libros** y del **estudio**, para el **disfrute** de la vida. »

CHARLOTTE BRONTË

△ **ESCUELA DE COWAN BRIDGE**
Esta xilografía del siglo XIX muestra la escuela de Tunstall que se hizo famosa por la descripción de Charlotte Brontë como «Escuela Lowood» en Jane Eyre.

frustración. Las pésimas condiciones higiénicas y la mala alimentación tuvieron consecuencias trágicas: Maria y Elizabeth enfermaron de tuberculosis y fueron enviadas a casa y murieron en mayo y junio de 1825.

Charlotte y Emily fueron educadas en Haworth junto con Branwell y Anne. Además de hacerse cargo de su educación, el padre les compraba juguetes y libros a capricho. Abasteció la casa parroquial con una respetable biblioteca, y la tía, que tenía ingresos personales de su rica familia, estaba suscrita a varias revistas, que Charlotte luego admitió haber leído en secreto y con inmenso placer.

Juego imaginativo

Dirigidos por Charlotte y Branwell, los niños idearon elaborados reinos imaginarios (Ciudad del hielo, Angria y Gondal), llenos de intriga. Estos tres reinos inspiraron varios artículos y poemas que publicaron en su propia diminuta «revista», *Branwell's Blackwood Magazine* (rebautizada por Charlotte como *The Young Men's Magazine*). Esta escribió seis de las nueve ediciones y le puso el nombre editorial de «Capitain Tree», pero también firmaba sus trabajos como «el genio, C.B.». Las revistas medían solo 35 por 61 mm, como si estuvieran destinadas a los doce soldados de juguete de Branwell, que le había regalado su padre.

Emily estaba mucho más concentrada en escribir cuentos y poesía para la isla fantástica de Gondal, creados y compartidos con su hermana pequeña, Anne. Pero solo han sobrevivido unos pocos poemas de Emily.

Los niños también pasaban tiempo en los páramos que rodeaban Haworth. Este paisaje es el que domina en la única novela de Emily, *Cumbres borrascosas*, que se convertiría en un clásico de la ficción inglesa. Llena de elementos góticos (sucesos sobrenaturales, paisajes siniestros y funestos presagios), la obra es una intensa historia de deseo, pasión y venganza. Cumbres borrascosas, la casa desolada en los páramos, es un lugar de claustrofobia y maltrato, y un símbolo del estado psicológico de los protagonistas del libro.

▽ **LIBROS EN MINIATURA**
Creados por las Brontë, estos «Pequeños libros» (que aparecen junto a una pluma) estaban cosidos a mano y escritos en letra diminuta.

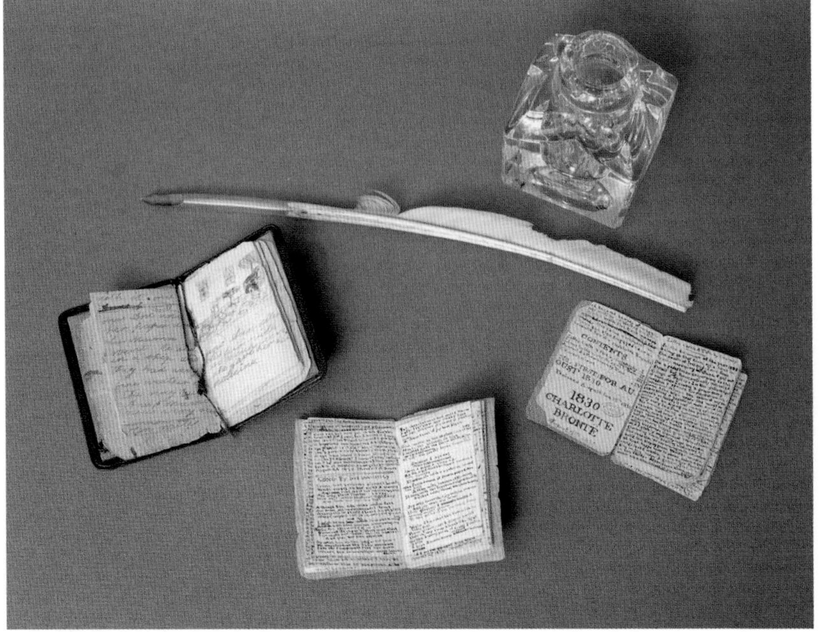

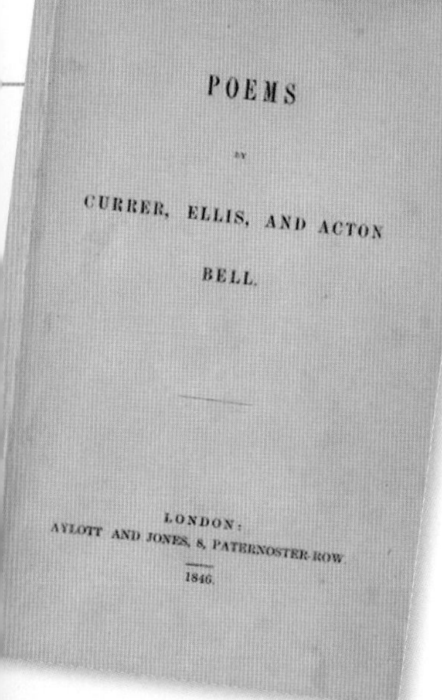
POEMS

BY

CURRER, ELLIS, AND ACTON

BELL.

LONDON:
AYLOTT AND JONES, 8, PATERNOSTER ROW.
1846.

◁ **POEMAS, PRIMERA EDICION**
La primera obra publicada de las Brontë y su única colaboración pública, *Poemas* (1846), incluye 19 poemas de Emily y 21 de Charlotte y Anne.

Carreras tempranas

La preocupación de Patrick Brontë en cuanto a que sus hijas deberían ganarse la vida disipó el ambiente de creatividad de la rectoría de Haworth. Así, de 1831 a 1832, Charlotte se preparó para ser institutriz en la escuela Roe Head en Mirfield. Regresó a la escuela en 1835 para enseñar. En 1836, Emily asistió a la escuela como su alumna, pero sintió nostalgia y Anne ocupó su lugar.

En 1833, a los 17 años, Charlotte escribió su primera novela, *El enano verde*, con el seudónimo de Wellesley, mientras seguía escribiendo poesía y enseñaba en Roe Head. Escribir era para ella una fuente de gran consuelo en un momento en que se sentía abatida y aislada en la escuela; describió a los estudiantes como «zoquetes imbéciles». Después de tres años, pasó a trabajar como institutriz en varias casas de Yorkshire, y escribió a Emily: «Una institutriz privada no tiene vida, no es considerada un ser vivo y racional excepto en lo que se refiere a los pesados deberes que tiene que cumplir».

A los 20 años, Emily consiguió un trabajo como maestra, pero no pudo hacer frente a una jornada laboral de 17 horas. Regresó a Haworth y se hizo cargo de las tareas domésticas hasta 1842, cuando la tía Branwell intervino para aportar unos ingresos que permitieron a Emily y Charlotte viajar a Bruselas para mejorar su francés y su alemán, bajo supervisión de Constantin Héger, y para que pudieran establecer su propia escuela en Haworth. Emily y Charlotte eran buenas estudiantes, aunque Emily no se adaptó a la vida en Bélgica y se sentía fuera de lugar. Su estancia allí terminó de forma brusca cuando su tía murió y tuvieron que volver a casa.

Charlotte, sin embargo, había establecido contactos en Bruselas que le permitieron volver para enseñar allí el año siguiente. Sus cartas revelan que sentía una gran pasión, al parecer no correspondida, por Constantin Héger. A pesar de que el asunto no terminó bien, inspiró su novela *El profesor* (escrita en 1847 y publicada póstumamente en 1857); parte del material de esta obra lo utilizó en su última novela *Villette* (1853).

Una pasión secreta

Las hermanas se reunieron en Haworth en 1844. Sin embargo, su intento de crear una escuela fracasó, y Emily volvió en secreto a la poesía, escribiendo dos cuadernos que escondía de sus hermanos.

Para gran consternación de Emily, Charlotte encontró los cuadernos e insistió en que los poemas fueran publicados. Por entonces, su hermana menor, Anne, reveló que también había estado escribiendo poesía en secreto; las tres hermanas decidieron publicar su trabajo de forma conjunta.

Compilaron un pequeño poemario autoeditado a través de Aylott & Jones

SEMBLANZA
Anne Brontë

Anne era la más joven, la menos famosa y, según algunos, lamentablemente, la más ignorada de las tres Brontë literatas. Nacida en 1820, pasó la mayor parte de su corta vida en y alrededor de Haworth. Además de poesía (ver p. 96), Anne escribió dos novelas: *Agnes Grey* (1847), un relato de resistencia y sufrimiento que novela su experiencia como institutriz de una familia rica, y *La inquilina de Wildfell Hall* (1848), su novela más famosa, publicada con el seudónimo de Acton Bell. Es un potente relato sobre una mujer valiente que lucha por independizarse de un marido maltratador. Anne Brontë murió de tuberculosis en 1849, a los 30 años.

▽ **TOP WITHENS, HAWORTH**
Se cree que esta remota casa de campo en ruinas de los ventosos páramos de Yorkshire inspiró la casa Earnshaws de *Cumbres borrascosas* de Emily Brontë.

« Esta es pues la **autora**, el **desconocido poder** cuyos **libros** han puesto a **todo Londres** a hablar, leer y especular... »

ANNE ISABELLE THACKERAY RITCHIE (SOBRE CHARLOTTE BRONTË)

con los nombres de Currer, Ellis y Acton Bell. Charlotte explicó más tarde que habían tomado la decisión de usar seudónimos porque tenían «el vago presentimiento de que serían prejuzgadas como mujeres». Años más tarde, los poemas, particularmente los de Emily (como Ellis), gozaron de considerable admiración y, en 1941, casi un siglo después de su muerte, sus poemas completos (casi 200) se publicaron como reconocimiento a su mérito literario. Sin embargo, al publicarse el libro en 1846, solo se vendieron dos ejemplares. Se desconoce la reacción de las hermanas ante un debut tan pobre, pero sin duda Emily pasó de la poesía a centrarse en la prosa. Ahora que habían desvelado su pasión por la escritura, su búsqueda de un editor se convirtió en un objetivo fundamental.

△ **EL PUEBLO DE HAWORTH**
El evocador paisaje de los alrededores del pueblo de Haworth, Yorkshire, formó el telón de fondo siempre presente en la vida y la obra de las hermanas Brontë.

Salir a la luz

El 6 de abril de 1846, Charlotte escribió a Aylott & Jones que «C., E., y A. Bell ahora están preparando para la imprenta una obra de ficción,

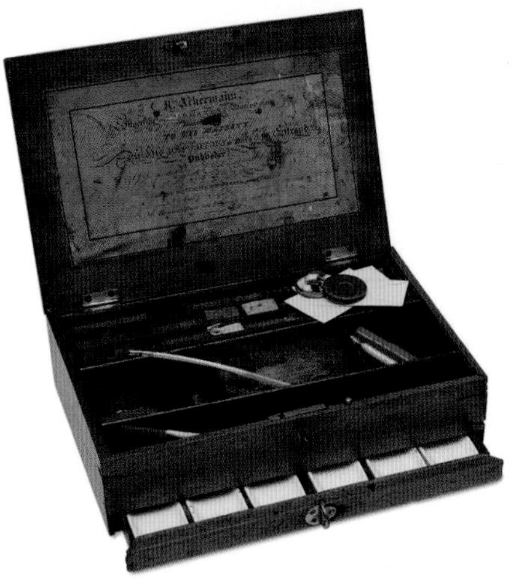

△ **CAJA DE ARTE DE EMILY**
Todos los hermanos Brontë estudiaron pintura y dibujo: las chicas pintaban sobre todo acuarelas de paisajes e ilustraciones de botánica, mientras que Branwell se dedicó a la pintura al óleo.

« ***Cumbres borrascosas*** se forjó en un **taller improvisado**, con **herramientas sencillas** fabricadas con **materiales caseros**. »

CHARLOTTE BRONTË

OBRAS CLAVE

1846
Se publica *Poemas*. Financiado y escrito por Anne, Charlotte y Emily, aparece con seudónimos masculinos.

1847
La novela *Jane Eyre* de Charlotte se atribuye a la pluma de Currer Bell y se convierte en un éxito instantáneo.

1847
Cumbres borrascosas, única novela de Emily, se publica meses después del libro de su hermana, *Jane Eyre*.

1849
Charlotte publica *Shirley* poco después de las trágicas muertes de sus hermanos Branwell, Emily y Anne.

1853
Villette, de Charlotte, se considera su obra más madura; vuelve a sus temas anteriores, como la identidad de la mujer.

1857
Se publica póstumamente *El profesor*, basada en la estancia de Charlotte en Bruselas.

compuesta por tres cuentos no relacionados entre sí»: *El profesor*, de Charlotte; *Cumbres borrascosas*, de Emily, y *Agnes Grey*, de Anne. El editor Thomas Newby accedió a publicar las últimas dos novelas. *El profesor*, aunque rechazada por varias editoriales, alentó a Smith, Elder & Co. a considerar obras largas de Currer Bell. En agosto de 1847, Charlotte les envió *Jane Eyre: Una autobiografía*, que fue publicada seis semanas después. Con un argumento propio de las novelas de aprendizaje basado en la identidad, el género, la raza y la clase, la trama sigue el progreso de la heroína desde la juventud a la edad adulta.

Las autoras anónimas conmocionaron los círculos literarios. Las viscerales escenas de crueldad y crudeza, y el contenido emocional de *Cumbres borrascosas* produjeron en igual medida indignación y abierta admiración. De modo similar, *Jane Eyre* desconcertó e impresionó a los lectores. George Henry Lewes, compañero de la escritora George Eliot, señaló, en su reseña para el *Fraser's Magazine*, que los personajes estaban «descritos con maestría inusual», pero que el estilo era «peculiar». Sugirió que el autor podría tratarse de una mujer, con gran disgusto de Charlotte, ya que tenía la sensación de que aquel comentario era una distracción que invitaba a especulaciones que no deseaba en modo alguno.

Años oscuros

Emily no iba a terminar ninguna otra novela. La vida doméstica de las hermanas estaba plagada de adversidades: el padre padecía cataratas y el hermano había despilfarrado todo su talento y se había convertido en alcohólico y posiblemente también en adicto al láudano (opio). Murió en septiembre de 1848. Emily murió de tuberculosis en diciembre del mismo año, con solo 30 años; estaba tan delgada que su féretro medía solo 40 cm de ancho. La hermana menor, Anne, siguió a Emily en mayo de 1849.

A raíz de tantas pérdidas, la segunda novela de Charlotte, *Shirley* (una historia sombría de cambio tecnológico, discordia social y penurias), que había comenzado en 1848, era menos potente que *Jane Eyre*. Pero una vez más, la escritura fue un consuelo para Charlotte, en aquellos tiempos de luto. *Villette*, cuyo argumento presenta aventura y romance en una escuela francófona, se publicó cuatro años después y fue bien recibida, aunque el personaje de Lucy fue considerado poco femenino. Antes de la publicación de *Villette*, que iba a ser su última novela, Charlotte había aceptado casarse con el coadjutor de su padre, Arthur Bell Nichols. Después de algunas dudas, y alentada por su compañera escritora Elizabeth Gaskell (que fue la autora de la primera biografía de Charlotte), se casó en 1854. Desgraciadamente, murió embarazada de su primer hijo, solo meses después de contraer matrimonio, a los 38 años.

Facsimile of the Title-page of the First Edition

WUTHERING HEIGHTS

A NOVEL,

BY

ELLIS BELL,

IN THREE VOLUMES.

VOL. I.

LONDON:
THOMAS CAUTLEY NEWBY, PUBLISHER,
72, MORTIMER St., CAVENDISH Sq.

1847.

△ ***CUMBRES BORRASCOSAS***
La única novela de Emily Brontë, publicada con el seudónimo de Ellis Bell, apareció inicialmente en tres volúmenes. Aquí se ve la portada de la primera edición (1847).

CONTEXTO

Símbolos de género

Los personajes femeninos de la ficción del siglo XIX se caracterizan o bien por su aspecto físico y belleza (o fealdad), sumisas y angelicales, o como mujeres rebeldes obsesionadas por el sexo. Las Brontë cambiaron estos insulsos estereotipos. Tanto *Jane Eyre* como *Cumbres borrascosas* se centran en los complejos mundos interiores de sus protagonistas femeninas: Cathy Earnshaw, salvaje y melancólica; Jane Eyre, estoica e ingeniosa; Bertha Mason, rebelde y condenada. Elizabeth Eastlake, crítica del siglo XIX, tildó a *Jane Eyre* de «personificación de un espíritu no regenerado e indisciplinado».

***FLIRTEO*, ARTISTA DESCONOCIDO, c. 1882**

Directorio

William Blake

1757-1827, INGLÉS

Poeta, pintor y místico, Blake era hijo de un comerciante londinense. Afirmaba haber tenido su primera visión, ángeles en un árbol, a los diez años. Formado como pintor, se convirtió en un innovador grabador. Desde *Cantares de inocencia* en adelante, la poesía de Blake fue siempre publicada con sus propias ilustraciones. Muchos de sus versos más conocidos aparecen en *Cantares de experiencia*, incluidos «El tigre», «La rosa enferma» y «Londres».

Además de estos poemas cortos, escribió largos libros proféticos, como *El libro de Thel* y *El matrimonio del cielo y el infierno*, en que expone sus ideas sociales y religiosas en términos de una compleja mitología privada. Su poesía ataca la corrupción de la sociedad de la época y protesta por la frustración del deseo físico. Su poema más famoso, «Jerusalén», es una expresión viva del idealismo social arraigado en la fe religiosa.

OBRAS CLAVE: *Cantares de inocencia*, 1789; *El matrimonio del cielo y el infierno*, 1790-93; *Cantares de experiencia*, 1794; *Milton*, 1804-8

△ ***MADAME DE STAËL*, RETRATO DE FRANÇOIS GÉRARD, c. 1849**

Friedrich Schiller

1759-1805, ALEMÁN

Schiller, el dramaturgo romántico más importante de Alemania, estudiaba en la academia militar cuando escribió su primera obra, *Los bandidos*, un violento melodrama. La obra representa el extremismo emocional rebelde del Sturm und Drang (período del Romanticismo alemán) y cuando fue estrenada, fue aplaudida por el público y condenada por las autoridades. Más tarde, Schiller se asoció con Goethe en el movimiento conocido como Clasicismo de Weimar, que planteaba una compleja teoría de la estética y una sutil visión de la libertad humana. Historiador y dramaturgo, Schiller escribió una serie de dramas en verso basados en hechos históricos sobre opresión, injusticia y resistencia. Su poesía abarca desde los elevados sentimientos de la «Oda a la Alegría» (más tarde musicalizada por Beethoven) a alegres baladas como «Las grullas de Íbico» (1797). Murió de tuberculosis a los 45 años.

OBRAS CLAVE: *Los bandidos*, 1781; *Don Carlos*, 1787; la trilogía *Wallenstein*, 1796-99; *Guillermo Tell*, 1804

◁ Madame de Staël

1766-1817, FRANCESA

Novelista e intelectual, Madame de Staël es considerada una de los fundadores del Romanticismo francés. De soltera Anne-Louise Germaine Necker, era hija de un banquero suizo que fue ministro de finanzas de Luis XVI de Francia. De niña conoció a grandes figuras de la Ilustración en el salón parisino de su madre. Pese a un matrimonio arreglado con el embajador sueco, barón de Staël-Holstein, vivió una vida independiente. La Revolución francesa de 1789 y la posterior subida al poder de Napoleón Bonaparte la forzó a largos períodos de exilio. En los años 1800, su salón en Coppet, Suiza, era un centro de resistencia a Napoleón. Sus dos novelas, *Delphine* y *Corinne*, evocan las emociones de personajes femeninos fuertes, envueltos en un conflicto entre el amor y el deber en una sociedad patriarcal. Su ensayo de 1800 «Sobre la literatura» es un innovador análisis de la influencia de las condiciones sociales en la literatura.

OBRAS CLAVE: *Delphine*, 1802; *Corinne ou l'Italie*, 1807; *Diez años de destierro*, 1821

Samuel Taylor Coleridge

1772-1834, INGLÉS

Importante poeta del Romanticismo inglés, Coleridge fue en su juventud un radical que planeó fundar una comuna en Estados Unidos.

A partir de 1797, escribió junto con Wordsworth los poemas de conversación «Frost at Midnight» y «This Lime Tree Bower My Prison» y la famosa *La balada del viejo marinero*, una intensa historia de pecado y redención, publicada junto con *Baladas líricas* de Wordsworth (1798).

Otro poema de este fértil período, el exótico «Kubla Khan» (al parecer producto de un sueño interrumpido), no apareció impreso hasta 1816. Sufrió durante varios años ansiedad y depresión, mala salud y adicción al opio. En un matrimonio infeliz y fallido, y enamorado de otra mujer, su angustia es evidente en la conmovedora «Dejection».

Dedicó los últimos años de su vida a la reflexión filosófica sobre la naturaleza de la imaginación creativa.

OBRAS CLAVE: *La balada del viejo marinero*, 1798; «Dejection: An Ode», 1802; «Kubla Khan», 1816; *Biografía Literaria*, 1817

△ *STENDHAL*, **OLOF JOHAN SÖDERMARK, 1840**

△ Stendhal

1783-1842, FRANCÉS

Marie-Henri Beyle, novelista conocido con el seudónimo de Stendhal, introdujo el racionalismo analítico en la Ilustración para dar relevancia al contenido emocional del Romanticismo. Hijo de un abogado, experimentó la emoción de viajar y de la acción como soldado del ejército de Napoleón estacionado en Italia. Su carrera como escritor comenzó tras la caída de Napoleón en 1815.

Mujeriego empedernido, utilizó su propia experiencia como base para un análisis de la pasión romántica en la obra teórica *Sobre el amor* (1822). Sus novelas más famosas, *Rojo y negro* y *La cartuja de Parma*, narran las aventuras de jóvenes llevados por el amor o la cínica ambición de subvertir el orden social. Los libros están escritos con excepcional entusiasmo y espontaneidad, especialmente *La cartuja*, supuestamente completado en siete semanas. La autobiografía *Vida de Henri Brulard*, publicada póstumamente, contiene penetrantes reflexiones psicológicas.

OBRAS CLAVE: *Armancia*, 1827; *Rojo y negro*, 1830; *La cartuja de Parma*, 1839; *Vida de Henri Brulard*, 1895

Alessandro Manzoni

1785-1873, ITALIANO

Manzoni es recordado, sobre todo, por su obra maestra, la novela *Los novios*, una contribución vital al auge del sentimiento de identidad nacional italiana. Miembro de una distinguida familia milanesa, inició su carrera como poeta y dramaturgo. El drama en verso, *El Conde de Carmañola*, fue alabado por Goethe y el poema «El cinco de mayo», sobre la muerte de Napoleón, es una de las obras líricas más populares en italiano.

Los novios es una historia de amor ambientada en el siglo XVII, cuando Milán era una ciudad bajo dominio español asolada por la peste. Su radicalismo se encuentra en la elección de campesinos como su héroe y heroína, y en la evocación de las adversidades de vivir bajo un gobierno extranjero, en una época en que el norte de Italia estaba dominado por Austria. Manzoni ya no escribió otras obras y pasó el resto de su vida en su finca a las afueras de Milán.

OBRAS CLAVE: *El Conde de Carmañola*, 1820; «El cinco de mayo», 1821; *Los novios*, 1825-27

Percy Bysshe Shelley

1792-1822, INGLÉS

El poeta romántico inglés más rebelde, Shelley fue expulsado de la universidad por ateo y por fugarse para casarse con una colegiala de 16 años, Harriet Westbrook. El matrimonio duró poco y Harriet se suicidó. Shelley se casó entonces con su amante, Mary Godwin (que más tarde escribiría la novela *Frankenstein*). Desde 1818 vivió en Italia, donde escribió la mayoría de sus versos más conocidos. A los 30 años se ahogó en un accidente de barco y fue incinerado en la playa de Viareggio. Su poesía, de técnica virtuosa, expresa una visión idealista de una vida afectada por la depresión. Algunas obras, como «La máscara de Anarquía» (1819), fueron ataques explícitos contra el gobierno y la sociedad británicos. Otros, como «Ozymandias», expresan un desprecio generalizado por el poder. La creencia de Shelley en la poesía como agente de cambio político y moral, evidente en su ensayo *Defensa de la poesía*, encontró su expresión lírica en «Oda al viento del oeste».

OBRAS CLAVE: «Ozymandias», 1818; *Prometeo liberado*, 1820; «Oda al viento del oeste», 1820; «Adonaïs», 1821

John Keats

1795-1821, INGLÉS

Keats, el poeta romántico por excelencia, era hijo del propietario de una caballeriza de Londres. Abandonó sus estudios de medicina para concentrarse en la poesía, pero su primer poemario fue ignorado y el poema largo *Endymion* recibió fuertes críticas. Pero nunca perdió la confianza en su capacidad y en seis años escribiendo produjo odas, sonetos, romances medievales y poesía épica en verso libre, así como abundantes cartas con comentarios sobre su filosofía poética, basada en «la santidad del afecto del corazón y la verdad de la imaginación». Enfermo de tuberculosis, viajó a Roma en busca de curación, donde murió a los 25 años.

OBRAS CLAVE: *Poemas*, 1817; *Endymion*, 1818; *Lamia, Isabella, La víspera de Santa Inés y otros poemas*, 1820

Heinrich Heine

1797-1856, ALEMÁN

Heine puso fin al Romanticismo con su compromiso político, ingenio satírico y lenguaje cotidiano. Nacido en una familia judía, estudió derecho, pero el antisemitismo afectó esta carrera. Sus primeros poemas fueron recogidos en el *Libro de las canciones*, publicado en 1827. Muchos de sus poemas líricos de amor con un toque de malicia fueron musicalizados.

En 1831, Heine se mudó a París; desde el exilio autoimpuesto atacó el autoritarismo alemán y el periodismo político. «Alemania: un cuento de invierno» es un famoso poema épico. Sus últimos poemas están influidos por la enfermedad y la muerte. Sus libros fueron prohibidos en Alemania durante su vida y luego por el régimen nazi, 80 años después de su muerte.

OBRAS CLAVE: *Libro de las canciones*, 1827; «Alemania: un cuento de invierno», 1844; *Romancero*, 1851

▷ Alexandre Dumas

1802-1870, FRANCÉS

Las novelas históricas de Dumas fueron los libros más vendidos en su día y han hecho una importante contribución a la cultura popular. Hijo de un general, Dumas consiguió su primer éxito con el drama histórico *Enrique III y su corte,* estrenado en 1829 cuando en París estaba de moda el drama romántico. Escribió otras obras exitosas antes de su primera novela, *Capitán Pablo*, que apareció por entregas en 1838.

Para atender la demanda pública de relatos de aventuras de capa y espada, Dumas montó una línea de producción virtual, con ayudantes como Auguste Maquet, que aportaba ideas y textos para novelas que fueron publicadas con el nombre de Dumas. Se estima que produjo más de 100 000 páginas de texto impreso. Personajes como el mosquetero D'Artagnan, el conde de Montecristo y el Hombre de la máscara de hierro alcanzaron fama legendaria. Dumas no tardó en hacerse rico, pero gastos lujosos en mujeres y la buena vida lo llevaron a endeudarse. Perseguido por sus muchos acreedores, vivió en el extranjero durante muchos años y nunca dejó de escribir. Entre sus obras cabe mencionar un libro sobre mascotas y un diccionario de cocina de 1000 páginas.

OBRAS CLAVE: *Los tres mosqueteros* 1844; *El conde de Montecristo*, 1845-46; *El collar de la reina*, 1849; *El tulipán negro*, 1850

△ ALEXANDRE DUMAS, ÉTIENNE CARJAT, c. 1862

Nathaniel Hawthorne

1804-1864, ESTADOUNIDENSE

Autor de la famosa novela gótica *La letra escarlata*, Hawthorne nació en Salem, Massachusetts, hijo de un juez, en la ciudad de los infames juicios de brujas. Una primera novela y la serie de historias cortas *Cuentos dos veces contados* tuvieron poco impacto, pero *La letra escarlata* alcanzó un éxito instantáneo. Descrita por su autor como un «romance», porque abandona el realismo en pos de la verdad moral, la novela utiliza la historia de la adúltera marginada Hester Prynne para desafiar la tradición puritana de culpa, hipocresía y censura de la sexualidad.

La siguiente novela, *La casa de los siete tejados*, explora temas similares con un tono más sobrenatural; *The Blithedale Romance* refleja su rechazo del trascendentalismo (movimiento filosófico de los años 1820 y 1830 que valoraba la intuición frente al empirismo). En 1853, fue nombrado cónsul de Estados Unidos y pasó siete años en Europa. Murió dejando tres novelas inéditas.

OBRAS CLAVE: *Cuentos dos veces contados*, 1837; *La letra escarlata*, 1850; *La casa de los siete tejados*, 1851; *The Blithedale Romance*, 1852

George Sand

1804-1876, FRANCESA

La novelista George Sand desafió las restricciones impuestas por la sociedad a las mujeres en su búsqueda de realización personal. Nacida Aurore Dupin, fue criada por su abuela en una finca de Nohant, al sur de París, que más tarde heredaría. En 1831, huyó de un matrimonio infeliz para integrarse en la vida bohemia de París, convirtiéndose en periodista y exitosa novelista con el seudónimo de George Sand. Abandonó las convenciones, se vistió con ropa de hombre y mantuvo relaciones amorosas muy publicitadas, sobre todo con Frédéric Chopin.

Todas sus obras son novelas románticas con tramas realistas; muchos describen a mujeres con problemas emocionales y vidas insatisfechas. También reflejan el sentido de la autora sobre la injusticia social (desempeñó un papel activo en la Revolución de 1848) y su amor por el campo. Vivió aislada con sus nietos en Nohant, donde la visitaron la mayoría de los grandes escritores de su tiempo.

OBRAS CLAVE: *Indiana*, 1832; *Consuelo*, 1842-43; *La Mare au Diable*, 1846; *La Petite Fadette*, 1849

Elizabeth Barrett Browning

1806-1861, INGLESA

Poeta victoriana, Elizabeth Barrett Browning fue más famosa en vida que su marido, también poeta, Robert

Browning. La fortuna de la familia Moulton-Barrett dependía de la venta de esclavos en las Indias Occidentales, actividad que ella denunció de adulta. Su talento poético fue precoz. El poema épico *The Battle of Marathon*, escrito con 14 años, quedó en familia.

Barrett estaba parcialmente inválida y dependía del láudano (opio). Llevaba una típica respetable vida victoriana mientras traducía *Prometeo encadenado* (1833) y escribía *El serafín*. Su obra de 1844, *Poemas*, tuvo gran éxito tanto de público como de crítica y supuso que se la considerara una seria candidata a ser nombrada poeta laureada.

En 1845, se casó contra la voluntad de su padre, de forma clandestina, con Robert Browning. La pareja se escapó a Florencia. El apasionado amor por su marido queda reflejado en *Sonetos del portugués*, que incluye el «Soneto número 43» con el famoso primer verso: «¿Cómo te amo? Déjame contar los modos». En la cumbre de su carrera escribió *Aurora Leigh*, una novela en verso de carácter autobiográfico.

OBRAS CLAVE: *El serafín y otros poemas*, 1838; *Poemas*, 1844; *Sonetos del portugués*, 1850; *Aurora Leigh*, 1856

Nikolái Gogol

1809-1852, RUSO

Maestro de la sátira y la caricatura grotesca, Gogol escribió novelas, piezas de teatro y relatos cortos que mostraban la absurda vida en la Rusia zarista. Hijo de un terrateniente ucraniano, marchó a San Petersburgo para ser poeta. Se ganó la vida con pequeños trabajos administrativos, experiencia que le proporcionó una aguda percepción del funcionamiento de la burocracia estatal. Aleksandr Pushkin le alentó a convertirse en escritor a tiempo completo.

La vena absurda y satírica de Gogol surgió en 1836 con la brillante farsa teatral *El inspector* y el cuento surrealista corto «La nariz». Como temía la persecución del gobierno, vivió en el extranjero los siguientes 12 años, principalmente, en Roma, donde escribió su obra maestra *Almas muertas*, en la que se burla de las clases medias rusas y de la codicia y la corrupción de los terratenientes. Esta novela, junto al cuento «El capote», elevaron a Gogol a ser considerado el mejor prosista de Rusia. En sus últimos años, entró en una obsesión religiosa y no escribió grandes obras.

OBRAS CLAVE: «La nariz», 1836; *El inspector*, 1836; *Almas muertas*, 1842; «El capote», 1842

▷ Alfred Tennyson

1809-1892, INGLÉS

Alfred Tennyson fue el poeta laureado más longevo de todo el período victoriano. Escribió unas obras de una excepcional musicalidad y enorme virtuosismo técnico. Nacido en Lincolnshire, hijo de un vicario, publicó sus primeros poemarios en los años 1830, pero estos no tuvieron demasiado éxito, a pesar de incluir piezas como «Mariana» y «La dama de Shalott» que más tarde se convertirían en los preferidos en las antologías poéticas. Su primer logro fue *Poemas*, de 1842, que incluía «Locksley Hall», «Ulises» y «Break, Break, Break». A esta obra le siguió *In Memoriam*, una meditación melancólica por la muerte de su amigo el poeta Arthur Hallam.

Como poeta laureado desde 1850, la producción de Tennyson incluyó desde el poema ultranacionalista de la Guerra de Crimea «La carga de la brigada ligera» (1854), a los complejos y apasionados poemas de amor dedicados a *Maud*. Su ciclo artúrico de doce partes, *Idilios del rey*, fue enormemente apreciado por el público victoriano. En 1883 se le concedió el título de lord como un reconocimiento a su obra.

OBRAS CLAVE: *Poemas*, 1842; *In Memoriam*, 1850; *Maud*, 1855; *Idilios del rey*, 1859-85

Elizabeth Gaskell

1810-1865, INGLESA

La novelista Elizabeth Gaskell fue una gran observadora de los efectos sociales de la Revolución Industrial. Su nombre de soltera era Elizabeth Stevenson, y fue criada por una tía suya en un pueblo de Cheshire, que se convertiría en el modelo para su ficticia Cranford. Se casó con un pastor de la Iglesia Unitaria y se instaló en la floreciente ciudad de Mánchester, donde se dedicó a las obras de caridad.

La muerte de su hijo pequeño le llevó a escribir una novela como distracción. *Mary Barton*, una descripción amable de la pobreza de la clase obrera de Mánchester, fue un éxito inmediato entre el público victoriano. Su novela sobre una pequeña ciudad, *Cranford*, tuvo gran éxito entre el público, pero *Ruth* (1853), una descripción de la vida de una mujer deshonrada, y *Norte y Sur*, que trata el conflicto entre obreros y patronos, fueron muy polémicas. La tardía novela *Esposas e hijas* es considerada su mejor obra. También escribió una destacable biografía de su amiga Charlotte Brontë.

OBRAS CLAVE: *Mary Barton*, 1848; *Cranford*, 1851-53; *Norte y Sur*, 1854-55; *Esposas e hijas*, 1864-66

△ **ALFRED TENNYSON, c. 1865**

FINALES DEL SIGLO XIX

CAPÍTULO 3

George Eliot

1819-1880, INGLESA

Como autora de gran éxito y favorita de la reina Victoria, George Eliot obtuvo fama y dinero, pero la clase dirigente británica no la aceptó por su vida personal poco convencional.

George Eliot adoptó diferentes nombres en distintas fases de su vida. Para su carrera literaria, eligió un seudónimo masculino y acordó con sus editores permanecer en el anonimato. Tuvo que revelar su identidad cuando un pretendiente intentó reclamar la autoría de sus obras, pero el seudónimo de George Eliot persistió.

Nació con el nombre de Mary Anne Evans en Nuneaton, Warwickshire. Al principio, su vida estuvo definida por la decisión de su padre de enviarla a la escuela (un privilegio reservado en general a los hijos varones). Poseía un voraz apetito por los libros, y pasaba horas de lectura en la biblioteca de Arbury Hall, donde su padre trabajaba como administrador de fincas. Su educación formal, sin embargo, terminó a los 16 años, cuando murió su madre y tuvo que volver a casa.

Al cabo de cinco años, se mudó con su padre cerca de Coventry. El rico filántropo Charles Bray y su esposa Cara, que la alentaron a escribir y a persistir con la libertad de espíritu que su padre no aprobaba, formaron parte de su círculo de amigos.

Se sintió liberada cuando recibió la herencia por la muerte de su padre en 1849. Viajó un tiempo a Suiza antes de establecerse en Londres, con la intención de seguir la carrera de periodismo. Entró a trabajar en la *Westminster Review* para el editor de política John Chapman, quien la contrató como asistente editorial, posición que rara vez ocupaban las mujeres victorianas.

Amores y vida en Londres

En Londres, Eliot se enamoró de un hombre tras otro, hasta que en 1851 encontró el amor con George Henry Lewes. La relación entre ambos se complicó porque Lewes estaba casado. Como no podía divorciarse de su mujer Agnes (había dado su nombre a sus hijos ilegítimos), él y Eliot no se casaron. Por entonces, Eliot decidió usar el nombre de Evans Lewes.

Ya había decidido escribir novelas, pero no empezó su carrera como George Eliot hasta que encontró la estabilidad con Lewes. Usó un seudónimo masculino en parte para diferenciarse de las que ella llamaba «novelistas tontas» y además para otorgar mayor autoridad a su trabajo. Admiraba el realismo de las novelas europeas del momento y decidió escribir obras similares. Sus *Escenas de la vida clerical* se publicaron por entregas en 1857, y su primera novela completa, *Adam Bede*, apareció en 1859. Escribió cinco novelas más, incluida *Middlemarch*, considerada una de las mejores obras de la literatura victoriana y varios poemarios, ensayos y artículos.

Aunque se sintió desconsolada en 1878 por la muerte de Lewes y ya no escribía novelas, optó por casarse. Se convirtió en Mary Anne Cross, pero fue un matrimonio controvertido ya que su marido era 20 años más joven. La relación duró poco por la muerte de George Eliot de una enfermedad renal en su lujosa casa en Chelsea en 1880. Fue enterrada junto a Lewes en el cementerio de Highgate.

◁ ***GEORGE ELIOT***
Tras la muerte de su padre, Eliot se quedó durante un tiempo en Ginebra en la casa del pintor suizo François D'Albert Durade, quien pintó este retrato de la escritora con 30 años en 1849.

△ ***DANIEL DERONDA***
Las obras de Eliot exploran la complejidad psicológica de la vida inglesa con un realismo didáctico desconocido en la época. Su última novela, *Daniel Deronda* (1876), hacía hincapié en la represión en las clases altas y planteaba el controvertido tema del estado de los judíos en la sociedad británica.

CONTEXTO
Radicales

La relación que Eliot mantuvo con el escritor, filósofo y científico George Henry Lewes la introdujo en la élite literaria e intelectual de Londres. Ambos se convirtieron en miembros destacados de un círculo de escritores que incluía a William Thackeray, Thomas Carlyle y John Stuart Mill. En sus reuniones de los domingos por la tarde en Priory, casa de Eliot y Lewes, este grupo de pensadores iniciaron un movimiento literario con innovadoras teorías filosóficas, psicológicas y sociológicas.

PRIORY, LA CASA DE ELIOT Y LEWES EN ST JOHN'S WOOD, LONDRES

Herman Melville

1819-1891, ESTADOUNIDENSE

Melville fue un hábil narrador de historias y un maestro del realismo. Su grandeza queda reflejada en el rico simbolismo y la profundidad temática de su compleja y extraña obra maestra, *Moby Dick*.

◁ **CASA EN ARROWHEAD**
Melville escribió *Moby Dick* en este escritorio de su casa de Arrowhead, Pittsfield, Massachusetts. Construida en los años 1780, vivió en ella 13 años y aparece en varias de sus novelas.

Herman Melville fue uno de los ocho hijos de una prominente familia neoyorquina. Su fortuna decayó cuando Herman era todavía un niño y no tuvo las comodidades de la riqueza heredada. Fue de un trabajo a otro, desde empleado de banca a profesor, antes de estudiar topografía para tener un empleo seguro. Al fracasar en este empeño, se interesó por el mar y embarcó como grumete en el buque mercante *St Lawrence*.

Experiencias en el mar

Tras varios años tripulando balleneros, Melville volvió a Boston en 1844 y escribió sus primeras narraciones *Taipi* (1846) y *Omoo* (1847), cuentos exóticos de aventuras con motines y canibalismo en los mares del Sur. Estas historias románticas y sensacionalistas fueron populares y se vendieron bien, lo que le permitió casarse con Elizabeth Shaw en 1847. Dos años después, la pareja tuvo el primero de cuatro hijos.

El siguiente libro, *Mardi* (1849), tuvo menos éxito. Sus lectores esperaban otra aventura y se sintieron decepcionados cuando la historia enseguida abandonó el realismo y el Romanticismo, y se volvió filosófica y alegórica. De todas formas, su publicación cambió las ambiciones literarias de Melville, que reveló a su amigo Nathaniel Hawthorne: «Lo que más me emociona escribir... no paga. Pero tampoco puedo dedicarme a escribir otra cosa».

Melville vertió su experiencia en el mar y todo lo que había aprendido en su lectura voraz, en su próximo proyecto, *Moby Dick*. Dio a la novela una poderosa trama basada en la historia real del hundimiento del *Essex* por una ballena, y de un héroe vengativo y fanático, el capitán Ahab. Junto a evocaciones de la vida en el mar, el autor explora la clase y el estatus, el bien y el mal, la locura, el deber, el desafío, la amistad y la muerte, unidas a un rico simbolismo y una gran cantidad de estilos y figuras literarias como la prosa, la poesía, recuentos, acotaciones y soliloquios. *Moby Dick* fue, en muchos sentidos, como Melville predijo «un libro maldito» y un fracaso comercial.

Reconocimiento tardío

Sus últimas obras tampoco fueron muy exitosas y sus intentos de ganarse la vida dando conferencias no le sirvieron de mucho, por lo que en 1866 aceptó ser inspector de aduanas en Nueva York. Publicó dos poemarios, pero no recibieron gran atención. Sin embargo, los cantos de sirena eran demasiado fuertes y antes de morir en 1891, volvió a escribir un cuento de marineros, publicado póstumamente como *Billy Budd marinero,* en 1924. Por entonces, su reputación estaba en alza y *Moby Dick* fue reconocida al fin como una obra maestra de la literatura estadounidense.

CONTEXTO

Influencias literarias

Su obra tiene influencias muy diversas, desde Milton, Pope y Rabelais hasta la Biblia y Shakespeare. Un simple «¡Magnífico!» escrito en el margen de un ejemplar del *Rey Lear* muestra su aprecio por las obras del autor inglés, cuya influencia en *Moby Dick* se ve en el uso de soliloquios, acotaciones y extractos de las obras de aquel. Melville llamó al protagonista, el tiránico capitán Ahab, como un héroe trágico de Shakespeare.

CARTEL DE LA PELÍCULA *MOBY DICK* (1956), CON GREGORY PECK COMO AHAB

« La familiaridad con el **peligro** hace del **hombre valiente** más valiente, pero **menos osado.** »

HERMAN MELVILLE, *CHAQUETA BLANCA*

▷ **MELVILLE MAYOR**
Este retrato muestra a Melville a los 66 años, solo seis años antes de morir de un ataque al corazón, y en un momento en el que su carrera como escritor languidecía. *Moby Dick* fue un éxito póstumo.

Walt Whitman

1819-1892, ESTADOUNIDENSE

En el poemario *Hojas de hierba*, Whitman exploró gran cantidad de temas: del amor a la guerra, de la esclavitud a la democracia. Usó el verso libre para representar, no al gran héroe, sino al americano común.

Con el nombre de Walter, aunque se lo conoció como Walt para distinguirlo de su padre, Walt Whitman nació en West Hills, Long Island, en 1819, y fue el segundo de nueve hijos. Walter quería construir casas, vivir en ellas un tiempo y luego venderlas para mejorar la fortuna familiar, pero no tuvo éxito. Walt abandonó el colegio a los 11 años y se puso a trabajar para aumentar los ingresos de la familia.

Experiencia periodística

El joven Whitman se inició en el negocio de la prensa en *The Long Island Patriot* y luego trabajó de impresor en Brooklyn, donde desarrolló su interés por la literatura y publicó sus primeros poemas. Debido a la crisis económica, tuvo que volver a Long Island con su familia y trabajar como maestro, empleo que detestaba. En 1838, fundó su propio semanario, *The Long-Islander*, donde él mismo se encargaba de la edición, la impresión y la distribución. Vendió la empresa, se fue a Nueva York y trabajó en distintos ámbitos del periodismo, antes de convertirse en editor del *Brooklyn Eagle* en 1846. Conocido por sus fuertes y a menudo impopulares opiniones, acabó siendo despedido por apoyar la rama antiesclavista del Partido Demócrata de Nueva York, ya que el dueño del periódico era proesclavista.

◁ **WHITMAN, c.1890**
Whitman no fue muy popular en vida en su propio país, pero ahora es considerado el poeta estadounidense más importante del siglo XIX. Su celebración de la libertad, la naturaleza, el cuerpo, y el alma sigue siendo inspiradora.

△ **CASA NATAL DE WHITMAN**
Whitman nació y vivió los primeros años de su vida en esta granja de Long Island antes de que su familia se mudara a Brooklyn en busca de oportunidades.

Primeras obras

Los años 1850 fueron fundamentales para Whitman. Publicó prosa, incluida la novela por entregas *Vida y aventuras de Jack Engle*, y un curioso manual de autoayuda llamado *Guía para la salud y el entrenamiento masculinos*, así como poesía. En julio de 1855, apareció *Hojas de hierba*, colección de 12 poemas que iría revisando y ampliando a lo largo de su vida. De hecho, pagó por imprimir la primera edición. El delgado volumen era extraño para el lector de la época. No tenía el nombre del autor en la portada y los poemas no tenían título. Entre los poemas, considerados ya todos ellos clásicos, destacan «Yo canto al cuerpo eléctrico», «Canto a mí mismo» y «Los durmientes». *Hojas de hierba* fue revolucionaria.

CONTEXTO
Simbolismo de la hierba

La hierba tenía, para Whitman, muchos significados. Como crecía en todas partes, representaba la universalidad y era un símbolo de la naturaleza, la renovación, la eternidad y el ciclo de la vida. Un grupo de poemas de amor de *Hojas de hierba* lleva el nombre de *Calamus*, un tipo específico de hierba, el *Acorus calamus* o cálamo aromático. Kalamos era también el nombre de un joven de la mitología griega que se enamoró de otro, se ahogó en un río y renació como una caña. Por lo tanto, el cálamo también representaría el amor entre hombres ensalzado en los poemas de Whitman.

CÁLAMO AROMÁTICO, *ACORUS CALAMUS*

« Nacido aquí, **de padres cuyos padres** nacieron aquí, lo mismo que **sus padres.** »

WALT WHITMAN, «CANTO A MÍ MISMO»

« Eres tú hablando como yo mismo... **y yo actúo como la lengua tuya.** »

WALT WHITMAN, «CANTO A MÍ MISMO»

CONTEXTO
Trascendentalismo

Whitman se considera descendiente del Trascendentalismo, movimiento de principios del siglo XIX que subrayaba la bondad innata del ser humano y de la naturaleza, y la importancia de los valores «americanos» como la intuición y la independencia. El grupo daba escasa importancia a los valores tradicionales de la sociedad y la religión dominante y más relevancia a las percepciones del individuo. Los escritores Ralph Waldo Emerson y Henry David Thoreau fueron destacadas figuras del movimiento. Whitman escribió *Hojas de hierba* como respuesta a un ensayo de Emerson solicitando un nuevo poeta para escribir sobre el «nuevo» Estados Unidos y sus características únicas.

EL ENSAYISTA ESTADOUNIDENSE RALPH WALDO EMERSON, c. 1870

Sus largos versos libres, sin rima eran diferentes a cualquier otra obra. Muchos pensaban que era poco poético y consideraban obscenas sus descripciones de placer sensual. El libro recibió grandes elogios. Incluso Ralph Waldo Emerson, uno de los escritores estadounidenses más destacados de su generación, escribió a Whitman para decirle: «Le doy la bienvenida en el comienzo de una gran carrera».

Poesía de guerra

Cuando estalló la guerra de Secesión, Whitman, un demócrata abolicionista, apoyó a la Unión. Su hermano, George, fue herido y Whitman viajó a Washington D.C. para verle. Movido por el gran sufrimiento que presenció en los improvisados hospitales militares, permaneció en la ciudad para ayudar a los soldados heridos, mientras se financiaba trabajando como funcionario. La colección de poemas de guerra de 1865 *Redobles de tambor* se inspira en estas vivencias. Contiene sus reacciones al conflicto: de la excitación ingenua a la duda y luego a la compasión por las víctimas.

El resultado de la guerra le llevó a escribir poemas sobre la muerte de Abraham Lincoln, como «¡Oh, capitán! ¡Mi capitán!», el poema más popular de Whitman durante su vida, y el conmovedor «La última vez que las lilas florecieron en el jardín».

Evolución de la épica

Mientras tanto, Whitman seguía revisando y añadiendo poemas a *Hojas de hierba*, incluidos los publicados previamente en *Redobles de tambor*. Siguieron múltiples ediciones y el libro, que al principio era una colección de solamente 12 poemas, llegó a tener 383.

Al extender el libro de esta manera, pudo incorporar gran variedad de temas como la educación, la democracia, la esclavitud, el cambio social, el trabajo, el amor, el paisaje americano y la guerra. En definitiva, le permitió explorar Estados Unidos en su conjunto. Dada su amplitud temática, el libro ha sido considerado una epopeya estadounidense, diferente a todas las demás, sin un héroe noble, sino centrada en el ciudadano común de Estados Unidos, cuyas experiencias, valores y pensamientos se cree que el propio Whitman encarna.

La amplitud de temas del libro era revolucionaria, al igual que su estilo. A diferencia de la estandarizada poesía tradicional, muchos de los largos versos de Whitman tienen un ritmo muy libre, y una longitud y una métrica realmente variada. El poeta se inspiró en una fuente muy tradicional, la Biblia, y a menudo adoptó su sintaxis y sus ritmos. Al igual que la Biblia, *Hojas de hierba* incorpora listas y recuentos, en los que se repiten palabras. Whitman era muy aficionado a la figura retórica llamada anáfora, en la se repiten una o varias palabras al principio de cada verso, como por ejemplo en «Fuera de la cuna que eternamente mece». Este recurso da a su poesía un estilo elevado y declamatorio.

△ **WHITMAN Y DOYLE**
En Washington D.C., Whitman y Peter Doyle, conductor de tranvía, tuvieron una relación muy cercana, posiblemente romántica.

OBRAS CLAVE

1842
Se publica *Franklin Evans*, historia de un joven en Nueva York que sucumbe a la tentación de la bebida.

1855
Aparece la primera edición de *Hojas de hierba* con una tirada de solo 800 copias.

1860
La tercera edición de *Hojas de hierba* atrae la atención por su tratamiento del amor y las relaciones entre hombres.

1865
En *Redobles de tambor* Whitman se inspira en su experiencia cuidando heridos de la guerra de Secesión.

1871
En *Perspectivas democráticas* trata la política de posguerra y el auge del materialismo en Estados Unidos.

1892
Termina la edición final de *Hojas de hierba* mientras está aquejado de una enfermedad pulmonar y renal.

Sexo y censura

Uno de los aspectos de *Hojas de hierba* causó una especial controversia: su planteamiento del amor y el sexo. Whitman escribió con franqueza sobre, por ejemplo, la prostitución, en un momento en que las personas educadas no hablaban del tema. También se consideraron problemáticos sus escritos sobre las relaciones masculinas. Habla extensa e intensamente del «compañerismo» y del afecto masculino, temas tomados como veladas referencias al amor homosexual. Cuando se preguntó al propio autor sobre este aspecto de su obra, Whitman respondió que estaba horrorizado ante la idea de que fueran consideradas referencias a la homosexualidad, pero no todos los lectores están de acuerdo. La misma ambigüedad rodea su vida personal. Tuvo varias amistades muy cercanas con hombres, pero no se sabe si fueron de carácter sexual. Whitman pretendía publicar *Hojas de hierba* en 1866, pero tuvo que esperar un año más, porque no encontró editor que quisiera hacerlo hasta 1867.

▷ **PRIMERA EDICIÓN**
Whitman no aparece como autor de la primera edición de *Hojas de hierba*, pero introdujo un retrato deliberadamente iconoclasta del poeta.

Revisiones finales

A principios de los años 1870, Whitman combinaba la escritura, su trabajo en la oficina del fiscal general en Washington y el cuidado de su anciana madre con artritis. Pero en 1873 el propio poeta sufrió un derrame cerebral y tuvo que mudarse a Nueva Jersey con su hermano George. Su madre murió ese mismo año y Whitman se quedó con George. Continuó la revisión de su gran libro mientras escribía otras obras como *Memoranda during the war* y *Specimen Days*. Los últimos años de su vida, desde 1884, vivió entre su propia casa en Camden y en una residencia de verano al sur de Nueva Jersey, donde encontró algo de tranquilidad. Vivió con su ama de llaves y exvecina Mary Oakes Davis, mientras trabajaba en la versión final de *Hojas de hierba*, ahora conocida con el nombre de edición del lecho de muerte, que completó antes de morir por una pleuresía y por tuberculosis en el año 1892.

▽ ***DOCUMENTOS DE GUERRA***
Este cuadro histórico de Ole Peter Hansen Balling representa al general Ulysses Grant, quien condujo al ejército de la Unión a la victoria sobre la Confederación. Aunque Whitman había trabajado como periodista, no informó sobre la guerra de Secesión. En cambio, documentó la pomposidad, la brutalidad y la tragedia de la guerra en sus poemas *Redobles de tambor*.

Charles Baudelaire

1821-1867, FRANCÉS

Baudelaire fue uno de los mayores poetas franceses del siglo XIX. Su obra más famosa, *Las flores del mal*, causó indignación, pero es considerada ahora una obra maestra, puente entre el Romanticismo y el Simbolismo.

△ **PORT LOUIS, MAURICIO**
Durante su estancia en las islas del Índico, Baudelaire conoció a una prostituta que trabajaba para comprar la libertad de su hermana esclava. Inspiró el poema en prosa «La bella Dorotea».

Muchos de aquellos poemas más controvertidos de Charles Baudelaire tienen su origen en su educación. Nació en París, hijo único de un padre anciano y una madre más joven. Su padre, François, funcionario culto, murió cuando el niño tenía seis años.

Charles adoraba a su madre, quien se volvió a casar poco tiempo después, en 1828. Su nuevo marido, el teniente coronel Jacques Aupick, tuvo una distinguida carrera como embajador de Francia en España y Turquía, pero dedicó poco tiempo a su hijastro, que fue enviado a una sucesión de internados y predestinado a tener una carrera en el derecho. Charles sintió con amargura separarse de su madre y con frecuencia se quejaba de su soledad y aislamiento.

Conflicto familiar

Baudelaire pronto se convirtió en un rebelde y, a pesar de sus buenos resultados académicos, fue expulsado de su colegio de Lyon. Siguiendo los deseos de sus padres, se inscribió como estudiante de derecho en París, pero pronto se vio envuelto en la bohemia. Bebió, fue de prostitutas, contrajo la sífilis que le afectaría el resto de su vida y derrochó dinero a un ritmo alarmante. En 1841, Aupick envió a Baudelaire a un viaje por la India de un año, esperando que recuperara el sentido común. Fue un movimiento fallido. El joven abandonó el barco en isla Mauricio y regresó a París al cabo de pocos meses.

La breve estancia del poeta en Mauricio y Reunión inspiró las exóticas imágenes marítimas en algunos de sus versos, pero aquella experiencia tuvo escasa incidencia en su

SEMBLANZA
Jeanne Duval

La amante de Charles Baudelaire, Jeanne Duval, le inspiró uno de los ciclos de poemas en *Las flores del mal*. Nacida en Haití, a su llegada a Francia se convirtió en actriz y bailarina. La pareja se conoció en 1842 y tuvieron una tormentosa relación, salpicada de separaciones y reconciliaciones, que duraría casi 20 años. Duval era mulata y Baudelaire la describió como su «Venus negra». Sus versos contienen numerosas referencias a su exotismo y su peligrosa belleza. Jeanne fue fuente de su imaginación erótica y en sus escritos alaba sus «muslos de ébano», sus «oscuros ojos como chimeneas de su alma» y «su negra melena al viento».

***JEANNE DUVAL*, CHARLES BAUDELAIRE**

« ***Las flores del mal*** está revestido de una **belleza siniestra** y **fría**, y se ha hecho con **furor** y **paciencia**. »

CHARLES BAUDELAIRE

▷ **BAUDELAIRE, c. 1866**
Este retrato coloreado de Étienne Carjat muestra al poeta hacia el final de su vida. Baudelaire posó para él pese a afirmar que la fotografía era «el refugio de todos los pintores fracasados, poco capacitados o demasiado perezosos para acabar sus estudios».

△ **HÔTEL PIMODAN, PARÍS**
El Club des Haschischins (fumadores de hachís) se reunía en esta casa en la isla de Saint-Louis, donde Baudelaire tenía su apartamento. Alexandre Dumas, Eugène Delacroix y el Dr. Jacques-Joseph Moreau fueron miembros de él; a finales de los 1840 se reunían regularmente para compartir experiencias inducidas por las drogas.

comportamiento. A su regreso, tuvo una aventura con Jeanne Duval (una relación que su familia no aprobaría nunca) y empezó a experimentar con el cannabis y el opio. En 1843, alquiló un apartamento en el Hôtel Pimodan, donde se reunía el Club des Haschischins. Relató sus experiencias en *Del vino y del hachís* (1851) y *Los paraísos artificiales* (1860). También anunció que iba abandonar el derecho y seguir la carrera literaria.

Su familia tomó medidas drásticas. A los 21 años, Baudelaire había recibido una herencia considerable de su padre, pero esta se iba reduciendo rápidamente, por lo que en 1884 Aupick depositó el dinero en un fideicomiso. A partir de entonces, Charles solo recibiría un pequeño subsidio, administrado por un abogado. Esto transformó su estilo de vida y durante el resto de su carrera, vivió al límite de la pobreza y casi apartado de su familia. Le horrorizaba que, además del dinero, el resto de sus asuntos también fueran manejados por extraños. La relación con su madre se vio afectada y solo mejoró tras la muerte de Aupick en 1857.

△ ***LOS DESPOJOS*, 1866**
El frontispicio de la colección de Baudelaire *Les Épaves* (*Los despojos*) está decorado con un grabado de Félicien Rops. El esqueleto simboliza el árbol del bien y el mal; por encima, una quimera se lleva un retrato de Baudelaire. Fue la última obra escrita por el poeta.

Obras escandalosas

Las restricciones financieras hicieron que Baudelaire al menos tuviera una actitud más activa. Como no podía ganarse la vida con la poesía, empezó a trabajar como crítico de arte. Se construyó una reputación en el sector con sus reseñas sobre el Salón de 1845 (la exposición de arte oficial de París), pero sus intereses no se limitaban a la pintura. También escribió sobre música y se convirtió en uno de los primeros críticos en defender a Richard Wagner. Además, estaba fascinado con la obra de Edgar Allan Poe (1809-49). Baudelaire se sentía especialmente próximo al autor estadounidense, que, al igual que él, había tenido problemas financieros y familiares. En 1852, escribió un estudio biográfico sobre Poe y tradujo sus cuentos, que empezaron a aparecer en 1856. Por entonces, Baudelaire ya había terminado su propia novela, *La Fanfarlo,* y se estaba labrando una reputación como poeta. Su intención inicial era impactar. Anunció que su primera colección se llamaría *Las Lesbianas,* aunque más tarde se arrepintió. Aun así, cuando publicó la primera edición oficial de *Las flores del mal* en 1857, el público se escandalizó, las autoridades requisaron el texto, Baudelaire y su editor fueron acusados de indecencia e inmoralidad y multados, y seis poemas fueron eliminados por su contenido sexual. El escándalo no le hizo ningún daño al poeta que se convirtió en celebridad y aumentó las ventas del libro. Tardó varios años en escribir los poemas de

OBRAS CLAVE

1847
Se publica *La Fanfarlo,* una novela semi-autobiográfica que narra un fallido romance entre un poeta y una actriz, La Fanfarlo.

1857
Las flores del mal escandaliza a las autoridades y el poeta es acusado de indecencia. En 1861, aparece una edición ampliada.

1860
En *Los paraísos artificiales*, Baudelaire describe los efectos del consumo de vino y hachís en el Club des Haschischins.

1863
Se publica *El pintor de la vida moderna*, el más destacado estudio sobre arte de Baudelaire. Incluye un análisis sobre la belleza.

1869
Se publica *El Spleen de París*, una colección de 50 poemas cortos en prosa. Elogia la belleza de la vida urbana moderna.

« La **modernidad** es lo **transitorio**, lo **fugaz**, lo **contingente**. »

CHARLES BAUDELAIRE, *EL PINTOR DE LA VIDA MODERNA*

Las flores del mal, ya que Baudelaire solía retocar durante años sus versos. En la edición ampliada de 1861 aparecen algunos poemas de los años 1840. El poemario destaca por su tono, contenido y sus imágenes. Baudelaire buscó sus «flores» (su sentido de la belleza) no en la naturaleza, sino en el «mal», en el sórdido mundo cotidiano. Podía encontrarse en la suciedad de la vida en la ciudad moderna o en la realidad sudorosa de la pasión animal. También se hallaría en momentos de ensueño, aburrimiento o desánimo.

Poesía de los sentidos

Baudelaire ha sido considerado uno de los primeros poetas modernos, por el tono extremadamente personal de sus obras, que a veces incluso parecen las páginas de un diario. No pretendían ocultar pensamientos o sentimientos vergonzosos. Así, en «À celle qui est trop gaie» («A la que es demasiado alegre»), el poeta compara la cara de su amada con una hermosa visión y su risa con una brisa juguetona, antes de, en pocas líneas, expresar su deseo de colarse en su habitación por la noche para castigar su magnífica carne y llenarla de su veneno.

Las imágenes de Baudelaire son muy potentes y evocadoras. Explicó la teoría que las justifica en su poema «Correspondencias», en el que adaptaba las ideas del filósofo Emanuel Swedenborg. En él escribe que la naturaleza contiene «florestas de símbolos / que lo observan con ojos de mirada habituada / Como ecos extensos, confundidos, lejanos». Para Baudelaire, «colores y perfumes y sones se responden». Su experiencia directa de la sinestesia, en la que un perfume embriagador podría evocar la textura del cabello, un color llamativo o una hermosa canción, le otorgaba a su poesía su particular poder sensual. Las imaginativas asociaciones que podían surgir inspiraron a los simbolistas. La siguiente generación de poetas, Rimbaud, Mallarmé y Verlaine consideraron a Baudelaire un genio.

Los deseos de una madre

Después de la publicación de la segunda edición de *Las flores del mal*, Baudelaire escribió sobre todo poemas en prosa. En sus últimos años tuvo numerosos problemas de salud y dinero. En 1864, dio una serie de conferencias en Bélgica, donde sufrió un derrame cerebral. Nunca se recuperó de aquel percance y murió en brazos de su madre en agosto de 1867. Su madre lamentó que no hubiera seguido los planes de Aupick. No habría dejado huella en la literatura, admitió ella, «pero los tres habríamos sido felices».

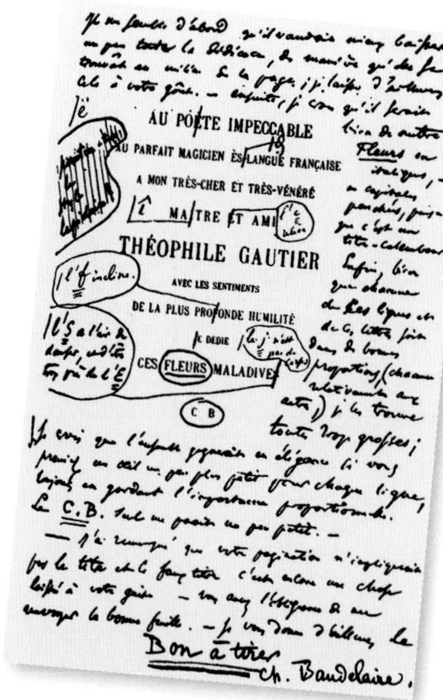

AU POÈTE IMPECCABLE
AU PARFAIT MAGICIEN ÈS LANGUE FRANÇAISE
A MON TRÈS-CHER ET TRÈS-VÉNÉRÉ
MAÎTRE ET AMI
THÉOPHILE GAUTIER
AVEC LES SENTIMENTS
DE LA PLUS PROFONDE HUMILITÉ
JE DÉDIE
CES FLEURS MALADIVES
C B

Bon à tirer
Ch. Baudelaire

△ ***LAS FLORES DEL MAL***
Esta prueba, corregida por Baudelaire, muestra la página de dedicatorias de *Las flores del mal*, destinada a su amigo, el poeta Théophile Gautier.

CONTEXTO

Arte, crítica de arte, y poesía

Mucho antes de dedicarse a la poesía, Baudelaire era considerado un crítico de arte muy intuitivo. A partir de 1845, escribió varias críticas del Salón, la célebre exposición de arte que tenía lugar en París cada año, y también realizó estudios detallados de algunos de sus artistas favoritos. En ellos, Baudelaire describió los valores morales y las nociones sobre belleza que pronto se verían reflejados en sus versos. Al principio idolatró al pintor romántico Eugène Delacroix, pero reservó sus mayores elogios para artistas como Constantin Guys y Édouard Manet, que captó «el heroísmo de la vida urbana moderna» y se convirtió en un gran amigo.

***MÚSICA EN LAS TULLERÍAS,* ÉDOUARD MANET, 1862**

Gustave Flaubert

1821-1880, FRANCÉS

Flaubert fue uno de los grandes pioneros de la novela moderna. De estilo perfeccionista, escandalizó al público francés con la supuesta inmoralidad de su obra maestra, *Madame Bovary*.

◁ **EL ESTUDIO DE CROISSET**
Este dibujo de 1870 muestra el estudio de Flaubert en Croisset. Fue aquí donde el autor trabajó, sobre todo de noche, buscando *le mot juste*.

Gustave Flaubert, nacido en Ruan, era hijo de un eminente cirujano y director de hospital. La riqueza familiar le dio la seguridad financiera necesaria para invertir largo tiempo en su pulido y perfeccionado estilo.

Asistió a un internado en Ruan. Aunque se educó bajo una estricta disciplina militar, le proporcionó una excelente base de historia y literatura. Mientras estuvo allí, contribuyó al periódico escolar y escribió numerosas obras de ficción, sobre todo de carácter histórico.

◁ **GUSTAVE FLAUBERT**
Flaubert era un hombre reservado conocido por su cinismo. No concedió entrevistas y prohibió que le hicieran fotografías. En este retrato muestra su típico mostacho.

Con 19 años, le enviaron a París para estudiar derecho, tema por el que mostró poco entusiasmo. No se sintió muy decepcionado cuando la enfermedad (probablemente algún tipo de epilepsia), le dio una excusa para abandonar el curso. Sufrió varios episodios de convulsiones a lo largo de su vida.

Viviendo en Croisset

Tras abandonar los estudios, Flaubert regresó a Ruan y se estableció allí por el resto de su vida. Sin embargo, en 1846, se produjo una doble tragedia: falleció su padre y poco después su hermana Caroline, que murió al dar a luz. Flaubert recibió una herencia considerable y se trasladó con su madre y su sobrina a un nuevo hogar en Croisset, una aldea a las afueras de Ruan. Escribió gran parte de sus obras en esta casa con vistas al Sena. En este mismo año, conoció a la escritora Louise Colet (ver recuadro, derecha), que se convirtió en su amante.

Romanticismo y realismo

Flaubert aún no había publicado nada relevante, pero sus ideas sobre la dirección que debía tomar su escritura eran claras. No le agradaban ni los valores burgueses ni el Romanticismo dominante. Quería representar la vida cotidiana en una prosa precisa, sin adornos, «objetiva», un estilo que le llevaría a ser uno de los pioneros del realismo literario. Sin embargo, algunos de los temas de sus obras tienen evidentes rasgos románticos. Por ejemplo, tenía gusto por lo exótico, que surgió en *Salambó*, ambientada en la antigua Cartago, y en *Herodías*, su interpretación de la historia bíblica de Salomé. Flaubert también se sintió atraído por la

SEMBLANZA
Louise Colet

Flaubert conoció a Colet (1810-1876) en el estudio del escultor James Pradier, a quien habían encargado un busto de la hermana del escritor. Colet, 11 años mayor que Flaubert, ya había pasado por un matrimonio fallido. Miembro prominente de la sociedad literaria parisina, era una relevante poeta que había recibido varios premios de la Academia Francesa. Enseguida, se convirtió en musa y amante de Flaubert, y fue una de las principales fuentes de inspiración para la creación de Emma Bovary. La correspondencia entre ambos amantes revela mucho sobre Flaubert y sobre las ideas y técnicas que empleó para escribir *Madame Bovary*. El escritor terminó la relación, y Colet se vengó escribiendo una brutal novela sobre él *(Lui*, 1859).

LOUISE COLET

« Soy el **oscuro** y **paciente pescador de perlas**, que se **zambulle** hasta las profundidades, y emerge con las **manos vacías** y la cara azulada. »

GUSTAVE FLAUBERT

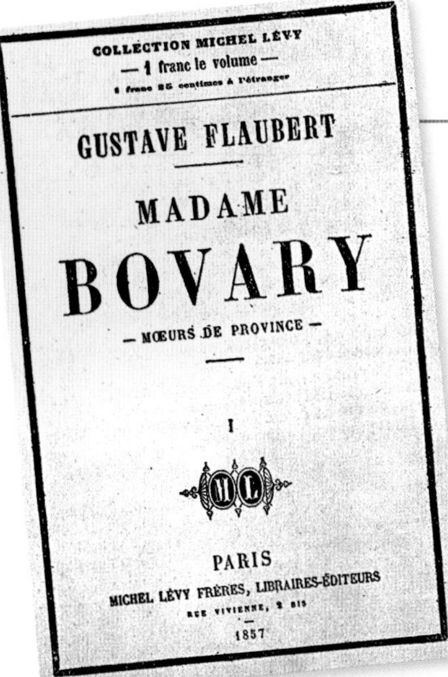
COLLECTION MICHEL LÉVY
— 1 franc le volume —
1 franc 25 centimes à l'étranger

GUSTAVE FLAUBERT

MADAME
BOVARY
— MŒURS DE PROVINCE —

I

PARIS
MICHEL LÉVY FRÈRES, LIBRAIRES-ÉDITEURS
RUE VIVIENNE, 2 BIS
1857

△ ***MADAME BOVARY***
Madame Bovary evidenció que Flaubert era el autor con mayor dominio de la prosa de la Francia del siglo XIX. «Una buena frase en prosa», escribió, «debe ser como un buen verso, inalterable».

« La **perfección** tiene en todas partes **la misma característica**: precisión y **exactitud**. »

GUSTAVE FLAUBERT

literatura fantástica, como queda claro en *La tentación de san Antonio*, un extraordinario relato de las visiones que acosaron a este santo de principios del cristianismo. Flaubert completó una primera versión en 1849, que leyó en voz alta durante cuatro días a sus amigos Louis Bouilhet y Maxime du Camp. Les pidió que le escucharan sin interrumpir, pero cuando terminó, los dos le aconsejaron que lo arrojara al fuego. No obedeció, sino que trabajó en el texto durante varios años, llevando a cabo minuciosas investigaciones para darle mayor precisión. El interés en san Antonio (que luchó contra las tentaciones en el desierto egipcio) fue el motivo de que acompañara a su amigo Maxime du Camp a un viaje fotográfico por el Próximo Oriente. Asimismo, cuando Flaubert planeaba *Salambó*, visitó Cartago, cerca de Túnez.

Madame Bovary

Flaubert comenzó a trabajar en *Madame Bovary* en 1851. La idea original provenía de una tragedia real que le habían contado sobre una pareja cuyas vidas quedaron destruidas por el adulterio, las deudas y el suicidio. La novela también otorgó al autor una gran oportunidad de descargar su rencor contra la burguesía. Tuvo que ver cómo, tras la Revolución francesa, surgía una rica clase media con su

▽ ***PUERTO DE RUAN*, 1878**
Este cuadro de Torello Ancillotti muestra una vista de Ruan, ciudad natal del escritor. Una escultura de Salomé de la fachada de la catedral le inspiró *Herodias*.

◁ **LA ÓPERA *HERODIAS***
La novela corta de Flaubert *Herodias* fue adaptada a la ópera por Jules Massenet. El montaje de París, protagonizada por Emma Calvé, apareció en la revista *Le Théâtre*.

materialismo mediocre y su deseo de respetabilidad. En *Madame Bovary*, describió el declive de una mujer representante de esta clase y que, cegada por el amor, fue destruida por sus engañosos valores.

Le llevó cinco años completar la novela. Teniendo en cuenta las críticas de sus amigos a *San Antonio*, decidió deshacerse de los excesos del Romanticismo. Adoptó el «estilo indirecto libre», una técnica que le permitía alejarse de los personajes y del texto («presente en todas partes y visible en ninguna parte»). Pretendía reflejar las sensaciones de sus personajes indirectamente, sin juzgar, moralizar o comentar. Simplificó su lenguaje, evitando sofisticados giros lingüísticos y complicadas metáforas.

Sopesó cada oración como si fuera un verso y luego leyó el texto en voz alta en su estudio, eliminando las sílabas repetidas y cualquier frase floja o innecesaria. Inevitablemente, el proceso fue lento y tortuoso: el crítico Walter Pater describió a Flaubert como un «mártir del estilo literario», y Henry James señaló que «solo sentía la dificultad en su vocación». Flaubert pasaba horas buscando *le mot juste*, concepto que según se rumoreaba había acuñado. En sus cartas se quejaba de pasar toda una tarde para hacer solo dos correcciones, o del dolor que sentía al «eliminar una frase que había tardado varios días en escribir».

Valoraciones críticas

Madame Bovary se publicó en 1857 y enseguida tuvo problemas con las autoridades. Las descripciones de las infidelidades de Emma se consideraban demasiado gráficas para la época y Flaubert fue acusado de corromper la moral pública. Por suerte, fue absuelto y el escándalo sobre el libro le trajo tanto fama como éxito de público.

Como resultado de su metodología, la producción literaria de Flaubert fue más bien pequeña y a menudo se sintió frustrado por la tibia respuesta de la crítica a su trabajo. Los críticos se aburrían con la exhaustividad de los detalles históricos de *Salambó*; *La educación sentimental*, centrada en el amor de un joven por una mujer mayor casada, fue valorada como un paso atrás, a pesar de que Flaubert la consideraba su obra maestra; y la versión final de *La tentación de san Antonio* (publicada finalmente en 1874) fue casi ignorada. Su obra de teatro *El candidato* fue retirada después de solo cuatro noches. *Tres Cuentos*, publicada en 1877, fue la única obra por la que fue admirado por todos. Por entonces, Flaubert tenía bastantes problemas de salud y de dinero, que no le permitieron disfrutar de su éxito.

La reputación del autor no paró de crecer tras su muerte, sobre todo después de que se publicara su brillante correspondencia con Louise Colet. Tanto *Salambó* como *Herodias* se convirtieron en óperas, y escritores como Henry James, Franz Kafka, Guy de Maupassant y Jean-Paul Sartre reconocieron la influencia que Flaubert había tenido en ellos. En la actualidad se le considera como un gran maestro del estilo y uno de los fundadores de la novela moderna.

SEMBLANZA
Maxime du Camp

Du Camp (1822-1894) fue uno de los amigos más cercanos de Flaubert y su compañero de viaje favorito. Su expedición más ambiciosa fue una gira de 21 meses por Próximo Oriente en 1849-51. Du Camp obtuvo patrocinio oficial para fotografiar lugares históricos y el resultado se publicó en *Egipto, Nubia, Palestina y Siria* (1852). Este libro se convirtió en un éxito instantáneo y Du Camp ganó la medalla de la Légion de Honor. Los jóvenes escribieron sus experiencias en cartas y diarios que incluían aventuras sexuales con mujeres del lugar, un episodio en que fueron arrestados por espionaje y un espeluznante viaje por el Nilo.

MAXIME DU CAMP, NADAR, c. 1857

OBRAS CLAVE

1857
Se publica *Madame Bovary*. Causa sensación, entre otros motivos porque el autor es llevado a los tribunales por atentar contra la moral pública.

1862
Tras una minuciosa y extensa investigación, publica *Salambó*, novela histórica que transcurre en la antigua Cartago.

1869
Se publica *La educación sentimental*, situada durante el levantamiento de 1848 que puso fin a la monarquía de Orleans en Francia.

1874
Se publica *La tentación de san Antonio*, basada en las visiones del santo del siglo III que vivió como ermitaño en el desierto egipcio.

1877
Admirada tanto por la crítica como por el público, *Tres cuentos* reúne tres historias muy distintas en un solo libro.

Fiódor Dostoyevski

1821-1881, RUSO

Dostoyevski exploró las zonas más recónditas de la mente humana en obras de gran profundidad psicológica y filosófica, y examinó aspectos religiosos y morales de una sociedad en rápida modernización.

△ ***MIJAÍL DOSTOYEVSKI***
El padre de Dostoyevski, Mijaíl, era de temperamento fuerte y severo. La tensión y el ambiente de intimidación que su hijo respiraba en casa influyeron en su turbulenta forma de escribir.

▷ ***DOSTOYEVSKI*, 1872**
Este retrato de Vasily Perov muestra al escritor con salud deteriorada. En este momento, le faltaba el aire y viajó a la ciudad balnearia de Ems, en Alemania, en busca de curación.

Dostoyevski sufrió simulacros de ejecución, exilio en Siberia, epilepsia y adicción al juego, que le dejaron secuelas indelebles. Su obra muestra la empatía que sentía por las personas con problemas, su religiosidad y su creencia en el sufrimiento como una fuerza redentora.

Fiódor Mikhaylovich Dostoyevski nació en Moscú el 11 de noviembre de 1821, el segundo de ocho hijos. Su padre era médico en el hospital para pobres de Marinski y su madre hija de comerciantes. Los primeros años fueron difíciles: unos padres sumamente devotos, un padre muy severo y toda la familia hacinada en una casa en el recinto del hospital.

Educación y primeras obras

Dostoyevski fue educado en casa hasta 1833 y luego enviado a un internado en Moscú. En 1837, su madre murió de tuberculosis y ese mismo año fue enviado a San Petersburgo para asistir a la Academia de Ingeniería Militar. No le gustaban las ciencias, pero le encantaba la literatura, especialmente la ficción gótica y romántica como la de sir Walter Scott, Ann Radcliffe, Friedrich Schiller, Nikolái Gogol y Aleksandr Pushkin. La muerte de su padre en 1839 coincidió con los primeros signos de su epilepsia.

En 1843, se examinó y empezó a trabajar como teniente ingeniero en San Petersburgo. Al principio, completaba sus ingresos traduciendo literatura, pero al cabo de un año renunció a este dinero para dedicarse a escribir a tiempo completo. Su primera novela, *Pobres gentes*, que relata la relación entre un dependiente pobre y una joven costurera en los barrios marginales de San Petersburgo, se publicó en 1846 con gran éxito. El influyente crítico literario Visarión Belinski la consideró la primera «novela social» de Rusia. Sin embargo, el siguiente trabajo del autor, *El doble*, recibió malas críticas. Parecía pues, que solo se había convertido en foco de atención literaria durante un breve período de tiempo. Siguieron más historias cortas, pero tampoco tuvieron la suerte de la primera obra.

Agitación y encarcelamiento

Dostoyevski estaba en contra de la servidumbre y se unió a un grupo de reformadores sociales radicales conocidos como el Círculo Petrashevski. En 1849, el zar Nicolás I (ver recuadro, abajo) hizo arrestar y condenar a

CONTEXTO

Política en Rusia

A mediados del siglo XIX, Rusia sufrió una época turbulenta. Los esfuerzos del zar Alejandro I por modernizar y liberalizar el inmenso, empobrecido Imperio ruso se paralizaron con la sucesión de su hermano Nicolás I en 1825. Este era un dirigente autócrata, y gobernaba a través de una burocracia represiva y corrupta. Los efectos de las revoluciones europeas de 1848 llegaron a Rusia, y cuando Alejandro II se convirtió en zar en 1855, los rusos demandaron reformas. En 1861, el zar abolió la servidumbre y emancipó a más de 23 millones de siervos, debilitando así el poder de la aristocracia terrateniente.

ALEJANDRO II PROCLAMANDO LA EMANCIPACIÓN DE LOS SIERVOS, **GUSTAV DITTENBERGER VON DITTENBERG, c. 1861**

« Es **mejor** ser **infeliz** y conocer lo **peor**, que ser **feliz** en el **paraíso de los tontos**. »

FIÓDOR DOSTOYEVSKI, *EL IDIOTA*

muerte a estos «conspiradores». Cuando estaban ya alineados para enfrentarse al pelotón de fusilamiento, un jinete difundió el mensaje de que las ejecuciones habían sido conmutadas. Todo era un monstruoso montaje para intimidarles y castigarles. Aquel incidente tuvo un profundo impacto en Dostoyevski, y en sus obras posteriores, varios personajes se enfrentan a la muerte.

Cárcel y libertad

El escritor pasó cuatro años en un campo de trabajo de Siberia por haber participado en la conspiración. Para sobrevivir mental y emocionalmente, se refugió en la Iglesia ortodoxa rusa. En la cárcel adquirió un profundo conocimiento de las personas corrientes, que constituirían los personajes principales de sus obras posteriores. Pese a que fue liberado en 1854, tuvo que permanecer en Siberia para servir cuatro años en el ejército. En 1857, se casó con una viuda llamada Maria Dmitriyevna Isayeva, y dos años más tarde, se le permitió regresar a San Petersburgo.

Dostoyevski volvió a la vida literaria, y publicó relatos y ensayos en revistas y periódicos como *Vremya* (Tiempo) y *Epokha* (Época), que él mismo dirigió junto a su hermano Mikhail. En estos ensayos y en *Memorias del subsuelo* (1864), criticó a los radicales de la *intelligentsia* rusa, defendiendo posiciones contrarias a las que había sostenido antes de ser encarcelado. Al salir de prisión, empezó a mantener valores conservadores. Rechazaba el socialismo, y sus ideas comenzaron a girar en torno a la libertad y la responsabilidad personales, temas que exploró en su obra posterior.

En 1862 y 1863, Dostoyevski viajó por el oeste de Europa, cuya cultura

△ ***PLAZA SENNAYA*, 1841**
San Petersburgo desempeñó un papel crucial en las obras de Dostoyevski. El artista Ferdinand Perrot muestra aquí el rincón donde Raskolnikov, protagonista de *Crimen y castigo*, concibe la idea inicial del crimen.

SEMBLANZA
Aleksandr Pushkin

Dostoyevski era un ferviente admirador de Pushkin (1799-1837), el gran poeta, novelista, dramaturgo y escritor de cuentos. Pushkin elevó el lenguaje coloquial a erudito y convirtió al héroe de su novela en verso, *Eugenio Onegin*, en el arquetipo de protagonista ruso. Pushkin sentó las bases de la novela realista rusa del siglo XIX. En 1880, Dostoyevski realizó un ardiente discurso en la inauguración de un monumento a Pushkin en Moscú, en el que dijo: «Por todo Pushkin resuena la creencia en el carácter ruso, en su poder espiritual; y si se cree, también hay esperanza, una gran esperanza en el hombre ruso».

***PUSHKIN*, OREST ADAMOVICH KIPRENSKY, 1827**

▷ **SIMULACRO DE EJECUCIÓN**
Un artista anónimo capta el simulacro de ejecución del Círculo Petrashevski en la plaza Semyonov de San Petersburgo, en 1849.

> « **Acepta el sufrimiento** y **alcanza la redención**, esto es lo que **debes hacer**. »
>
> FIÓDOR DOSTOYEVSKI, *CRIMEN Y CASTIGO*

admiraba pero condenaba su materialismo. En esta época, empezó a tener problemas con el juego y a incurrir en graves pérdidas. Además, tuvo una tortuosa aventura amorosa con Polina Suslova, una escritora «enferma y egoísta», que le exigía divorciarse y luego, tras de la muerte de María en 1864, se negó a casarse con él. Los problemas financieros del escritor se agravaron cuando murió su hermano Mikhail, a cuya familia se vio obligado a mantener.

Realismo psicológico

En 1866, Dostoyevski publicó, por entregas, en *El mensajero ruso*, su gran novela *Crimen y castigo.* Narra la historia de Raskolnikov, que mata por razones filosóficas, pero cuya conciencia le atormenta. Este enfoque centrado en el realismo psicológico y el drama mental (a menudo a expensas de la trama) se aleja del viejo Romanticismo, que premiaba la virtud y castigaba el mal.

Ese mismo año, Dostoyevski publicó *El jugador*, una novela corta sobre lo que Hemingway llamó «la locura de los juegos de azar». Terminó la obra justo a tiempo, con la ayuda de una joven taquígrafa llamada Anna Grigoryevna Snitkina, con quien se casó al año siguiente. La pareja emprendió un largo viaje por Europa, durante el cual el escritor siguió jugando. A pesar de las pérdidas, el matrimonio fue feliz y tuvo cuatro hijos, aunque solo dos de ellos sobrevivieron hasta la edad adulta. En la novela *El idiota* (1868-69) quiso «representar a un ser humano realmente hermoso», una figura parecida a la de Cristo, en un mundo que le ve como un idiota. El libro construye pormenorizados retratos psicológicos tanto de su héroe, el príncipe Myshkin, como de otros personajes, y trata temas como la duda, el miedo y la cercanía de la muerte (cabe mencionar que la propia hija del autor murió mientras este trabajaba en él).

Honores y adversidades

En 1871, la familia regresó a Rusia, donde Dostoyevski publicó *Los demonios,* una alegoría política en la que el autor examina el ateísmo y la fe religiosa, el sufrimiento y la redención. En 1873, empezó a escribir las entregas de *El diario de un escritor,* una revista experimental mensual con comentarios políticos, esbozos, ensayos y crítica literaria. En 1876, el diario se había vuelto tan popular que Dostoyevski fue invitado a entregarle una copia al zar Alejandro II.

En los últimos años de su vida, el escritor recibió numerosos honores e ingresó en diversas academias y comités de prestigio. Sin embargo, tuvo varios problemas personales. Sufría cada vez más ataques epilépticos y se vio profundamente afectado por la muerte de su hijo, Alyosha, de epilepsia en mayo de 1878. Pero a pesar de su dolor, Dostoyevski continuó escribiendo y publicó, en 1879-80, su última novela, la más larga, y quizá la mejor. *Los hermanos Karamazov* escenifica las luchas morales entre la fe, la razón y la duda, e introduce temas como el del libre albedrío y la responsabilidad moral. Junto con las demás grandes obras, ha tenido una profunda influencia en numerosos escritores y filósofos a lo largo del tiempo, incluyendo a Aleksandr Solzhenitsyn, Anton Chekhov, Sigmund Freud, Ludwig Wittgenstein, Franz Kafka y los existencialistas Jean-Paul Sartre y Albert Camus. Dostoyevski murió de una hemorragia pulmonar solo un año después de publicar *Los hermanos Karamazov*.

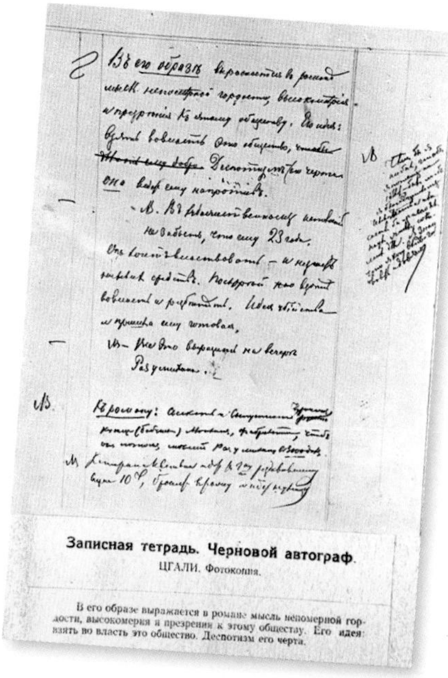

△ ***CRIMEN Y CASTIGO***
El análisis de los manuscritos ha demostrado que al principio escribió *Crimen y castigo* en primera persona y luego lo cambió a tercera.

▽ **ESTUDIO DE DOSTOYEVSKI**
Dostoyevski escribió *Los hermanos Karamazov* en su apartamento de San Petersburgo, donde vivió en los últimos años de su vida. Ahora es un museo.

OBRAS CLAVE

1846
Pobres gentes, la primera novela de Dostoyevski, escrita como una carta, trata de temas sociales.

1862
Recuerdos de la casa de los muertos inicia la tradición de novelas sobre los campos de trabajo rusos.

1864
Se publica *Memorias del subsuelo*; considerada la primera novela existencialista.

1867
En *Crimen y castigo*, Dostoyevski reflexiona sobre si un buen fin justifica medios despiadados.

1869
En *El Idiota*, el autor introduce al Príncipe Myshkin, protagonista cuya epilepsia moldea su carácter.

1872
Se publica *Los demonios*, concebida como reacción al característico nihilismo político y moral de la época.

1880
Se publica *Los hermanos Karamazov*; llega a ser considerada una de las mejores novelas de la literatura.

▷ **IBSEN EN SU ESCRITORIO, 1906**
Ibsen, fotografiado aquí en el año de su muerte, nació y murió en Noruega. Durante 27 años vivió y escribió en Italia y Alemania, huyendo así de las restricciones artísticas de su país, aunque la mayoría de sus obras están ambientadas en Noruega.

Henrik Ibsen

1828-1906, NORUEGO

El teatro de Ibsen combina escenarios y diálogos realistas con simbolismo y profundidad psicológica para exponer las contradicciones de la sociedad de su época, al tiempo que revelan los mundos interiores de sus personajes.

« Me **inclino** a pensar que **todos somos espectros**, señor Manders. »

HENRIK IBSEN, *ESPECTROS*

Nacido el 20 de marzo de 1828, Henrik Ibsen pasó sus primeros años en Skien, un puerto en el sur de Noruega. Con 15 años, dejó a su familia para ejercer como aprendiz de boticario en Grimstad. Tuvo un hijo ilegítimo y publicó su primera obra, *Catilina* (1850), con el seudónimo de Brynjolf Bjarme. No fue un éxito ni tampoco las obras de teatro en verso escritas tras su traslado a Christiana (Oslo) para asistir a la universidad.

Su talento teatral fue descubierto por el famoso violinista y empresario cultural Ole Bull, quien nombró a Ibsen, de 23 años, director de un nuevo teatro de Bergen. Los seis años siguientes y otros cinco en el Teatro Noruego en Christiana, Ibsen fue contratado para producir numerosas obras históricas para un público y una prensa conservadores. Este largo e infeliz aprendizaje al menos le dio la oportunidad de desarrollar habilidades prácticas en las artes escénicas y acceder a las novedades europeas.

En 1864, quebró el Teatro Noruego e Ibsen, ayudado por amigos y una pequeña beca del Estado, se marchó a Italia. Libre para escribir lo que quisiera, el trabajo mejoró enormemente y produjo dos grandes dramas poéticos: *Brand* (1866), que explora el fanatismo religioso y el idealismo despiadado a través de la vida de un sacerdote; y *Peer Gynt* (1867), que usa el folclore noruego para desentrañar una misión existencialista condenada. Ambas obras le dieron buena reputación, tanto en su país de origen como en el extranjero.

Obras problemáticas

Se trasladó a Alemania donde su obra cambió de forma radical. Se apartó de los temas históricos y de la poesía, y se dedicó a escribir prosa y piezas teatrales sobre la vida de la época. Produjo una serie de obras caracterizadas por un mordiente realismo social y en las que se centró en los problemas morales, económicos y sociales. En ellas explora como las fuerzas sociales e institucionales de la época restringen la libertad individual. Obras como *La casa de muñecas* (1879) y *Espectros* (1881), por ejemplo, causaron indignación cuando fueron puestas en escena por primera vez por su brutal crítica a la institución del matrimonio y su clara exposición de la subordinación y la desigualdad femeninas.

Su dramaturgia posterior puso su atención más en las complejidades psicológicas del individuo, es decir, sobre el inconsciente y las tensiones ocultas en las relaciones humanas.

En sus obras hizo un uso creciente de un simbolismo complejo. Así, en *La casa de muñecas*, por ejemplo, un árbol de Navidad representa inicialmente la alegría y la felicidad familiar; pero en cuanto se lo despoja de toda su decoración se transforma en un símbolo de la inocencia perdida.

De las seis obras escritas en ese estilo las más famosas son *Hedda Gabler* (1890) y *El maestro constructor* (1892). Poco después de su estreno, estas obras se tradujeron a varios idiomas y aparecieron numerosas ediciones en distintos países europeos. En 1891, tras algunos años de reclusión, Ibsen regresó a Noruega convertido en un auténtico héroe nacional, dispuesto a disfrutar de la atención que se le prodigaba en aquel momento. *Al despertar de nuestra muerte* (1899) fue su última obra, ya que en 1900 un golpe le dejó incapacitado. Murió seis años después y se le tributó un gran funeral público.

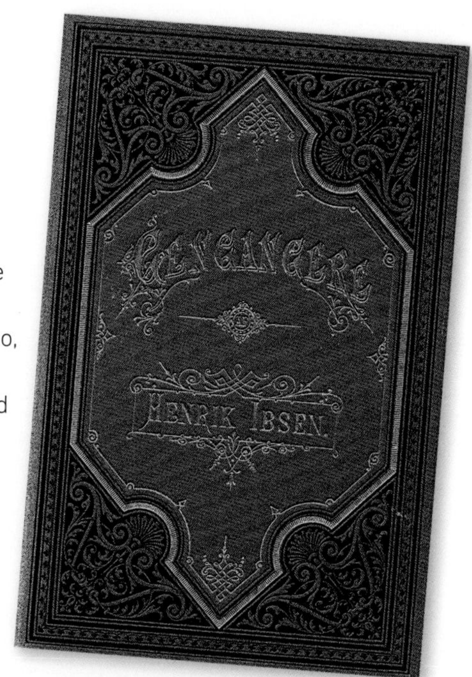

△ ***ESPECTROS*, 1881**

Como muchas de las obras de Ibsen, *Espectros* es un ataque a los valores morales de la sociedad y aborda temas controvertidos: muerte, incesto, eutanasia, enfermedades venéreas... Los «espectros» del título no son espíritus sino los patrones de comportamiento destructivo en que están atrapados sus personajes.

ESTILO

Mirada a través del realismo

Ibsen transformó el teatro moderno con el uso del diálogo realista. Quería que sus personajes reprodujeran las conversaciones con la mayor fidelidad posible. En los guiones, a menudo, se les señalaba a los actores, que debían hablar muy poco, y participar en las convenciones verbales y no verbales del lenguaje, que, por ejemplo, incluían, la expresión facial, la vacilación y la interrupción. El genio de Ibsen radica en su capacidad para transmitir en estos intercambios la «realidad» tácita existente bajo la superficie. Con su estilo y el uso del simbolismo, el diálogo adquiere un doble sentido con el que expresa la vida interior de los personajes.

ESCENA DE *UNA CASA DE MUÑECAS*, DEL THEATRE ROYAL DE BATH, INGLATERRA

León Tolstói

1828-1910, RUSO

A los 82 años, Tolstói pasó de pecador a santo, y de soldado a reformador social. Su obra alcanzó la cima de la creatividad y del estilo literarios, y exploró las complejidades y profundidades de la filosofía.

Lev Nikolayevich Tolstói, miembro de una vieja familia de la nobleza rusa, nació el 28 de agosto de 1828 en la finca familiar Yasnaya Polyana. A su nacimiento, la fortuna de la familia había disminuido, pero su vida aún era muy cómoda. León creció rodeado del amor de un padre tolerante, el conde Tolstói, de los hermanos y de la «tía Tatiana», una prima que ayudó a criar a los niños tras la muerte de la madre. Pasó la infancia correteando por el campo, bañándose en verano, deslizándose en trineo en invierno y escuchando cuentos narrados por el cuentacuentos ciego de la familia, profesión común en Rusia.

Todo cambió en 1836, cuando la familia se trasladó a Moscú. Dos años después, murió el conde Tolstói y la familia se separó: dos de los niños se quedaron en Moscú con su tutora, la tía Aline, mientras que León, su hermana Mariya y su hermano Dmitry regresaron a Yasnaya Polyana.

◁ **TOLSTÓI**
El escritor cambió radicalmente de aspecto tras dejar el servicio militar. Se dejó crecer su característica barba larga y cambió la vestimenta aristocrática de un conde por sencillas ropas campesinas.

Estudiante licencioso

La tía Aline murió en 1841, y Tolstói y su hermano viajaron con un nuevo tutor a Kazán, en el sudoeste de Rusia, donde, tres años después, ingresó en la universidad para estudiar literatura turco-árabe. Pero a Tolstói no le gustaba estudiar, abandonó la carrera y se entregó a la bebida, al juego y al sexo. Regresó a Yasnaya Polyana, pero, sin saber qué hacer con su vida, volvió a los malos hábitos y contrajo enormes deudas de juego.

Servicio militar

Su hermano mayor, Nikolái, ofreció a León una salida a esta situación autodestructiva y le convenció para que se incorporara con él al ejército ruso. Se convirtió en un *junker* (suboficial) y descubrió que le convenía la simplicidad de la vida castrense. Más aún, la belleza del paisaje y el coraje de las gentes de aldeas y montañas de la región del Cáucaso le sirvieron de inspiración y empezó a trabajar en la primera de tres narraciones autobiográficas, *Infancia* (1852).

◁ **YASNAYA POLYANA**
Tolstói heredó esta propiedad de su padre en 1847 y volvió a vivir allí una década más tarde. Fue en esta casa donde escribió *Guerra y paz* y *Ana Karenina*.

△ **SOLDADO Y ESCRITOR**
En esta fotografía, Tolstói aparece con el uniforme de oficial durante la guerra de Crimea.

ESTILO
El monólogo interior

Tolstói fue pionero en el uso del monólogo interior, que permite la transmisión de los pensamientos y sentimientos de un personaje (como en *Guerra y paz* y *Ana Karenina*). Estos monólogos interiores usados por Tolstói en sus obras de ficción ponían en primera línea la psicología de los personajes y acercaban sus experiencias a los lectores.

***ANNA KARENINA*, ALEKSEI MIKHAILOVICH KOLESOV, 1885**

« **¡Aprovecha** los momentos de **felicidad** y **amor**! Esa es la **única realidad** en el mundo, todo lo demás es una **locura**. »

LEÓN TOLSTÓI, *GUERRA Y PAZ*

△ ***DEFENSA DE SEBASTOPOL, 1854-55* (DETALLE)**
Esta panorámica fue pintada entre 1901 y 1904 por Franz Alexeyevich Roubaud. Las experiencias de Tolstói en la guerra de Crimea dieron origen a su idea, desplegada en *Guerra y paz*, de que la historia se crea a través de muchas acciones pequeñas y cotidianas, y no tanto por los hechos heroicos de líderes individuales.

Tolstói intervino en la guerra de Crimea y sus experiencias en el sitio de Sebastopol le proporcionaron material para *Relatos de Sebastopol* (1855), en que experimentó con el monólogo interior. Gran parte de esta obra apareció más tarde en escenas de *Guerra y paz*. En este monumental trabajo, intentaría transmitir una visión panorámica de la historia a través de las experiencias de una amplia gama de personajes (unos 580) durante un período de ocho años desde 1805. Algunos de los personajes retratan a miembros de su propia familia; otros, incluidos Napoleón y el zar Alejandro, se basan en datos históricos reales.

Vida personal

Tolstói regresó de la guerra para encontrarse con una gran demanda del mundo literario de San Petersburgo, pero aún vacilaba entre la sobriedad y el libertinaje, luchando por equilibrar sus pasiones con un plan realista para el futuro.

Su intento de vivir de forma sencilla y de educar a los campesinos de las zonas rurales terminó en fracaso, y volvió a caer en el juego; más tarde publicaría *Los cosacos* (1863) solo para pagar una deuda de 1000 rublos en la que había incurrido jugando al billar con un editor. En 1857, se declaró anarquista y se dirigió a París, pero se vio obligado a regresar a Rusia nuevamente atrapado por las deudas.

Tolstói comenzó a sentar cabeza en 1862, cuando se casó con la hermana de un amigo, Sofía «Sonya» Andreyevna Behrs. Su unión fue tensa: Sonya se desesperó ante su incapacidad para comportarse como un noble respetable, pero fue enormemente productiva. Tuvieron 13 hijos, y las notables habilidades organizativas de Sonya liberaron a Tolstói, que pudo centrarse en la escritura. Publicó *Guerra y paz* en seis volúmenes entre 1863 y 1869, y en 1873 comenzó a escribir *Ana Karenina*, en que el romance de Levin y Kitty refleja

◁ **ESTUDIO DE TOLSTÓI**
La casa del escritor en Yasnaya Polyana se conserva como museo. Contiene una biblioteca de más de 20 000 libros, que van desde los filósofos griegos hasta Montaigne, Dickens y Thoreau.

OBRAS CLAVE

1852
Se publica *Infancia,* primera parte de la trilogía autobiográfica que también incluía *Adolescencia* y *Juventud.*

1863-69
Guerra y paz, un trabajo monumental, relata los efectos de la guerra en varias familias aristocráticas y la búsqueda del significado de la vida.

1879
Confesión es prohibida por la Iglesia ortodoxa y no se publica en Rusia hasta 1906.

1898
¿Qué es el arte? argumenta que la belleza no forma parte de la definición de arte, sino que es cualquier cosa que comunica un sentimiento.

1899
Resurrección, su última novela, es un ataque polémico y mordaz contra la hipocresía, la injusticia y la corrupción.

elementos de su propio cortejo con Sonya. A pesar del éxito de estos libros, en 1878 Tolstói tuvo tendencias suicidas y se vio atrapado por una crisis espiritual (plasmada en *Confesión*), que le llevaron a replantearse la vida, en particular su apego a las riquezas y a las posesiones materiales, y a cambiar sus perspectivas vitales. Así, se volvió hacia la Iglesia ortodoxa, pero no pudo aceptar sus enseñanzas y desarrolló su propia ideología, el anarquismo cristiano, que rechazaba la religión organizada, el Estado e incluso la divinidad de Cristo, en favor de una filosofía basada en las enseñanzas del Nuevo Testamento.

Comenzó a criticar a la Iglesia y al gobierno en sus obras de ficción y no ficción, lo que atrajo la atención de la policía secreta y la excomunión de la Iglesia ortodoxa. En *El reino de Dios está en vosotros* (1894), expuso la doctrina pacifista de la no resistencia y su creencia de que las respuestas a las preguntas se encuentran dentro de uno mismo, lo que le valió numerosos y fervientes seguidores. Sin embargo, la determinación de regalar su dinero le enfrentó a la familia.

Tolstói siguió un camino de ascetismo extremo: dejó de comer carne, de fumar y de beber, y predicaba la castidad. Su rechazo radical de su vida anterior trastocó aún más a su esposa, al igual que la llegada a la finca familiar de sus muchos discípulos.

Últimos días

Hacia 1910, Tolstói ya no podía soportar más los conflictos familiares. A los 82 años, renunció a reclamar su patrimonio y el 10 de octubre de 1910, dejó una carta a Sonya, expresando su pesar por la angustia que le pudiera provocar su partida y diciéndole que se estaba «retirando de la vida mundana para pasar los últimos días de mi vida en silencio y soledad». Subió a un tren que se dirigía al sur, con la esperanza de llegar a una comuna establecida por sus seguidores a orillas del mar Negro. Sin embargo, cayó enfermo de neumonía y se vio obligado a abandonar el tren en Astapovo. Fue llevado a la casa del jefe de estación, que pronto fue rodeada por periodistas. Sonya, que había intentado suicidarse, llegó al escenario pero no fue admitida en su habitación hasta que Tolstói se quedó inconsciente, tras pronunciar sus últimas palabras: «La verdad, tengo mucho amor...». Murió poco antes del amanecer del 20 de noviembre. Miles de campesinos asistieron a su funeral y fue enterrado en Yasnaya Polyana, en el lugar en que él y su hermano Nikolái jugaban de niños.

▷ ***EL FONÓGRAFO***
En 1908, el inventor Thomas Edison envió a Tolstói uno de sus primeros fonógrafos, y el escritor hizo varias grabaciones de su voz en cilindros de cera. Las que se conservan abarcan una amplia gama de temas, desde el derecho y el arte hasta su filosofía de la no violencia.

CONTEXTO
Mahatma Gandhi

Tolstói rechazó los credos y doctrinas de la Iglesia institucionalizada en favor de una teoría cristiana de la vida basada en amar al enemigo y «no luchar contra el mal con mal» del Sermón de la Montaña. La creencia de Tolstói en la fuerza y efectividad de la no violencia tuvo un efecto profundo en Mahatma Gandhi, con quien se relacionó. La obra de Tolstói dio a Gandhi la base de la filosofía de la resistencia activa no violenta, una idea que llamó Satyagraha.

GANDHI EN 1941

« Todas las **familias felices** se parecen, pero **cada familia infeliz** es infeliz a **su manera.** »

LEÓN TOLSTÓI, *ANA KARENINA*

▷ **RECONOCIMIENTO INTERNACIONAL**
Machado de Assis escribió más de 200 cuentos y nueve novelas. Solo en tiempos recientes el grueso de los lectores han sabido apreciar su amplia producción, y se le suele comparar con Kafka y Beckett.

Machado de Assis

1839-1908, BRASILEÑO

Considerado el mejor novelista brasileño, Machado de Assis, de origen humilde, alcanzó una elevada posición en la vida literaria de Brasil. Sus novelas expresan una visión pesimista del mundo en un estilo irónico.

Joaquim Maria Machado de Assis nació en 1839. Su padre, un pintor de brocha gorda, era el hijo negro de esclavos libertos, y su madre, una lavandera portuguesa. Como mestizo en una sociedad estratificada, el joven Machado era de baja extracción social. Además, sufría epilepsia. Tras morir su madre cuando tenía diez años, su padre se volvió a casar, y su madrastra dispuso que el niño fuera educado en la escuela donde trabajaba de criada.

Salir de la adversidad

A pesar de unos antecedentes tan poco prometedores, sus excepcionales dotes y su ambición literaria se hicieron patentes desde edad temprana. Su primer poema fue publicado en un periódico cuando tenía solo 15 años. Encontró trabajo como tipógrafo y corrector de pruebas, y se unió al círculo en torno al editor Francisco de Paula Brito, que le puso en contacto con muchas de las personalidades políticas y culturales de Brasil. Machado demostró ser un escritor prolífico, produciendo artículos y ensayos, poemas, obras de teatro y cuentos.

En 1867, su talento atrajo la atención de las autoridades y se le otorgó una posición lucrativa en la burocracia del gobierno, lo que le permitió casarse con una mujer de estatus respetable y disfrutar de una vida cómoda. El matrimonio fue feliz, a pesar de no tener hijos. A partir de entonces, Machado vivió una plácida existencia y nunca viajó a más de 150 km de su Río de Janeiro natal.

Una voz original

Cuando Machado comenzó su carrera como escritor, la influencia del Romanticismo en la literatura brasileña era evidente. Sus primeras novelas, entre ellas *Helena* (1876) y *Iaiá Garcia* (1878), reflejan esta corriente literaria; son trabajos emocionalmente expresivos en los que el individuo se enfrenta a una sociedad de mente estrecha. Las novelas fueron un éxito indudable, pero en realidad no reflejaban el temperamento del autor.

En cambio, encontró su propia voz a través de la lectura del autor inglés del siglo XVIII Laurence Sterne, que hacía uso de la digresión para crear un efecto cómico. Machado adoptó técnicas digresivas similares, pero como un vehículo para su pesimismo irónico e indiferente.

La primera novela de Machado en este estilo fue *Memorias póstumas de Blas Cubas* (1881). Narrada en primera persona por un muerto, traza un cuadro sardónico de una vida privilegiada de absoluta inutilidad. Subvirtiendo la narrativa tradicional, el texto se divide en capítulos cortos que divergen en fantasías o meditaciones filosóficas. Aunque el narrador mantiene un tono de superioridad desencantada, muestra una inquietante corriente de amargura.

Le siguieron las novelas *Quincas Borba* (1891), una sátira despiadada de la filosofía humanista, y *Dom Casmurro* (1899), que cuenta una historia trágica de amor y traición, pero en un tono tan informal y digresivo que socava el verdadero horror de la historia.

En sus últimos años de vida, Machado fue venerado como héroe cultural, fundador y director de la Academia Brasileña de Letras. Además de nueve novelas, escribió varios cientos de cuentos cortos con gran éxito. Murió en 1908.

CONTEXTO

El Imperio de Brasil

Machado de Assis nació a principios del Segundo Imperio de Brasil (de 1840 a 1889). Bajo el emperador Pedro II, Brasil inició su modernización y desarrollo. Estas mejoras atrajeron una ola de inmigración europea que contribuyó a nutrir el arte, el teatro y la literatura. La obra de Machado marcó la madurez de la literatura en Brasil, al superar el género romántico como el de las novelas indianistas que idealizaban la vida de los indios sudamericanos. Apoyó el gobierno monárquico de Brasil, permaneciendo leal al emperador incluso tras ser derrocado por un golpe militar en 1889 y la fundación de la Primera República brasileña. Describió a Pedro II como un hombre humilde y honesto «que había hecho del trono una simple silla».

EMPERADOR PEDRO II

▽ **RÍO DE JANEIRO**
Nacido en los suburbios pobres de Río de Janeiro, Machado mantuvo una opinión distante de la burguesía de la ciudad, incluso cuando se movía en sus círculos. La calurosa, húmeda y bulliciosa urbe llena de injusticias es el escenario de la mayoría de sus obras.

« No soy exactamente un **escritor que está muerto**, sino un **hombre muerto que es escritor**. »

MACHADO DE ASSIS, *MEMORIAS PÓSTUMAS DE BLAS CUBAS*

Emily Dickinson

1830-1886, ESTADOUNIDENSE

La poeta de Nueva Inglaterra Emily Dickinson escribió unos 1800 poemas, en su mayoría inéditos hasta su muerte. Considerada una excéntrica en su tiempo, es valorada como una de las mayores poetas de Estados Unidos.

Emily Dickinson nació en 1830 en una familia prominente en la ciudad universitaria de Amherst, Massachusetts. Sus antepasados habían formado parte de una oleada migratoria puritana a Nueva Inglaterra en los años 1630, y su abuelo había sido uno de los fundadores del Amherst College, una importante universidad.

Junto con su hermana Lavinia, asistió a la Academia Amherst, donde fue una excelente alumna. El puritanismo piadoso era la norma en Amherst, y Emily asistía regularmente a la iglesia hasta que, hacia 1852, se produjo un brusco cambio y escribió en un poema: «Algunos guardan el *sabbat* en la iglesia / yo lo guardo en casa».

Dickinson estudiaba ciencias en un seminario femenino cuando un resurgimiento religioso se extendió por Massachusetts; ella se negó a ser «salvada», mostrando su escepticismo en uno de sus poemas: «Buen invento es la fe / para el caballero que ve. / Pero el microscopio es prudencia / en una emergencia». Abandonó el seminario y regresó a casa; aparte de una visita a Filadelfia y Washington en 1855, nunca más abandonó Amherst, o «la casa de mi padre». Sus biógrafos han teorizado sobre las razones de esta decisión, especulando sobre enfermedades o nostalgia, o viendo sus acciones como una forma de controlar su destino en un momento en que las mujeres poco tenían que decir. Con los años, Dickinson se volvió solitaria, recluyéndose en su mundo interior, aunque siguió manteniendo amistades y debates a través de su prolífica correspondencia.

Poemas de la guerra de Secesión

El período 1860-65 fue el más productivo, coincidiendo con la guerra de Secesión, en la que su amigo Thomas Wentworth Higginson, prominente crítico literario y abolicionista, dirigió el primer regimiento negro del ejército de la Unión, y en la que perdió a seres queridos. Los campos de batalla estaban lejos, pero la guerra influyó en poemas como «Su nombre es "Otoño"», que se refiere al derramamiento de sangre, y «My Portion is Defeat –today–».

Dickinson escribía a escondidas y organizaba sus poemas en libros encuadernados a mano. Envió algunos a sus amigos, pero la mayoría de ellos nunca vieron la luz. Dickinson, pensando en su publicación, en 1862 buscó el asesoramiento de Thomas Higginson, preguntándole «¿Estás demasiado ocupado para decir si mi Verso está vivo?». Su correspondencia duró 23 años, pero su poesía no tuvo gran audiencia hasta después de su muerte, cuando su hermana Lavinia descubrió alrededor de 40 volúmenes de poemas. En 1890 se publicó una primera edición de sus versos muy retocada, y en 1955 aparecieron sus cartas y poemas en forma original.

ESTILO

Verso fracturado

Los poemas de Dickinson se veían como poco convencionales. La puntuación era idiosincrásica: usaba guiones en lugar de comas o puntos y podía escribir con mayúscula las palabras en una oración. Carecían de título y hoy suelen titularse con el primer verso de cada poema. Solo siete se publicaron durante su vida, la mayoría de ellos muy editados.

MANUSCRITO DE «TWO – WERE INMORTAL TWICE»

▷ EMILY DICKINSON, c. 1847
Este retrato muestra a Dickinson de joven. Más tarde, dio la espalda a la sociedad, decidió vestirse principalmente de blanco y se recluyó en su habitación hasta su muerte a los 55 años.

◁ RESIDENCIA DICKINSON
Emily vivió en esta casa de Amherst durante la mayor parte de su vida y casi nunca abandonó sus alrededores. Cuando su corresponsal Thomas Higginson sugirió que se reunieran en Boston, respondió: «No cruzo el terreno de mi padre a ninguna casa o pueblo».

Mark Twain

1835-1910, ESTADOUNIDENSE

Famoso por ser una de las primeras voces auténticas de la literatura estadounidense, la obra del escritor y humorista Mark Twain reflejaba las muchas caras de una nación en rápida evolución.

Samuel Langhorne Clemens, conocido con el seudónimo de Mark Twain, nació el 30 de noviembre de 1835, el sexto de una familia de siete niños que vivían en la pobreza en Hannibal, Misuri, cerca del río Misisipi. Escribió una crónica de unos tiempos extraordinarios de la historia de su país, y sus primeros años en un estado esclavista tuvieron un fuerte impacto en su narrativa posterior.

En el río

Tras la muerte de su padre, Clemens, de 12 años, empezó a trabajar como tipógrafo y como escritor de artículos para periódicos locales y luego en Nueva York y Filadelfia. Regresó a casa nueve años después, a los 21 años, para convertirse en aprendiz de piloto de barco de vapor en el Misisipi. Recorrer el gran río entre San Luis y Nueva Orleans fue una ocupación que sumergió a Twain en la exuberante naturaleza salvaje del río. Sin embargo, en 1861 la guerra de Secesión acabó con el comercio fluvial. Atraído por la fiebre del oro y la plata en Nevada, el joven Clemens viajó al oeste en diligencia, y encontró tribus nativas americanas, hombres de la frontera e innumerables contratiempos, que se convirtieron en el trasfondo de libros como *Pasando fatigas* (1872).

Cuando volvió a trabajar en los periódicos de Virginia City y luego de San Francisco, adoptó el seudónimo de Mark Twain. El cuento corto «La célebre rana saltarina del condado de Calaveras» fue su primer éxito en 1865. Reinventado como escritor y conferenciante de viajes, Twain recorrió Europa y Tierra Santa a bordo del barco *Quaker City*. En el hilarante relato sobre los viajes con estadounidenses ingenuos, *Los inocentes en el extranjero* (1869), observa que el lector «nunca sabrá hasta qué punto puede llegar a ser un imbécil consumado hasta que vaya al extranjero». En el viaje, se enamoró de una foto de Olivia Langdon. Se casaron hacia 1870 y se instalaron en Hartford, Connecticut.

Últimos años

Twain escribió sus libros más famosos en Hartford. *Las aventuras de Tom Sawyer* (1876) transcurre en una población ficticia inspirada en la ciudad de su infancia, Hannibal. En 1882, regresó al río para investigar *Vida en el Misisipi* (1883), memorias de sus días de pilotaje, pero descubrió que el entorno había cambiado mucho. Un año más tarde escribió *Las aventuras de Huckleberry Finn*. La acción transcurre en tiempos de la esclavitud en el Sur y de la ocupación de tierras en el Oeste. El viaje de Huck río abajo en una balsa con un esclavo prófugo es una sátira mordaz sobre el racismo.

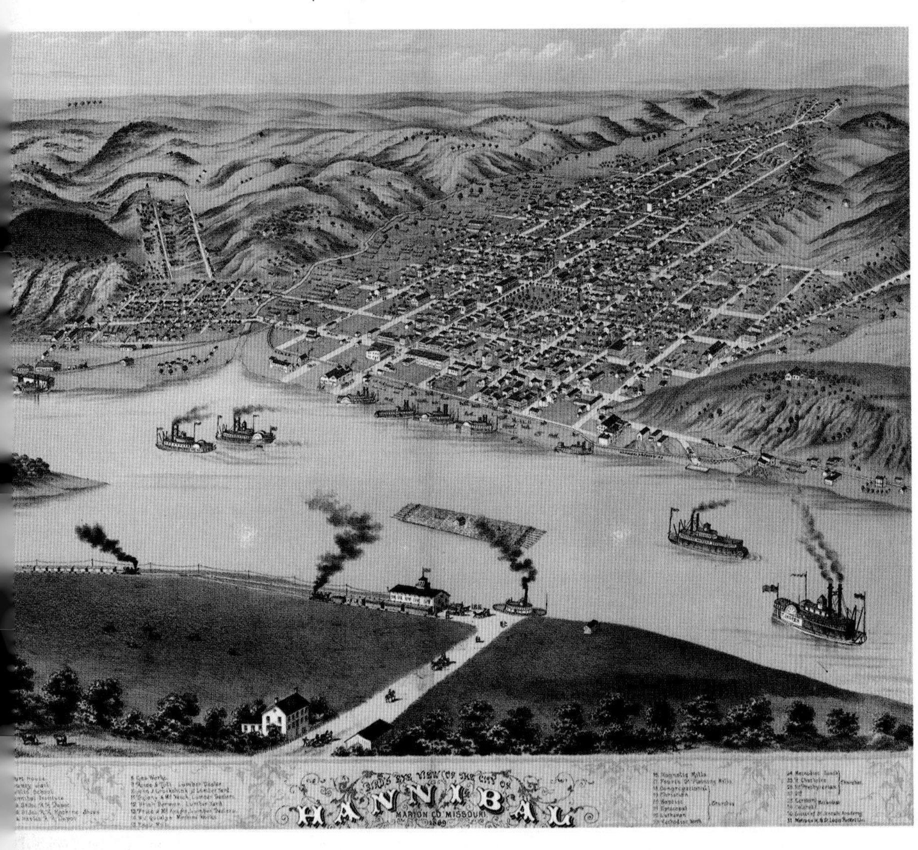

◁ **AÑOS EN BARCO DE VAPOR**
Esta vista de pájaro muestra la ciudad natal de Twain, Hannibal, Misuri, en 1869. Sus obras se basan en su experiencia como piloto de un barco de vapor en el río Misisipi y en las excentricidades de las personas que conoció allí.

ESTILO

Narración sospechosa

Twain fue el primer gran escritor estadounidense no procedente de la costa este. Sus novelas, escritas en inglés vernáculo estadounidense y con connotaciones regionales, iban a contracorriente de las tendencias literarias dominantes. En los años 1960, los relatos de Huck Finn recibieron el calificativo de narración sospechosa, una forma de subvertir las expectativas de los lectores de un texto realista. Las ingeniosas reflexiones del niño sin educación revelan lo que sucede en la superficie, pero también permiten que emerja la oscuridad.

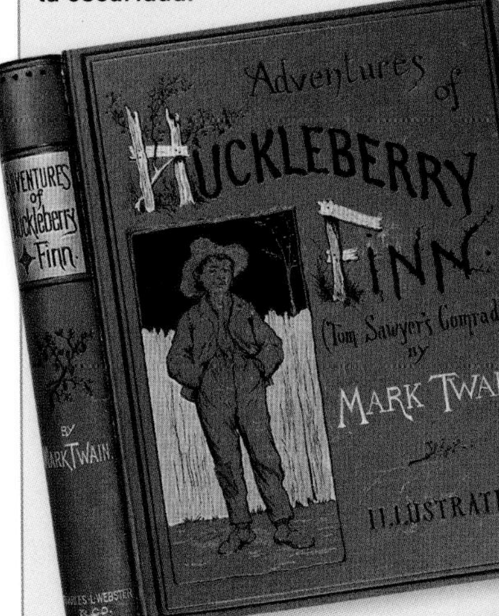

EDICIÓN TEMPRANA DE *LAS AVENTURAS DE HUCKLEBERRY FINN*, 1884

▷ **TWAIN EN HARTFORD**
Twain aparece aquí retratado en sus últimos años en la casa de Hartford, Connecticut. A lo largo de su vida, escribió 28 libros y muchos cuentos cortos, cartas y artículos. Recibió doctorados honoríficos por las universidades de Yale y Oxford.

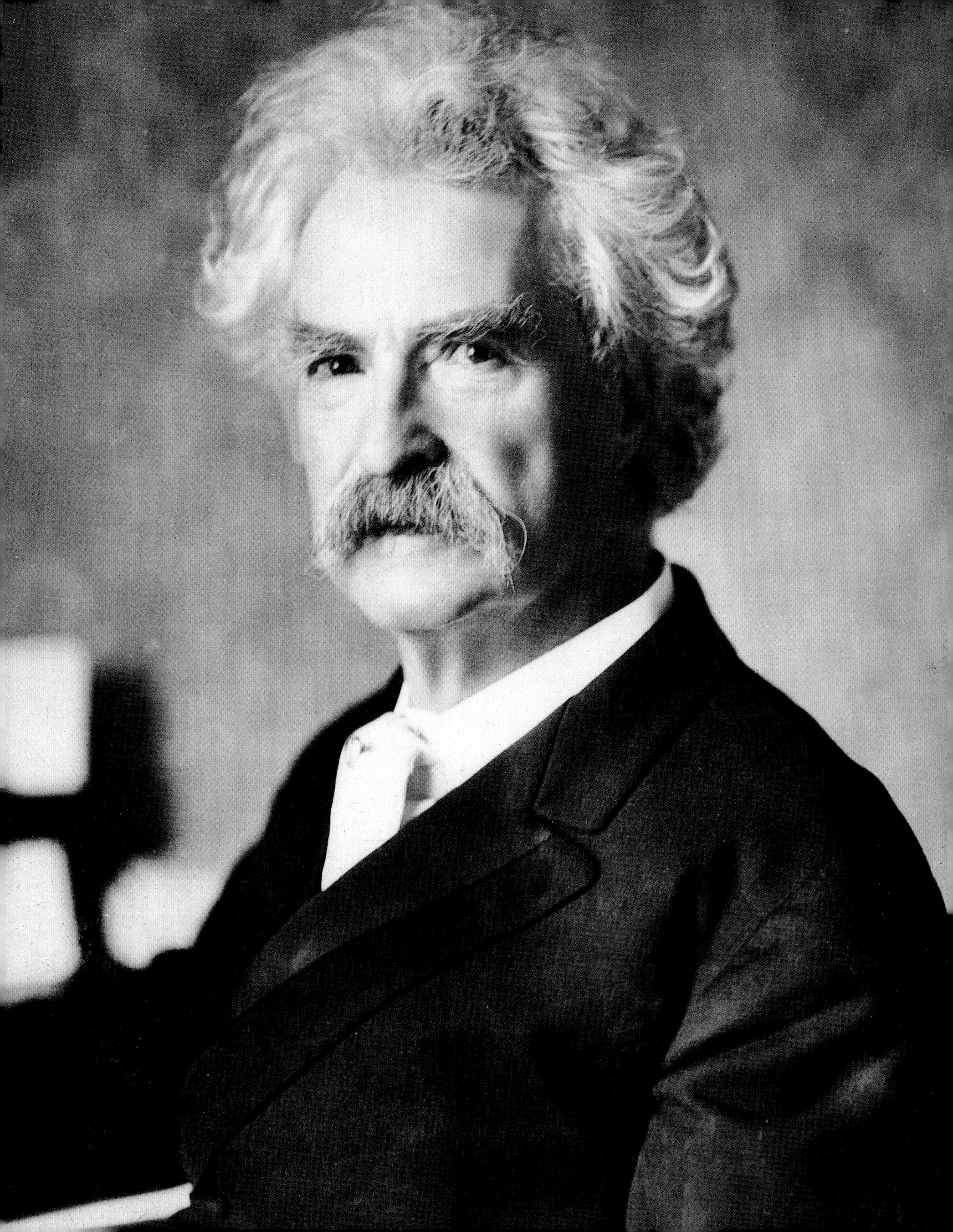

Thomas Hardy

1840-1928, INGLÉS

Uno de los novelistas y poetas más queridos de la Inglaterra del siglo XIX, Hardy era de humilde origen rural e inmortalizó su región natal en una serie de relatos románticos.

△ **CASA DE DORSET**
Hardy nació en esta casa de campo de Higher Bockhampton, donde vivió hasta los 34 años. Fue aquí donde escribió *Lejos del mundanal ruido.*

Los antecedentes familiares de Thomas Hardy fueron muy importantes para determinar los temas que luego exploraría en sus novelas. Hijo de un maestro cantero, nació en la casa de campo que su bisabuelo había construido en la pequeña aldea de Higher Bockhampton, a las afueras de Dorchester, al sur de Inglaterra. Los padres de Thomas se vieron obligados a casarse después de que la madre quedara embarazada, y la abuela, hija de un granjero adinerado, fue desheredada al casarse con un sirviente, que resultó ser un borracho violento con el que tuvo que soportar un matrimonio terrible, muriendo en la pobreza. Hardy no reveló estos hechos en sus obras, pero en ellas destacan temas como el matrimonio entre clases diferentes, la vergüenza de la ilegitimidad y los repentinos cambios de las fortunas económicas.

Hardy era un niño enfermizo, casi había muerto al nacer, pero tenía un don precoz. Aprendió a leer «casi antes de andar» y sobresalió en la escuela. Soñaba con estudiar en una de las grandes universidades, como el personaje principal de su novela *Jude el oscuro*, pero su estatus social no lo permitía. Así, se convirtió en aprendiz de un arquitecto local, John Hicks. Allí conoció a Horace Moule, un brillante pero errático erudito, que tuvo una profunda influencia en el joven Hardy. Moule actuó como su mentor, guiando sus estudios y alentando sus primeros esfuerzos para escribir poesía. Los dos hombres siguieron siendo amigos íntimos hasta el trágico suicidio de Moule en 1873.

Experiencia acumulada

Hardy era una persona sensible e impresionable, lo que le hizo vulnerable a las críticas, pero también aumentó su conciencia del sufrimiento ajeno, y almacenaría sus recuerdos a veces traumáticos para su uso posterior. A los 16 años, por ejemplo, fue testigo del ahorcamiento de Martha Brown, declarada culpable de asesinar a su mujeriego marido. Fue la última ejecución pública de una mujer en Dorchester y el espantoso espectáculo permaneció en la mente de Hardy el resto de su vida. Influyó tanto en la trama como en el personaje de la trágica heroína de *Tess d'Urberville*. En 1862, Hardy se trasladó a Londres para continuar su carrera con el arquitecto Arthur Blomfield. Quedó

CONTEXTO
Wessex

Hardy estaba fascinado por la historia y las tradiciones locales, y utilizó sus conocimientos para crear un entorno único para sus novelas, en parte ficción y en parte realidad. Llamó a esta región Wessex, el nombre del antiguo reino de los sajones asentados en la zona miles de años antes. El Wessex de Hardy se centraba en su Dorset natal, aunque incluía partes de los condados vecinos. Muchos de los nombres de lugares inventados tienen contrapartes reales: el Casterbridge de Hardy es Dorchester, Weatherbury es Puddletown y Christminster es Oxford. A través de su invención de Wessex, Hardy creó inteligentemente una «marca» para sus novelas, e hizo de Wessex un lugar para peregrinos literarios.

MAPA DE LOS REINOS ANGLOSAJONES DE INGLATERRA

« Lo que **socialmente** es una **gran tragedia**, en la **naturaleza** puede no ser una **circunstancia alarmante**. »

THOMAS HARDY

▷ ***THOMAS HARDY*, 1923**
El retratista inglés Reginald Grenville pintó varias veces a Hardy cuando se quedaba en casa del escritor, Max Gate, en Dorchester.

SEMBLANZA
Emma Gifford

Hardy conoció a Emma Gifford (1840-1912) mientras planeaba la restauración de una iglesia en marzo de 1870. Era la cuñada del rector y aspirante a escritora. Hardy se sintió cautivado por la vitalidad y el sentido de la aventura de Emma, y la pareja se casó en 1874. Durante unos años fueron felices, pero con el despegue de la carrera de Hardy la pareja se fue alejando, y Emma se volvió cada vez más amargada. A pesar de esto, el afecto de Hardy por ella siguió vivo y, después de su muerte, escribió una serie de conmovedores poemas de amor en homenaje a su memoria.

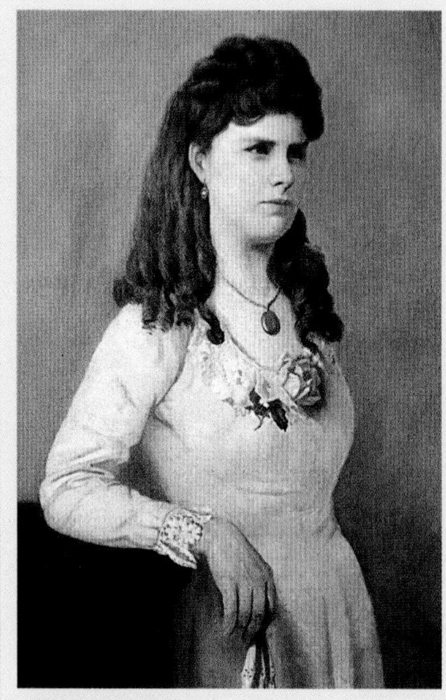

EMMA GIFFORD

fascinado por la capital y disfrutó de las ofertas culturales de teatros y galerías. De su trabajo arquitectónico de entonces, sobrevive una curiosidad: el «Árbol de Hardy», un conjunto de lápidas cerca de St Pancras, que amontonó junto a un árbol cuando estaba limpiando un cementerio para dar paso a un nuevo tramo del Midland Railway.

Hardy conoció a su primera esposa a través de su trabajo como arquitecto. Estaba en Cornwall evaluando la restauración de la iglesia de St Juliot, cuando conoció a Emma Gifford. Su padre era abogado, un hombre de una posición social muy superior a la de la familia de Hardy, pero era alcohólico y estaba en bancarrota. Hardy se esforzó en ocultar sus propios antecedentes, asegurándose de que sus respectivas familias no se reunieran durante varios años. Su boda en 1874 fue presenciada solo por el hermano de Emma y la hija de la casera de Hardy, tensiones sociales tan bien descritas en sus novelas.

Obra temprana

Por entonces, Hardy estaba volcado en su carrera literaria. *Remedios desesperados* apareció en 1871, aunque se vio obligado a subsidiar su publicación con 75 libras de su propio bolsillo. Le siguió *Bajo el árbol del bosque* (1872), una novela corta pero encantadora basada en los recuerdos de su infancia de los músicos (incluido su padre) que habían tocado en su iglesia local. El siguiente libro, *Unos ojos azules* (1873), presenta una heroína basada en Emma Gifford. Sin embargo, fue su cuarta novela, *Lejos del mundanal ruido*, la que le dio fama. Esta fue publicada por entregas en la prestigiosa revista *Cornhill Magazine* de enero a diciembre de 1874, y apareció más tarde en una edición en dos volúmenes.

En la era victoriana, la publicación por entregas era el signo de que un autor había llegado a la cima. Le permitía tener unos ingresos decentes y llegar a una amplia audiencia (las revistas eran mucho más baratas que los libros). Sin embargo, imponía a la novela ciertas restricciones estilísticas y estructurales: la acción tenía que distribuirse de manera uniforme en todas las entregas; la duración de cada episodio estaba predeterminada y tenía que entregarse en fecha límite; y el contenido debía ser adecuado al ámbito familiar. Hardy luchó cada vez más contra estas condiciones (aunque se podían hacer ajustes en la versión seriada para su posterior publicación como libro).

Realidades rurales

Lejos del mundanal ruido fue pionera en el retrato de la vida rural. Al tiempo que muestra la belleza del Dorset nativo de Hardy, sus paisajes y sus tradiciones, refleja la dura realidad de la vida en el campo; describe, por ejemplo, lo fácil que era para el pastor Gabriel Oak enfrentarse a la ruina y la humillación, y para Fanny Robin, morir en la miseria en un asilo de pobres. El libro proporcionó el trasfondo para la colección de historias de Hardy, *Cuentos de Wessex* (1888), en que siguió presentando el campo de una manera realista.

Hardy también reflejó los grandes cambios que se estaban produciendo en el campo. La expansión del ferrocarril permitió a los campesinos salir en busca de trabajo, pero la derogación de las Leyes de los Cereales causó la decadencia de la agricultura británica. El paro

OBRAS CLAVE

1874
Se publica *Lejos del mundanal ruido*, una de sus mejores novelas situada en el Wessex de Hardy.

1878
Se publica *El regreso del nativo*. Es una historia sobre el despertar de pasiones impregnadas de la melancólica atmósfera de Egdon Heath.

1886
El alcalde de Casterbridge, subtitulado *La historia de un hombre de carácter*, es un relato trágico sobre el ascenso y caída de un hombre.

1891
Hardy escribe *Tess d'Urberville*, una desgarradora historia de seducción, traición y asesinato.

1895
Jude el oscuro, última novela de Hardy, es una parábola sombría y controvertida sobre la «guerra mortal... entre la carne y el espíritu».

aumentó, y los medios de vida de los agricultores se vieron reducidos por las importaciones baratas y una creciente dependencia de las máquinas. En *Tess*, por ejemplo, el declive de la heroína se refleja en su paso de una granja lechera agradable a una sombría granja, Flintcomb-Ash, donde los trabajadores se ven obligados a realizar trabajos físicos duros y donde Tess lucha por hacer frente a la «monstruosa» trilladora.

La patria rural de Hardy proporcionó un rico telón de fondo para su cóctel de dramas, que incluía seducciones, abandonos, matrimonios rotos e hijos no deseados. El tono se volvió cada vez más pesimista, a menudo con un sentido predominante de fatalismo. En sus últimas dos novelas (*Tess d'Urberville* y *Jude el oscuro*), casi parece como si los personajes principales fueran castigados por intentar superar su posición y mejorar sus vidas.

Hardy dejó de escribir novelas después de *Jude el oscuro*. Había sido fuertemente atacada por su aparente crítica de la religión oficial y de la institución del matrimonio, y un crítico la apodó «Jude el obsceno». Hardy dedicó el resto de su carrera a la poesía. Muchos de sus poemas versan sobre la edad y el paso del tiempo, pero también escribió poemas sobre la guerra y Emma (a pesar de haberse vuelto a casar dos años después de que falleciera). A su muerte, fue honrado en el Poet's Corner, en la abadía de Westminster, mientras su corazón se enterraba en Dorset.

△ **EL PAISAJE DE HARDY**
Tess d'Urberville transcurre en Blackmore Vale, cerca de la ciudad de Blandford, en el norte de Dorset. Hardy lo llama Vale of the Little Dairies.

◁ ***LEJOS DEL MUNDANAL RUIDO***
La novela de Hardy relata la vida y los amores del granjero Bathsheba Everdene. A pesar de su final aparentemente feliz, es una novela inquietante y a menudo oscura.

▽ **BIBLIOTECA DE MAX GATE**
Hardy diseñó Max Gate, su casa de Dorchester, en 1885 y vivió allí hasta su muerte. Fue aquí donde escribió *Tess d'Urberville* y *Jude el oscuro*.

« Permítanme **repetir** que una **novela** es una **impresión**, no un **argumento**. »

THOMAS HARDY, PREFACIO DE *TESS D'URBERVILLE*

Émile Zola

1840-1902, FRANCÉS

Principal escritor francés de ficción de finales del siglo XIX, Zola amplió el alcance de la novela, a través de su cínica descripción «naturalista» de la vida, a todos los niveles de la sociedad y a los relatos sobre sexo.

△ **CARTEL DE *EL BALCÓN***
La novela de Zola se adaptó al teatro en Europa y Estados Unidos. El Movimiento por la Templanza (contrario al consumo de alcohol) hizo suyas sus sombrías imágenes del alcoholismo y la pobreza.

Émile Zola nació en París en 1840, hijo de ingeniero italiano y madre francesa. Inicialmente próspera, la familia se trasladó a Aix-en-Provence en el sur de Francia en 1843. Cuatro años después, la muerte del padre los redujo a una pobreza digna. En 1858, Zola regresó a París, donde se ganó la vida con trabajos de oficina, y conoció a una parisina de clase trabajadora, Alexandrine Meley, con quien se casó más tarde. Utilizó en las novelas su conocimiento de los niveles más bajos de la sociedad parisina.

Durante la década de 1860, mientras trabajaba en el departamento de ventas de la editorial Hachette, Zola comenzó a trabajar como periodista y escritor de ficción. Con su amigo de la infancia, el pintor Paul Cézanne (ver recuadro, derecha), frecuentó el círculo de artistas que más tarde se llamarían impresionistas. Su primera novela significativa fue el sensacional melodrama *Thérèse Raquin*, publicado en 1867, un escabroso relato de lujuria, asesinato y culpa. El año siguiente, planeó una serie de novelas a semejanza de *La comedia humana* de Balzac. Escritas según los principios del «naturalismo», estas obras muestran cómo la herencia y el entorno moldean las vidas de los miembros de una familia corriente, los Rougon-Macquart. Zola utilizó este contexto en sus novelas durante más de dos décadas.

◁ ***ZOLA*, 1868**
Zola fue defensor del arte impresionista, y en 1867 escribió una firme defensa del pintor Édouard Manet contra los críticos conservadores. A cambio, Manet pintó este retrato.

Naturalismo

La primera de las 20 novelas que forman la serie de los Rougon-Macquart, *La fortuna de los Rougon*, apareció en 1871, pero fue la séptima, *El balcón* (1877), la que marcó la fama de Zola. Haciendo un uso extensivo de la jerga parisina, la novela es un retrato de la clase obrera destruida por la pobreza y el alcohol. Siguieron una serie de éxitos escandalosos, entre ellos la historia de una prostituta, *Nana* (1880); *Germinal* (1885), ambientada en las minas del nordeste de Francia, y *El desastre* (1892), situada en la guerra y la revolución de finales del Segundo Imperio francés. Pese a las pretensiones científicas del naturalismo de Zola y a las investigaciones realizadas antes de escribir, estas obras son dramas épicos simbólicos.

Aprovechando la libertad de expresión de la Tercera República, Zola pudo escribir sobre temas que antes eran tabú, como la masturbación, a la que hace referencia en la novela rural *La tierra* (1887). También rechazó la moral convencional en su vida privada: mantuvo desde 1888, una relación con una joven amante, Jeanne Rozerot, con la que tuvo dos hijos.

En 1898, Zola se involucró en el mayor escándalo político de Francia, el caso Dreyfus (ver página 175), denunciando a las autoridades francesas por antisemitismo y perversión de la justicia. Se convirtió en héroe de la izquierda política y en figura odiada por la derecha. Procesado por difamación, huyó a Gran Bretaña. Tras regresar a Francia, murió en 1902.

SEMBLANZA
Paul Cézanne

Zola y Cézanne fueron a la misma escuela en Aix-en-Provence, y fue Zola quien alentó a su amigo a salir de Aix para ir a París. El novelista describió a Cézanne como el artista Claude Lantier en la novela de 1873 *El vientre de París*. Los dos fueron amigos hasta la publicación de *La obra*, 1886, una novela en la que el pintor Lantier es inducido al suicidio en su búsqueda de un ideal artístico. Cézanne le devolvió el ejemplar que Zola le había enviado y nunca volvieron a hablarse.

***AUTORRETRATO*, PAUL CÉZANNE, 1879**

« Quiero **retratar**... las **convulsiones fatales** que acompañan el **nacimiento** de un **nuevo mundo**. »

ÉMILE ZOLA

Henry James

1843-1916, ESTADOUNIDENSE

James escribió novelas, relatos y cuentos cortos. Sus obras de teatro psicológicas, muy elaboradas, elevaron el arte de la ficción a nuevas cotas de sutileza y complejidad.

lenry James, nacido en el seno de na familia adinerada y culta, se crio ntre novelas francesas e inglesas, y n la adolescencia visitó varias veces uropa con su familia. Tras decidir edicarse a escribir novelas, la uxtaposición de la cultura y los nodales de las sociedades europea estadounidense era para él un ema natural.

Las ironías de la inocencia stadounidense y la corrupción uropea le proporcionaron el rasfondo de las primeras novelas, omo *Los europeos* (1878), antes de ue afianzara su fama inventando la noderna y audaz «chica americana» n *Daisy Miller* (1879) y *Retrato de una ama* (1880-81). A partir de entonces, ivió en Inglaterra y Francia.

El lado íntimo de la vida de James s oscuro. Ocultaba su posible omosexualidad viviendo una vida n apariencia casta, aunque en sus ltimos años experimentó el amor no necesariamente sexual) con dos hombres más jóvenes. También estableció fuertes lazos emocionales con mujeres; la temprana muerte de su querida prima Minny Temple en 1870 influyó en su ficción y le sirvió de modelo para la Milly Theale de *Las alas de la paloma* (1902).

Deseos ocultos

James solía introducir temas prohibidos en su ficción. El lesbianismo aparece en *Las bostonianas* (1886), la pedofilia en *Otra vuelta de tuerca* (1898) y el incesto en *La copa dorada* (1904), todo ello al amparo de un estilo elaborado. Se podía escribir sobre cualquier tema siempre que fuera de manera oscura. En *Lo que Masie sabía* (1897) retrató las luchas entre amoríos y poder adulto vistas a través de los ojos sinceros de un niño al parecer inocente. *Los embajadores* (1903) cuenta la trágica historia de un visitante de París procedente de los puritanos Estados Unidos, cuya conciencia moral nunca le permitiría vivir en plenitud.

Hacia el final de la vida, James empleó tramas más indirectas para explorar la complejidad de la mente humana; reflejó los hechos a través de los ojos de sus personajes, con sus sutiles autoengaños y evasiones. Tuvo que dictar sus últimas obras, ya que le resultaba cada vez más difícil escribir a mano. Después de 1904, no escribió ninguna obra importante. Se nacionalizó británico en 1915 y murió en Chelsea, Londres, el año siguiente.

◁ ***HENRY JAMES*, 1913**
James conoció a muchos intelectuales de su época, entre ellos los escritores Gustave Flaubert, Alfred Tennyson, Emile Zola y el pintor John Singer. Este, un compañero expatriado de Estados Unidos, pintó este retrato del escritor en su 70 cumpleaños.

◁ **LAMB HOUSE, RYE**
Durante muchos años, James fue un hombre de mundo, que se codeaba con la élite londinense. Desde 1897, tuvo una existencia relativamente solitaria en Lamb House, en la costa sur de Inglaterra.

SEMBLANZA
William James

William James (1842-1910), hermano mayor de Henry, fue un importante filósofo y uno de los fundadores de la psicología moderna. Sus trabajos incluyen *Principios de la psicología* (1890) y *Las variedades de la experiencia religiosa* (1901-2). En vida, fue considerado el más distinguido y exitoso de los dos hermanos. William James acuñó el concepto «flujo de conciencia» para definir la corriente ininterrumpida de pensamientos en la mente, noción que tuvo gran influencia en las novelas de Henry James y en la posterior ficción del modernismo anglosajón.

WILLIAM JAMES, FILÓSOFO Y PSICÓLOGO

« La **experiencia nunca** es **limitada** y nunca es **completa**; es una **inmensa sensibilidad**, una especie de enorme **tela de araña...** »

HENRY JAMES, «EL ARTE DE LA FICCIÓN»

▷ ***AUGUST STRINDBERG*, 1892**
Strindberg conoció a muchos de los artistas contemporáneos y trabó una estrecha amistad con el pintor noruego Edvard Munch. Ambos compartían ideas como la intervención del azar en las obras de arte. Munch pintó a Strindberg y, en contrapartida, este basó algunos de sus personajes en las cualidades de Munch.

August Strindberg

1849-1912, SUECO

Conocido a menudo como padre de la literatura sueca moderna, Strindberg es valorado sobre todo como un dramaturgo cuya obra influyó en la transición del naturalismo del siglo XIX al modernismo del siglo XX.

◁ **CARTEL DEL TEATRO ÍNTIMO**
Al cofundar este teatro en 1907, Strindberg «imaginó un teatro donde la armonía de la interpretación se desarrollaba a partir de los tonos, los ritmos, los motivos y los movimientos del guion como en una composición musical polifónica».

« El **mundo**, la **vida** y los **seres humanos** son solo una **ilusión**, un **espectro**, un **sueño**. »

AUGUST STRINDBERG, *EL SUEÑO*

ohan August Strindberg nació en stocolmo. Su padre era agente naviero su madre, que murió siendo él niño, abía sido criada. En su autobiografía, *l hijo de la esclava* (1913), describe una ıfancia inestable e insegura.

Su educación fue insatisfactoria. studió primero teología y luego ıedicina en la Universidad de Uppsala, ero asistió solo intermitentemente. n lugar de dedicarse a sus estudios, se ntregó a trabajos eventuales, incluido periodismo independiente y el de xtra de teatro. No llegó a graduarse.

Sin embargo, durante este tiempo esarrolló sus dotes para la escritura, incluso se representaron dos obras uyas en el Teatro Real. A pesar de ste éxito, se sentía incómodo con el stilo de versos forzados de sus rimeros dramas, y se puso a trabajar n el *Maestro Olof*, una obra histórica scrita en prosa coloquial. Para su onsternación, fue rechazada por el eatro Real y no se representó hasta 881. Desilusionado, Strindberg ecurrió al periodismo, y durante la écada de 1870 se forjó una reputación omo crítico enojado con la burguesía e Estocolmo. Se enamoró de una spirante a actriz, la baronesa Siri von ssen, con quien se casó en 1877, ero su vida se vio alterada por la muerte de su primer hijo y por la bancarrota de Strindberg en 1879. Sin embargo, continuó escribiendo y, hacia el final de año, publicó su primera novela, *El cuarto rojo*, una sátira de la hipocresía de la sociedad sueca. Animado por su éxito, continuó escribiendo varios cuentos cortos, novelas y obras de teatro que atacan a la clase dirigente.

Simbolismo y ocultismo

Tras viajar a Francia en los años 1880, Strindberg cayó bajo la influencia del naturalismo propugnado por Zola. Lo puso en práctica en sus siguientes obras de teatro, *El padre* (1887) y *La señorita Julia* (1888), protagonizadas por Siri. Al igual que la relación descrita en *La señorita Julia* (entre una aristócrata y el criado) estaba condenada al fracaso, el matrimonio de Strindberg también terminó en 1891, lo que marcó otro período convulso en su vida personal. Un matrimonio efímero con la periodista y traductora austriaca Frida Uhl y una serie de crisis pusieron fin a su creatividad. Se obsesionó con la religión, la alquimia y las ciencias ocultas, y se involucró en el Simbolismo. Reflejó esta «crisis infernal» en la novela autobiográfica *Infierno*, y aplicó las nuevas ideas a sus obras teatrales: *Camino a Damasco* estaba protagonizada por Harriet Bosse, de 20 años, que se convirtió en su tercera esposa. Siguió agrandando los límites de la escritura simbolista con *La danza de la muerte* (1900), *El sueño* (1901-2) y *Sonata de los espectros* (1908), escritas para el Teatro Íntimo que fundó en Estocolmo.

La salud de Strindberg empeoró con el fracaso del Teatro Íntimo y murió en su casa en Estocolmo el 14 de mayo de 1912.

△ ***MUNDO FANTÁSTICO*, 1894**
Strindberg fue un artista consumado y pintaba como terapia cuando se bloqueaba como escritor. Sus crisis internas son visibles en muchos de sus cuadros; algunos, como el de arriba, transmiten serenidad. Su refinado sentido visual es también evidente en sus obras teatrales.

ESTILO

Más allá del naturalismo

Strindberg utilizó el estilo naturalista en las primeras obras importantes, en que refleja las circunstancias de la vida de personas comunes y destaca la situación política y social de la época. Sin embargo, su fascinación por las ciencias ocultas le llevó a interesarse por el Simbolismo, trasladando el énfasis de lo realista y mundano a lo imaginario y espiritual, expresado en imágenes oníricas con significado simbólico. En lugar de examinar la psicología de la vida cotidiana, se centra en lo universal y lo inconsciente, anticipando algunos de los elementos del Expresionismo y el Surrealismo.

ESCENA DE *EL SUEÑO* EN EL TEATRO NACIONAL DE LONDRES, 2005

Guy de Maupassant

1850-1893, FRANCÉS

Maupassant es conocido por su sincero y realista retrato de la vida de sus contemporáneos. Destaca como uno de los mejores escritores de cuentos de Francia por su prosa directa y exquisito control del ritmo.

Guy de Maupassant nació cerca de Dieppe, en Normandía, en el seno de la típica familia burguesa próspera que a menudo retrata en su obra. Sin embargo, su cómoda vida se vio alterada cuando sus padres se separaron: Guy y su hermano, Hervé, se trasladaron con su madre a Étretat, a unos 70 kilómetros.

◁ ***BEL AMI*, 1895**
La novela de Maupassant recorre la historia de Duroy, un sinvergüenza que se gana el afecto de las mujeres para escalar en la sociedad parisina de fin de siglo.

De la guerra a París

El joven Maupassant disfrutó de una adolescencia al aire libre, y su madre lo alentó a amar la literatura. Terminado el bachillerato en 1869, fue reclutado casi de inmediato por el ejército. Era evidente que no estaba preparado para el combate y sirvió como oficinista en Ruan durante la guerra franco-prusiana (1870-71). A pesar de los informes de que había servido valientemente, más tarde le dijo a su madre que huyó cuando los prusianos se acercaban a la ciudad y que «corrí muy bien».

El padre de Maupassant lo sacó del ejército, y el joven se convirtió en funcionario en París. Mientras que su madre le inspiró la pasión por la lectura, parece que el padre le transmitió el gusto por una promiscuidad desenfrenada: el escritor en ciernes acudía a menudo a los numerosos burdeles de la ciudad y se llevaba a prostitutas en sus frecuentes viajes en barca por el Sena. En París, no solo se hizo famoso como formidable remero, sino que también descubrió que padecía sífilis. Sin inmutarse por lo que debería haber sido un diagnóstico aterrador, aunque no infrecuente, Maupassant comenzó a escribir desde la verdad, vertiendo sus experiencias de la guerra, la burguesía provincial, los obreros urbanos y la administración pública en un prolífico trabajo que comprende cientos de cuentos cortos, seis novelas, tres libros de viajes, varias obras de teatro y poesía.

En 1880, publicó uno de sus relatos más famosos, «Bola de sebo», cuyo tratamiento desinhibido de los temas sexuales, la violencia doméstica, el adulterio, la promiscuidad y la prostitución fascinó a sus lectores. Su volumen de cuentos cortos alcanzó la duodécima edición en dos años y la novela *Bel-Ami* fue reimpresa 37 veces en cuatro meses.

Deterioro mental

Con su creciente riqueza, el escritor compró un gran apartamento con un anexo en el que podía entretener discretamente a las cortesanas de París. Sin embargo, no disfrutó de la fama debida a su éxito literario y se fue aislando cada vez más, a menudo viajando solo por Argelia y Europa a bordo de su yate *Bel-Ami*.

Con el tiempo, la inestabilidad mental que caracteriza a los enfermos de sífilis convirtió a Maupassant en un obseso con manía persecutoria. Hacia 1892, estaba claro que seguiría los pasos de su hermano, que había muerto en un manicomio. Después de intentar cortarse la garganta, fue internado en el asilo de Passy, donde murió el 6 de julio de 1893 con solo 42 años.

CONTEXTO
Gustave Flaubert

Amigo de la familia durante mucho tiempo, Flaubert fue a la vez mentor y un padre para Maupassant. Ambos se reunían para el almuerzo del domingo cada vez que Flaubert iba a París. Este analizaba el trabajo de Maupassant, le daba consejos sobre el estilo de la prosa y lo presentaba a otros escritores, incluidos Zola y Turguénev. Flaubert admitió una vez que le amaba como a un hijo y la cuestión de si realmente estaban relacionados era una fuente de chismorreo, sobre todo después de que su madre, Laure, se refiriera inadvertidamente a Flaubert como el padre de Guy.

GUSTAVE FLAUBERT, c. 1870

▽ **CASTILLO DE MIROMESNIL**
Guy de Maupassant era miembro de una próspera familia burguesa y, según su madre, nació en el castillo de Miromesnil, Normandía, una afirmación que ha sido recientemente cuestionada.

◁ ***MAUPASSANT*, 1888**
Este retrato de Guy de Maupassant de Auguste Feyen-Perrin revela poco del carácter complejo de una persona a la que Zola describió como «el más feliz y el más infeliz de los hombres».

▷ **WILDE EN 1882**
Wilde mostró su compromiso con el Esteticismo a través de su propio aspecto: vestía ropa llamativa, como chaquetas de terciopelo y pantalones bombachos, para sus conferencias en Estados Unidos. Escribió: «La belleza es la maravilla de las maravillas. Solo la gente superficial no juzga por el aspecto».

Oscar Wilde

1854-1900, IRLANDÉS

Famoso tanto por sus epigramas y su compromiso con el Esteticismo como por los escándalos de su vida privada, Wilde sigue siendo uno de los autores más ingeniosos e imaginativos de finales del siglo XIX.

« El **vicio** y la **virtud** son para el artista los **materiales** de un **arte**. »

OSCAR WILDE, *EL RETRATO DE DORIAN GRAY*

Oscar Wilde nació el 16 de octubre de 1854 en una familia muy respetada y culta de Dublín. Su padre era médico y experto en folclore irlandés, y su madre, una prominente poeta nacionalista. Pese a estos antecedentes familiares en apariencia íntegros, el padre de Wilde tenía tres hijos ilegítimos y fue acusado de violar a una expaciente. No es extraño que los escándalos y secretos familiares se reflejaran en la obra del hijo.

El propio Wilde pudo mantenerse relativamente al margen de todo este ruido hasta mediada la veintena, a pesar de su creciente fama de dandi cuyos ingeniosos epigramas le habían dado prestigio nacional. Caricaturas de la década de 1880 le representan con medias y bombachos, caminando por la calle con un girasol. Sin embargo, fue un estudiante serio que logró un doble grado en estudios clásicos en Oxford y ganó el Premio Newdigate de poesía. Tampoco había signo alguno de la homosexualidad que definiría su vida posterior. Por el contrario, durante un tiempo, Wilde parece haber estado enamorado de Florence Balcombe, futura esposa del escritor irlandés Bram Stoker.

Después de Oxford, Wilde se trasladó a Londres, donde consiguió modestos ingresos con poesía, teatro, ensayos y reseñas. Una gira de conferencias por Estados Unidos en 1882 le permitió ganar lo suficiente para pasar cinco meses en París, pero regresó a Londres con poco dinero y casi 30 años. Se casó con una rica heredera, Constance Lloyd, y colaboró en varias revistas antes de convertirse en editor de *Woman's World.* Por entonces, Wilde había sido seducido por un joven canadiense, Robbie Ross, una relación que excitó su imaginación. Vertió sus experiencias en *El retrato de Dorian Gray* (1890), obra condenada por su inmoral retrato de las pasiones masculinas. Pero mantuvo su reputación literaria intacta, y sus obras posteriores, incluida *La importancia de llamarse Ernesto* (1895), fueron grandes éxitos.

Prisión y caída

En 1892, Wilde se enamoró de lord Alfred «Bosie» Douglas y pronto quedó atrapado en el fuego cruzado entre Bosie y su padre, noveno marqués de Queensberry. Cuando este dejó una tarjeta de visita en casa de Wilde dirigida a «Oscar Wilde, aquel que presume de sodomita», Wilde lo demandó por difamación: los abogados de Queensberry utilizaron los escritos de Wilde como evidencia de su homosexualidad y este fue arrestado por indecencia grave. En mayo de 1895, fue sentenciado a dos años de trabajos forzados. Sufrió hambre y disentería, y le obligaban a caminar seis horas al día. En la cárcel de Reading escribió una larga carta de disculpas a Bosie, que más tarde fue publicada como *De Profundis*. Los dos hombres intentaron vivir juntos en Francia tras la liberación de Wilde en 1897, pero su relación se desmoronó. Por entonces, su esposa Constance había huido a Suiza llevándose a los hijos de Wilde con ella. Roto por tantos traumas, murió en París el 30 de noviembre de 1900.

CONTEXTO
Esteticismo

Wilde fue una figura clave del Esteticismo, una corriente que promovía la estética por encima de los valores sociales, políticos o morales. Rechazando la tradición victoriana de que el arte y la moralidad están inextricablemente vinculados, los esteticistas priorizaban el culto a la belleza, el deseo de crear «arte por el arte». Otros esteticistas notables de la época fueron los pintores James Abbott McNeill Whistler y Dante Gabriel Rossetti, cuya obra destaca por su sensualidad y simbolismo.

***PROSERPINA*, DANTE GABRIEL ROSSETTI, 1874**

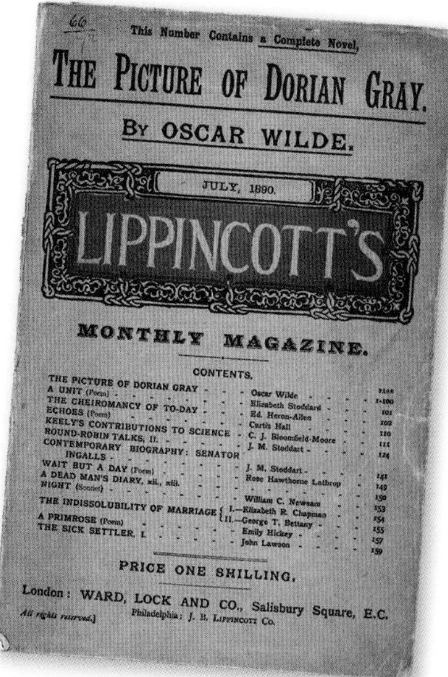

This Number Contains a Complete Novel,

THE PICTURE OF DORIAN GRAY.

BY OSCAR WILDE.

JULY, 1890.

LIPPINCOTT'S

MONTHLY MAGAZINE.

CONTENTS.

THE PICTURE OF DORIAN GRAY - Oscar Wilde - 1-100
A UNIT (Poem) - Elizabeth Stoddard - 101
THE CHEIROMANCY OF TO-DAY - Ed. Heron-Allen - 102
ECHOES (Poem) - Curtis Hall - 110
KEELY'S CONTRIBUTIONS TO SCIENCE - C. J. Bloomfield-Moore - 111
ROUND-ROBIN TALKS, II. - J. M. Stoddart - 124
CONTEMPORARY BIOGRAPHY: SENATOR INGALLS
WAIT BUT A DAY (Poem) - J. M. Stoddart - 141
A DEAD MAN'S DIARY, xii., xiii. - Rose Hawthorne Lathrop - 149
NIGHT (Sonnet) - William C. Newsam - 150
THE INDISSOLUBILITY OF MARRIAGE { I.—Elizabeth R. Chapman - 153; II.—George T. Bettany - 154
A PRIMROSE (Poem) - Emily Hickey - 155
THE SICK SETTLER, I. - John Lawson - 157, 159

PRICE ONE SHILLING.

London: WARD, LOCK AND CO., Salisbury Square, E.C.

All rights reserved.] Philadelphia: J. B. LIPPINCOTT CO.

△ ***EL RETRATO DE DORIAN GREY***

La única novela de Wilde fue publicada en 1890 en *Lippincott's Monthly Magazine* después de ser muy retocada para evitar acusaciones de indecencia. Es un cuento gótico sobre un joven hermoso que vende su alma a cambio de la eterna juventud; sus connotaciones homoeróticas causaron indignación.

▽ **LORD ALFRED DOUGLAS, 1902**

El amado «Bosie» de Wilde era escritor, poeta y traductor. Cuando Wilde estaba encarcelado, Douglas solicitó a la reina Victoria la liberación de su amante.

Joseph Conrad

1857-1924, BRITÁNICO, POLACO DE NACIMIENTO

Nacido en Polonia, Conrad se convirtió en un importante novelista en lengua inglesa. Aprovechando sus experiencias como marinero, denunció los efectos deshumanizantes del colonialismo.

Josef Teofor Konrad Korzeniowski, más tarde conocido como Joseph Conrad, nació en 1857 en Berdyczow, actual Ucrania. Sus padres pertenecían a la nobleza terrateniente polaca. Desde el siglo XVIII, Polonia había dejado de ser un Estado independiente y la mayoría de los polacos pertenecían al Imperio ruso, una situación que no agradaba a la aristocracia polaca. El padre de Conrad, Apollo Korzeniowski, escritor y patriota idealista, se trasladó a Varsovia en 1861 e intentó organizar la resistencia al gobierno ruso. Detenido por las autoridades por subversivo, fue exiliado con su familia a las frías y sombrías marismas de Vologda, en el norte de Rusia. La madre de Conrad murió en el exilio en 1865 por las duras condiciones. A Apollo se le permitió regresar a Polonia en 1867, pero era un hombre destrozado. Murió en Cracovia en 1869 tras quemar todos sus manuscritos.

◁ **APOLLO KORZENIOWSKI**
El padre de Joseph Conrad fue traductor de las obras de Shakespeare. Gran patriota, Apollo fue enterrado en Cracovia como un héroe a su muerte en 1869.

Vida en el mar

Como aristócrata polaco huérfano en circunstancias tan trágicas, no se esperaba que escuchara la llamada del mar. Pero el joven Conrad era un ávido lector y los libros alimentaban sus ansias de viajes y aventuras.

Los esfuerzos de su tío materno y tutor Thaddeus Bobrowski para guiarlo hacia un camino más sensato resultaron inútiles, y a los 17 años, Conrad había decidido hacerse marinero. Bobrowski no podía oponerse a los deseos del joven de marcharse de Polonia, porque siempre tendría el estigma de ser hijo de un subversivo, y le dio permiso para ir a Francia y alistarse en la marina mercante.

En Marsella, Conrad llevó una existencia irresponsable y caótica. Estuvo involucrado en tiroteos y contrabando; recibió un disparo, no se sabe si en un duelo o en un intento de suicidio y pedía constantemente dinero a su tutor.

En 1878, bajo la creciente presión de Bobrowski para que cambiara, Conrad se trasladó a Inglaterra y se enroló en la marina mercante. Durante los siguientes 14 años sirvió como marinero británico. Había aprendido francés de niño, pero apenas sabía una palabra de inglés. Aprendió solo el idioma al tiempo que desarrollaba su carrera naval; pasó de la navegación costera a los viajes de larga distancia y fue ascendiendo de rango. En 1886, obtuvo la nacionalidad británica.

Viajes influyentes

Durante estos años marineros, Conrad acumuló las experiencias que le inspirarían gran parte de su ficción posterior. En 1881, hizo un viaje desastroso a bordo de un velero poco apto para viajar a Bangkok con un cargamento de carbón de Newcastle; la travesía terminó con el hundimiento del barco y la carga en llamas. Este episodio le proporcionaría el material

ESTILO

Historia en una historia

Conrad desarrolló una técnica narrativa indirecta, en que la trama de la novela se ve a través de los ojos de un personaje que a su vez es introducido por un narrador, sin que compartan necesariamente las mismas opiniones. Su narrador favorito es el capitán Charles Marlow, que desempeña un papel central en *Lord Jim* y en *El corazón de las tinieblas*, entre otras obras. Con esta técnica logra un distanciamiento irónico de los dramas y aventuras descritos, y un respeto por el misterio esencial de la motivación humana. Se cree que Marlow se llama así en honor al dramaturgo isabelino Christopher Marlowe, cuyo trabajo Conrad habría conocido por las traducciones de su padre.

CARTEL PARA LA ADAPTACIÓN AL CINE DE 1965 DE *LORD JIM*

▷ **VOCACIÓN TARDÍA**
Conrad comenzó a escribir en serio relativamente tarde, a los 36 años. Decidió escribir en inglés en lugar de su polaco natal o de su francés adoptado.

« **Toda época** se nutre de **ilusiones**, si no, los hombres **renunciarían** pronto a la vida y ese sería el **final** del **género humano**. »

JOSEPH CONRAD, *VICTORIA*

△ ***TIFÓN*, 1902**
Su novela *Tifón*, en que el capitán McWhirr lleva el *SS Nan-Shan* al ojo de una gran tormenta, es una historia sobre la voluntad humana de hacer frente a la fuerza indomable de la naturaleza.

para su cuento «Juventud» (1898). Un viaje de Bombay a Londres a bordo del velero *Narcissus* en 1884 formaría la base de la novela *El negro del Narcissus* (1897), que narra la historia de un marinero negro moribundo en un barco zozobrando, una alegoría del compañerismo frente a la adversidad.

En 1887-88, Conrad permaneció en el sudeste asiático, donde conoció a personajes como el lacónico capitán John McWhirr, inmortalizado como héroe de la novela *Tifón* (1902), y al comerciante Charles Olmeijer, que se convirtió en Kaspar Almayer en su primera novela, *La locura de Almayer* (1895).

Aventuras en las colonias

Hacia 1888, Conrad había recibido el mando de su nave, pero estaba insatisfecho. En 1889, motivado por el ansia de nuevas experiencias, solicitó servir a los belgas en el Congo. Nombrado capitán de un barco fluvial cuyo comandante había sido asesinado, viajó por tierra a Kinshasa antes de navegar en un «barco de pacotilla» por el río Congo hasta las cataratas de Boyoma. Casi murió de disentería y malaria, pero lo peor fue el espectáculo de degradación moral protagonizado por los colonizadores europeos involucrados en lo que Conrad llamó «la lucha más vil por un botín que jamás haya golpeado la historia de la conciencia humana». Toda la experiencia fue plasmada de forma magistral en su novela *El corazón de las tinieblas* (1899).

Conrad regresó a Inglaterra y a la vida marinera, pero estaba cada vez más insatisfecho con su existencia. En 1894, tras la repentina cancelación de un viaje que tenía previsto, se sintió de pronto inspirado para completar una obra en la que había estado ocupado durante algunos años: *La locura de Almayer*. Fue aceptada para su publicación y, junto con *Un vagabundo de las islas* (1896), le dio fama como escritor. En 1896 se casó con Jessie George, una mujer de clase obrera 16 años más joven que se ganaba la vida como mecanógrafa. Su naturaleza apacible fue un feliz complemento del temperamento inestable de Conrad. Tuvieron dos hijos.

Vida estable

Conrad dedicó el resto de su vida a escribir, sobre todo en zonas rurales del sur de Inglaterra. Sus primeras obras se basaron en sus experiencias personales de la vida en el mar y en las colonias europeas. Reflejan el irónico fatalismo del autor y su preocupación por el compromiso personal y los códigos de honor, en particular en la novela *Lord Jim* (1900), que explora los esfuerzos de un hombre por redimirse después de un vergonzoso incumplimiento del deber. El retrato que hace Conrad

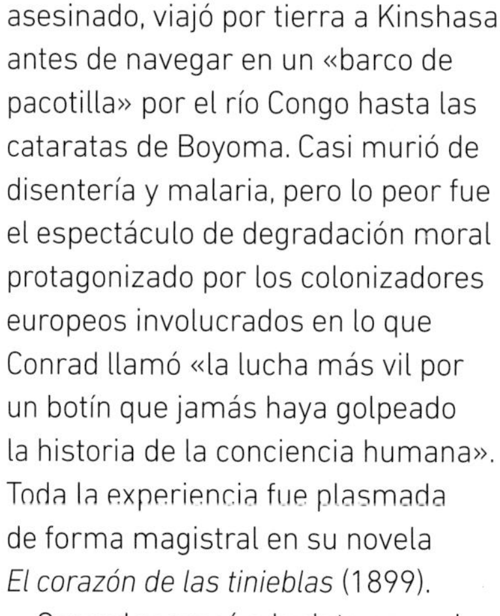

CONTEXTO
El Congo de Conrad

Cuando Conrad viajó al Congo en 1890, este territorio se hallaba bajo el dominio personal e indiscutible de Leopoldo II de Bélgica, quien difundió sus elevados objetivos humanitarios. En realidad, el Congo se hallaba bajo una explotación económica despiadada y su gente, sometida a trabajos forzados y castigos bárbaros. En 1904, un informe del cónsul británico, a quien Conrad conoció durante su estancia allí, expuso el horror de las condiciones del país. Leopoldo se vio obligado a iniciar reformas y el Congo se convirtió oficialmente en colonia belga en 1908.

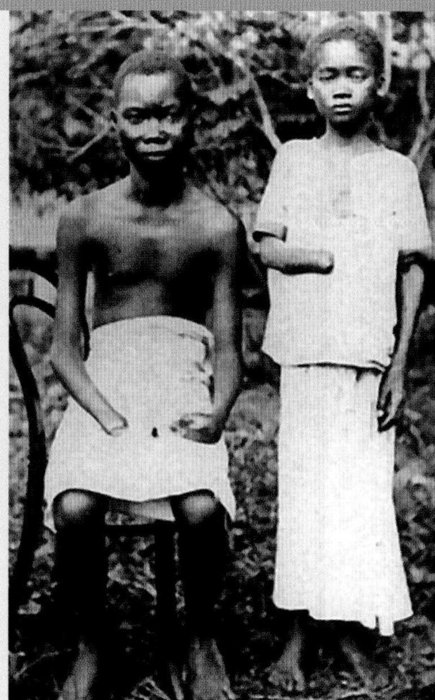

ENTRE LOS CASTIGOS A LOS TRABAJADORES FORZADOS ESTABA LA AMPUTACIÓN

◁ **MARSELLA, AÑOS 1870**
El joven Conrad vivió muchas aventuras en el puerto de Marsella. Estuvo implicado en conspiraciones políticas y el contrabando de armas con España, hechos que relataría en su novela *La flecha de oro* (1919).

« **Gritó dos veces**, un grito que no era más que un suspiro. “**¡El horror! ¡El horror!**” »

JOSEPH CONRAD, *EL CORAZÓN DE LAS TINIEBLAS*

del colonialismo, y de lo que Europa consideró como «misión civilizadora» en el mundo exterior, estaba cargado de escepticismo sardónico. Para él, no había distinción moral alguna entre los europeos y las poblaciones locales que gobernaban.

Últimos trabajos

Los antecedentes polacos de Conrad le habían dado una gran conciencia de los problemas políticos, que se hicieron cada vez más presentes en su obra. En 1904, publicó *Nostromo*, una novela que se alejaba de sus experiencias personales para retratar los conflictos políticos y morales generados por la llegada del capitalismo global a un ficticio Estado corrupto y violento de América del Sur. En *El agente secreto* (1907) convierte Londres en escenario de una oscura historia sobre la amenaza y la inutilidad del terrorismo anarquista, y en *Bajo la mirada de Occidente* (1911), ataca el nihilismo moral de los aspirantes a revolucionarios rusos.

Conrad tuvo un éxito popular inesperado con la novela *Suerte* (1913); y en su mayor trabajo tardío, *Victoria* (1915), regresa a las islas del sudeste asiático para hacer un fuerte alegato sobre su visión esencialmente sombría de la vida. Algunos eruditos sugieren que la novela también enlaza con uno de los defectos del propio autor: la incapacidad de manejar las relaciones sexuales.

Convertido en el gran patriarca de las letras inglesas, Conrad murió en 1924, poco después de negarse a aceptar un título de caballero. Sus novelas siguen siendo influyentes, y han sido citadas por T. S. Eliot y Bob Dylan, entre otros. *El corazón de las tinieblas* inspiró *Apocalypse Now* (1980), película de Francis Ford Coppola que resultó ganadora del Oscar.

△ ***APOCALYPSE NOW***
Francis Ford Coppola trasladó *El corazón de las tinieblas* a la jungla vietnamita, analizando con dureza la acción militar estadounidense en la guerra de Vietnam y examinando la oscuridad presente en los recovecos del alma humana.

OBRAS CLAVE

1895
La locura de Almayer, su primera novela, trata de la soledad y desilusión de un comerciante en Borneo.

1899
El corazón de las tinieblas se publica por primera vez por entregas en *el Blackwood's Magazine*.

1900
Lord Jim, historia de un hombre deshonrado por abandonar un barco en el mar, muestra su método narrativo indirecto.

1904
Nostromo trata de la influencia corruptora del capitalismo sobre la política y la moral de la gente.

1907
El agente secreto, ambientada en el Londres eduardiano, sugiere la hostilidad del autor hacia las políticas revolucionarias.

1915
Victoria es un drama psicológico pesimista ambientado en las islas de Indonesia.

Rudyard Kipling

1865-1936, INGLÉS

Kipling fue un poeta prolífico, escritor de cuentos y novelas. La diversidad de temas tratados y el estilo popular le dieron fama internacional. Fue el primer escritor británico en recibir el Premio Nobel de Literatura.

Rudyard Kipling nació en una familia de artistas en Bombay (ahora Mumbai), India. Su padre era profesor de escultura en la escuela de arte local; su madre era la cuñada del artista prerrafaelista Edward Burne-Jones. Sus padres se conocieron en Rudyard Lake, Staffordshire, origen del nombre de su hijo.

Kipling vivió en la India hasta los seis años, cuando fue enviado a Inglaterra. Al principio vivió con una familia de Southsea, una horrible experiencia descrita en el cuento «Bee Bee ovejita negra». Se marchó a Westward Ho!, Devon, donde su interés por la literatura creció y se convirtió en colaborador de la revista de la escuela.

Cuentos de la India

En 1882, Kipling regresó a la India, y trabajó de periodista en la *Civil and Military Gazette* de Lahore. Le daba la oportunidad de incluir, junto a los habituales reportajes y chismorreos, sus propios cuentos y poemas. Estos cubrían una gran variedad de temas, reflejando la insaciable curiosidad de Kipling por todos los aspectos de la vida India. Luego fueron publicados en varias colecciones: *Cantinelas departamentales* (1886), que satirizaba sobre los burócratas ingleses; *Cuentos de las colinas* (1888), que se inspiraba en la alta sociedad de Simla (ahora Shimla); mientras que *Eran tres soldados* (1888) trataba uno de sus temas favoritos: la vida cotidiana de los soldados británicos.

Estos libros fueron muy populares, no solo en la India, sino también en Gran Bretaña y en Estados Unidos. Cuando llegó a Londres, en 1889, Kipling ya era bien conocido por los lectores. Consolidó su fama con *Baladas de los barracones*, que se empezaron a publicar en 1890. Estos versos en apariencia sencillos fueron escritos en la lengua vernácula del soldado común y recogían los ritmos de las salas de fiestas de la época. Utilizó formas tradicionales, como monólogos victorianos, canciones de las calles y baladas, para transmitir emociones de la manera más simple posible.

En la mejor de sus novelas, *Kim*, de 1901, continuó recurriendo a sus experiencias indias. Sin embargo, en 1892, se casó con una mujer estadounidense, Caroline («Carrie») Balestier, y se fue a vivir a Vermont. Empezó a escribir cuentos infantiles, más concretamente los dos volúmenes de *El libro de la selva* (1894 y 1895). La familia luego regresó a Inglaterra y se estableció en Sussex, pero continuó visitando Estados Unidos hasta 1899, cuando su hija Josephine murió en una de las visitas. Este hecho le inspiró el relato más triste, «Ellos», sobre un padre de luto por la muerte de su hijo.

Esta no fue la única tragedia familiar. En 1915, su único hijo murió en la batalla de Loos, después de que Kipling hubiera ejercido su influencia para que pudiera alistarse. La actitud patriótica de Kipling hacia la guerra y el dominio colonial en años posteriores (que algunos llamarían patrioterismo) empañó su reputación, aunque, en aquella época, sus opiniones estaban muy extendidas.

◁ **CASA DE BATEMAN, SUSSEX**
Kipling, su esposa y sus hijos vivieron en esta casa de Bateman, East Sussex, desde 1902 hasta la muerte del escritor en 1936.

FORMA
Libros para niños

La fama de Kipling ha fluctuado con los años, pero sus libros para niños siempre han sido populares. Habían sido inventados como cuentos para dormir de sus propios hijos. Confiaba en el efecto surgido de dar cualidades antropomorfas a los animales. *Cuentos de así fue* (llamados así porque la hija de Kipling insistió en que se contaran tal y como a ella le gustaba), publicados en 1902, se centraba en los orígenes de varios rasgos animales («Cómo el camello consiguió su joroba», «Cómo el leopardo obtuvo sus manchas»). Las ingeniosas ilustraciones, dibujadas por el propio Kipling, son especialmente encantadoras. Los dos *Libros de la selva*, que describen cómo un niño fue criado por un grupo de lobos, nunca han perdido su atractivo. Inspiraron, entre otros, los famosos cuentos de Tarzán de Edgar Rice Burroughs.

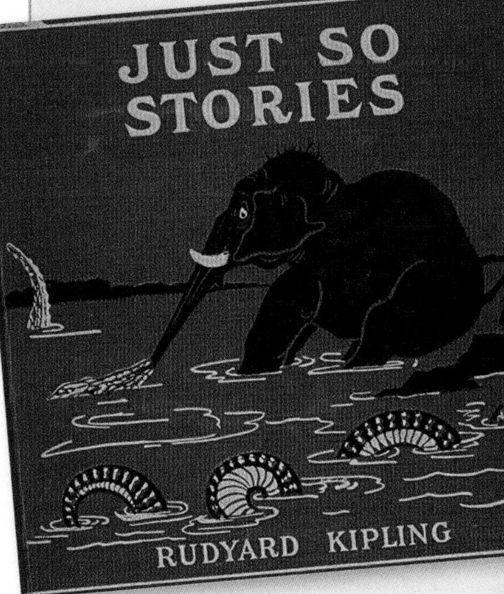

PORTADA DE LA PRIMERA EDICIÓN DE *CUENTOS DE ASÍ FUE*, 1902

▷ ***RUDYARD KIPLING*, 1899**
Este retrato, realizado por su primo, Philip Burne-Jones, muestra a Kipling en su escritorio, reflexionando. La obra más famosa del pintor, *El Vampiro*, inspiró el poema de Kipling del mismo nombre.

Antón Chéjov

1860-1904, RUSO

En su juventud, Chéjov escribió muchos cuentos cortos humorísticos y divertidos, llenos de ideas frescas. Posteriormente, creó sutiles obras de teatro que revolucionaron este género literario.

La carrera de Antón Chéjov coincidió con la edad de oro de la literatura rusa. Mientras muchos de los principales escritores de la época procedían de la nobleza (Tolstói era conde y Gógol y Turguénev tenían ascendencia aristocrática), Chéjov creció en extrema pobreza. Nació en Taganrog, un puerto del sur de Rusia, en el seno de una familia con seis hijos. Su abuelo había sido siervo y su padre, tendero.

Sin lugar a dudas, Taganrog era una ciudad provinciana, pero tenía ópera, teatro y una buena escuela, a la que asistió Chéjov. Sin embargo, su mundo quedó trastocado cuando solo tenía 16 años. Su padre quebró y huyó a Moscú con su familia, dejando a Chéjov para que se valiera por sí mismo. El chico mostró la fuerza de carácter que más tarde le traería el éxito, terminó la enseñanza y, en tres años, se unió a su familia en Moscú y estudió medicina.

Además, para ayudar a mantener a su familia, empezó a escribir obras cómicas y cuentos para pequeñas revistas semanales. Estas tenían unos límites de palabras muy estrictos y pronto adaptó el estilo. Captaba la esencia del personaje en breves descripciones o en un par de líneas de diálogo, y aprendió a jugar con los sobreentendidos, y a poner a prueba a sus lectores para leer entre líneas.

En los siguientes años, Chéjov escribió cientos de cuentos sobre la vida de Rusia para su publicación. Le sirvió para ir puliendo la técnica y convertirse en el principal sostén de la familia. Así, pudieron abandonar su sombrío alojamiento del distrito rojo.

Médico y escritor

En 1884, Chéjov terminó sus estudios de medicina; sobresalió en psiquiatría y diagnosis, habilidades analíticas que también explotó en sus escritos. Mientras empezaba en la nueva profesión, siguió escribiendo cuentos cortos y no tuvo problemas en combinar las dos actividades. Se referiría a la medicina

◁ ***ANTÓN PAVLOVICH CHÉJOV*, 1898**
Al escritor no le gustó este melancólico retrato de Osip Braz y se negó a firmar copias impresas.

△ **REVISTA *EL DESPERTADOR***
Chéjov contribuyó con centenares de cuentos a revistas satíricas semanales como *El despertador*, sobre todo para ganar dinero. Sin embargo, más tarde, los llegó a calificar de «excrementos literarios».

CONTEXTO
Servidumbre en Rusia

La servidumbre fue la forma de feudalismo que prevalecía en Rusia desde el siglo XVI. En el siglo XIX, aproximadamente el 50 % de los 40 millones de campesinos rusos eran siervos, es decir, propiedad de nobles terratenientes, el zar o la Iglesia. En 1861, el zar Alejandro II dio el trascendental paso de abolir la servidumbre para modernizar el país. Esta reforma tuvo importantes consecuencias a largo plazo, como la decadencia de la nobleza terrateniente, al incrementar drásticamente los costes laborales, y el auge de una burguesía adinerada. Estos cambios se vieron reflejados en las obras de Chéjov y en particular en *El jardín de los cerezos*, en muchos sentidos, una elegía a una clase moribunda.

PROPIETARIO Y SUS SIERVOS, KONSTANTÍN ALEXANDROVICH TRUTOVSKY, 1853

« Lo más **importante**: vigilar, **observar**, **trabajar**, **reescribir todo** cinco veces, **condensar**... »

ANTÓN CHÉJOV, CARTA A SU HERMANO ALEXANDER

△ **ESCRITORIO DE CHÉJOV**
Chéjov vivió en su finca de Melikhovo durante más de seis años. Compartía su casa con sus padres y su hermana, que actuaba de ama de llaves. Allí escribió sobre la vida rural.

▽ **TEATRO DE ARTE DE MOSCÚ, 1899**
Chéjov aparece leyendo su obra *La gaviota* a los actores del Teatro de Arte de Moscú. El escritor se encuentra en el centro del grupo, libro en mano; a la izquierda, el director y actor Konstantín Stanislavski y, junto a él, de pie, Olga Knipper, futura esposa de Chéjov.

como su «esposa legítima» y a la literatura como su «amante». Sus conocimientos médicos incluso le sirvieron de inspiración para varios cuentos, que se basaban en la evolución de una enfermedad. «El pabellón número 6» y «Una historia aburrida» son dos de los ejemplos más famosos y sombríos.

Relatos más profundos

Por entonces, Chéjov dejó de escribir en baratas revistas semanales para dirigirse al público más sofisticado de las revistas mensuales. Estaba mejor remunerado y, más importante, le daban más espacio para escribir obras de mayor complejidad y extensión. Una figura clave en su evolución fue Alekséi Suvorin, un magnate de la prensa de San Petersburgo, que le pagaba tres veces más que los editores de Moscú. Así, pudo disfrutar de una vida más cómoda y escribir a un ritmo menos frenético.

En sus narraciones más largas, Chéjov dio una mayor profundidad psicológica a los personajes y empezó a subvertir las tradiciones del género: las tramas no se resolvían con claridad y los amantes no terminaban juntos en un final feliz. En su lugar, las confusiones y la mala comunicación complicaban las relaciones. Esta atmósfera de incertidumbre resurgió en sus obras de teatro posteriores.

Publicó dos colecciones de cuentos, *Relatos de Motley* (1886) y *Al anochecer* (1887), muy bien recibidos. Con este último ganó el Premio Pushkin de literatura en 1888. Sin embargo, la alegría de Chéjov se vio empañada por la muerte de su hermano Nikolái de tuberculosis en junio de 1889. Su defunción le recordó al escritor que padecía la misma enfermedad y su salud empeoraba.

Viajes al este

Con la moral baja, Chéjov tomó una de las decisiones más extrañas de su vida: emprendió un viaje de unos 6500 km a través de Rusia para interesarse por las condiciones de vida en la colonia penitenciaria de Sajalín, una isla entre Siberia y Japón. El viaje pudo haberle matado, pero regresó sano y salvo y escribió sobre las experiencias vividas en *La isla de Sajalín* (1893).

En 1892, compró un terreno en Melikhovo, al sur de Moscú, donde construyó una pequeña casa donde escribió algunas de sus mejores obras, junto al primer borrador de *La gaviota*. Chéjov había escrito teatro antes, pero *Ivanov* (1887) y *El demonio del bosque* (1889), sus primeras piezas, fracasaron. De todos modos, persistió porque el teatro podía ser rentable. Los autores llegaban a recibir el 10 % de la recaudación. Chéjov sabía que incluso un éxito modesto en el teatro le haría ganar mucho más que cualquiera de sus cuentos.

Al principio, parecía que *La Gaviota* iba a ir por el mismo camino de sus anteriores obras. La primera vez que se produjo, en 1896, había sido mal ensayada y el público, con escasa empatía, respondió abucheando. Chéjov se fue antes del final y juró no volver a escribir teatro. Además, su salud se agravaba. Obedeció a los médicos y se marchó de su amado Melikhovo al clima más templado de Yalta, en Crimea.

En su ausencia, *La gaviota* fue interpretada por una nueva compañía, el Teatro de Arte de Moscú, y su director Konstantín Stanislavski (ver recuadro, derecha) interpretó el papel de Trigorin. Esta vez, la obra triunfó y el talento de Chéjov como dramaturgo fue reconocido de inmediato. El autor, a su vez, estableció una estrecha colaboración con el Teatro de Arte de Moscú, que representó las producciones definitorias de las cuatro obras maestras de Chéjov: *La gaviota, Tío Vania, Tres hermanas* y *El jardín de los cerezos*. Incluso se casó con la actriz principal de la compañía, Olga Knipper.

Revolución teatral

Stanislavski se volvió habilidoso al representar las innovadoras obras de Chéjov ante el público. En ellas, el escritor abandonaba la teatralidad del drama ruso y ponía más énfasis en el estado de ánimo que en la acción. Así, las obras no giraban en torno a unos protagonistas, sino que se centraban más en la actuación de conjunto. No crecían hasta llegar a un clímax. Chéjov a menudo prefería desinflar la tensión de las escenas y permitir que la obra se distanciase para introducirse en un anticlímax. «La empecé con un *forte*» y «la terminé *pianissimo*, contradiciendo todas las leyes del teatro», declaró con orgullo sobre una de sus obras.

Algunos críticos se quejaban de que en sus obras, en realidad, no sucedía nada. Sin embargo, en lugar de la acción dramática, Chéjov prefería retratar la vida interior de sus personajes. Recuerdan el pasado; reflexionan sobre sus faltas en el presente; y sueñan también con un futuro mejor.

Stanislavski y Chéjov no siempre coincidían. Se enfrentaron, sobre todo, por *El jardín de los cerezos*. El autor insistía en que se trataba de una comedia, mientras que la mezcla de humor y drama que tenía la puesta en escena de Stanislavski la convertía en una tragedia. Por desgracia, sería la última obra de Chéjov. El autor murió de tuberculosis el mismo año en que se estrenó.

> PROGRAMA DE *TÍO VANIA*
La obra, reelaboración de *El demonio del bosque*, se estrenó en 1899 el Teatro de Arte de Moscú.

OBRAS CLAVE

1895
Escribe *La gaviota*, su primera obra importante, en su casa de Melikhovo. Su estreno es desastroso.

1898
Escribe *Tío Vania* al reducir y reelaborar su anterior obra *El demonio del bosque*.

1899
Se publica el cuento «La dama del cachorro». Describe la relación entre dos personas atrapadas en un matrimonio sin amor.

1901
La compañía de Teatro de Arte de Moscú estrena *Tres hermanas*. Escribe el papel de Masha para su futura mujer, Olga Knipper.

1904
En enero se estrena *El jardín de los cerezos*, la última obra del autor, pocos meses antes de su muerte. Tiene un gran éxito.

△ CAMPO DE TRABAJO, SAJALÍN
En su relato sobre la vida de los presos de la isla de Sajalín, Chéjov describió con minuciosidad las terribles condiciones en que vivían. Sigue siendo una profunda y conmovedora obra del periodismo de investigación.

SEMBLANZA
Konstantín Stanislavski

Stanislavski revolucionó las técnicas escénicas modernas con su célebre «Método». Implicaba enseñar a los actores a que aprendieran el arte de «experimentar» un papel, en lugar de simplemente representarlo. Se les animaba a buscar la motivación del personaje, para transmitir su estado de ánimo emocional y psicológico, así como su comportamiento subconsciente. Stanislavski, que también era actor, puso sus ideas en práctica en su propia compañía teatral, el Teatro de Arte de Moscú. Su primer gran logro fue la histórica producción de *La gaviota* en 1898. Tuvo un gran éxito, y sacó a la luz todas las sutilezas del texto de Chéjov.

***STANISLAVSKI*, NIKOLÁI ANDREEV, 1921**

« ¡**Escribe** todo lo que puedas! ¡**Escribe, escribe, escribe** hasta que se te **lastimen los dedos**! »

ANTÓN CHÉJOV, CARTA A MARIA KISELIOVA

▷ **TAGORE, 1925**
Hombre de aspecto característico, Tagore fue un verdadero polifacético: músico y artista consumado, filósofo ecléctico y apasionado activista político. Por encima de todo, abogó por el universalismo y la libertad cultural.

Rabindranath Tagore

1861-1941, INDIO

Tagore reformó la literatura bengalí introduciendo el lirismo y el naturalismo occidentales en la espiritualidad y la naturaleza del pueblo indio. El pacifismo y el humanismo le valieron muchos seguidores.

« Deja tu **vida bailar** suavemente en los **bordes del Tiempo** como el **rocío** en la **punta de una hoja.** »

RABINDRANATH TAGORE, «EL JARDINERO»

El 7 de agosto de 1941, el cuerpo de Rabindranath Tagore es llevado de Calcuta al Ganges. A medida que avanzaba, la gente le arrancaba el cabello de la cabeza y, antes de que el cuerpo hubiera sido completamente incinerado, la multitud comenzó a recoger los restos en busca de huesos y otras reliquias. Fue un final macabro para un hombre venerado como «alma» poética de la India, pero también un testimonio del notable poder de su fama.

Nacido unos 80 años antes, Tagore pertenecía a una de las familias más ricas de Calcuta, a la vanguardia del renacimiento cultural bengalí. Tagore escribió su primera poesía a los ocho años, y a los 16, una colección de poemas que fueron aceptados como las obras perdidas de un poeta hindú del siglo XVII.

Influencia inglesa

En 1878, Tagore fue enviado a la escuela en Inglaterra y luego estudió derecho en el University College de Londres. Mientras estuvo allí, profundizó sus conocimientos de literatura europea y también escuchó música y canciones populares cuyo estilo incorporaría más tarde a las 2000 canciones de su propio género musical, *Rabindra Sangeet*.

Tagore regresó a la India decidido a fusionar literatura europea y cultura india. Casado con una niña de diez años, 12 años más joven que él, se trasladó a Bengala en 1891 para administrar las propiedades de su familia. Allí conoció a los aldeanos locales, cuyas humildes vidas le conmovieron y que plasmó, con suave ironía, en cuentos de estilo occidental. También abrió una escuela que intentaba mezclar las tradiciones india y occidental.

De este a oeste

Cuando su esposa y dos de sus hijos murieron en 1902, Tagore vertió su dolor en un poemario, *Gitanjali,* que apareció en bengalí en 1910. Con la esperanza de conseguir un editor inglés, Tagore se llevó el manuscrito a Inglaterra, pero se lo dejó en el metro de Londres. Por suerte, fue encontrado y publicado en 1912, en la propia versión libre del autor. La obra, que transmite la paz del alma en armonía con la naturaleza, tocó la fibra sensible de muchos lectores de Europa, un continente al borde de una sangrienta guerra. Tagore obtuvo el Premio Nobel de Literatura que le dio fama mundial. Místico, con aspecto de sabio y exótico, parecía encarnar lo que Occidente quería que fuera Oriente, y en 1915, le fue otorgado el título de caballero. Sin embargo, su decisión de devolver la distinción en protesta por la masacre de Amritsar en 1919 mostró que, pese a su admiración por la cultura británica, su lealtad estaba del lado de la India.

A partir de la década de 1920, Tagore puso su atención en las condiciones difíciles de la India, no solo haciendo campaña contra el sistema de castas y de los intocables, sino también escribiendo sobre la pobreza en Calcuta. Entró en el movimiento nacionalista y trabó amistad con Gandhi, pero defendió su identidad bengalí. En 1937, Tagore cayó en coma. Aunque se recuperó, fue el principio del fin y murió cuatro años después.

FORMA

Canciones de Tagore

Aunque más conocido por su poesía, Tagore escribió novelas, teatro, cuentos cortos y miles de canciones que trasladaba a la música, influida por canciones religiosas clásicas y formas populares tradicionales. Tagore creó un canon musical único e innovador, que pronto se integró profundamente en la cultura popular, tanto que sus canciones fueron adoptadas como himnos nacionales de Bangladesh y la India.

ACTUACIÓN EN UN MUSICAL BASADO EN UN GUION DE TAGORE

◁ **JORASANKO THAKUR BARI**
Esta gran casa de Calcuta es el hogar ancestral de la familia Tagore. En ella nació, creció y murió Rabindranath Tagore. Ahora es un museo dedicado a los logros de la familia.

Directorio

Harriet Beecher Stowe

1811-1896, ESTADOUNIDENSE

Harriet Beecher Stowe nació en Connecticut, hija de un pastor calvinista. A los 21 años, siguió a su padre a Cincinnati, Ohio, donde se casó con el especialista en la Biblia Calvin Ellis Stowe. La pareja se involucró en el movimiento abolicionista, y ayudó a los esclavos fugitivos a escapar del Sur. Vivían en Brunswick, Maine, cuando Harriet escribió la novela *La cabaña del tío Tom*. Estructurada hábilmente para captar las emociones del lector blanco, el libro vendió más de 300 000 ejemplares en menos de un año y se le atribuye el cambio de opinión a favor de la causa abolicionista. *La cabaña del tío Tom* se enfrentó a duras críticas por presentar a los afroamericanos como víctimas pasivas, pero su siguiente novela, *Dred*, retrata la resistencia de los negros frente a la esclavitud. Stowe hizo campaña por los derechos de las mujeres y escribió novelas sobre la sociedad de Nueva Inglaterra.

OBRAS CLAVE: *La cabaña del tío Tom*, 1851-52; *Dred: Una historia del Gran Triste Pantano*, 1856; *El cortejo del ministro*, 1859; *Cuentos de la vieja ciudad*, 1869

Henry David Thoreau

1817-1862, ESTADOUNIDENSE

Ensayista y poeta, a Thoreau se le considera precursor del ecologismo moderno y del anarquismo. Nacido en Concord, Massachusetts, su vecino Ralph Waldo Emerson le animó a escribir, y su trabajo se publicó en la revista del Trascendentalismo *The Dial*. En 1845, Thoreau se embarcó en un experimento de dos años y se fue a vivir a una cabaña junto al lago Walden, cerca de Concord. *Walden*, su obra más celebrada, es una expresión, en prosa aforística, de su amor por la naturaleza y el individualismo radical.

En protesta por la política del gobierno estadounidense, Thoreau se negó a pagar impuestos y fue encarcelado brevemente, experiencia que inspiró el influyente ensayo «Desobediencia civil». Su reputación se vio reforzada con la publicación póstuma de sus abundantes diarios y notas sobre la naturaleza. La popularidad de sus escritos ha ido en aumento.

OBRAS CLAVE: *Una semana en los ríos Concord y Merrimack*, 1849; «Desobediencia civil», 1849; *Walden o La vida en el bosque*, 1854

Iván Turguénev

1818-1883, RUSO

Turguénev, novelista, autor de cuentos y dramaturgo, nació en el seno de una familia de terratenientes rusos. Se rebeló contra el sistema social zarista y contra la brutalidad de una madre dominante. Defensor de la reforma liberal, su primer libro de relatos cortos, *Memorias de un cazador* (1852), le valió un breve arresto domiciliario por criticar el sistema de servidumbre.

En la novela de 1862 *Padres e hijos*, con un memorable retrato del joven Bazarov, mostró su desesperación ante la incapacidad de Rusia para cambiar. Decepcionado por el poco éxito de este libro y persiguiendo un amor frustrado pero fiel por la cantante francesa Pauline Viardot, abandonó Rusia para siempre y se estableció en Francia. Las novelas de oscura psicología *Primer amor* y *Aguas primaverales* tuvieron un gran éxito de público. Murió en París.

OBRAS CLAVE: *Primer amor*, 1860; *Padres e hijos*, 1862; *Humo*, 1867; *Aguas primaverales*, 1872

△ ***THEODOR FONTANE*, CARL BREITBACH, 1883**

△ Theodor Fontane

1819-1898, ALEMÁN

Fontane, principal exponente del realismo alemán del siglo XIX, publicó su primera novela a los 58 años. Nacido en Neuruppin, Brandeburgo, hijo de un boticario, siguió la profesión de su padre antes de decidirse por el periodismo.

Corresponsal de guerra, publicó libros de viajes y de temática militar. Su primera obra de ficción fue *Antes de la tormenta*, aparecida en 1878, ambientada en la era napoleónica. Le siguieron varias novelas que reflejaban la gran experiencia de Fontane sobre la sociedad alemana contemporánea, diseccionando su obsesión por el estatus y la respetabilidad con una prosa fría e irónica. Fue especialmente sensible con la situación de las mujeres, cuyos deseos y aspiraciones entraban en conflicto con las convenciones sociales. El trabajo culminante de su carrera, *Effi Briest*, relata el trágico destino de una mujer corriente (cuya vida se basa vagamente en la de la propia abuela de Fontane), que es destruida por el descubrimiento de su pasado adúltero.

OBRAS CLAVE: *Antes de la tormenta*, 1878; *La adúltera*, 1882; *La señora Jenny Treibel*, 1893; *Effi Briest*, 1895

Julio Verne

1828-1905, FRANCÉS

El inventor de lo que se llamó «la novela científica», Julio Verne fue un escritor prolífico con una influencia cultural perdurable. Nacido en Nantes, hijo de un abogado, estudió leyes en París y trabajó como corredor de bolsa, pero nunca dudó de su vocación de escritor. Su primer éxito le vino con la publicación de *Cinco semanas en globo* por Pierre-Jules Hetzel en 1863. Este se convirtió en el editor de todos sus libros, que agrupó en la serie llamada «Viajes extraordinarios».

Su objetivo era presentar el conocimiento geográfico y científico de la época en forma de novelas de aventuras, combinando así dos dominios aparentemente incompatibles: la ciencia y la fantasía. La fórmula le resultó enormemente exitosa, hasta el punto de que llegaron a aparecer 54 novelas en esta serie.

Las obras de Verne se basaban en investigaciones escrupulosas: sus «inventos», como el cohete espacial y el submarino, eran proyecciones lógicas de la tecnología de vanguardia del siglo XIX. La inmensa popularidad de estas novelas a veces ha hecho que se subestimara su valor literario, pero en la actualidad gozan de buena aceptación crítica.

OBRAS CLAVE: *Viaje al centro de la Tierra*, 1864; *De la Tierra a la Luna*, 1865; *20 000 leguas de viaje submarino*, 1870; *La vuelta al mundo en ochenta días*, 1873

Christina Rossetti

1830-1894, INGLESA

La poeta victoriana Christina Rossetti era hija de un político italiano exiliado en Londres. Uno de sus hermanos fue el pintor y poeta prerrafaelista Dante Gabriel Rossetti. Su buen carácter se vio empañado por una enfermedad persistente y la influencia del catolicismo inglés que predicaba la pecaminosidad del placer y el deber de renuncia.

La publicación de *El mercado de los duendes y otros poemas* en 1862 le valió el reconocimiento como gran poeta. El poema del título, un cuento fantástico de amor fraternal y frutos prohibidos, es una de sus obras más famosas. Recibió tres propuestas de matrimonio, pero siguió soltera. Una límpida lírica de dolor, pérdida y resignación expresan su convicción de la superioridad de lo divino sobre el amor terrenal. El soneto *Monna Innominata* (1881), con sus referencias bíblicas, es un himno al deseo no satisfecho. Rossetti también abordó temas controvertidos como el del destino de las «mujeres caídas». En sus últimos trabajos se dedicó a la escritura religiosa.

OBRAS CLAVE: *El mercado de los duendes y otros poemas*, 1862; *El viaje del príncipe y otros poemas*, 1866; *A Pageant and Other Poems*, 1881; *Verses*, 1893

Lewis Carroll

1832-1898, INGLÉS

Bajo el seudónimo de Lewis Carroll, Charles Lutwidge Dodgson produjo algunos de los escritos más imaginativos del idioma inglés. Hijo de un clérigo, fue un brillante matemático que escribió poemas e historias para divertirse. Pasó gran parte de su vida como académico en el Christ Church College, Oxford. Su obra más famosa, *Alicia en el país de las maravillas*, la inventó para entretener a Alicia Liddell, la joven hija del decano.

Publicado en 1865 con ilustraciones de sir John Tenniel, *Alicia* tuvo un éxito inmediato. La secuela, *Alicia a través del espejo*, nunca alcanzó la misma popularidad, quizá porque evidenciaba la preocupación de Dodgson por los rompecabezas y los enigmas matemáticos. Ambos libros incluyen versos sin sentido y parodias de autores bien conocidos; algunos, como *La caza del Snark*, tienen un significado oscuro. Carroll también fue un fotógrafo consumado, pero sus imágenes de niños han llevado a especulaciones no concluyentes sobre sus tendencias sexuales.

OBRAS CLAVE: *Alicia en el país de las maravillas*, 1865; *A través del espejo*, 1871; *La caza del Snark*, 1876

▷ Stéphane Mallarmé

1842-1898, FRANCÉS

El poeta simbolista Stéphane Mallarmé, perteneciente a la clase media parisina, se casó a los 21 años y trabajó 30 años como maestro de escuela. Pese a esta convencional vida, siguió los pasos artísticos radicales, convencido de que solo un poeta podía salvar el mundo de la inutilidad y que «todo en el mundo existe para terminar en un libro».

Influido por Baudelaire y Poe, Mallarmé desarrolló un estilo poético enigmático, comprimido y de compleja sintaxis, y utilizó imágenes oscuras para expresar la búsqueda fallida de un ideal siempre difícil de alcanzar. Dio rigor a la decadencia de fin de siglo y su Salón de los martes se convirtió en el centro de la vida intelectual de París. Aunque se publicaron más tarde, gran parte de sus poemas más famosos fueron escritos en la década de 1860, incluido «La siesta de un fauno», un monólogo onírico que relata las experiencias sensuales de un fauno. Un estallido tardío de creatividad culminó en el trascendental poema en prosa «Una tirada de dados jamás abolirá el azar», en que utilizó la tipografía y la yuxtaposición de palabras para explorar los vínculos entre forma y contenido.

OBRAS CLAVE: «La siesta de un fauno», 1876; *Poemas*, 1887; «Hérodiade», 1896; «Una tirada de dados jamás abolirá el azar», 1897

△ **STÉPHANE MALLARMÉ, FOTOGRAFIADO POR NADAR, 1896**

Benito Pérez Galdós

1843-1920, ESPAÑOL

Pérez Galdós, el novelista realista más famoso de España, nació en Canarias y se convirtió en periodista en Madrid. Tras el éxito de su primera novela, *La Fontana de Oro* (1870), inició una carrera asombrosamente prolífica como escritor de ficción. De 1873 a 1912, escribió una serie de 46 novelas históricas conocidas como *Episodios Nacionales*, que narran la historia de España en el siglo XIX. Este esfuerzo se superpuso a una serie de 22 novelas centradas en la vida de la España de su época, que se inspiraron en *La comedia humana* de Balzac. La serie incluía *Fortunata y Jacinta*, considerada su obra maestra.

Galdós también escribió teatro; su obra anticlerical *Electra* (1901) provocó una amarga controversia. Ingresó en el Parlamento español en 1907, pero su carrera política fue breve e ineficaz.

OBRAS CLAVE: *La Fontana de Oro*, 1870; *Fortunata y Jacinta*, 1886-87; *Tristana*, 1892; *Nazarín*, 1895

Paul Verlaine

1844-1896, FRANCÉS

Tan famoso por su vida disoluta como por su lírica, Verlaine publicó su primer poemario, *Poemas saturnianos*, en 1866, pero encontró su verdadera voz con las tristes y dulces *Fiestas galantes* y *Romanzas sin palabras*. Usando versos cortos (a menudo con un número impar de sílabas), introdujo una nueva nota en el verso francés: evocador, musical y lastimero. El frescor metódico de su poesía no se reflejó en su vida privada.

Tras casarse con Mathilde Mauté, de 16 años, Verlaine la abandonó junto al bebé recién nacido para irse a vivir con el poeta Arthur Rimbaud. En 1873, la tormentosa relación entre los dos poetas culminó con Verlaine disparando a Rimbaud en la muñeca, lo que le valió dos años de cárcel. Los esfuerzos subsiguientes para recuperar la estabilidad, reflejados en el poemario *Sabiduría*, fracasaron después de la muerte de su amante Lucien Létinois en 1883. El declive de Verlaine por la adicción a la absenta corrió paralelo al auge de su fama.

OBRAS CLAVE: *Fiestas galantes*, 1869; *Romanzas sin palabras*, 1873-74; *Sabiduría*, 1880; *Antaño y hogaño*, 1884

Eça de Queirós

1845-1900, PORTUGUÉS

El novelista José Maria Eça de Queirós era el hijo ilegítimo de un magistrado. Como joven indignado por el atraso y las injusticias de la sociedad portuguesa, hizo campaña en favor de la reforma política. En 1872, Queirós ingresó en el servicio consular y desde entonces vivió en el extranjero, principalmente en Inglaterra y Francia.

Sus novelas, muy influidas por el «naturalista» francés Zola, presentan un retrato satírico de los vicios e hipocresías de las clases dominantes de Portugal. *El crimen del padre Amaro*, su obra más popular, relata el tórrido romance entre un sacerdote y una de sus feligresas en una ciudad de provincias. *El primo Basilio* trata de una mujer adúltera explotada por su amante y chantajeada por su doncella. *Los Maia*, una saga familiar situada en Lisboa, utiliza el incesto como símbolo de la decadencia de la aristocracia portuguesa. Eça de Queirós murió en París, habiendo abandonado hacía mucho tiempo las aspiraciones de reformar su tierra natal.

OBRAS CLAVE: *El crimen del padre Amaro*, 1875; *Los Maia*, 1888; *La ilustre casa de Ramires*, 1900

▷ Henryk Sienkiewicz

1846-1916, POLACO

Autor de galardonadas novelas históricas, Henryk Sienkiewicz nació en la provincia de Lublin, al este de Polonia, en una empobrecida familia de terratenientes. En el momento de su nacimiento, Polonia era poco más que un Estado títere del Imperio ruso, por el cual fue formalmente absorbida en 1867. Sienkiewicz publicó sus primeras novelas y cuentos cortos en la década de 1870 y también ejerció como periodista y escritor de viajes.

Su serie de novelas históricas conocida como *Trilogía* (*A sangre y fuego*, *El diluvio* y *El señor Wolodyjowski*) alcanzó un gran éxito en Polonia. Ambientadas en el siglo XVII, las novelas alentaron el patriotismo polaco sin molestar demasiado a los censores rusos. Alcanzó fama internacional con la epopeya *Quo Vadis?* Situada en la época del emperador Nerón, retrata el triunfo de la espiritualidad cristiana sobre el materialismo romano.

Galardonado con el Premio Nobel de Literatura en 1905, Sienkiewicz utilizó su prestigio para pedir una mayor autonomía para su país, aunque fue un moderado que rechazó la rebelión absoluta. Murió en Suiza durante la Primera Guerra Mundial.

OBRAS CLAVE: *Trilogía*, 1884, 1886, 1888; *Quo Vadis?*, 1895; *Sin dogma*, 1899; *Los cruzados*, 1900

△ *HENRYK SIENKIEWICZ*, KAZIMIERZ POCHWALSKI, 1890

Joris-Karl Huysmans

1848-1907, FRANCÉS

Escritor cuyo trabajo definió el Decadentismo francés, Huysmans era hijo de padre holandés, aunque nació y murió en París. Se embarcó en una carrera literaria bajo la influencia del naturalismo de Zola, que dio forma a sus primeras novelas, como *Las hermanas Vatard*.

Su novela *Aguas abajo*, publicada en 1882, detalla de forma divertida las pequeñas frustraciones de la vida de un soltero parisino. Huysmans desplegó su idiosincrasia en *A contrapelo* (1884). Con el antihéroe del libro, Des Esseintes, creó el prototipo del Decadentismo de fin de siglo.

Su estilo, repleto de neologismos y arcaísmos, era tan original como la temática. En novelas posteriores, protagonizadas por su *alter ego* Durtal, trazó su propia evolución espiritual desde una perversa curiosidad por el satanismo (en el espantoso y brillante *Allá abajo*) a la cautelosa conversión tardía al catolicismo.

OBRAS CLAVE: *Las hermanas Vatard*, 1879; *A contrapelo*, 1884; *Allá abajo*, 1891; *En camino*, 1895

Robert Louis Stevenson

1850-1894, ESCOCÉS

Escritor de relatos de aventuras, Stevenson es sobre todo conocido por su novela de misterio psicológico *El extraño caso del doctor Jekyll y el señor Hyde*. Era la oveja negra de una familia de constructores de faros, que había desafiado a su padre al convertirse en escritor en lugar de ingeniero.

Viajero audaz, sus primeras obras publicadas eran relatos de sus viajes, como *Viajes con una burra a las Cévennes* (1879). En 1880, se casó con la divorciada Fanny Vandegrift Osbourne, que le acompañó en sus andanzas. Se hizo famoso con las novelas *La isla del tesoro* y *Secuestrado*, escritas para jóvenes, pero también muy leídas por adultos, y *El extraño caso del doctor Jekyll y el señor Hyde*. Publicó también poemas para niños que se convirtieron en clásicos victorianos. Fue una persona siempre enfermiza y para mejorar la salud se estableció en Samoa en 1890, donde murió a los 44 años.

OBRAS CLAVE: *La isla del tesoro*, 1883; *El extraño caso del doctor Jekyll y el señor Hyde*, 1886; *Secuestrado*, 1886; *El señor de Ballantrae*, 1889

Arthur Rimbaud

1854-1891, FRANCÉS

El poeta Rimbaud fue un adolescente rebelde que huyó repetidamente de su casa en el este de Francia. A los 15 años, escribió poemas que eran visionarios, tiernos, escatológicos y blasfemos, y defendió la necesidad del poeta de un «desorden de todos los sentidos» para convertirse en un «vidente». En 1871, comenzó una relación con el poeta Verlaine. Vivían en Londres cuando Rimbaud escribió *Iluminaciones*, un poemario de vívidos versos en prosa. Pronto se desilusionó y tuvo una violenta ruptura con Verlaine. En *Una temporada en el infierno* reconoce el fracaso de su proyecto de transformar la vida a través de la alquimia de las palabras. A los 21 años, dejó de escribir. Cuando su poesía atrajo la atención en la década de 1880, Rimbaud permaneció indiferente. Tras una vida errante, murió en un hospital de Marsella a los 37 años.

OBRAS CLAVE: «El barco ebrio», 1871; *Una temporada en el infierno*, 1873; *Iluminaciones*, 1886

△ SELMA LAGERLÖF, c.1939

△ Selma Lagerlöf

1858-1940, SUECA

Primera mujer en ganar el Premio Nobel de Literatura, Lagerlöf fue una novelista y escritora para niños. Criada en una finca en Värmland, al oeste de Suecia, solía escuchar las leyendas y los cuentos de hadas que contaba su abuela. Tras la reducción de la fortuna familiar y la venta del patrimonio, Lagerlöf trabajó como maestra. Su primera novela, *La saga de Gösta Berling*, que combina la observación de la vida rural sueca con la fantasía, se publicó tras ganar un concurso. El éxito de este libro le permitió dedicarse a tiempo completo a la escritura. Es sobre todo apreciada por su libro para niños *El maravilloso viaje de Nils Holgersson*, sobre un niño cruel que se transforma en un gnomo y viaja a lomos de un ganso salvaje y que en el camino aprende lecciones sobre la vida.

Lagerlöf, una ardiente defensora del sufragio femenino, estuvo involucrada emocionalmente con la escritora Sophie Elkan y la sufragista Valborg Olander. Cuando ganó el Premio Nobel en 1909, usó el dinero para recomprar la casa de su infancia en Värmland.

OBRAS CLAVE: *La saga de Gösta Berling*, 1891; *Jerusalén*, 1901-2; *El maravilloso viaje de Nils Holgersson*, 1906; *Charlotte Löwensköld*, 1925

INICIOS DEL SIGLO XX

CAPÍTULO 4

W. B. Yeats

1865-1939, IRLANDÉS

Conocido por su poesía lírica que ensalza la cultura irlandesa, Yeats también escribió teatro y sobre misticismo. En sus propias palabras, se convirtió en un «viejo disoluto con un amor a cada viento» y con miedo a envejecer.

Poco después del nacimiento de William Butler Yeats en Dublín en 1865, su familia se trasladó a Sligo, al noroeste de Irlanda, el hogar de su madre, Susan Mary Pollexfen, perteneciente a una familia de comerciantes. Dos años después, se mudaron a Londres, donde el padre, John, esperaba desarrollar su carrera como retratista. Yeats fue a la escuela en la ciudad, pero pasaba los veranos con sus abuelos en Sligo, desarrollando un estrecho vínculo con el «país del corazón». La familia regresó a Irlanda en 1880, y Yeats asistió a la escuela secundaria y luego a la de arte en Dublín.

Tuvo cierto éxito en 1885, cuando su poesía se publicó en la *Dublin University Review*. En el mismo año, tuvo una reunión con el nacionalista irlandés John O'Leary, que alentó al joven poeta a fundir su romanticismo con la historia, el folclore y el paisaje irlandeses. Tras regresar a Londres con su familia en 1886, se interesó por el ocultismo y se convirtió en miembro activo de la Orden Hermética de la Aurora Dorada, una sociedad que abogaba por la práctica de la magia para alcanzar la iluminación. Su fascinación por el misticismo se trasladaría a sus obras teatrales y poemas, incluyendo «La segunda venida» (1919) y «Navegando hacia Bizancio» (1928), una alegoría de un viaje espiritual.

Rechazo y amores

En Londres, Yeats cofundó el Rhymers Club para poetas, y conoció a Maud Gonne, una estridente y hermosa patriota irlandesa de la que se enamoró. Su pasión no correspondida por Gonne arrojaría una larga sombra sobre su vida y su trabajo. Su propuesta de matrimonio en 1899 fue rechazada, y ella se casó con el comandante John MacBride, un militar irlandés, que fue ejecutado por los británicos por haber participado en la rebelión nacionalista, e inspiró el poema de Yeats «Pascua, 1916», un trabajo de sentimientos encontrados por la muerte del oficial.

Tardó años en recuperarse de su doloroso apego a Maud, pero en 1917 se casó con Georgiana Hyde-Lees. Vivió con ella en Irlanda, y tuvieron dos hijos. Su esposa compartió su interés por el ocultismo y juntos practicaron la escritura automática (escribir dejando fluir los pensamientos sin coerción), produciendo más de 4000 palabras de esta manera.

Yeats siguió siendo un patriota, y en 1922 se convirtió en senador del Estado Libre de Irlanda. Al año siguiente ganó el Premio Nobel de Literatura en reconocimiento a su teatro. Sin embargo, completó la mayor parte de las obras por las que es recordado tras ganar el premio. Sus volúmenes *La torre* (1928) y *La escalera de caracol y otros poemas* (1933) son exploraciones conmovedoras de la vida, el arte y la naturaleza cíclica de la existencia. A los 69 años, Yeats fue operado para mejorar su libido (en realidad fue una vasectomía). Afirmó que el procedimiento fue un éxito, ya que había mejorado su creatividad y su energía sexual: un «fermento ha llegado a mi imaginación», dijo.

◁ **BEN BULBEN, SLIGO**
El amor de Yeats por su herencia irlandesa y su hogar en Sligo es evidente en gran parte de su poesía, como «Bajo Ben Bulben» (1933). Los últimos tres versos de este poema aparecen en el epitafio de su tumba en Sligo: «Echa un ojo frío / sobre la vida, sobre la muerte». / ¡Jinete, pasa de largo!».

ESTILO
Influencia teatral

Los primeros poemas de Yeats fueron influidos por los poetas Spenser y Shelley, pero su posterior implicación en la política y el teatro irlandeses (cofundó el Irish Literary Theatre en 1899, y se convirtió en su escritor permanente) lo alentó a escribir de manera más sencilla. Yeats priorizó la tradición en la poesía y defendió el principio de los Rhymers de que un poeta siempre debería insistir en trabajar «el ritmo y la cadencia, la forma y el estilo».

A lo largo de su carrera, reflejó en sus escritos energía y vitalidad, y, en contraste con el tono distante y seco de la poesía modernista anglosajona, celebró los sentimientos intensos.

PRIMERA EDICIÓN DEL POEMARIO DE YEATS *LA TORRE*, PUBLICADA EN 1938

▷ ***W. B. YEATS*, JOHN YEATS, 1900**
Esta imagen de W. B. Yeats fue pintada por su padre, un reconocido retratista, aunque carecía de visión para los negocios. Los hermanos de Yeats, Jack, Elizabeth y Susan Mary también fueron artistas.

J B Yeats
1900

▷ **PIRANDELLO, 1935**
Los dramas revolucionarios de Pirandello cambiaron el lenguaje del teatro y le dieron fama internacional. Aparece aquí en una foto tomada para *Vanity Fair,* revista de moda y cultura de Estados Unidos.

Luigi Pirandello

1867-1936, ITALIANO

Pirandello fue galardonado con el Premio Nobel de Literatura en 1934 por sus obras de gran originalidad, descritas como «farsas trágicas» . Escribió unas 50 obras de teatro, así como novelas y cuentos cortos.

CONTEXTO

Fascismo en Italia

Su declaración «Soy fascista porque soy italiano» ilustra su compleja relación con el gobierno de Mussolini. Por un lado, prosperó bajo el patrocinio del Duce y apoyó públicamente muchas de sus políticas. Por otro lado, sus escritos mostraron que era un libertario, contrario a cualquier forma de autoridad; su último trabajo, *Los gigantes de la montaña*, es considerado una crítica de la hostilidad de los fascistas hacia la cultura.

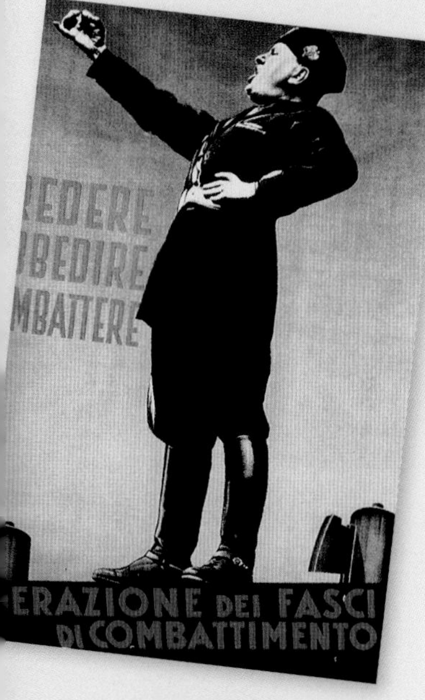

MUSSOLINI EN UN CARTEL FASCISTA

« La **vida** está llena de **extraños absurdos**, que, por extraño que parezca, ni siquiera tienen que **parecer plausibles**, ya que son **ciertos**. »

LUIGI PIRANDELLO, *SEIS PERSONAJES EN BUSCA DE AUTOR*

uigi Pirandello nació cerca de la ciudad iciliana de Girgenti (ahora Agrigento), onde su padre dirigía una empresa e mineral de azufre. Se esperaba que l niño se incorporara al negocio amiliar y lo enviaron a una escuela écnica, pero mostró poco interés en l comercio y pasó a estudiar umanidades cuando la familia se rasladó a Palermo, capital de Sicilia, n 1880. Antes de entrar en la Jniversidad de Palermo, trabajó un empo con su padre, con quien mantuvo una relación cada vez más tensa. En 1887, fue a estudiar a Roma y luego a Bonn, donde se doctoró en filología en 1891. Pirandello ya había publicado algún poemario, y tras establecerse en Roma en 1893, terminó su primera novela, *Marta Ajala*, que se serializó en un popular periódico romano. Luego, publicó una colección de novelas en estilo verista (realismo italiano), popular por entonces.

En 1894, por sugerencia de su familia, se casó con Antonietta Portulano, hija del socio comercial de su padre, y hacia el final del siglo la pareja tenía tres hijos. Pirandello era ya famoso como escritor, tenía un puesto de docente y había cofundado un semanario literario, *Ariel*. La cómoda vida de la familia se interrumpió en 1903, cuando las minas de azufre y la fortuna de los Pirandello quedaron destruidas por una inundación. Antonietta sufrió una grave crisis mental de la que nunca se recuperó, y su paranoia, cada vez más violenta, la llevó a un manicomio en el año 1919.

Un Pirandello desesperado se sumergió en el trabajo y siguió un período en el que escribió muchos de los más importantes ensayos, novelas y cuentos de su carrera, incluyendo el cuasi autobiográfico *El difunto Matías Pascal*, un estudio psicológico que le valió el reconocimiento internacional.

Teatro del absurdo

Pirandello es conocido sobre todo como dramaturgo. De 1918 a 1935 publicó sus dramas con el título colectivo *Máscaras desnudas*. Estas tragicomedias exploran el absurdo y la ironía de las contradicciones de la vida. Su primer gran éxito fue *Todo sea para bien* (1920). En 1921 en un intenso período de cinco semanas, terminó sus dos grandes obras maestras, *Enrique IV* y *Seis personajes en busca de autor*. Esta última utiliza una estructura innovadora: el «teatro dentro del teatro», en que los personajes se rebelan contra el autor, y descomponen la obra en fases trágicas y cómicas.

Durante un tiempo, Pirandello apoyó a los fascistas de Italia y Mussolini le nombró director del Teatro d'Arte de Roma, con el que realizó una gira a mediados de la década de 1920. Sin embargo, sorprendido por el filisteísmo y las políticas de Mussolini, rompió su carnet del Partido Fascista en 1927. Los problemas financieros del Teatro d'Arte le obligaron a cerrarlo en 1928, después de lo cual pasó la mayor parte de su vida viajando hasta su muerte en Roma en 1936.

△ **MINAS DE AZÚFRE, SICILIA**

La vida de Pirandello estuvo marcada por sus raíces sicilianas: los sucesos y chismes de la isla le proporcionaron material para gran parte de su trabajo. La quiebra del negocio minero familiar precipitó la crisis mental de su esposa. Temas como el de la locura son evidentes en su obra.

▷ **METATEATRO**

Esta escena pertenece a una producción francesa de *Seis personajes en busca de autor*. La vanguardista obra se estrenó en 1921 en el Teatro Valle de Roma, donde fue recibida con gritos de «manicomio» desde el patio de butacas.

Natsume Sōseki

1867-1916, JAPÓN

Sōseki fue el primer gran novelista japonés de la época moderna. Su vida abarcó la transición de Japón desde la sociedad tradicional hasta la industrial, y su obra refleja las consecuencias de este rápido cambio.

Natsume Kinnosuke (conocido con el seudónimo de Sōseki a partir de 1889) nació en Edo (futuro Tokio) al inicio de la era Meiji (ver recuadro, derecha). Aunque fue un período estimulante para el país, la economía de la familia de Sōseki sufrió bajo el nuevo orden y le enviaron a vivir con unos padres de acogida.

En la escuela, Sōseki se interesó por la literatura clásica china, pero siguiendo con la occidentalización de Japón, estudió literatura inglesa en la Universidad Imperial de Tokio, después de lo cual enseñó en varias escuelas durante los siguientes años. El giro en su carrera llegó en 1900, cuando el gobierno japonés le concedió una de las primeras becas para estudiar inglés en Inglaterra.

Sōseki estudió en el University College de Londres y en clases privadas con un destacado académico especializado en Shakespeare, pero pronto abandonó ambas, porque la vida en Inglaterra le deprimía. Pasó gran parte de su estancia de dos años estudiando solo en su habitación.

Tiempos de cambio

Sōseki regresó a Japón antes de lo previsto debido a su mala salud física y mental. Consiguió un puesto de profesor en la Universidad Imperial de Tokio en 1903, una época de creciente nacionalismo y modernización, y comenzó a explorar formas en las que este cambio social podía reflejarse en la literatura: cómo integrar las ideas occidentales sin simplemente copiarlas y, al mismo tiempo, mantener la continuidad de la tradición japonesa. Comenzó a escribir cuentos cortos en un estilo más bien experimental, al tiempo que componía haikus más convencionales. La revista literaria *Hototogisu* publicó una de estas historias, *Soy un gato*, en que, utilizando el recurso de un gato como narrador, ofrece una mirada irónica al extraño mundo de los seres humanos de la sociedad moderna. Siguieron más relatos en el mismo sentido, que se publicaron juntos en forma de novela en 1905. Sōseki escribió y publicó varias novelas y cuentos antes de abandonar su puesto de profesor en 1907, tras haber terminado un tratado sobre la literatura inglesa, «Teoría de la literatura».

El periódico *Asahi Shimbun* le ofreció un contrato permanente para escribir relatos por entregas, que luego se publicaron como novelas. Si bien sus primeros trabajos estaban llenos de humor, más tarde se dedicó a explorar la psicología humana y temas más profundos, como la soledad, la identidad y el egoísmo. La trilogía *Sanshirō* (1908), *Daisuke* (1909) y *La puerta* (1910) ayudó a afianzarlo como novelista serio.

Más que cualquier otra de sus obras, *Las hierbas del camino* (1915) es una novela abiertamente autobiográfica, que retrata su profunda desilusión con la vida en el mundo moderno. Su salud, que nunca había sido buena, se deterioró mucho en esa época, y dejó una novela sin terminar, *Luz y oscuridad*, cuando murió en 1916.

▽ LA CASA DEL GATO
De 1903 a 1905, Sōseki alquiló esta casa en Tokio, construida en 1887. Aquí es donde escribió su obra maestra *Soy un gato*.

CONTEXTO
La era Meiji (1868-1912)

En 1867, el príncipe Mutsuhito, de 14 años, se convirtió en emperador de Japón, con el nombre de Meiji, lo que marcó el final de los shogunes y un regreso al gobierno imperial. Sin embargo, el poder real no lo tenía el propio emperador, sino sus asesores, un pequeño grupo que había contribuido al derrocamiento de los shogunes y que pronto se hicieron con el control a través de Meiji. Las instituciones de Japón se reorganizaron siguiendo el ejemplo de las naciones occidentales; el feudalismo dio paso a la rápida modernización; y la Revolución Industrial significó que Japón podía competir a nivel global, lo que llevó a la inevitable integración de muchos aspectos de la cultura occidental.

EMPERADOR MEIJI DE JAPÓN

▷ INNOVACIÓN Y EXPERIMENTO
Esta foto de Sōseki fue tomada en 1912, cuatro años antes de su muerte. A lo largo de su vida, el escritor experimentó con estilos y técnicas aprendidos del estudio de la literatura inglesa.

Marcel Proust

1871-1922, FRANCÉS

Proust es famoso por una sola novela, su obra maestra en siete tomos *En busca del tiempo perdido*, una profunda meditación sobre el recuerdo, el arte, el amor y la pérdida, y un retrato del esnobismo y la hipocresía sexual.

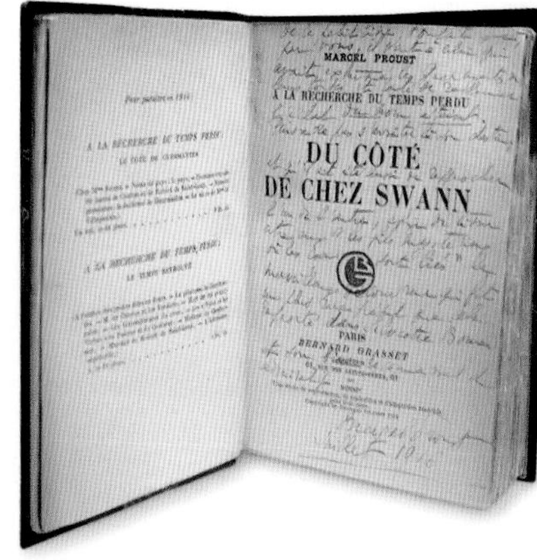

△ **EDICIÓN ESPECIAL**
Esta edición original extremadamente rara de la novela *Por el camino de Swann*, publicada por Grasset, fue dedicada y firmada por el autor en 1916.

Marcel Proust nació el 10 de julio de 1871 en el barrio parisino de Auteuil, donde su familia se había refugiado del levantamiento de la Comuna que había sacudido París la primavera anterior. Su padre era un distinguido profesor de medicina y su madre provenía de una culta familia judía. Algunos elementos de la escritura de Proust mostrarían una calidad analítica y diagnóstica extraída de su herencia paterna, pero la influencia dominante en su educación fue el cálido humanismo de la madre y su incuestionable respeto por el valor del arte y la literatura.

A los nueve años, Proust casi murió de un ataque de asma y el resto de su vida sería considerado un enfermo. Aparte de cumplir el servicio militar de un año, nunca abandonó la casa parisina de la familia, excepto en vacaciones. Mientras su hermano menor seguía los pasos del padre y se convertía en un famoso cirujano, Marcel se entregó a la vida frívola de un socialista, diletante culto y un aficionado literario. El sensual ambiente parisino (cafés y burdeles, arte impresionista y los Ballets Rusos) formó la sensibilidad estética refinada de Proust. Su inteligencia y gusto le valieron un lugar entre la élite culta, pero aparte de varios ensayos y traducciones, no publicó nada hasta los 42 años. Financiado por sus padres, nunca trabajó por dinero.

Primeras obras

La frivolidad y ociosidad aparentes de la vida de Proust eran en realidad una ilusión. Ahora sabemos que escribía con seriedad al menos desde la década de 1890. *Jean Santeuil* y la obra crítica inconclusa *Contre Sainte-Beuve* no fueron publicadas hasta 30 años después de su muerte. Desde 1909, estuvo escribiendo su obra maestra al menos 13 años antes de que combinara los elementos clave de la novela. Entonces, sus padres habían muerto y su salud se deterioraba. Viviendo como un ermitaño en su apartamento parisino,

◁ **EL PARÍS DE PROUST**
Toulouse-Lautrec captó el París de Proust en la pintura *En el Moulin Rouge* (1894-95). Durante la Tercera República, París surgió como ciudad de placer, alta costura y modernismo cultural.

PROUST DE JOVEN, 1892
Este cuadro del artista francés Jacques-Émile Blanche muestra a Proust de joven. El escritor fue influido por Montaigne, Flaubert, Tolstói y Dostoyevski, entre otros. Desarrolló su teoría sobre el lugar del artista en la sociedad mediante las lecturas de Thomas Carlyle y John Ruskin.

> «El **amor** es el **espacio** y el **tiempo** hechos **sensibles** para el **corazón**.»
>
> MARCEL PROUST, *LA PRISIONERA*

CONTEXTO
El caso Dreyfus

En 1894, el oficial judío del ejército francés Alfred Dreyfus fue condenado erróneamente por traición. El caso encendió el antisemitismo por un lado y el anticlericalismo por el otro, desgarrando la Tercera República francesa. Judío por parte de madre, Proust se involucró en las protestas surgidas sobre el destino de Dreyfus. En *En busca del tiempo perdido*, satiriza la respuesta antisemita de la sociedad parisina, al tiempo que sigue criticando algunas actitudes de los partidarios de Dreyfus, que fue indultado y liberado en 1899.

ALFRED DREYFUS EN LA ISLA DEL DIABLO, GUAYANA FRANCESA

△ **CÉLESTE ALBARET**
Albaret fue compañera, cocinera y secretaria de Proust durante nueve años, mientras este escribía *En busca del tiempo perdido*. Organizó su vida en torno a los extraños hábitos del escritor, entre ellos levantarse a las 4 de la tarde y escribir toda la noche.

el autor dedicó la última década de su vida a terminar la enorme novela que justificaría toda su existencia.

Trabajo de una vida

Cuando Proust ofreció el primer volumen, *Por el camino de Swann*, a los editores en 1913, no les impresionó. El libro se publicó solo porque el autor accedió a pagar todos los gastos. El estallido de la Primera Guerra Mundial interrumpió la publicación, aunque Proust continuó trabajando en la novela en París.

El segundo volumen, *A la sombra de las muchachas en flor*, apareció en 1919 y ganó el prestigioso premio literario Goncourt. Entonces ya famoso, trabajó febrilmente en los volúmenes restantes, pero el 18 de noviembre de 1922, la mala salud persistente lo derrotó por fin. Los últimos volúmenes se publicaron a título póstumo sin revisiones finales.

En busca del tiempo perdido se ha descrito como una autobiografía creativa, una recreación ficticia de la propia vida del autor. El narrador en primera persona no es el autor, aunque se parece mucho a él. Se pueden rastrear, al menos en parte, en la vida real cada incidente, ubicación y personaje del libro.

△ **MAGDALENAS**
En *Por el camino de Swann*, el narrador moja una magdalena en el té y, en un instante, recupera del olvido todo el mundo de las vacaciones de su infancia con su tía Léonie a través de la «memoria involuntaria» .

La criada de la familia, Françoise, uno de los personajes más complejos de la novela, se puede identificar con Céleste Albaret, que sirvió al autor en sus últimos años; Combray, el paisaje rural de muchas de las experiencias de la infancia del narrador es el pueblo de Illiers en el norte de Francia; Balbec, donde el narrador pasa las vacaciones junto al mar, es el moderno centro turístico de Cabourg en Normandía, y así sucesivamente.

Autor o narrador

El relator de la novela se diferencia de Proust en dos elementos importantes. El narrador no es judío, aspecto de la vida de Proust que se proyecta sobre la atractiva y culta figura de Charles Swann, héroe de la única parte de la novela en tercera persona, *Un amor de Swann*; el narrador tampoco es homosexual. El gran amor de la vida de Proust fue su chófer, y luego secretario, Alfred Agostinelli, al que conoció en Cabourg en 1907. Su

◁ **ILLIERS-COMBRAY**
Proust pasó las vacaciones de su infancia con sus tíos en su casa de Illiers (imagen). Inmortalizó su hogar y la ciudad (como Combray) en su gran novela. En 1971, la ciudad pasó a llamarse Illiers-Combray en homenaje al escritor.

« Si **soñar poco** es peligroso, la cura no es soñar menos, sino **soñar más**, soñar **todo el tiempo**. »

MARCEL PROUST, *POR EL CAMINO DE SWANN*

OBRAS CLAVE

1913
Por el camino de Swann, primer volumen de *En busca del tiempo perdido*, incluye escenas infantiles y una historia de pasión celosa.

1919
A la sombra de las muchachas en flor, segundo volumen, explora temas de amor, amistad e ilusiones de la juventud.

1920-21
El mundo de Guermantes son volúmenes que contrastan la vida frívola de los ricos con la muerte de la abuela del narrador.

1921-22
Sodoma y Gomorra es el volumen en el que Proust habla sobre el tema de la homosexualidad.

1923
La prisionera aborda el intento del narrador de poseer a la esquiva Albertine, un volumen que revela lo inútil del amor.

1925
La fugitiva es una profunda meditación sobre la pérdida y la inescrutable naturaleza de otras personas.

1927
El tiempo recobrado está ambientado en la Primera Guerra Mundial. Trata del poder redentor de la memoria y la escritura frente a la vejez y la muerte.

relación, que no fue correspondida, terminó en tragedia en 1914 cuando el avión de Agostinelli, que se entrenaba para ser piloto, se precipitó en el Mediterráneo. El chófer aparece en la novela de Proust convertido en la transexual Albertine.

Aunque predomina en el volumen *Sodoma y Gomorra*, la homosexualidad está presente en todo el libro, desde el descubrimiento en la infancia del sexo lésbico por parte del narrador en un episodio voyerista en Combray, hasta la escena culminante de un burdel gay en París en *El tiempo recobrado*. El barón de Charlus, un arrogante homosexual no declarado con un don para la invectiva escatológica, es una de las mejores creaciones de Proust.

Recuerdo y experiencia

La novela no tiene una trama en sentido convencional. Por el contrario, los temas y personajes recurrentes del elaborado argumento se mantienen unidos gracias a la metafórica y rica prosa del narrador. *En busca del tiempo perdido* empieza con un trascendental hecho, la ansiedad de un niño por verse privado de la madre a la hora de dormir. Es típico de Proust dar gran importancia a un hecho irrelevante, y hacerlo con amable encanto y patetismo.

La imaginación de Proust para evocar experiencias tempranas y su exploración de los recuerdos dominan a menudo la novela a expensas de la comedia costumbrista de la alta sociedad parisina. Observador agudo y a menudo muy divertido, el elemento social de la novela se centra en el «pequeño clan» de los Verdurins, unos trepadores sociales bohemios y pretenciosos de clase media, y la aristocrática familia Guermantes, ingeniosa y elegante, pero espiritualmente estéril por su apego a un reducido conjunto de valores. Junto con escenas de la vida social, las páginas posteriores se centran en el amor celoso del narrador por Albertine. Para Proust, el amor sexual es inútil porque las emociones del amante se fijan en una persona que no existe, una fantasía creada por el deseo. No hay una verdadera relación entre el amante y el amado. El único placer genuino radica en aliviar la ansiedad creada por la ausencia del amado. Esta visión sombría del amor se articula en un largo análisis que muchos lectores consideran uno de los excesos lamentables de la novela.

En busca de un objetivo

El último volumen regresa al tema de la «memoria involuntaria» como forma de triunfar sobre los efectos destructivos del tiempo. Pero para Proust está claro que la victoria definitiva sobre el tiempo proviene no tanto de la memoria como del trabajo del artista creativo. Algunos de los pasajes de la novela evocan las experiencias de leer, escuchar música o mirar un cuadro, burlándose de las razones por las cuales estas experiencias tienen un valor tan trascendente.

En definitiva, *En busca del tiempo perdido* trata de cómo el autor/narrador consigue escribir la obra, logrando así su propósito espiritual de redimir la futilidad de la vida.

◁ **EN LA PLAYA**
El centro turístico de Cabourg en Normandía, con su paseo marítimo y el Gran Hotel, como se muestra en esta postal de 1908, es donde Proust pasó todos los veranos desde 1907 a 1914. El lugar le sirvió de modelo para la ciudad ficticia de Balbec.

ESTILO
La frase proustiana

Proust es particularmente famoso por su uso de oraciones largas y sinuosas. El ejemplo más largo, que se encuentra en *Sodoma y Gomorra*, suma un total asombroso de 847 palabras. Aunque compleja, la oración proustiana, llena de asociaciones que fluyen libremente, es siempre lúcida y correcta gramaticalmente. Requiere toda la atención del lector, pero permite al autor el uso de abundantes metáforas que expresan su creencia en la interconexión fundamental de elementos dispares en el mundo. Con esta prosa intrincada, Proust pudo escribir observaciones detalladas sobre sus personajes.

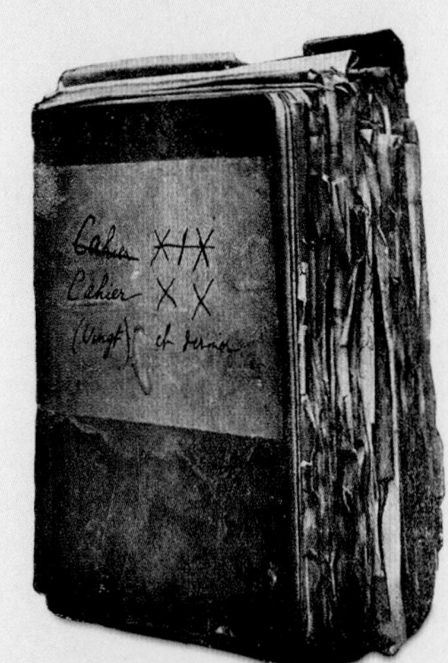

ÚLTIMO MANUSCRITO DE LA GRAN NOVELA DE PROUST

▷ **WILLA CATHER, c. 1926**
Cather, fotografiada aquí en el apogeo de su creatividad, fue sobre todo conocida por sus novelas sobre la vida en la frontera, aunque vivió la mayor parte de su vida en la ciudad de Nueva York con su pareja, la editora de revistas Edith Lewis. Antes de ser novelista, fue una de las mejores periodistas de Estados Unidos.

Willa Cather

1873-1947, ESTADOUNIDENSE

Las novelas evocadoras y nostálgicas de estilo conservador de Cather se inspiraron en sus experiencias de adolescente entre las familias de agricultores inmigrantes de las Grandes Llanuras de Estados Unidos.

« Solo hay dos o tres **historias humanas**, que tienden a **repetirse** con la misma fuerza de la **primera vez.** »

WILLA CATHER, *¡OH PIONEROS!*

Con su característica terquedad, Willa Cather siempre insistió en que había nacido en 1876, tres años después de su fecha real de nacimiento, 1873. Sus padres le pusieron Wilella, nombre que ella odiaba, y prefería el de Willie, o el poco femenino William, hasta que se decidió por Willa. Tras su nacimiento, la familia se marchó a Willow Shade, casa construida por el abuelo de Cather, cerca de Winchester, Virginia.

De Virginia a Nebraska

En 1883, los Carther se fueron a Red Cloud, un pequeño pueblo de Nebraska, en la frontera de las Grandes Llanuras. Alejada de paisajes familiares y rodeada de colonos alemanes y escandinavos que cultivaban las praderas, Cather se adaptó rápidamente a su nueva vida y trabó amistad con muchas de las familias inmigrantes. Desde los once años, asistió a la Red Cloud High School y, excepcionalmente para una niña de campo, se graduó en inglés en la Universidad de Nebraska. Allí, escribió cuentos cortos y reseñas para los periódicos locales y pronto fue conocida por sus despiadadas opiniones teatrales. Abierta y con apariencia masculina, desafió los roles de género de la época, en especial al elegir ser periodista, oficio dominado, en ese momento, por hombres. Tras graduarse en 1895, se marchó a Pittsburgh para trabajar en la revista *Home Monthly*. Luego, se dedicó a la crítica de teatro y música para el *Pittsburgh Leader*.

En una visita a Nueva York en 1899, Cather conoció a Isabelle McClung y empezaron una relación. Esta alentó a la futura escritora para que se iniciara en la literatura y le proporcionó un estudio en la vivienda familiar.

Periodista y novelista

En 1902, viajaron juntas a Europa y, a su regreso, Cather publicó *Crepúsculos de abril* (1903), una colección de poemas, y *El jardín de los Troll* (1903), un volumen de cuentos. Todavía reacia a abandonar el periodismo, Cather se marchó a Nueva York en 1906 para trabajar en *McClure's Magazine*, de la cual fue editora un par de años más tarde. En 1908, empezó un nuevo capítulo de su vida personal al ir a vivir con Edith Lewis, su compañera para el resto de la vida.

Desilusionada con la dirección que estaba tomando *McClure's*, Cather renunció en 1912, año en que publicó su primera novela, *El puente de Alejandro*, y se convirtió en escritora a tiempo completo. Usó sus recuerdos de la vida en las Grandes Llanuras para escribir varias novelas, entre ellas *Pioneros* y *Mi Ántonia*, pero no alcanzó el primer éxito hasta 1920, en que el editor Alfred Knopf se hizo cargo de la gestión de sus libros.

La novela sobre la Primera Guerra Mundial, *Uno de los nuestros*, ganó el Premio Pulitzer en 1923.

Cather y Lewis se habían ido a vivir a Greenwich Village, y pasaban los veranos en una remota casa de campo en Whale Cove, Nuevo Brunswick. A medida que crecía la fama de Cather, se volvió cada vez más reservada y, a lo largo de la década de 1930, sufrió varias enfermedades que le impedían escribir. Además, se vio muy afectada por la muerte de sus padres y la larga lucha de McClung contra una grave enfermedad renal. Cather escribió en 1940 su última novela, *Sapphira y la joven esclava*. Su salud siguió empeorando y murió en 1947 de un derrame cerebral. La enterraron en Jaffrey, New Hampshire, donde había ido a menudo a visitar a McClung.

◁ **CASA DE CATHER EN RED CLOUD**
Trasladarse del montañoso estado de Virginia a las abiertas llanuras de Nebraska tuvo un profundo efecto en las obras de Cather. Utilizó sus experiencias en Nebraska para escribir siete de sus novelas.

ESTILO

Sobre las llanuras

Aunque a veces se critica a Cather por la nostalgia de sus obras, muchos de sus temas eran bastante revolucionarios para la época. Contra la convención literaria, solía introducir en su obra jóvenes mujeres fuertes y trabajadoras inmigrantes e incorporaba metáforas sexuales. Sus novelas también reflejaban su pasión por las llanuras de Nebraska que casi se convirtieron en un personaje romántico. En *Mi Ántonia*, por ejemplo, Jim, un niño, escribe sobre el vasto paisaje: «En cualquier caso, eso es la felicidad; disolverse en algo completo y grande».

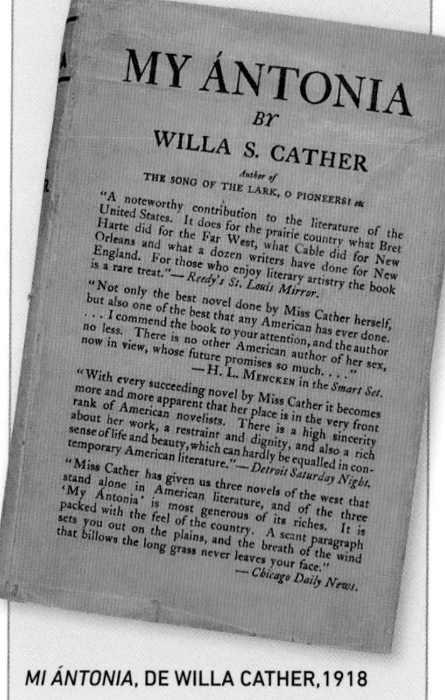

MI ÁNTONIA, DE WILLA CATHER, 1918

Thomas Mann

1875-1955, ALEMÁN

El escritor alemán más destacado de principios del siglo xx, Mann fue tanto un tradicionalista como un innovador que proyectó una luz irónica sobre la decadencia de la cultura y sociedad europea modernas.

Paul Thomas Mann nació en Lübeck, norte de Alemania, en 1875. Su padre era propietario de una empresa y un importante miembro del gobierno de la ciudad. Tanto Thomas como su hermano Heinrich se negaron a entrar en el negocio familiar y prefirieron estudiar literatura.

Tras la muerte de su padre, vivió con su madre, mitad brasileña, en Múnich. En los años 1890, publicó varios cuentos que tuvieron una buena acogida y una novela, *Los Buddenbrook*, aparecida en 1901. Se trata de una saga familiar de cuatro generaciones vagamente basada en su propia familia. Gira en torno al conflicto entre los rígidos valores burgueses y la atracción del arte y la sensualidad, causantes de la decadencia de la familia. Las novelas *Tristán* y *Tonio Kröger* (ambas de 1903), junto con *Los Buddenbrook* dieron fama a Mann.

Política y arte

En busca de respetabilidad y estatus, Mann se casó con Katia Pringsheim, una mujer de una sofisticada familia de Múnich. La pareja tuvo seis hijos y Mann desempeñó el tradicional papel de patriarca, pero sus gustos sexuales le dirigían más a hombres jóvenes y niños. Su famosa novela *Muerte en Venecia* (1912), sobre la obsesión de un escritor moribundo por un joven polaco, es una reflexión sobre el arte y la vida, y una representación simbólica de una civilización en decadencia, además de una confesión encubierta de los deseos más íntimos del autor.

Durante la Primera Guerra Mundial (1914-18), asumió un papel público como defensor de la cultura y el gobierno monárquico alemanes y expuso su postura conservadora en *Consideraciones de un apolítico* (1918). La guerra influyó en su novela *La montaña mágica* (1923). Situada en un sanatorio de los Alpes suizos, esta compleja obra utiliza la enfermedad como metáfora del estado destructivo de la civilización moderna.

En 1929, obtuvo el Premio Nobel de Literatura y se convirtió en el escritor vivo más famoso de Alemania. Sin embargo, los acontecimientos políticos hicieron que Mann se tuviera que enfrentar a lo que llamó «el problema de ser alemán». Evidenció su hostilidad al Partido Nazi en su novela *Mario y el mago* de 1930 y cuando Adolf Hitler tomó el poder (1933), Mann se exilió a Estados Unidos en 1939.

Se apartó de la sociedad para escribir una tetralogía bíblica, *José y sus hermanos* (1943). Su siguiente novela, *Doctor Fausto* (1947), la historia de un compositor que paga su genialidad con la autodestrucción, era una alegoría del período nazi y una manera de expresar su ambivalencia sobre el arte, para él el mayor logro humano pero también una forma de decadencia. Se instaló en Suiza, donde murió en 1955, dejando sin terminar *Confesiones del estafador Felix Krull*, una comedia sobre un timador con la idea de que el arte es solo un fraude.

◁ **MANN EN 1934**

En esta imagen de la revista *Vanity Fair*, se ve a Mann como hombre de gran éxito profesional. Pero su vida personal estuvo marcada por la tragedia; se suicidaron dos de sus hijos y dos de sus hermanas.

◁ ***MUERTE EN VENECIA***

La novela de Mann fue adaptada al cine por Luchino Visconti. El papel protagonista, Gustav von Aschenbach (una versión velada de Mann), fue interpretado por el actor británico Dirk Bogarde.

SEMBLANZA

Heinrich Mann

El hermano mayor de Thomas Mann, Heinrich, también fue escritor. Pero mientras Thomas era políticamente conservador, Heinrich se convirtió en socialista radical. Sus novelas más conocidas, *El Profesor Unrat* (1905), en la que se basa la famosa película *El ángel azul*, y *El súbdito* (1918) atacan el autoritarismo y la hipocresía sexual de la sociedad burguesa alemana. Mucho menos exitoso como escritor que su hermano, Heinrich murió en California en 1950 en la pobreza.

HEINRICH MANN

▽ ***LOS BUDDENBROOK***

Publicada cuando Mann solo tenía 26 años, *Los Buddenbrook* está construida a partir de relatos sobre nacimientos y muertes, bodas y divorcios, y cotilleos familiares, entretejidos con el ingenio terrenal de Mann.

▷ **ESCRIBIR SOBRE CHINA MODERNA**
Lu Xun, fotografiado en 1930 en Shanghái, no solo es conocido como escritor de relatos, sino como un gran crítico y satírico. Tradujo muchos textos occidentales y se convirtió en un prestigioso representante de la literatura china moderna.

Lu Xun

1881-1936, CHINO

Uno de los mayores escritores de China, Lu Xun ayudó a introducir el cuento corto en la literatura del país. Sarcástico y pesimista, su obra reflejó el paso de la sociedad china del imperialismo al comunismo.

« La **esperanza** es como los caminos de la tierra: no había caminos, han sido hechos por el **gran número de transeúntes**. »

LU XUN

A principios del siglo xx, una nueva generación de artistas e intelectuales comenzó a desafiar las tradiciones y las convenciones que unían China a su pasado feudal. El primero de ellos fue el escritor Zhou Shuren, más conocido por su seudónimo, Lu Xun.

◁ ***MENGYA*, 1930**
Lu Xun fue editor de esta revista, en que escribieron escritores de izquierdas y de la teoría literaria marxista.

Nació en septiembre de 1881, en la provincia de Zhejiang, en una adinerada y culta familia. Pero en 1893, su abuelo estuvo envuelto en un escándalo político y los compañeros de trabajo excluyeron a la familia. Ello le brindó a Lu Xun una experiencia de primera mano sobre la crueldad y la corrupción que afectaban la sociedad china de la época.

Viajes a Japón

Lu Xun partió a Japón en 1902 para estudiar medicina, donde conoció a otros pensadores chinos deseosos de transformar su país. Abandonó su ambición de convertirse en médico y se dedicó a salvar el «alma» del pueblo chino con la difusión de nuevas formas de literatura y arte con conciencia social. Su obra estuvo impulsada por esta idea tras la caída de la última dinastía imperial Qing y la fundación de la República de China en 1911-12. El autor volvió a su tierra natal en 1909 y se estableció en Beijing, donde dio conferencias sobre literatura y continuó buscando un objetivo social a sus escritos.

Estilo vernáculo

Encontró su público entre los lectores de las nuevas revistas literarias y tuvo su primer éxito con «Diario de un loco», un ataque a los tradicionales valores confucianos, que narra la historia de un loco que se cree el único cuerdo en una sociedad de «comedores de hombres». Fue el primer cuento corto de estilo occidental escrito en chino vernáculo en lugar del clásico. Supuso una revolución, ya que estaba escrito para la gente común y no para una élite culta. Las siguientes historias también fueron sarcásticas y pesimistas: en «La verdadera historia de Ah-Q» se burlaba de la tendencia china hacia el fatalismo y la autohumillación, y en «Kong Yiji» un grupo de borrachos se dedica a humillar a un hombre del lugar.

Filosofía política

Lu Xun marchó de Beijing para vivir en Shanghái con su amante y exalumna, Xu Guanping. La pareja nunca se casó y tuvieron un hijo en 1929. En la década de 1930, Lu Xun abandonó la ficción y escribió ensayos críticos, como protesta política. Creía que el comunismo podía resolver los problemas sociales y políticos de China, y sus traducciones de obras marxistas hicieron mucho por la causa. Nunca se afilió al Partido Comunista y fue «un compañero de viaje» que criticó tanto a la izquierda como a la derecha. Murió en Shanghái en 1936.

◁ **CASA ANCESTRAL**
La casa de Lu Xun en Shaoxing está construida en estilo tradicional. El letrero sobre la entrada indica que es un miembro de la Academia Imperial, un título de gran prestigio. Lu Xun creció aquí, y la casa y sus jardines proporcionaron muchos detalles que incorporó a sus obras.

CONTEXTO

Influencias occidentales

Un clima de relativa libertad, bajo el movimiento de la Nueva Cultura, proporcionó el contexto adecuado a Lu Xun y a otros escritores para reformar la cultura china en los años 1910 y 1920. Sustituyeron el *wenyan* o chino literario clásico, por el vernáculo *baihua*, basándose en las influencias occidentales. El cuento de Nikolái Gogol «Diario de un loco», por ejemplo, inspiró el cuento de Lu Xun con mismo título. También estuvieron influidos por el movimiento nacionalista de Irlanda y su renacimiento literario. George Bernard Shaw fue uno de sus iconos, a pesar de que cuando Lu Xun le conoció comentó secamente que «los periódicos de mañana son infinitamente más llamativos que una conversación con Shaw».

NIKOLÁI GÓGOL

James Joyce

1882-1941, IRLANDÉS

Joyce fue uno de los novelistas más influyentes de su época, pionero en la técnica del monólogo interior para transmitir los pensamientos de los personajes. Desarrolló diversos estilos adaptados a su variada temática.

◁ **COLEGIO JESUITA**
A partir de los seis años, Joyce se educó en escuelas jesuitas, como el exclusivo Clongowes Wood College. Sus experiencias están recogidas en su novela *Retrato de un artista adolescente.*

James Joyce nació en West Rathgar, Dublín, en 1882. Su familia era de clase media baja con un padre alcohólico que dilapidó su dinero. Joyce se educó en colegios jesuitas, una experiencia que le condujo a una relación conflictiva con la fe católica, y luego en el University College de Dublín (institución entonces dirigida también por los jesuitas). Leía mucho y destacaba en los idiomas; en 1901, había aprendido suficiente noruego para poder escribirle una carta de agradecimiento al dramaturgo Henrik Ibsen. Se sentía a disgusto con la intolerancia y la estrechez mental de Irlanda y al año siguiente se marchó a París, en un principio para estudiar medicina. En 1903, cuando su madre murió, regresó a Dublín; en 1904 conoció a Nora Barnacle, una joven que trabajaba de camarera y se fueron juntos a Europa. La pareja se estableció en Trieste, donde tuvieron dos hijos, George (o Giorgio) y Lucía. Joyce enseñó inglés y empezó a escribir los libros que le harían famoso. Comenzó con *Dublineses*, una colección de cuentos cortos, y la novela *Retrato de un artista adolescente.* En *Dublineses* narra las historias de los habitantes de dicha ciudad, en diferentes etapas de su vida, con tal franqueza y fidelidad con la realidad que los editores temieron que el autor fuera acusado de difamación; terminado en 1905, el libro no apareció hasta 1914. A Joyce también le costó publicar su novela autobiográfica *Retrato de un artista adolescente,* que acabó por aparecer en varias entregas en la revista *The Egoist* en 1914-15. Es conocida por su forma realista de describir al protagonista,

◁ ***JAMES JOYCE,* 1935**
Este retrato del escritor fue pintado en París por el pintor francés Jacques-Emile Blanche. La cabeza de Joyce está ladeada porque le molestaba el grosor del vidrio izquierdo de sus gafas.

SEMBLANZA
Harriet Shaw Weaver

Harriet Shaw Weaver (1876-1961) nació en Cheshire, Inglaterra; su padre era médico y su madre, una heredera de una gran fortuna. De joven, se convirtió en socialista y sufragista, lo que la llevó a rescatar la revista feminista *Freewoman,* que tenía problemas financieros. Más tarde, a sugerencia del poeta Ezra Pound, cambió el nombre de la revista por *The Egoist*. Con Weaver y su amiga Dora Marsden, como coeditoras, se publicaron los escritos de numerosos autores modernistas, incluyendo T. S. Eliot, William Carlos Williams y James Joyce. Aunque la revista cerró a finales de 1919, Weaver continuó dando a Joyce apoyo financiero y fue su albacea literaria cuando murió.

Published the 1st and 15th of each month.

THE EGOIST

AN INDIVIDUALIST REVIEW.

Formerly the NEW FREEWOMAN.

No. 14.—Vol. I. WEDNESDAY, JULY 15th, 1914.

Editor: HARRIET SHAW WEAVER.
Assistant Editor: RICHARD ALDINGTON.

CONTENTS.

Contributing Editor: DORA MARSDEN, B.A.

CABECERA DE LA REVISTA *THE EGOIST*, JULIO DE 1914

« La **historia** es una **pesadilla** de la que estoy **intentando despertar**. »

JAMES JOYCE, *ULISES*

« Quiero dar una **imagen** tan completa de **Dublín**, que si la ciudad **desapareciera** repentinamente de la faz de la Tierra, podría ser **reconstruida** a partir de mi **libro**. »

JAMES JOYCE

Stephen Dedalus, en especial en la escena en que un sermón le lleva a la duda religiosa. La novela también es innovadora por la forma en que cambia el estilo a medida que el protagonista madura: comienza con una charla infantil y termina en una sofisticada prosa.

Traslado a París

Joyce y Nora se fueron a Zúrich, Suiza, en 1915 y pasaron los años de la guerra disfrutando del ambiente cosmopolita de la ciudad. Tuvieron problemas económicos, aunque Joyce recibió el apoyo de Harriet Shaw Weaver, fundadora de *The Egoist*, que le enviaba dinero de forma anónima. También le ayudaron los poetas W. B. Yeats (que era un viejo amigo de Dublín) y Ezra Pound, con críticas favorables de sus obras; con su apoyo, Joyce recibió una beca del Royal Literary Fund en 1915.

Tras la guerra, la pareja regresó a Trieste, pero después de una visita a París en 1920, decidieron establecerse en la capital francesa. Joyce estaba dando los últimos retoques al libro en el que trabajaba desde que estalló la guerra: su obra maestra, *Ulises*. Esta larga novela relata un día en la vida de tres personajes: el joven Stephen Dedalus (héroe de *Retato de un artista adolescente*), el agente de publicidad Leopold Bloom y su esposa Molly.

La innovadora obra utiliza una serie de técnicas literarias (entre ellas la parodia, el monólogo interior y la prosa del realismo a la fantasía) y se estructura en 18 capítulos que refleja episodios de la *Odisea* de Homero. Transcurre en Dublín, ciudad natal de Joyce, lugar que describe con gran precisión a pesar de que el libro fue escrito en el exilio. El lenguaje directo que Joyce usó en *Ulises*, le causaba problemas una vez más, en especial, por sus descripciones de la sexualidad

▽ **NORA JOYCE**
James Joyce conoció a su musa y futura esposa, Nora, en Dublín en 1904. Su primera cita, el 16 de junio, fue la fecha que Joyce eligió para situar *Ulises*. En la actualidad, esta fecha se celebra en Irlanda como «Bloomsday», por el protagonista de la novela, Leopold Bloom.

▷ **EL DUBLÍN DE JOYCE**
La alusiva y experimental obra épica de Joyce, *Ulises*, narra los encuentros de Leopold Bloom en el transcurso de un solo día y utiliza la ciudad de Dublín como microcosmos vital.

◁ **ENCUENTRO PARISINO**
Joyce se reúne con su editora, Sylvia Beach, en una oficina en París. El escritor usó un parche para descansar la defectuosa visión de su ojo izquierdo, que algunos historiadores ahora atribuyen a la sífilis.

las funciones corporales. Partes de a obra se publicaron por entregas n 1918-20 en *Little Review*, pero la ondena de sus editores por bscenidad hizo que ninguna editorial ritánica o estadounidense quisiera ublicarlo en forma de libro. Al final, ue publicada en Francia en 1922 por ylvia Beach, que dirigía la librería le París *Shakespeare and Company*, n lugar de reunión familiar para scritores expatriados como Pound, oyce y Hemingway. A pesar de ser logiado por críticos como T. S. Eliot or su inventiva y fuerza, en Estados Jnidos no apareció en una edición ficial hasta 1934; otra inglesa siguió n 1936.

stilo experimental

unque fue reconocido por los demás utores como gran escritor, Joyce tuvo oco éxito comercial durante los años 920 y 1930. Tuvo problemas amiliares y de salud. Su trabajo se vio bstaculizado por el glaucoma, que le afectaba la vista, y por las nueve operaciones que sufrió en los años 1920. Además, a mediados de la década de 1930, le diagnosticaron esquizofrenia a su hija, Lucía, que pasó gran parte del resto de su vida internada. La enfermedad de Lucía, las frecuentes discusiones con su madre Nora y la imposibilidad de una cura afectaron profundamente al escritor.

Obra tardía

A pesar de estos problemas, Joyce pasó gran parte de los años 1920-30 trabajando en su última gran obra, la novela *Finnegans Wake*. Al igual que varios de sus libros anteriores, se publicó por primera vez por entregas (bajo el título *Work in progress*), esta vez en la revista literaria experimental *transition*. Maria y Eugene Jolas, fundadores de dicha publicación, se hicieron amigos y seguidores de Joyce, pero la mayoría de los lectores de la revista no entendieron aquel nuevo trabajo del escritor. *Finnegans Wake* provocó un gran desconcierto, incluso después de que un grupo de amigos, como Samuel Beckett, publicaran ensayos con la intención de explicarlo.

Finnegans Wake, que terminaría por fin publicándose íntegramente en 1939, está lleno de juegos de palabras, términos inventados y extranjerismos (de por lo menos cuarenta idiomas diferentes). Es una «novela-sueño» , que narra un monólogo interior casi impenetrable. Aparte de algunos fragmentos a veces hermosos y otros hilarantes, la mayoría de los lectores todavía se dan por vencidos al intentar leerla.

Finnegans Wake fue la última obra de Joyce. En enero de 1941, fue operado de una úlcera perforada y murió poco después. Está enterrado en Zúrich, porque las autoridades irlandesas no permitieron a Nora trasladar sus restos a Dublín para el entierro.

ESTILO
Monólogo interior

Ulises **es famosa por la técnica del monólogo interior. Permite que las impresiones, recuerdos y pensamientos no verbalizados de un personaje se presenten como si las escuchara el lector, sin intervención o un comentario del narrador. Además, estos pensamientos se expresan en una o varias frases con escasa estructura gramatical y oraciones a veces ilógicas. El autor explicó que había descubierto esta técnica durante su primer viaje a París en 1903, cuando leía una novela del escritor francés Édouard Dujardin.**

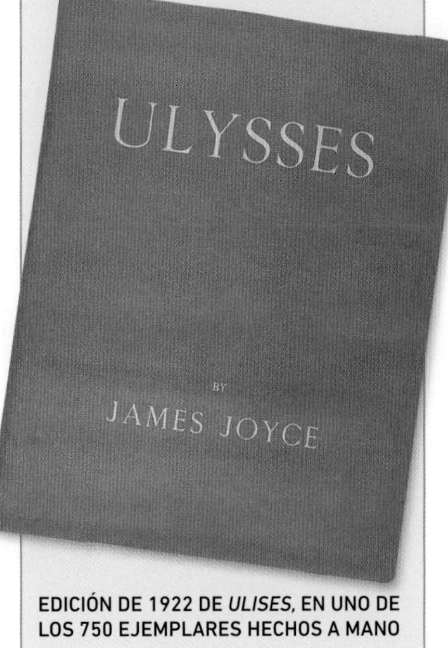

EDICIÓN DE 1922 DE *ULISES*, EN UNO DE LOS 750 EJEMPLARES HECHOS A MANO

OBRAS CLAVE

1907
Joyce publica *Música de cámara*, una serie de 36 poemas. Es bien recibido por la crítica pero se vende poco.

1907-15
Reescribe su autobiografía *Stephen el héroe* y la transforma en *Retrato de un artista adolescente*.

1914
Publica *Dublineses*. El estancamiento de una ciudad en declive es el trasfondo de 15 historias.

1918
Exiliados, la única obra de teatro que publicó, trata sobre el retorno de un escritor del exilio y las relaciones subsiguientes.

1922
Ulises, obra maestra modernista basada en la *Odisea* de Homero, se publica en el 40 cumpleaños de James Joyce.

1927
Se publica *Poemas manzanas*, una colección de 13 poemas cortos escritos durante dos décadas.

1939
Publica *Finnegans Wake*, obra intelectualmente exigente centrada en la resurrección.

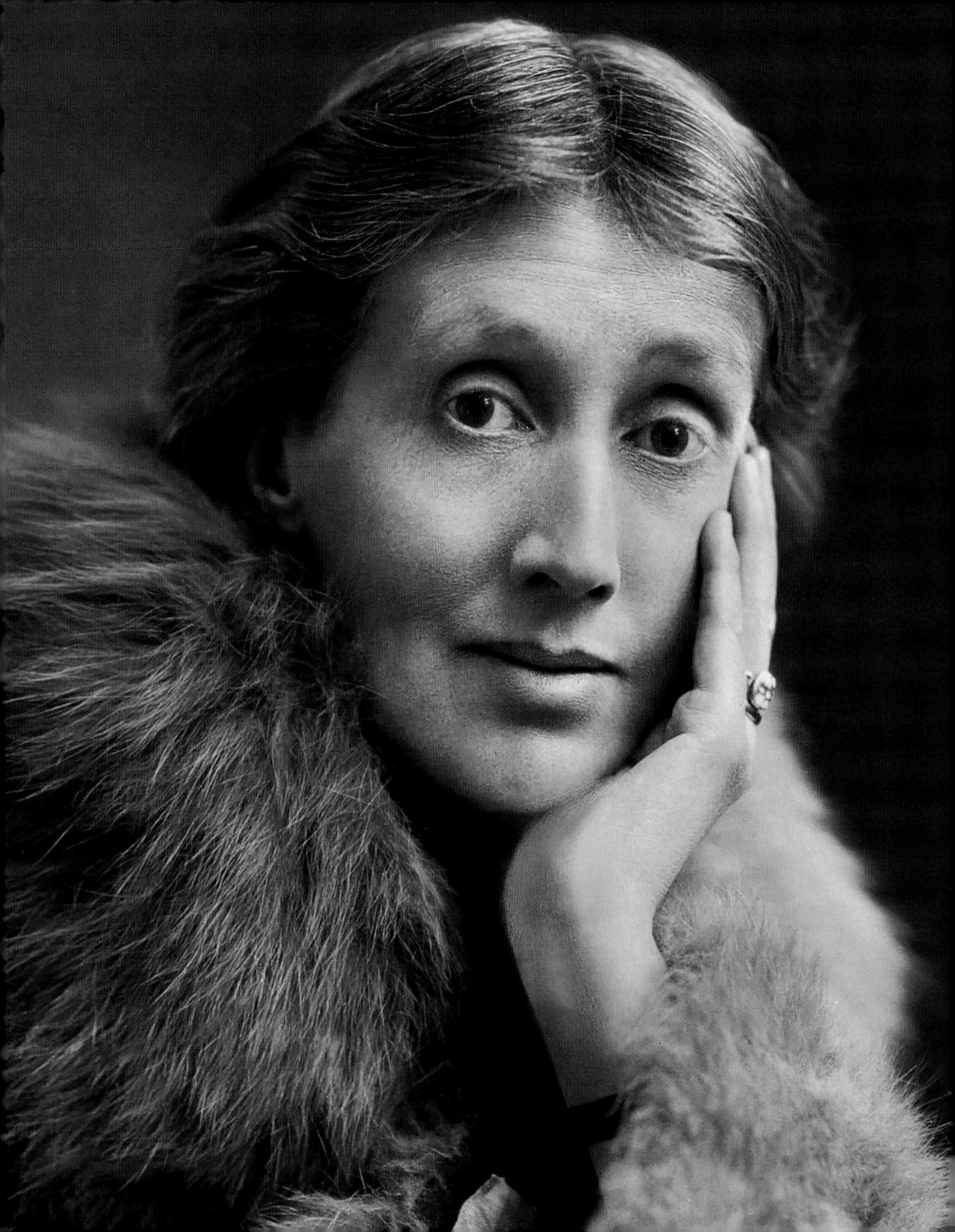

Virginia Woolf

1882-1941, INGLESA

Novelista, ensayista y feminista, Woolf formó parte del núcleo del modernismo. Transformó la ficción con su innovador estilo y labró un lugar para las mujeres en la historia de la literatura.

Adeline Virginia Stephen (más tarde Woolf) nació en Londres, en el privilegiado mundo de la clase media alta. Su padre, sir Leslie Stephen, fue un destacado filósofo, escritor e historiador; su madre, Julia Jackson, exmusa de pintores prerrafaelitas. Virginia tenía cuatro hermanastros, George, Stella y Gerald Duckworth, y Laura Stephen, mientras que ella, Vanessa, Thoby y Adrian eran hijos del segundo matrimonio.

Las conexiones de la familia sitúan este concurrido hogar en el núcleo de la sociedad literaria e intelectual victoriana. Sin embargo, los niños fueron tratados de manera muy diferente a las niñas. Mientras que sus hermanos fueron enviados a una escuela privada y una universidad, Virginia, niña muy inteligente, fue educada en casa, aunque tuvo acceso a la extensa biblioteca de su padre.

Recuerdos de infancia

La muerte de su madre cuando Virginia tenía 13 años provocó la primera de sus muchas depresiones. La fugaz felicidad de su infancia y la melancolía del paso del tiempo se reflejaron 32 años después en *Al faro*. En esta novela, cambia su lugar de vacaciones de la infancia de Cornualles a Escocia y hace un minucioso retrato de sus padres, el Sr. y la Sra. Ramsay. Pedante, egoísta y tiránico, él, ella en cambio es el perspicaz y generoso corazón de la casa en la primera mitad del libro y una gran ausencia en la segunda.

Los diarios de Woolf sugieren que, en los años posteriores a la muerte de su madre, tanto ella como Vanessa sufrieron abusos sexuales de sus hermanastros. Su fragilidad mental volvió a verse alterada por la trágica muerte de su hermanastra, Stella. Virginia buscó consuelo en la formación y, entre 1897 y 1901, estudió griego clásico, latín, alemán e historia en el Ladies Department del King's College de Londres.

La muerte de su padre en 1904 y de su hermano favorito, Thoby, en 1906 provocaron otra crisis que fue seguida de un cambio radical de estilo de vida. Siempre se había considerado escritora y empezó a colaborar con regularidad en el *The Times Literary Suplement*. Se fue a vivir con sus

ESTILO

Monólogo interior

«Nada es solo una única cosa», dice la señora Ramsay en *Al faro* en un monólogo interior que intenta captar la multiplicidad de la experiencia. Woolf toma la historia de unas vacaciones familiares, las llena de sensaciones fugaces y luego fractura la estructura lineal del libro para sugerir que el tiempo vuela. Estas técnicas fueron creadas como respuesta al punto de vista único del mundo que ofrecía la ficción realista, considerada por ella como masculina. El estilo fragmentado, discontinuo y heterogéneo de Woolf fue una exploración esencialmente femenina de una realidad en cambio constante creada por la psique. «¿Es una tontería? ¿Es brillante?», se preguntaba.

AL FARO, DE WOOLF, PUBLICADO POR HOGARTH PRESS

◁ **VERANOS EN CORNUALLES**
Woolf pasó los veranos de su infancia en Talland House en St Ives, Cornualles. Las vistas lejanas del faro de Godrevy, siempre fuera del alcance al otro lado de la bahía, inspiraron su novela *Al faro*.

◁ **LEGADO FEMINISTA**
Virginia Woolf aparece aquí en 1927, poco después de que la publicación de su cuarta novela, *La señora Dalloway*, le diera fama y elogios de la crítica. En la posguerra, su obra tuvo menos popularidad, pero fue especialmente defendida por el movimiento feminista de los años 1970.

«La **vida** es **trágica**, como una pequeña franja de pavimento **sobre un abismo. Me pregunto** si podré caminar **hasta el fin.**»

VIRGINIA WOOLF, *DIARIO DE UNA ESCRITORA*

△ **HOGARTH PRESS**
Los libros publicados por Hogarth Press de los Woolf fueron a menudo cosidos y encuadernados a mano; La portada de la primera edición de *Los años* (1937) fue diseñada por su hermana, Vanessa Bell.

> « Una mujer debe tener **dinero** y una **habitación propia** si desea **escribir ficción**. »
>
> VIRGINIA WOOLF, *UNA HABITACIÓN PROPIA*

restantes hermanos a Bloomsbury, Londres. Allí, un conjunto de casas en Gordon Square se convirtió en centro de la actividad artística, y atrajo a filósofos, historiadores, artistas y escritores (ver recuadro, abajo). Según palabras atribuidas a la escritora satírica estadounidense Dorothy Parker sobre las poco convencionales y complejas vidas amorosas de este grupo, «pintaba en círculos, vivía en cuadrados y amaba en triángulos».

Miedo y frustración

Lytton Strachey, un fundador del Grupo de Bloomsbury , retiró su propuesta de matrimonio porque Leonard Woolf, un editor y funcionario, ya perseguía a Virginia. Ella se refería a él como un «judío sin dinero» y decía que no se sentía atraída por él. No obstante, se casaron en 1912. Poco después, ella escribió: «... es un enorme placer ser deseada: una esposa». Sin embargo, le contó a una amiga: «Encuentro que se exagera con el clímax». Según Leonard Woolf, la noche de bodas fue un desastre. Es probable que no tuvieran relaciones sexuales durante el matrimonio por temor a los ataques de nervios de su esposa y, por la misma razón, se le aconsejó no tener hijos.

Su primera novela, *Fin del viaje* (1915), deja entrever su temor por la intimidad sexual. Woolf tuvo otra crisis mental y un intento de suicidio. Sus médicos le desaconsejaron la actividad intelectual, pues creían que le provocaba los ataques, y le recomendaron la actividad física.

El marido de Woolf, sin embargo, continuó alentando su escritura y en 1917 instaló una imprenta en la casa de la pareja, Hogarth House en Richmond, Londres, y comenzó a publicar sus obras.

Exploración de la sexualidad

La amiga de Woolf, Vita Sackville-West, escritora aristocrática y diseñadora de jardines, también la instó a escribir. En el clima de libertad que se respiraba en el Grupo de Bloomsbury, las dos mujeres se hicieron amantes. Varios años después, Woolf publicó el más libre y fantasioso de sus libros, *Orlando*, sobre un poeta andrógino. Fue un abierto homenaje a ella. El hijo de Sackville-West, Nigel Nicholson, lo describió como «la más maravillosa y larga carta de amor de la literatura».

Noche y día, una novela que explora el amor y el matrimonio, fue publicada en 1919, año en que los Woolf compraron la Monk's House en Rodmell, Sussex. Esta casa de campo del siglo XVII y la de Charleston, donde vivía su hermana Vanessa con su esposo, Clive Bell, se convirtieron en el lugar de reunión del Grupo de Bloomsbury en el campo.

SEMBLANZA
Grupo de Bloomsbury

Las obras de Virginia Woolf forman parte del núcleo del Grupo de Bloomsbury, que incluía al escritor Giles Lytton Strachey, el economista John Maynard Keynes y los artistas Roger Fry, Duncan Grant, y Clive y Vanessa Bell. Sus ideas sobre el feminismo, el pacifismo y la sexualidad se enfrentaban a los valores victorianos. Tuvieron una profunda influencia sobre la literatura, la economía y el arte. Defendieron el arte postimpresionista de Gauguin, Matisse y Van Gogh. Hogarth Press no solo publicó las novelas de Woolf sino muchos otros libros del grupo como *Tierra baldía* de T. S. Eliot, las novelas de E. M. Forster y las obras pioneras del psicoanalista Sigmund Freud.

VANESSA BELL, ROGER FRY, 1916

▽ **PADRE E HIJA, c. 1900**
Una joven Virginia Woolf junto a su padre, el crítico y erudito sir Leslie Stephen, que alentó sus actividades académicas y el amor por el aire libre.

> **CABAÑA DE MONK'S HOUSE**
Virginia Woolf escribió en este escritorio de la cabaña del jardín de Monk's house. Acudía diariamente y en alguna ocasión incluso dormía en ella. Quienes la visitaron en tiempos de Woolf decían que siempre estaba llena de libros y papeles.

A *Noche y día,* le siguió, pasados tres años, *La habitación de Jacob*, novela experimental en la que Woolf describe al protagonista desde la perspectiva de las mujeres de la vida de Jacob. T. S. Eliot declaró que Woolf había roto cualquier compromiso entre la novela tradicional y su don como escritora.

Manifiesto feminista

Los 20 diarios de Woolf dejan ver su gran inversión emocional en la escritura. Un pedido de 50 copias de uno de sus libros en Hogarth Press le levantaba poderosamente el ánimo. También reflejan su obsesión con las opiniones de otros escritores e intelectuales. Tras un encuentro con E. M. Forster en Cambridge escribió en el diario: «Siempre siento que se encoge con sensibilidad ante mí, como mujer, como una mujer inteligente y como mujer actual».

Woolf leyó mucho, devoró los clásicos, a menudo en griego, y a los novelistas y poetas tradicionales como Dickens, las Brontë, Byron y Milton. Le encantaba comparar estos textos con los de escritores como Wyndham Lewis y Ezra Pound, comprometidos con el «"impacto" de lo nuevo». Tras leer la innovadora novela de James Joyce, *Ulises,* declaró que era «pretenciosa» y «grosera desde el punto de vista literario». Sin embargo, cambió de opinión tras ser elogiada por la crítica. Sus novelas de mediados y finales de los años 1920 la definieron como autora. A los multisensoriales *La señora Dalloway* y *Al faro*, les siguió la polémica feminista *Una habitación propia* (1929), que explora las dificultades de las mujeres en una sociedad en la que los hombres tenían un poder desmesurado.

En una conferencia de 1931 dirigida a mujeres que aspiraban a ser profesionales, Woolf reclamó matar al «ángel de la casa», el encantador y desinteresado corazón del hogar que halaga con ternura las obras de los hombres. «Hice mi mayor esfuerzo por matarla» y lo que quedó fue una mujer joven en un dormitorio con tintero que «solo tenía que ser ella misma».

El estallido de la Segunda Guerra Mundial tuvo un gran impacto sobre los integrantes del Grupo de Bloomsbury. Woolf se retiró al campo a trabajar, pero sus ataques de depresión se agravaban cuando veía los efectos de los bombardeos sobre Bloomsbury. En 1941, a la edad de 59 años, escribió unas cuantas notas de despedida, llenó sus bolsillos de pesadas piedras y se dirigió al río Ouse para terminar con su vida. Dejó como legado diarios, cartas y ensayos, y nueve novelas «modernas» que continúan asombrando a los lectores.

△ **VITA SACKVILLE-WEST, c. 1925**
En 1922, empezó una relación entre Woolf y la joven Vita Sackville-West, quien se convirtió en su musa y amante y la inspiradora de *Orlando,* de 1928.

OBRAS CLAVE

1915
Fin de viaje refleja el viaje de la propia autora de un hogar represivo al intelectualmente estimulante Grupo de Bloomsbury.

1925
La señora Dalloway describe un día en la vida de la anfitriona. Introduce los demás personajes a través del monólogo interior.

1927
Al faro es el intento de la autora de entender su pasado, la naturaleza del tiempo y de la inmortalidad.

1928
Orlando es una farsa satírica de la historia de la literatura inglesa, basada en encuentros imaginarios entre escritores. Se considera un clásico del feminismo.

1929
Se publica *Una habitación propia,* en la que Woolf reclama un espacio para las escritoras, en una tradición literaria patriarcal.

Franz Kafka

1883-1924, CHECO

Kafka murió joven y dejó gran parte de su obra inacabada. Sus historias de alienación, que a veces incluyen elementos inquietantes, lo convierten en uno de los escritores más interesantes del siglo XX.

Franz Kafka nació en una familia judía de clase media de Praga, entonces parte del Imperio austrohúngaro. Su acomodada familia era de habla alemana; el padre, Hermann, era dueño de un negocio de venta de ropa de mujer y artículos de lujo, y la madre también trabajaba en la empresa. Hermann tenía un carácter fuerte, estridente, tenaz y dominante, y a su hijo le resultaba difícil tratar con él. Franz tenía tres hermanas y dos hermanos, pero estos últimos murieron jóvenes, y Franz quedó como el mayor de la familia.

Educación y trabajo

Kafka aprendió alemán en la escuela primaria y luego en el prestigioso Gymnasium estatal de Praga, pero también hablaba checo y estudió latín y griego. Terminó la escuela con buenas notas y fue a estudiar derecho a la Universidad de Praga, donde conoció a varios escritores, incluido Max Brod (ver recuadro, derecha), con quien comenzó una larga amistad. Dentro de su círculo, Kafka era conocido como un compañero agradable y divertido, rasgos que sorprenden a muchos lectores de su ficción, con su tratamiento de la lucha y la alienación.

En 1906 obtuvo el doctorado en derecho y empezó a trabajar para una empresa de seguros de Praga. No le gustaban las largas horas de trabajo, y un año después se trasladó a otra empresa de seguros donde se ocupaba de la reclamación de indemnizaciones para trabajadores contra empresas poderosas. En este entorno, Kafka habría presenciado las fuerzas legales y burocráticas que limitaban las libertades de un individuo, temas que informarían su trabajo posterior. Pronto ascendió a responsable del informe anual de la compañía, pero lo más importante fue que tuvo más tiempo para escribir, aunque, viviendo en casa de sus padres, también se esperaba que ayudara en el negocio familiar.

Cartas y amor

En 1912, Kafka conoció a Felice Bauer, una pariente lejana de Max Brod que trabajaba en Berlín. La pareja estaba muy unida, pero con la distancia, la relación se centró en una intensa correspondencia. Kafka le escribió regularmente (a menudo todos los días) de 1912 a 1917, y sus *Cartas a*

△ ***LA METAMORFOSIS*, 1915**
La primera edición de este famoso relato se publicó en 1915, aunque Kafka lo había terminado ya en 1912. Las complejas negociaciones con los editores, típicas de Kafka, demoraron su aparición.

SEMBLANZA
Max Brod

El escritor Max Brod (1884-1968) fue amigo de toda la vida de Franz Kafka desde que se conocieron en 1902. Tenían mucho en común: ambos eran judíos de habla alemana de Praga, habían estudiado leyes y tenían ambiciones literarias. Brod publicó varias novelas que combinaban fantasía, amor y misticismo, la más notable de las cuales fue *La redención de Tycho Brahe* (1916). Es recordado sobre todo como albacea literario de Kafka, como la persona que sacó a la luz pública su obra. En 1939, Brod escapó de Checoslovaquia a Palestina con una maleta llena de papeles de Kafka, solo unos minutos antes de que los nazis cerraran la frontera.

MAX BROD, c. 1937

« Mi **principio fundamental** es este: la **culpa** es siempre **indudable**. »

FRANZ KAFKA, *LA METAMORFOSIS*

▷ **FRANZ KAFKA, c. 1910**
Apuesto pero profundamente inseguro, Kafka sufrió depresión y ansiedad toda su vida. También se le conocen otras enfermedades, desde migrañas o insomnio hasta estreñimiento y forúnculos. Sus aflicciones aparecen totalmente reveladas en sus libros.

OBRAS CLAVE

1908
Contemplación, colección de relatos cortos, es la primera publicación de Kafka. Aparece en la revista literaria *Hyperion*, con sede en Múnich.

1915
La metamorfosis, un relato cercano por longitud a una novela, es el primer trabajo importante de Kafka en publicarse.

1925
El proceso, la novela más famosa de Kafka, de publicación póstuma, cuenta la historia de las luchas de Josef K contra la burocracia.

1926
El castillo, obra abandonada por Kafka en 1922, se publica finalmente dos años después de la muerte del autor.

1927
Se publica *América*, inacabada. Incluye detalles de las experiencias de los familiares de Kafka que habían emigrado a Estados Unidos.

▽ **BARRIO JUDÍO**
Kafka nació y vivió en el barrio judío de Praga y fue un miembro destacado de la intelectualidad judeoalemana de la ciudad. Aunque sus padres prestaron una atención superficial a la tradición judía, el propio Kafka se sintió cada vez más atraído por una identidad cultural judía y, bajo la influencia de Max Brod, por el sionismo.

Felice se publicaron en 1967. Su atención a los detalles y su carácter obsesivo (se preocupaba porque no le llegara una carta de su novia) revelan las profundas tensiones mentales de Kafka. La pareja se comprometió dos veces, pero las inhibiciones del autor (algunos biógrafos sugieren que se sentía culpable de sus fantasías sexuales, quizá homoeróticas) y su eventual enfermedad les impidió llegar a casarse.

Período productivo

Durante esta etapa, Kafka escribió y publicó algunos de los relatos por los que más tarde se haría famoso. *El proceso* fue escrito en una sola noche en 1912 y lo dedicó a Felice; su obra más famosa *La metamorfosis* salió a la luz en 1915. El relato de Kafka sobre un hombre que al despertar descubre que se ha convertido en un insecto es muy característico de su mezcla entre realidad y fantasía. La obra es memorable por la forma en la que describe hechos extraños con la prosa clara, sencilla y práctica característica de su estilo.

Siguieron a esta otras obras en prosa, algunas de las cuales se recopilaron en el volumen *El médico rural*. Cuando este se publicó en el año 1919, Kafka estaba enfermo de tuberculosis y solía tener períodos de baja laboral.

El mismo año, recibió una carta de la periodista y escritora Milena Jesenská, que quería traducir del alemán al checo uno de sus relatos, «El desaparecido». La pareja se escribió con frecuencia y cada vez con más pasión, pero solo se vieron en dos ocasiones. Kafka finalmente rompió la relación porque se hizo evidente que Jesenská no dejaría a su marido por él. Las *Cartas a Milena* se publicaron en el año 1952.

△ **RELACIONES DE KAFKA**
Kafka aparece aquí fotografiado en 1917 con su prometida Felice Bauer. Nunca se sintió cómodo con las relaciones, le desagradaba lo físico: para él, la intimidad estuvo siempre asociada a la culpabilidad.

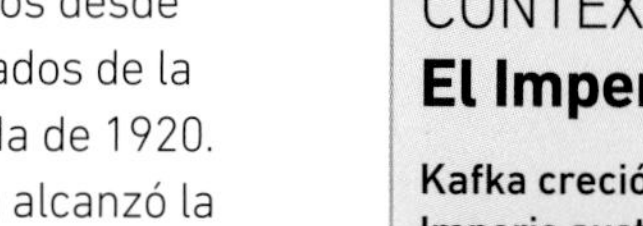

La enfermedad

De la correspondencia de Kafka se desprende claramente que se consideraba un mártir de su trabajo: «Mi inclinación a describir mi onírica vida interior ha desplazado al reino de lo accesorio todas las demás cosas», escribió en una entrada del diario, un sentimiento sin duda intensificado por su reclusión en su cuerpo enfermo. Kafka era consciente de que su tuberculosis era incurable, y en 1922 se retiró del trabajo y se trasladó a Berlín para concentrarse en su obra. Vivió con su amante, Dora Diamant, una maestra de 25 años, pero regresó a Praga cuando la enfermedad empeoró.

Legado literario

Kafka murió de tuberculosis en junio de 1924 en un sanatorio cerca de Viena. Antes de su muerte, le pidió a su amigo y albacea Max Brod que quemara sus manuscritos y que no volviera a publicar ninguna de sus obras. Sin embargo, Brod decidió que la obra era demasiado significativa para ser destruida, y empezó a publicar sus principales escritos desde mediados de la década de 1920. Kafka alcanzó la cima de la fama con tres novelas, *El proceso*, *El castillo* y *América*, y la colección de cuentos *La muralla china*. *El proceso* es la historia de Josef K, un empleado de banca acusado de un delito, aunque ni él ni el lector saben qué ha hecho. Con las herramientas típicas de la novela de misterio (suspense e intriga), narra la historia de todos los intentos de K para que se haga justicia, lo que le supone enfrentarse a una burocracia absurda y tortuosa. El protagonista de *El castillo*, también llamado K, es un agrimensor que llega a una aldea para hacer un trabajo, pero de nuevo tiene que luchar con la impenetrable burocracia. La novela fragmentaria *América* (titulada por Kafka *El desaparecido*) trata un tema similar, aunque con más humor.

▷ ***EL CASTILLO*, 1926**
Esta novela es la más humana de Kafka; trata de la búsqueda de compañía y respeto en un mundo sin esperanza aparente.

Realidad y fantasía

El tema común de los libros, la lucha generalizada del individuo contra una misteriosa y todopoderosa autoridad, ha llevado al adjetivo kafkiano a convertirse en sinónimo de situaciones, sistemas políticos y administrativos angustiosos, absurdos y laberínticos.

CONTEXTO

El Imperio austrohúngaro

Kafka creció como ciudadano del Imperio austrohúngaro, que duró hasta el final de la Primera Guerra Mundial e incluyó gran parte de Europa central y toda Bohemia, un territorio que ahora forma parte de la República Checa. El sentimiento de aislamiento de Kafka fue en gran medida producto de este Imperio tan diverso: para los checos era un privilegiado de habla alemana; para la mayoría católica y protestante era judío; y para muchos judíos no era lo suficientemente religioso.

BANDERA DEL IMPERIO AUSTROHÚNGARO

Burocracia y aislamiento

Para muchas personas que leyeron sus obras después de la Segunda Guerra Mundial, las novelas de Kafka parecían profetizar cómo las autoridades comunistas, en Checoslovaquia y en otros países de Europa central y oriental, atrapaban a las personas, reprimían su personalidad y aplastaban su espíritu.

Sin embargo, el modelo sobre el aislamiento que exploró Kafka en sus libros se basa en la vida dentro de la compleja burocracia del Imperio austrohúngaro y, específicamente, el aislamiento que sufrió a diario en Praga (ver recuadro, arriba). Sus obras también se hicieron eco del tratamiento de temas similares por parte de escritores psicológicos anteriores como Dostoyevski, e incorporaron elementos del movimiento expresionista de vanguardia aparecido en Alemania a principios del siglo xx.

Pese a su reducida obra, la capacidad de Kafka para presentar hechos extraños en una prosa sencilla y directa, y el uso de la parábola y la fábula en sus cuentos dejó una huella indeleble en la literatura del siglo xx.

▽ **DORA DIAMANT**
Kafka conoció a Dora, una judía nacida en Polonia y su última compañera, en unas vacaciones en Muritz, en la costa báltica. Tras la muerte de Kafka, intentó ser actriz en Berlín, pero se vio obligada a huir a Inglaterra al llegar los nazis al poder.

« A menudo es más **seguro** estar **encadenado** que **ser libre**. »

FRANZ KAFKA, *EL PROCESO*

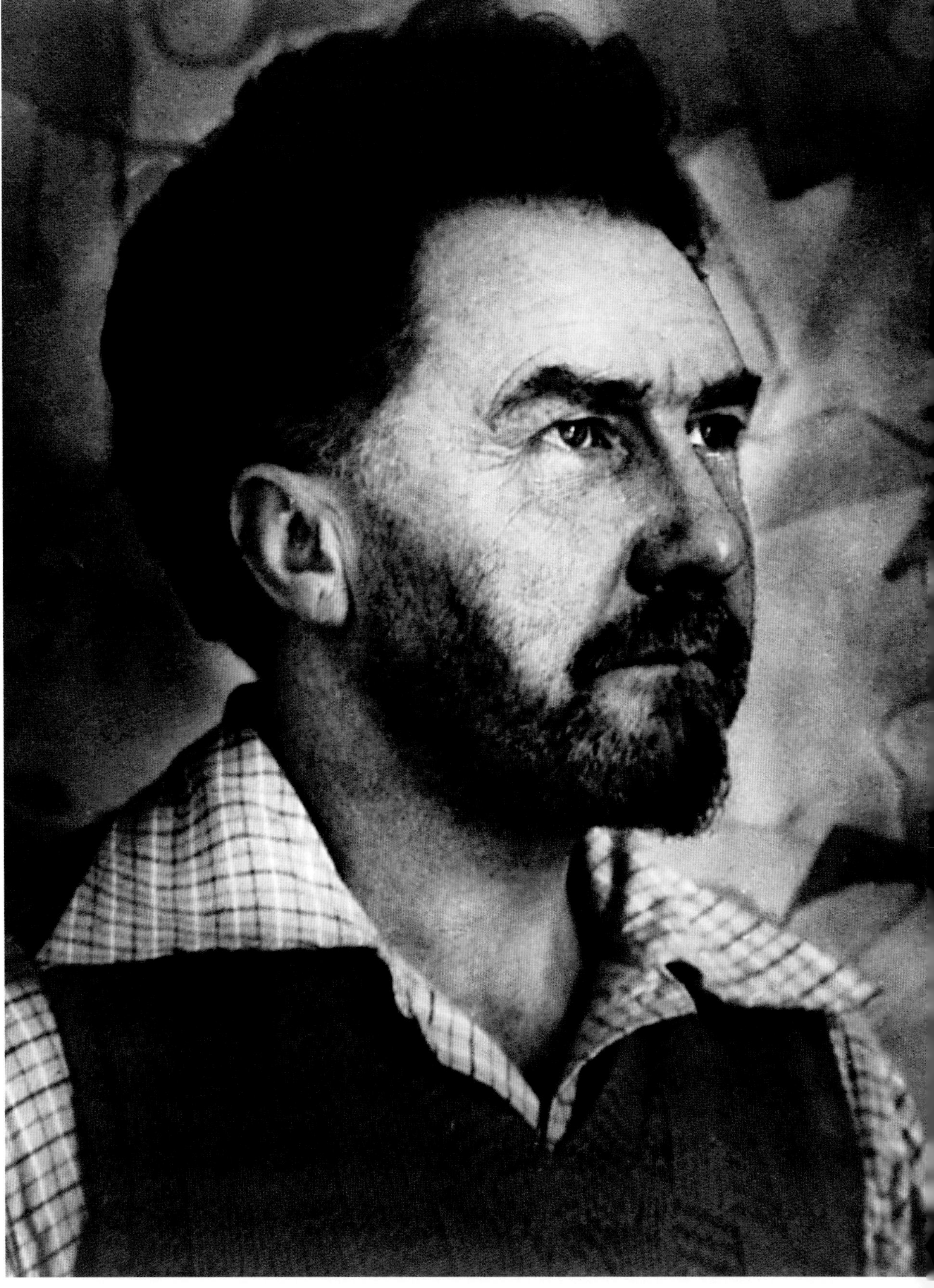

▷ **EZRA POUND, c. 1930**
Cuando se hizo esta fotografía, Pound vivía en Rapallo, Italia. Detrás de él hay un cuadro (no identificado) en el característico estilo del vorticismo, movimiento artístico en el que Pound estuvo estrechamente involucrado.

Ezra Pound

1885-1972, ESTADOUNIDENSE

Pound se hizo un nombre en Londres y París, donde se estableció como un innovador poeta, traductor y editor modernista. Sin embargo, su reputación se vio empañada por sus actividades profascistas y antisemitas.

« La **gran literatura** es simplemente **lenguaje cargado** con significado al **mayor grado posible.** »

EZRA POUND, *EL ABC DE LA LECTURA*

Ezra Loomis Pound nació el 30 de octubre de 1885 en la ciudad minera de Hailey, Idaho, donde su padre Hector trabajaba en el Land Office. A su madre, Isabel, no le gustaba vivir en el pequeño pueblo, y la familia se trasladó a Wyncote, al norte de Filadelfia, donde el joven Ezra asistió a varias escuelas antes de ser enviado a la Academia militar de Cheltenham en 1897. Tras asistir a una escuela secundaria local, logró entrar en la Universidad de Pensilvania en 1901.

Carrera académica

En la universidad, Pound tuvo su primer romance serio con Hilda Doolittle, y conoció a su amigo de toda la vida, el poeta William Carlos Williams. Se estableció en Nueva York para completar sus estudios, se graduó en el Hamilton College en 1905 y regresó a la Universidad de Pensilvania para hacer un doctorado sobre poesía trovadoresca. Por entonces ya tenía un considerable conocimiento de la literatura europea y hablaba varios idiomas. La carrera académica de Pound terminó después de unos meses desastrosos en el conservador Wabash Presbyterian College en Crawfordsville, Indiana, donde no se toleró su estilo de vida bohemio. La relación laboral se rompió cuando permitió que una corista, atrapada en una tormenta de nieve, se quedara en su habitación toda la noche. A pesar de su insistencia en que no había ocurrido nada inapropiado, fue despedido en febrero de 1908.

Viajes a Europa

Tras romper su compromiso con Hilda, partió hacia Venecia, donde publicó su primer volumen de poemas, *A Lume Spento.* Sin casi dinero, se dirigió a Londres, llevando consigo copias de su libro. Se acercó al librero y editor Elkin Matthews, quien aceptó ayudarle a promover su obra, y *A Lume Spento* pronto le permitió ingresar en los círculos literarios londinenses. Entre las personas que conoció se encontraba la novelista Olivia Shakespear, quien le presentó a otros escritores, incluido W. B. Yeats. Pound comenzó un largo noviazgo con la hija de Shakespear, Dorothy, una joven pintora, que culminó en matrimonio en 1914.

◁ **HILDA DOOLITTLE**
Doolittle, que publicó como H. D., fue miembro del imaginismo, grupo de vanguardia. Pound tuvo una gran influencia en el desarrollo de Doolittle como poeta y escritora.

Experimentos modernistas

En un momento de innovación artística, Pound estaba ansioso por desarrollar un nuevo estilo «moderno» de poesía. Se asoció a la corriente estética del «imaginismo» (centrado en la idea de la imagen como principio organizador de la poesía), iniciado por el poeta y filósofo T. E. Hulme. Pound buscó inspiración en amigos artistas, entre ellos el pintor Wyndham Lewis y el escultor Henri Gaudier-Brzeska, que estaban desarrollando un estilo geométrico poscubista que Pound denominó «vorticismo».

Hilda Doolittle llegó a Londres en 1911 e influyó en el giro de la poesía de Pound. A pesar de haber roto su breve compromiso antes de abandonar EE. UU., Pound y Doolittle siguieron muy unidos y, junto con el poeta Richard Aldington (más tarde el marido de Doolittle), fundaron un movimiento poético que llamaron imaginismo, basado en la gran claridad de expresión en poemas breves de verso libre.

Pound se cansó pronto del grupo porque pensaba que no avanzaba en modernidad, y empezó a interesarse por la poesía oriental, especialmente por el uso de un lenguaje condensado, sin palabras superfluas y llamativas imágenes. En 1913, se puso a traducir poemas chinos y se dio cuenta de que era el estilo que quería adoptar en su propia poesía: concisa, directa y dinámica.

ESTILO

Vorticismo e imaginismo

Movimiento artístico nacido en los años previos a la Primera Guerra Mundial, el vorticismo intentaba captar el dinamismo y el ritmo del siglo xx, rechazando la superficialidad y la complacencia de la cultura británica. Combinaba la fragmentación cubista con una estética de la era de la máquina, y sus exponentes clave incluían a Wyndham Lewis, Jacob Epstein y Henri Gaudier-Brzeska, a quienes Pound encargó el busto geométrico de bordes afilados en mármol de abajo. El movimiento literario de Pound, Imaginismo, tenía muchos paralelismos con el Vorticismo, como se ve claramente en *Cantos*, en que se yuxtaponen imágenes fragmentarias, ideas, alusiones y citas para lograr un efecto impactante.

CABEZA HIERÁTICA DE EZRA POUND, HENRI GAUDIER-BRZESKA, 1914

> « Los **buenos escritores** son aquellos que **conservan** la **eficiencia del lenguaje.** Es decir, lo **mantienen preciso, claro.** »
>
> EZRA POUND, *EL ABC DE LA LECTURA*

Pound logró cierto éxito comercial con sus colecciones *Personae* (1909) y *Ripostes* (1912), y se embarcó en un nuevo proyecto importante: un poema épico complejo y desafiante que más tarde se convertiría en *Cantos*. También trabajó como corresponsal en Londres de la revista *Poetry*, en la que defendió su propio trabajo y el de sus amigos, incluidos H.D. y Richard Aldington, y W.B. Yeats, y promovió las primeras obras escritas por James Joyce y T.S. Eliot.

Desilusión de la posguerra

Con el estruendo de la Primera Guerra Mundial a su alrededor, Pound se deprimió y desilusionó cada vez más. Tras el conflicto, le indignó lo que consideraba una falta de rumbo social y político, lo que reflejaba su propia falta de objetivos. Dedicó gran parte del tiempo a estudiar economía y política, y se volvió muy crítico con la sociedad británica. En el largo y satírico poema en dos partes *Hugh Selwyn Mauberley* (1920) retrata a un poeta decepcionado y discordante con una sociedad moderna materialista y ciega al arte, y solo desea «una imagen de su acelerada mueca».

De París a Italia

Cansados de Londres, Pound y Dorothy se instalaron en París en 1921. Siguió trabajando en *Cantos* y se hizo conocido con la publicación de comentarios críticos sobre *La tierra baldía* de Eliot y relatos de su amigo Hemingway. En París, Pound inició un romance con la violinista Olga Rudge que duraría toda la vida. Ni a él ni a Dorothy les

▽ **RAPALLO, ITALIA**
El balneario de Rapallo se convirtió en refugio de escritores y artistas modernistas. Además de a Pound, atrajo a W. B. Yeats y a poetas jóvenes como Basil Bunting y Louis Zukofsky.

entusiasmaba la ciudad y en 1924 se fueron a Rapallo, Italia, donde Pound tenía la sensación de que podía trabajar en paz.

Pero aquella paz se rompió súbitamente con la llegada de Olga, que estaba embarazada y esperaba un hijo de Pound. Dorothy, que hasta entonces había hecho la vista gorda ante las infidelidades de su esposo, se separó de él cuando supo del nacimiento de su hija Mary, pero ella también estaba embarazada y la pareja se reunió antes del nacimiento de su hijo Omar en París en 1926. Pound continuó escribiendo y publicó los primeros volúmenes de *Cantos* y *Personas*, en los que presentaba una colección de poemas. Mientras, Mary era atendida por una madre adoptiva y Omar por la madre de la propia Dorothy, en Londres.

◁ **OLGA RUDGE**
Durante muchos años tras la Segunda Guerra Mundial, Olga Rudge se dedicó a defender a Pound de los cargos formulados por el gobierno de Estados Unidos.

Política y arresto

Los Pound se habían trasladado a Italia poco después de que Benito Mussolini y su partido fascista llegaran al poder. Pound era un gran admirador del Duce, y se hizo cada vez más activo políticamente durante la década de 1930. Tanto es así que en 1939 regresó a Estados Unidos para intentar persuadir al gobierno de que no se involucrara en el conflicto inminente. También se convirtió en partidario del nazismo de Hitler durante la Segunda Guerra Mundial y transmitía por Radio Roma sus idearios fascistas y antisemitas.

Cuando las Fuerzas Aliadas invadieron Italia en mayo de 1945, Pound fue arrestado por traición y detenido en un campo de prisioneros cerca de Pisa. Confinado y en pésimas condiciones, aún logró escribir y compuso lo que se conoció como *Cantos pisanos*. En noviembre, fue trasladado a Estados Unidos para ser juzgado, pero finalmente fue declarado loco e internado en el hospital de St Elizabeth de Washington. A pesar de su aparente inestabilidad, fue en este período cuando produjo gran parte de su mejor trabajo en *Cantos*.

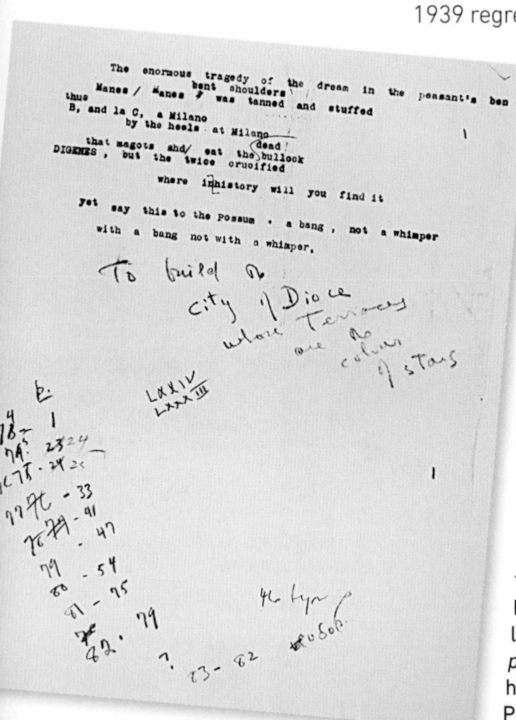
The enormous tragedy of the dream in the peasant's ben
bent shoulders
Manes / Manes / was tanned and stuffed
thus
B, and la C, a Milano
by the heels at Milano
that magots ahd/ eat the dead bullock
DIGENES , but the twice crucified
where in history will you find it
yet say this to the Possum . a bang , not a whimper
with a bang not with a whimper,

◁ ***CANTOS PISANOS***
En este manuscrito aparecen los primeros versos de *Cantos pisanos*, compuestos por Pound hacia 1945. La obra ganó el Premio Bollingen en 1948.

Legado incómodo

Los amigos y colegas de Pound hicieron campaña en favor de su liberación, que se le concedió en 1958. Regresó de inmediato a Italia, aparentemente impenitente: al llegar a Nápoles hizo el saludo fascista. Él y Dorothy vivieron con Mary por un tiempo en el Tirol, luego regresaron a Rapallo, donde se unieron a Olga en un trío incómodo, hasta que Dorothy se fue a vivir con Omar a Londres.

A lo largo de la década de 1960, Pound era un hombre roto, que sufría depresión y baja estima, y su salud en declive solo le permitió escribir *Drafts and Fragments: Cantos CX-CXVII*. Su reputación se vio comprometida por sus puntos de vista abiertamente fascistas, y la opinión en general está dividida sobre si debe honrársele como poeta. Murió el día después de su 87 cumpleaños, durante una estancia en la ciudad de Venecia en compañía de Olga.

CONTEXTO

Ideas fascistas

Para Pound, la sociedad occidental había perdido su orientación cultural, económica y política después de la Primera Guerra Mundial. Creía que la solución residía en los principios de comunidad nacional (unidad en la lucha contra la burguesía) propugnada por Mussolini en Italia. Al principio, sospechaba del fascismo alemán, pero siguió los pasos del Duce en su acercamiento a Hitler a mediados de la década de 1930. Consideraba la «usura» judía como una amenaza existencial y defendió públicamente el derecho de Alemania e Italia a gobernar sobre los pueblos «inferiores» de Europa oriental, Asia y África. Más tarde renunció a sus ideas, al menos en público, admitiendo que «el peor error que cometí fue ese prejuicio estúpido del antisemitismo».

ADOLF HITLER JUNTO A BENITO MUSSOLINI

OBRAS CLAVE

1908
Aparece *A Lume Spento*, primer libro de poesía de Pound, publicado de su bolsillo.

1915
Se publica *Cathay*, versión de versos libres de la traducción de poemas chinos de Ernest Fenollosa.

1920
Hugh Selwyn Mauberley marca un punto de inflexión en su carrera al irse de Inglaterra al continente.

1925
La primera colección de *Cantos*, poema épico de Pound, se publica como *A Draft of XVI Cantos*.

1948
Cantos LXXIV-LXXXIV, escritos mientras estuvo detenido cerca de Pisa, se publica como *Cantos pisanos*.

1969
La sección final inacabada de *Cantos* se publica como *Drafts and Fragments: Cantos CX-CXVII*.

D. H. Lawrence

1885-1930, INGLÉS

Las obras de Lawrence provocaron acusaciones de obscenidad y antimilitarismo, y fueron repetidamente corregidas por censores. Su intensa vida personal fue también considerada escandalosa.

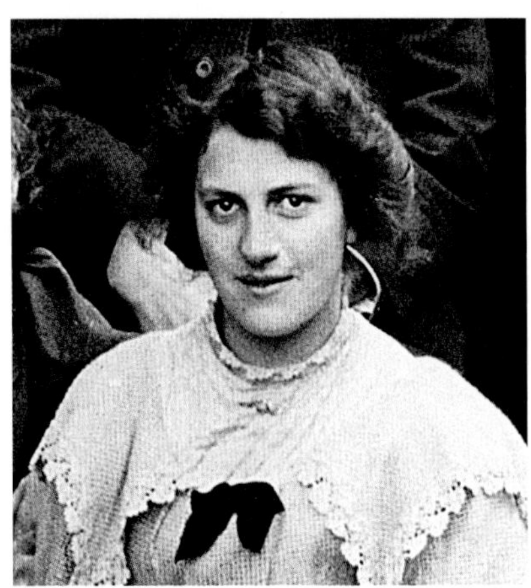

◁ **JESSIE CHAMBERS**
Lawrence se inspiró en su amiga Jessie Chambers para construir el personaje de Miriam Leivers en *Hijos y amantes*. Jessie luego relató la infancia y juventud de Lawrence.

En su corta vida, David Herbert Lawrence escribió 12 novelas, numerosos cuentos, unos 800 poemas, obras de teatro y ensayos. Es considerado uno de los mejores escritores de la literatura inglesa moderna por la conmovedora evocación de la naturaleza y la sincera descripción del cambio social, de las relaciones familiares y sexuales, y de las complejidades del deseo. Su novela semiautobiográfica *Hijos y amantes* (1913) describe sus primeros años de vida en la pobre comunidad minera de Eastwood, junto a sus padres, Arthur y Lydia.

Aliento y adversidad

Acosado en la escuela por su fragilidad física, Lawrence se hizo amigo de Jessie Chambers, una niña que vivía en Haggs Farm, cerca de su casa. En Jessie encontró una confidente, una musa y una igual intelectual, y en Haggs Farm y sus alrededores, su «primer incentivo para escribir». En 1901, le sorprendió la repentina muerte de su hermano, enfermó de neumonía, pero empezó a trabajar de maestro e inició su primera novela, *El pavo real blanco*.

En 1906, fue a Nottingham a sacarse un certificado de maestro. Se produjo un giro cuando Jessie envió parte de su poesía a Ford Madox Hueffer, editor de *The English Review*, cuyo aliento galvanizó la ambición de Lawrence. Sin embargo, su progreso se vio frustrado por la neumonía, la muerte de su amada madre y una serie de relaciones poco adecuadas que le llevaron a abandonar su puesto de profesor y regresar a Eastwood.

En 1912, Lawrence conoció a Frieda Weekly, la esposa de su exprofesor y madre de tres hijos. Se enamoraron apasionadamente y en pocos meses se fugaron a Europa. Su relación, que perduró hasta la muerte de Lawrence, sufrió por la mala salud y la pobreza, pero con Frieda, Lawrence descubrió nuevas ganas de escribir. Viajaron ampliamente, y Lawrence publicó el primero de sus ensayos sobre la vida en el extranjero, *Crepúsculo en Italia* (1916). A su regreso, Gran Bretaña se hallaba bajo la sombra de la guerra y la nacionalidad alemana de Frieda despertó recelos. Aislado en Cornualles, Lawrence terminó la novela *El arco iris* (1915), que fue prohibida. Desafiante, continuó trabajando en *Mujeres enamoradas*.

En 1919, la pareja abandonó Gran Bretaña y emprendió una vida itinerante que duró más de una década. Lawrence describió estos viajes como un «peregrinaje salvaje». Su desasosiego los llevó por todas partes, de Europa, a Ceilán, las Américas y Australia. Aparte de tres breves visitas a casa, Lawrence siguió siendo un expatriado. No obstante, estaba preocupado por Gran Bretaña, el sistema de clases y su gente, que encontraron plena expresión en su última novela, *El amante de Lady Chatterley*.

« **El dinero envenena** cuando se tiene, y **mata de hambre** cuando no se tiene. »

D. H. LAWRENCE, *EL AMANTE DE LADY CHATTERLEY*

ESTILO

Escribir en dialecto

Las novelas de Lawrence presentan un elenco de personajes de Nottinghamshire, cuyo discurso coloquial y lenguaje rítmico dan vida al retrato de la vida del escritor en los pueblos y aldeas mineras del condado. Lawrence conoció a fondo el dialecto local y lo usó en sus obras. También escribió poesía en dialecto, lo que le permitió superar las dificultades cotidianas descritas en su verso con ironía.

MINEROS DEL CARBÓN DE NOTTINGHAM CAMINO A CASA

◁ ***EL AMANTE DE LADY CHATTERLEY***
Basado en el romance entre lady Ottoline Morrell y un joven obrero, la historia inventada por Lawrence fue fuertemente censurada por sus escenas sexuales y su lenguaje. En 1960, la editorial Penguin finalmente publicó una versión sin censurar

▷ **D. H. LAWRENCE**
A pesar de la mala salud, Lawrence fue un escritor prolífico. Su obra es en gran medida autobiográfica y hace referencia a sus primeros años en Nottinghamshire. Murió de tuberculosis en Vence, Francia, a los 44 años.

Raymond Chandler

1888-1959, ESTADOUNIDENSE

Chandler es el mejor escritor de novela negra de todos los tiempos. Su personaje más conocido, el detective Philip Marlowe, personifica el cinismo y el pesimismo de los años de la Gran Depresión.

▷ **CHANDLER CON TAKI, AÑOS 1940**
Chandler aparece aquí con su amado gato, Taki, al que se refería como su «secretario». Se imaginó con cariño que Taki le miraba diciéndole: «Lo que estás haciendo es una pérdida de mi tiempo, amigo».

Raymond Thornton Chandler nació en 1888 en Chicago, hijo de un ingeniero ferroviario alcohólico. Sus padres se separaron y el niño se trasladó a Gran Bretaña con su madre irlandesa. Se establecieron en Londres, donde asistió al Dulwich College. Fue un excelente alumno y, después de terminar la escuela, aprobó los exámenes de funcionario del Almirantazgo, pero lo dejó después de apenas un año.

Sin saber qué dirección tomar, trabajó como periodista en el *Daily Express*, antes de regresar a Estados Unidos en 1912. Se instaló en Los Ángeles al año siguiente y realizó varios trabajos como encordar raquetas de tenis y recoger fruta. Al estallar la guerra, se alistó en la Fuerza Expedicionaria de Canadá y sirvió en Francia; tras el Armisticio, regresó a Los Ángeles.

Del petróleo al amarillismo

Chandler encontró cierta estabilidad cuando conoció a Pearl «Cissy» Pascal. Formaban una pareja extraña (ella se había divorciado dos veces y era 18 años mayor que él), pero se casaron en 1924. Por entonces, Chandler trabajaba en una empresa petrolera, en la que ascendió de contable a vicepresidente.

Las cosas fueron bien hasta 1930, cuando el matrimonio comenzó a fallar y la Depresión afectó el negocio de Chandler. Borracho y mujeriego, en 1932 fue despedido. Durante este período sombrío leyó muchas revistas sensacionalistas, «porque eran lo suficientemente baratas como para tirarlas». Recurriendo a su experiencia periodística, Chandler comenzó a escribir literatura barata, y su primer cuento se publicó en *Black Mask* en 1933, con buena acogida. A los 45 años, había encontrado su vocación. Los relatos de Chandler encajaban perfectamente con el género de novela de detectives, por su estilo duro, su forma directa de reflejar la ley seca y el crimen organizado que la acompañó. Este estilo se había iniciado en la década de 1920 con Carroll John Daly y Dashiell Hammett, pero Chandler lo elevó a un nuevo nivel. El héroe central de estos *thrillers* era invariablemente un detective. Con Daly había surgido Race Williams, y con Hammett, Sam Spade, pero el Philip Marlowe de Chandler eclipsó a ambos. Era algo así como un antihéroe, un romántico magullado, que podía ser amable con las víctimas, pero duro e inflexible con los violentos matones con los que se enfrentaba.

Novelista y guionista

La primera novela de Chandler, *El sueño eterno*, que reelaboraba dos de sus cuentos publicados en *Black Mask*, apareció en 1939. Fue un éxito instantáneo y pasó rápidamente al cine. Chandler no tardó en tener trabajo como guionista. Coescribió con Billy Wilder el guión de *Perdición*, basado en el clásico de la novela negra *Pacto de Sangre*. Escribió solo siete novelas antes de sucumbir al alcoholismo. Todas menos una fueron llevadas al cine y todas son lecturas esenciales.

◁ ***EL SUEÑO ETERNO***
Humphrey Bogart interpretó a Philip Marlowe en la adaptación de Howard Hawks de *El sueño eterno* (1946). Era el vehículo perfecto para el brillante diálogo de Marlowe, lleno de bromas cínicas, como correspondía a un hombre que había visto el mundo en su peor momento y sin un futuro mejor.

CONTEXTO
Black Mask

Fundada en 1920, *Black Mask* era la revista líder en literatura barata de su época, una salida para escritores que empezaban a destacar en los años 20 y 30. Paul Cain, Dashiell Hammett y Erle Stanley Gardner publicaron en ella. Chandler era un fan, y afirmaba que «algunos de los textos eran... contundentes y honestos». Publicó algunos de sus relatos en *Black Mask*, incluido el primero: «Los chantajistas no disparan». La revista desapareció en 1951.

***BLACK MASK*, EDICIÓN DE ENERO DE 1936**

▷ **T. S. ELIOT, c. 1959**
Cuando se tomó esta fotografía, T.S. Eliot era uno de los poetas más galardonados de la historia; había recibido la Orden del Imperio Británico, el Premio Nobel de Literatura, la Medalla de Oro Dante y el Premio Goethe.

T. S. Eliot

1888-1965, ESTADOUNIDENSE

La poesía de Eliot contribuyó a dar forma y voz al movimiento modernista y al desencanto de una época. Pero la vida personal del escritor se vio empañada por la infelicidad y, a veces, por la ansiedad y la depresión.

« Así es como **termina el mundo**. No con una **explosión**, sino con un **gemido**. »

T.S. ELIOT, *LOS HOMBRES HUECOS*

T.S. Eliot nació y pasó la infancia en St Louis, Misuri, Estados Unidos, lo que, en su opinión, le marcó. Más tarde se transformó en hombre de letras, editor y dramaturgo establecido en Londres. Políglota con títulos de Harvard en literatura comparada y filosofía, abrazó en su poesía madura el desorden y la fragmentación, y buscó el equilibrio entre la música y el ritmo del discurso con referencias académicas.

De Estados Unidos a Inglaterra

Thomas Stearns Eliot, llamado así por su abuelo materno, fue el último de los seis hijos sobrevivientes nacidos del exitoso empresario Henry y su esposa Charlotte, que escribía poesía. Desde temprana edad, Eliot fue muy estudioso; los biógrafos lo atribuyen en parte a una hernia congénita que le impedía realizar actividades físicas y que le inclinó hacia la literatura. Comenzó a escribir poesía a los 14 años, pero tardó tiempo en desarrollar un estilo propio; sorprendió su debut con «La canción de amor de J. Alfred Prufrock», que no se publicó hasta pasados 13 años.

Después de Harvard y la Sorbona, Eliot aceptó una beca para Merton College, Oxford, en 1914, justo cuando estalló la guerra. A menudo se escapaba a Londres y se quejaba de la vida de los académicos: «No me gusta estar muerto». En la capital, conoció a su defensor de toda la vida y exiliado estadounidense, Ezra Pound. Los dos escritores colaboraron ampliamente, uniendo sus energías para escribir y promover la poesía modernista.

En 1915, Eliot se casó con Vivien Haigh-Wood, unión que se vio afectada por disputas y crisis, en gran parte debido a la frágil salud física y mental (según algunos) de Vivien. En 1933 se separaron. Sin embargo, esta relación disfuncional estimuló la creatividad de Eliot, especialmente en el poema *La tierra baldía* (1922), que había empezado a escribir cuando se estaba recuperando de un episodio de depresión. El poema está estructurado en torno a la leyenda del Santo Grial y tiene referencias a la literatura clásica de diversas culturas. Deliberadamente oscuro y difícil, marcó un hito en el modernismo, y es considerado una de las obras más influyentes del siglo xx.

Éxito editorial

Cuando se publicó *La tierra baldía*, Eliot fundó *Criterion*, que se convertiría en una importante revista literaria; dos años más tarde, dejó su trabajo habitual en un banco para convertirse en director de la editorial Faber & Gwyer (más tarde Faber & Faber). En esta halló su verdadera profesión y durante cuatro décadas promocionó y publicó la obra de escritores como W.H. Auden, Ezra Pound y Ted Hughes, así como su propio trabajo. También se hizo famoso por posponer la publicación del *Ulises* de Joyce y rechazar la novela alegórica de Orwell *Rebelión en la granja*.

Últimos años

En 1927, Eliot obtuvo la ciudadanía británica. Más tarde describió su doble nacionalidad como la clave de su éxito: «no sería como es si hubiera nacido en Inglaterra, y no sería lo que es si me hubiera quedado en América». En 1957 se casó con su secretaria Esme Valerie Fletcher, 38 años más joven que él. Ocho años después, en 1965, murió de enfisema y sus cenizas se esparcieron por su aldea ancestral, East Coker, que aparece en *Cuatro cuartetos*.

CONTEXTO

Fe y poesía

Eliot se crio en una familia unitaria, y se dio cuenta de que los valores puritanos podían contribuir al bien social. En la universidad, conoció una amplia gama de creencias orientales y occidentales. Su conversión en 1927 al anglocatolicismo, una rama ortodoxa del anglicanismo, sorprendió a muchos de sus contemporáneos modernistas, para quienes casi cualquier religión era un anatema. Sus creencias influyeron en la temática de su poesía posterior, especialmente en *Cuatro cuartetos*, cuatro poemas relacionados, que se centran en la relación del individuo con el tiempo, el universo y lo divino.

CUATRO CUARTETOS, PRIMERA EDICIÓN, 1943

▽ **POETA Y EDITOR**

T.S. Eliot (a la izquierda) en una reunión de la junta directiva de la editorial Faber & Faber en Londres el 25 de marzo de 1944, sobre la mejor manera de aumentar la cuota de papel en tiempos de guerra.

▷ **JEAN RHYS, 1921**
La joven Rhys, captada por el fotógrafo londinense Pearl Freeman en el momento en que experimentaba con su escritura.

Jean Rhys

1890-1979, DOMINIQUESA

La agitada vida de Rhys estuvo marcada por la prostitución, el alcoholismo y la desesperación, temas que dieron forma a su ficción, en que critica la difícil situación de los marginados y desposeídos.

Jean Rhys llamó la atención a mediados de la década de 1960 con *Ancho mar de los Sargazos*, especie de precuela sobre la recluida «criolla blanca» Bertha Mason, personaje de la novela de Charlotte Brontë, *Jane Eyre* (1847). Sobre su predecesora literaria, Rhys (también criolla blanca) escribió: «Brontë debió tener algo en contra de las Indias Occidentales. De lo contrario, ¿por qué tomó una antillana para esa horrible lunática?». La historia personal de Rhys marca su «vindicación de la mujer loca» (ver recuadro, derecha).

Historia colonial

Ella Gwendolen Rees Williams, más tarde Jean Rhys, nació en la isla Dominica en 1890. Hija de madre criolla y padre galés, y bisnieta de un terrateniente colonial, en la escuela la llamaban «la cucaracha blanca». Este trasfondo colonial, y el rechazo de su madre por ser demasiado blanca, contribuyeron a que Rhys se sintiera forastera, tema que se repite en sus novelas y su autobiografía inacabada, *Una sonrisa, por favor* (1979).

En 1907, con 16 años, muy versada en Shakespeare, Dickens, Milton y Byron, fue enviada a Inglaterra para vivir con su tía, quien se irritó ante la negativa de su sobrina a mostrar «el debido agradecimiento al país por una joven de las colonias». En Dominica, la piel pálida de la niña la había marcado como a una forastera y ella «rezaba por ser negra». En Inglaterra, no era lo bastante blanca: la insultaban en la escuela de Cambridge y se burlaban de su acento. A partir de entonces solo hablaba con un susurro. Tras dos trimestres en la Academia de Arte Dramático de Londres en 1908 y una breve etapa en un coro femenino, su vida se convirtió en un caos en Londres y París. Añoraba el Caribe, y, empobrecida, desarraigada e inestable, tuvo una serie de relaciones dañinas, recurrió al alcohol y a la prostitución. Comenzó a escribir en serio después del rechazo de uno de sus amantes, el escritor y editor Ford Madox Ford, y escribió una serie de obras angustiosas, incluyendo *Posturas* (1928), *Después de dejar al señor Mackenzie* (1931), *Viaje a la oscuridad* (1934) y *Buenos días, media noche* (1939).

◁ **FORD MADOX FORD**
El escritor inglés tuvo gran influencia en la literatura de la década de 1920 a través de las revistas literarias que editó. Su aventura con Rhys duró un año y medio.

Desafiar al poder

Rhys adoptó en sus novelas un lenguaje descarnado, con una prosa directa y sin adornos, notable por su capacidad para crear una sensación de tensión claustrofóbica y emotiva. Rica en elementos posmodernistas como el uso de múltiples puntos de vista, giros narrativos y técnicas de monólogo interior, sus obras abarcan temas clave, como las relaciones de género, la identidad y la opresión. Como señaló un comentarista, Rhys «desenmascara... el lenguaje usado por los poderosos para mantener el control». Su obra ha estado a la vanguardia de la teoría feminista y poscolonial desde principios de los años 1980. *Ancho mar de los Sargazos*, un texto clave de la literatura poscolonial, se lee en todo el mundo por la brillantez y complejidad de su respuesta a una de las grandes novelas inglesas.

De la oscuridad a la fama

Rhys se casó tres veces; dos de sus esposos fueron encarcelados por corrupción financiera. Su hijo murió tres semanas después de nacer y su hija pasaba largos períodos lejos de ella. Durante y después de la Segunda Guerra Mundial, su vida continuó siendo turbulenta, incluyendo detenciones por embriaguez, por problemas psiquiátricos y un breve período en la cárcel. Vivió como una reclusa durante dos décadas o más, y muchos creyeron que estaba muerta, pero reapareció en 1966 con *Ancho mar de los Sargazos*, un libro que había tardado cerca de 20 años en escribir. Rhys fue galardonada con el prestigioso W. H. Smith Literary Award el año siguiente, pero dijo que el reconocimiento había «llegado demasiado tarde». Murió en un asilo de ancianos de Exeter en 1979, sola y alcohólica.

◁ **ROSEAU, DOMINICA**
Rhys nació en la capital de Dominica, en las Indias Occidentales. Era una sociedad dividida por criterios raciales: la esclavitud no fue abolida en la isla hasta 1834.

CONTEXTO

La otra historia: la loca del desván

Ancho mar de los Sargazos **es una especie de precuela de Bertha Mason, la mujer criolla confinada en un desván por su esposo, el señor Rochester, en** ***Jane Eyre*** **de Brontë. En el argumento de Rhys, la heredera criolla se casa con Rochester, un inglés empobrecido, que hereda todo el dinero de ella y la lleva de Jamaica a Inglaterra, donde cae en la desesperación y la locura.**

Mientras que en el texto de Brontë la demencia de Bertha está relacionada con su «incivilizado» lugar de origen, en la obra de Rhys la traición y el abuso de poder de su marido desencadenan su locura y su alienación en una tierra hostil. El texto, por lo tanto, ofrece una visión alternativa de la locura femenina y de la diferencia colonial. Sin embargo, el uso de Rhys de voces diferentes empaña el sentido del relato. El estilo fragmentado subraya la lucha de la mujer por encontrar su propia voz y dar sentido a su mundo fracturado, una llamada a pasar del caos a la estabilidad de la heroína de Brontë, ***Jane Eyre*****.**

ANCHO MAR DE LOS SARGAZOS

Marina Tsvetáyeva

1892-1941, RUSA

El turbulento período que va desde el gobierno zarista al totalitarismo soviético, fue el telón de fondo de la vida inestable de Tsvetáyeva. Encontró consuelo en la poesía, que escribía con un estilo muy personal y lírico.

◁ ***DONCELLA REINA, UN CUENTO DE HADAS*, 1922**
La poesía de Marina Tsvetáyeva es conocida por sus rápidos giros de ritmo, inusual sintaxis y referencias a canciones populares rusas.

Marina Tsvetáyeva nació en Moscú en 1892 en una familia de intelectuales. Su madre, María, una pianista de conciertos frustrada, fue la segunda esposa de un profesor de historia del arte, y había una tensión constante entre Marina y sus hermanastros. La familia viajaba con frecuencia por Europa, y Marina se educó en Italia, Suiza y Alemania.

En 1908, estudió historia de la literatura en la Sorbona; y en 1910, autoeditó su primera colección de poemas, *Álbum de la tarde*.

Instalada en Crimea, se unió a un círculo de escritores con sede en el centro turístico de Koktebel, en el mar Negro. Fue allí donde conoció a Sergei Efron, un poeta y cadete de la Academia de Oficiales, con quien se casó en 1912. Tuvieron dos hijas, Irina y Alya, y aunque el matrimonio era feliz, Marina mantenía otras relaciones amorosas, especialmente con los poetas Osip Mandelstam y Sophia Parnok, mientras Sergei estaba lejos luchando en la guerra civil rusa.

De Moscú a París

Tsvetáyeva y sus hijas se trasladaron a Moscú en 1917 con la esperanza de unirse a Sergei, pero se encontraron pobres y solas en una ciudad que sufría hambruna. Marina decidió internar a sus hijas en un orfanato estatal para su seguridad. Irina murió de inanición en 1920, y un año después, Marina y Alya fueron a encontrarse con Sergei, que ya estaba en Berlín.

La familia finalmente se estableció en París en 1925, pero la vida no era fácil. Seguían en la pobreza, y tenían una boca más que alimentar con un nuevo hijo, Georgy, en 1925. Sergei comenzó a trabajar para la policía secreta soviética sin que Marina lo supiera y en 1937 fue acusado por la policía francesa de asesinar a un desertor soviético. Huyó a la URSS y se unió a Alya, que se había mudado allí ese mismo año. Cuando Marina regresó a la URSS en 1939, le resultó imposible encontrar un trabajo estable, por no hablar de un editor. Sergei y Alya fueron arrestados por espionaje: Alya fue enviada a un campo de trabajo y Sergei, ejecutado. Con la invasión alemana de la URSS en 1941, Marina fue evacuada a Yelábuga. Desplazada y sin medios para ganarse la vida, se ahorcó el 31 de agosto de 1941.

Legado literario

Tsvetáyeva es recordada por su poesía lírica, en la que explora con sinceridad y pasión sus amoríos y su vida interior. «No creo en los poemas que manan lentamente; creo que deberían brotar con fuerza de tu corazón», escribió, y en sus obras compara varios temas a veces controvertidos que van desde la sexualidad femenina y el infanticidio a las experiencias de las mujeres durante los «años terribles» de Rusia.

SEMBLANZA
Maximilián Voloshin

El poeta y crítico Maximilián Voloshin fue uno de los primeros defensores de la poesía de Tsvetáyeva. Impresionado con su *Álbum de la tarde*, se puso en contacto con ella y pronto se convirtió en su mentor. Su mansión en Koktebel, en el mar Negro, donde escribía y pintaba, se convirtió en refugio de escritores y pintores de todas las tendencias políticas. Entre sus invitados había los escritores Máximo Gorki y Nikolái Gumiliov. Voloshin introdujo a Tsvetáyeva en los poemas simbolistas de Alexander Blok y Anna Ajmátova, que tuvieron una gran influencia en su obra.

ESTATUA DE VOLOSHIN EN KOKTEBEL, CRIMEA

« ¿Qué es lo **más importante en el amor**? **Conocer** y **ocultar**. **Saber** algo sobre el **bienamado** y **ocultar** que lo **amas**. »

MARINA TSVETÁYEVA, *LA CASA DEL VIEJO PIMEN*

▷ **MARINA TSVETÁYEVA, 1911**
Este retrato de la escritora fue realizado por su amigo y mentor Maximilián Voloshin en su mansión de Koktebel, Crimea.

F. Scott Fitzgerald

1896-1940, ESTADOUNIDENSE

Famoso por retratar a estadounidenses ricos durante la Era del Jazz, sus libros, algunos en parte autobiográficos, describen el glamur de sus personajes, pero también sus profundos defectos.

◁ **PRIMERA EDICIÓN**
Pese a ser hoy considerada una de las grandes obras de la ficción estadounidense, *El gran Gatsby* recibió buenas y malas críticas cuando se publicó y las ventas fueron decepcionantes.

Francis Scott Key Fitzgerald nació en Saint Paul, Minnesota en 1896. La familia tenía una buena posición: su madre, Molly McQuillan Fitzgerald, era de una familia irlandesa dedicada a la distribución de alimentos que había prosperado. El niño se llamaba Francis Scott Key por el escritor de la letra de «The Star-Spangled Banner», un familiar por el lado del padre.

Fitzgerald fue a varias escuelas católicas, y luego a la Universidad de Princeton, donde era miembro del famoso Triangle Club (una sociedad teatral que representaba comedias musicales), y escribió una novela que fue rechazada por los editores de Nueva York Charles Scribner's Sons. Brilló en los círculos literarios de Princeton e hizo amistades duraderas con otros escritores jóvenes, como Edmund Wilson, que se convertiría en crítico literario. Se enamoró de Ginevra King, una debutante de Chicago, que usaría de modelo para varios personajes de sus novelas, entre ellas Daisy en *El gran Gatsby*.

Scott y Zelda

Las actividades literarias y su amor no correspondido por King distrajeron a Fitzgerald de sus estudios y en 1917 dejó Princeton a mitad de curso para unirse al ejército. Esperaba luchar en la Primera Guerra Mundial, pero el conflicto terminó antes de que marchara al frente. Conoció entonces a Zelda Sayre, hija de un juez de la Corte Suprema de Alabama, y se comprometieron.

Fitzgerald consiguió un trabajo en publicidad para ganar suficiente y casarse con Zelda, pero ella rompió el compromiso porque no era lo bastante rico. Regresó a Saint Paul, trabajó reparando coches y se centró en redactar una novela basada en lo escrito en Princeton. Ahora llamada *A este lado del paraíso*, el libro fue publicado en 1920. Narra la historia de un joven que asiste a Princeton, sirve en el ejército y un rival más pudiente le quita a la mujer que ama. El libro fue un éxito y marcó el inicio de su carrera literaria. Le había demostrado

▷ **F. SCOTT FITZGERALD, 1928**
Fotografiado aquí en el apogeo de su fama Fitzgerald era conocido por el público como un *playboy*. A pesar de su reputación de juerguista y bebedor, era un escritor meticuloso que revisaba y retocaba los textos repetidamente.

SEMBLANZA
Maxwell Perkins

El editor Maxwell Perkins (1884-1947) trabajó para la editorial Charles Scribner's Sons de Nueva York desde 1910 hasta su muerte. Al principio, publicó a los autores establecidos, pero Perkins tenía un gran olfato para encontrar nuevos talentos, y fue el primero en publicar los libros de F. Scott Fitzgerald, Ernest Hemingway, Thomas Wolfe y muchos otros grandes escritores estadounidenses. En aquel momento, era un enfoque innovador, ya que los editores no solían buscar nuevas promesas. Perkins también ayudó a sus autores a mejorar las obras, pulir detalles, estructurarlas mejor y eliminar párrafos irrelevantes. Tuvo un gran impacto en este sector en Estados Unidos.

PERKINS EN SU ESCRITORIO

« Así seguimos, **luchando** como barcos contra **la corriente**, atraídos **incesantemente** hacia el **pasado**. »

F. SCOTT FITZGERALD, *EL GRAN GATSBY*

△ **LOS FITZGERALD EN ITALIA**
F Scott Fitzgerald, su esposa Zelda y su hija Scottie aparecen aquí en Italia. Como muchos escritores estadounidenses de la Generación Perdida, Fitzgerald viajó mucho y vivió en el extranjero.

△ ***SAVE ME THE WALTZ***
Mientras se recuperaba de un trastorno mental, la esposa de Fitzgerald, Zelda, escribió una novela que se publicó en 1932 con el título *Save Me the Waltz*. Semiautobiográfica, la novela molestó a Fitzgerald, no por la invasión de su intimidad, sino porque pensó que había usado material que él consideraba propio.

a Zelda que podía ganar mucho dinero escribiendo; se casaron poco después.

La segunda novela, *Hermosos y malditos*, sobre una joven y glamurosa pareja que se vuelve alcohólica mientras espera heredar una fortuna, apareció en 1922. El libro no tuvo tanto éxito como el anterior, pero la fama ganada le permitió cobrar altos honorarios por sus cuentos, que se publicaban en revistas como *The Saturday Evening Post* y *Collier's Weekly*. En cierto modo, *Hermosos y malditos* era una advertencia al propio autor. Tanto él como Zelda bebían demasiado y decidieron escapar de las presiones de la vida en Estados Unidos y establecerse en Francia, donde se convirtieron en expatriados prominentes y parte de la sociedad de la Riviera. Fitzgerald completó allí su libro más famoso, *El gran Gatsby* (1925). La novela trata de un adinerado grupo de vecinos de Long Island, y se centra en Jay Gatsby y su amor por la bella Daisy Buchanan. Cuestiona el sueño americano, contando que la riqueza, el estilo y el glamur conducen a la bebida, el adulterio y la muerte violenta. *El gran Gatsby* representa el estilo maduro de Fitzgerald, con sus gráficas y a veces líricas descripciones, y su ingenioso uso del narrador Nick Carraway como inocente y fascinado observador.

Bebida y decadencia

Los protagonistas de Fitzgerald son personajes prometedores que terminan mal por la debilidad, la corrupción o la bebida. Su propia vida seguía un camino similar ya que se emborrachaba con frecuencia, y necesitaban dinero para seguir con la suntuosa vida que él y Zelda llevaban en Francia. Maxwell Perkins, su editor, y Harold Ober, su agente, le prestaban dinero de forma regular y, cuando este se negó a continuar rescatándole, Fitzgerald cortó sus vínculos con él.

OBRAS CLAVE

1920
Se publica *A este lado del paraíso* ante la insistencia de Maxwell Perkins. Vende cerca de 50 000 ejemplares y hace famoso a Fitzgerald.

1922
Se publica *Hermosos y malditos* pero Fitzgerald se da cuenta de que incluso los ingresos de las novelas más exitosas no le harán rico.

1922
La colección *Cuentos de la Era del Jazz* incluye «El diamante tan grande como el Ritz», una parábola de los peligros de la opulencia.

1925
Se publica *El gran Gatsby*, considerada luego su obra maestra.

1941
El último magnate es la última novela de Fitzgerald, que dejó inacabada. Su amigo Edmund Wilson la editó para su publicación.

« Cuando sientas deseos de **criticar** a alguien [...] **recuerda** que no todo el mundo ha tenido las **mismas oportunidades** que tú tuviste. »

F. SCOTT FITZGERALD, *EL GRAN GATSBY*

Al final de los años 1920, se hizo evidente que Zelda tenía una frágil salud mental y en 1930 le diagnosticaron esquizofrenia. El estrés, la necesidad de cuidar a su mujer y las facturas de los médicos aumentaban la presión sobre Fitzgerald, que debía publicar cada vez más historias cortas para cubrir los gastos. La pareja regresó a Estados Unidos, donde Zelda fue hospitalizada y Fitzgerald se puso a trabajar en su próxima novela. Pero escribir cuentos cortos lucrativos implicaba que avanzaba con lentitud. *Suave es la noche*, sobre un psiquiatra que se enamora de una de sus pacientes, se publicó en 1934.

Años de Hollywood

Fitzgerald había escrito previamente para alguna película, y en 1937 firmó un contrato para escribir guiones con la Metro-Goldwyn-Mayer. Mientras tanto, la condición de Zelda empeoraba (se había vuelto cada vez más violenta) y estaba siempre hospitalizada. Fitzgerald se marchó a Hollywood, donde vivía en un *bungalow* del estudio y trabajaba en numerosos guiones, entre ellos una versión no producida de *Lo que el viento se llevó*. No le gustaba el trabajo (el cineasta Billy Wilder lo comparó con un gran escultor contratado para hacer un trabajo de fontanería) pero conseguía buenos ingresos. Empezó una relación con la columnista Sheilah Graham, pero su consumo de alcohol le provocaba arrebatos de violencia.

Mientras vivía con Graham, Fitzgerald empezó su última novela, *El último magnate*. Ambientada en Hollywood, el protagonista, Monroe Stahr, se basa en el productor de cine Irving Thalberg. Parecía que su escritura alcanzaba un nuevo nivel, pero en 1940, a la edad de 44 años, Fitzgerald tuvo un ataque al corazón y murió, y la novela quedó inconclusa.

Sueños frágiles

Cada una de las novelas de Fitzgerald retrata un aspecto diferente del sueño americano. El autor describe la inevitable fragilidad de ese sueño y cómo las vidas de esas personas descarrilan, dejando sus esperanzas sin cumplir. La mayoría de sus obras también tienen elementos autobiográficos: su propia vida había tenido un inmenso potencial (procedencia de una adinerada familia, educación de élite y el matrimonio con Zelda), sin embargo, no logró todos los éxitos que habría podido conseguir.

En vida se convirtió en una celebridad y se ganó una reputación de *playboy*, pero actualmente está unánimemente considerado como uno de los mejores novelistas de Estados Unidos. Sus narraciones de los altibajos de la vida americana, su detallada descripción de la Generación Perdida de los años 1920 y 30, y la magia de sus personajes han asegurado que sus obras se sigan publicando. Sus novelas, y muy especialmente *El gran Gatsby*, han inspirado numerosas adaptaciones y películas.

△ **SHEILAH GRAHAM, c. 1945**

La amante británica de Fitzgerald, Sheilah Graham, fue una columnista de sociedad muy influyente que escribió sobre las vidas y amores de las celebridades de Hollywood. Contó su vida con Fitzgerald en *Amado infiel*, que luego sería adaptado al cine en una película protagonizada por Gregory Peck y Deborah Kerr.

CONTEXTO

Fiestas fastuosas

En 1922, cuando Scott y Zelda Fitzgerald acababan de ser padres, alquilaron una casa en Great Neck, Long Island. En la cercana costa norte (llamada Gold Coast) veraneaban las grandes fortunas, como los Vanderbilt, los Woolworth y los Guggenheim. Los Fitzgerald asistían a las ostentosas fiestas organizadas por los magnates en sus grandes mansiones. Fue en esta atmósfera decadente y elitista que tomó forma la idea de *El gran Gatsby*. En el libro, los nuevos ricos habitan en la zona ficticia de West Egg y las familias ricas de toda la vida, en East Egg.

LA CASA DE FITZGERALD EN GREAT NECK, LONG ISLAND

William Faulkner

1897-1962, ESTADOUNIDENSE

Faulkner, galardonado con el Premio Nobel, situó la mayoría de sus obras en su Misisipi natal. Autor de estilo audaz y de gran poder imaginativo, es considerado el principal novelista de Estados Unidos del siglo XX.

William Cuthbert Faulkner fue hostil a la idea de vincular su trabajo a su biografía. Una vez escribió que quería que de su vida solo se dijera que: «Hizo libros y murió». Sin embargo, su ficción está profundamente arraigada en su origen social y refleja sus demonios personales: en realidad solo pudo ser obra de un hombre blanco del Sur profundo de Estados Unidos.

Faulkner nació en New Albany, Misisipi, en 1897 y creció en las cercanías de Oxford, donde viviría la mayor parte de su vida. Imaginó la transformación de esta área del norte de Misisipi en el condado de Yoknapatawpha, en que transcurren la mayoría de sus novelas. Aunque albergaba la Universidad de Misisipi a principios del siglo XX, Oxford tenía una población de solo 2000 habitantes. Al crecer en este pequeño pueblo rural, pudo mezclarse con todo tipo de personas pese a sus privilegiados orígenes. La capacidad de captar los matices idiomáticos de los blancos y negros pobres, aprendidos desde la infancia, se convirtió en uno de los elementos más potentes de su obra.

Historia del Sur

Los Faulkner, o Falkner como se escribía tradicionalmente su apellido, eran la aristocracia local. El bisabuelo de William Faulkner había sido un coronel confederado durante la guerra

▽ **EDUCACIÓN UNIVERSITARIA**
Faulkner asistió a la Universidad de Misisipi gracias a una medida especial para veteranos de guerra, aunque no se había graduado en la escuela secundaria.

SEMBLANZA
Sherwood Anderson

El mentor literario de Faulkner en la década de 1920, Sherwood Anderson (1876-1941), era originario de un entorno pobre de la zona rural de Ohio. Primero hizo una carrera como hombre de negocios antes de abandonar su trabajo y su familia para convertirse en escritor en Chicago. La fama le vino con *Winesburg, Ohio,* una colección de cuentos, publicada en 1919, que todavía se considera su mejor trabajo. Sus novelas incluyen *Muchos matrimonios* (1923) y *La risa negra* (1925). Su obra influyó en Steinbeck y Hemingway, entre otros.

SHERWOOD ANDERSON EN CHICAGO, 1922

◁ **FAULKNER, 1955**
El escritor aparece aquí, pipa en mano, en el año en que su novela *Una fábula* ganó el Premio Pulitzer de Ficción. Recibió el premio por segunda vez (a título póstumo) por su picaresca novela *La escapada* (1962).

« Estoy contando **la misma historia** una y otra vez, que soy yo y el mundo. »

WILLIAM FAULKNER

de Secesión, un héroe violento a cuyo alrededor crecieron leyendas populares. El padre de Faulkner era un heredero venido a menos de la tradición familiar. Luchó por ganarse la vida a pesar de los privilegios de su origen, y fue despreciado por una esposa que aspiraba a ser una dama sureña.

Los libros de Faulkner están impregnados de elementos de este contexto histórico, de una sociedad consciente de no cumplir con su pasado mítico y de un código de honor desfasado. Faulkner era plenamente consciente del oscuro panorama del Sur blanco, de su gran incapacidad para aceptar el gran delito de la esclavitud. En la infancia estuvo muy apegado a su ninera negra, Callie Barr, quien fuera el prototipo de Dilsey Gibson, personaje fuerte y simpático de *El ruido y la furia* (1929), aunque nunca pudo considerar a los negros como iguales a los blancos.

▷ ***SANTUARIO,*** **EDICIÓN DE 1940**
Faulkner escribió el drama criminal *Santuario* como obra comercial de poco valor literario. Se publicó con una vistosa cubierta para impulsar las ventas.

Años de guerra

Faulkner no tuvo una educación formal completa. En su adolescencia, sin embargo, comenzó a leer mucha literatura moderna y a escribir poesía para «posibles amoríos futuros».

Siempre se sintió presionado por sus colegas para demostrar que era un hombre de acción, pero cuando Estados Unidos entró en la Primera Guerra Mundial en 1917 y quiso alistarse, fue rechazado por el ejército de su país por ser demasiado bajo. Ante esta humillación se ofreció como voluntario para unirse a las fuerzas británicas como piloto. Aunque se entrenó para ello en Canadá, nunca llegó a volar, pero a la gente le dio la impresión de que lo había hecho, o incluso que había sido herido en combate. Su primera novela, *La paga de los soldados* (1926), trata de un personaje amargado porque la guerra ha terminado antes de que pudiera intervenir en la contienda.

▽ **PLANTACIÓN DE ALGODÓN**
Los libros de Faulkner, incluido *¡Absalón, Absalón!,* giran en torno a la cultura de las plantaciones y la terrible vida de los negros que trabajaban en los campos. Esta litografía muestra una plantación de algodón del siglo XIX en el río Misisipi, una zona que Faulkner conocía bien.

Explosión creativa

Faulkner se consideraba un poeta en los años posteriores a la guerra. Su primer libro publicado fue una colección de poemas, *El fauno de mármol* (1924), pero tenía poco talento para la poesía. A mediados de la década de 1920, vivió un tiempo en Nueva Orleans, moviéndose en los vibrantes círculos artísticos bohemios de la ciudad, y allí conoció al novelista Sherwood Anderson, bajo cuya influencia decidió escribir novelas. *La paga de los soldados,* aceptada por un editor de Nueva York, fue seguido por *Mosquitos* (1927), una sátira sobre la intelectualidad de Nueva Orleans. Ninguno de los libros causó gran revuelo. Faulkner todavía estaba buscando su estilo.

Sigue siendo una incógnita el motivo del asombroso estallido de su creatividad que condujo a sus grandes novelas de finales de los años 1920 y principios de los 1930. Sin embargo, fue una época de turbulencia emocional. De regreso a Oxford, Misisipi, se casó con la mujer que había amado y perdido en su juventud, Estelle Oldham, entonces divorciada, pero sus sentimientos sobre esta unión eran más sombríos y violentos que cálidos y románticos. Su carrera literaria parecía un fracaso: su tercera novela, *Banderas sobre el polvo*, la primera en dibujar la historia familiar y ambientada en el imaginario condado de Yoknapatawpha, fue rechazada por su editor en 1927 (una versión revisada se publicó como *Sartoris* en 1929).

Faulkner reaccionó al rechazo escribiendo una novela solo para él, sin tener en cuenta el potencial de los editores o del público. El resultado fue *El ruido y la furia,* una novela cuyo primer capítulo narra, a través del monólogo interior, la vida de un «idiota» adulto con la edad mental de un niño pequeño. Aunque la novela parecía destinada a disuadir a los lectores, Faulkner había descubierto cómo penetrar en la mente de los personajes con los que narraba la historia y podía expresar sus propias experiencias, a veces divertidas pero sobre todo angustiosas, en un estilo apropiado para cada uno de los personajes. También se remontaba a su propia infancia en busca de material emocional. El resultado fue una obra maestra, aunque no fue realmente famosa hasta varios años más tarde.

Dificultades financieras

Con necesidad de dinero para financiar un estilo de vida costoso, Faulkner escribió a continuación lo que esperaba fuera una novela comercial en el popular género de detectives. *Santuario* es una dura historia de violaciones y secuestros que expresa la amarga misoginia del autor. Con un villano memorable, el gánster Popeye, y las impactantes escenas de violencia sexual, resultó ser el primer libro exitoso de Faulkner cuando se publicó en 1931. También

◁ **WILLIAM Y ESTELLE**
Faulkner posa con su esposa, Estelle, frente a su casa, Rowan Oak. Estelle ya tenía dos hijos de su anterior matrimonio. El primer hijo de la pareja, Alabama, murió en la infancia en 1931; el segundo, Jill, vivió hasta la edad adulta.

FORMA

Dos historias, una novela

La novela de Faulkner *Las palmeras salvajes* (1939), que luego volvió a publicarse con el título previsto de *Si yo de ti me olvidara, Jerusalén,* consiste en dos historias en apariencia inconexas, «Palmeras salvajes» y «El viejo», que se cuentan en capítulos alternos. «Palmeras salvajes» es una tortuosa historia de amor que termina con la muerte de una mujer durante un aborto. «El viejo» trata de un convicto que ayuda a una mujer embarazada a escapar de una inundación del Misisipi y a dar a luz antes de regresar a la cárcel. Existen paralelismos entre ambas historias (ambas de cinco capítulos), sobre todo en el tema del embarazo, pero la opinión crítica está dividida sobre si Faulkner logró crear un todo significativo al yuxtaponerlas.

LAS PALMERAS SALVAJES, 1939

> « Si yo **no hubiese existido**, alguna otra persona **me habría escrito**, Hemingway, Dostoyevski, **todos nosotros...** »
>
> WILLIAM FAULKNER

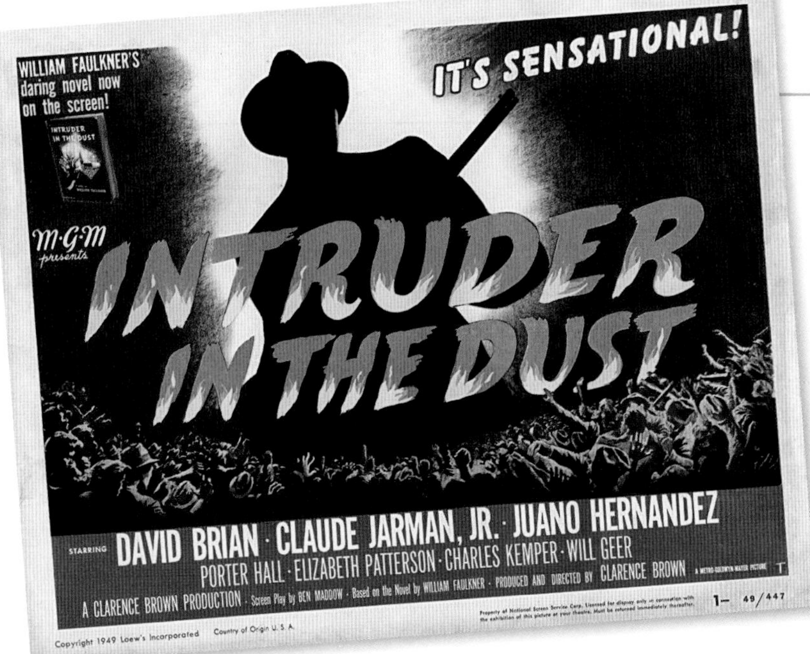

△ **ADAPTACIÓN AL CINE**
Un cartel anuncia la película *Intruder in the dust* (1949), adaptación de la novela de Faulkner *Intruso en el polvo* y rodada en Oxford, Misisipi, la ciudad natal del autor. El libro cuenta la historia de un granjero negro acusado de asesinar a un hombre blanco y exige a los blancos del Sur que asuman su racismo tradicional y lo superen.

atrajo la atención de la crítica por *El ruido y la furia*. Sin embargo, persistían las dificultades financieras, ya que solo se vendieron unos pocos miles de copias.

Años en Hollywood

A fines de 1929, Faulkner escribió la novela *Mientras agonizo* en seis semanas al tiempo que trabajaba como bombero y vigilante nocturno en la central eléctrica de la Universidad de Misisipi. Basándose en la exitosa técnica de *El ruido y la furia*, con hasta 15 voces narrativas, esta obra estaba destinada a ser reconocida como un clásico literario. Le siguió *Luz de agosto*, última novela de este excepcional período creativo: es una obra moralmente compleja sobre marginados e inadaptados, que aborda las actitudes raciales y los prejuicios de una comunidad muy unida.

Aunque nunca dejó de escribir novelas y cuentos, a partir de 1932 y durante una década, Faulkner encontró una solución a sus problemas financieros trabajando como guionista en Hollywood. El alcoholismo y la informalidad fueron pronto legendarios, pero la amistad con el director Howard Hawks le protegió de la ira de los magnates del cine. Su mayor contribución al cine fue escribir parte del guion de *Tener y no tener* (1944).

En Hollywood, Faulkner inició un apasionado romance con Meta Doherty, lo que complicó su vida y su matrimonio durante muchos años. También contribuyó a la fracasada aventura que se narra en uno de los dos relatos de la novela *Las palmeras salvajes* (también conocida como *Si yo de ti me olvidara, Jerusalén*) que apareció en 1939.

En ese momento, Faulkner se había hecho ya famoso. En enero de 1939, su fotografía apareció en la portada de la revista *Time*, lo que convenció tardíamente a los habitantes de Oxford, Misisipi, de que aquel hijo de los Faulkner no era un completo inútil. Aunque la riqueza y popularidad le eran todavía esquivas y la calidad de sus obras iba en descenso (en 1946,

CONTEXTO
Derechos civiles

En vida de Faulkner, los negros de Misisipi sufrían segregación racial y negación de sus derechos básicos. La aparición del Movimiento por los Derechos Civiles en la década de 1950 supuso un desafío a esta situación, ya que cuestionaba los prejuicios y conjeturas de los sureños blancos. A principios de la década de 1960, la Universidad de Misisipi en Oxford, ciudad natal de Faulkner, se convirtió en foco de los intentos de integración, pese a la resistencia violenta de los segregacionistas. Faulkner estaba dividido entre el respeto por las aspiraciones negras a la igualdad y su apego a la historia y las tradiciones del Sur blanco.

SOLDADOS NORTEAMERICANOS ARRESTAN A UN SEGREGACIONISTA TRAS DISTURBIOS EN LA UNIVERSIDAD DE MISISIPI

OBRAS CLAVE

1929
El ruido y la furia, primera obra maestra de Faulkner, narra el declive de la orgullosa familia Compson.

1930
Mientras agonizo narra la muerte de Addie Bundren y el destino de su familia disfuncional cuando intentan enterrarla.

1931
Oscura y brutal, *Santuario* es la primera novela de Faulkner que atrae la atención.

1932
Luz de agosto se centra en el destino de un hombre perseguido por la duda sobre su identidad racial.

1936
En *¡Absalón, Absalón!* una serie de narradores poco fiables cuentan la historia del propietario de una plantación.

1939
Las palmeras salvajes narra la huida y captura de un convicto y de un apasionado y agonizante romance.

1951
En *Réquiem por una mujer*, que alterna guion de cine y prosa narrativa, Faulkner sigue experimentando con el estilo.

« El **artista** no tiene **importancia**. Solo **lo que crea** es importante, ya que no hay **nada nuevo** que decir. »

WILLIAM FAULKNER

odas sus obras estaban agotadas), en 1948 escribió *Intruso en el polvo*, una novela con un mensaje claro, aunque no simplista. Historia de relaciones entre razas, argumentaba que los sureños blancos tenían que acabar con el maltrato a los negros en el Sur y asumir su historia de «injusticia e indignidad, deshonra y vergüenza», en lugar de la intervención de los norteños o el Estado federal. Su potente mensaje contribuyó a que Faulkner recibiera el Premio Nobel de Literatura el año siguiente. También le permitió ganar dinero cuando se vendieron los derechos cinematográficos.

Obra tardía

Por fin honrado y exitoso, Faulkner siguió escribiendo, y continuó su búsqueda de una innovación estilística, pese a que su poderoso impulso creativo había disminuido. Muchas de sus declaraciones públicas, como su discurso de aceptación del Premio Nobel, adquirieron una elevada calidad humanista, elogiando la capacidad resolutiva del espíritu humano, aunque esto estaba lejos de la visión torturada y compleja de la humanidad transmitida en sus novelas de los años 1920 y 1930.

La vida privada de Faulkner continuó siendo un desastre durante sus últimos años. Sus numerosos romances con mujeres más jóvenes destruyeron finalmente su matrimonio y el abuso del alcohol arruinó su salud. Quiso montar a caballo sin estar en forma y murió de las complicaciones tras caer del animal.

△ **HOWARD HAWKS**
Faulkner se convirtió en un gran amigo del director de Hollywood Hawks, y trabajaron juntos durante unos 20 años. Su método consistía en cooperar: Faulkner proporcionaba los guiones completos o simplemente algunas ideas que luego rodaba Hawks.

◁ **ESCRITORIO EN ROWAN OAK**
Faulkner compró la casa de Rowan Oak en Oxford, Misisipi, en 1930, y pasó la mayor parte de su vida restaurándola. Los actuales visitantes pueden ver el estudio en el que escribió muchas de sus obras más famosas.

▷ **BERTOLT BRECHT, 1927**
Brecht posa aquí ante su piano en su apartamento en Berlín a los 29 años. Lleva sus característicos pelo corto, chaqueta de cuero y un gran cigarro, una imagen, según algunos, algo sorprendente para un intelectual marxista que aborrecía a la burguesía.

Bertolt Brecht

1898-1956, ALEMÁN

Brecht escribió teatro épico sobre temas sociales e históricos desde una perspectiva socialista, y desarrolló técnicas teatrales innovadoras que han influido en numerosos escritores y directores posteriores.

ugen Berthold Brecht nació en Baviera, lemania, de padres de clase media. u madre, devotamente protestante, e inculcó un gran conocimiento de la iblia que influiría en su obra. Casi xpulsado de la escuela por sus piniones antipatriotas en 1917, se natriculó en medicina en la niversidad de Múnich mientras sistía a seminarios sobre teatro. rabajó en una clínica militar poco empo y empezó a escribir crítica eatral. Cuando terminó la guerra, articipó en un cabaret político, antes e montar su propia compañía con el scritor y director Arnolt Bronnen. ambió la ortografía de su propio ombre a Bertolt, para que sus os nombres rimaran.

olaboraciones en Berlín

recht pronto empezó a escribir sus ropias obras, completando *Baal* en 918 y *Tambores en la noche* al año iguiente. Además, escribió poesía influida por baladas tradicionales, canciones francesas y poetas como François Villon. En 1925, se fue a Berlín, un vibrante centro cultural durante la República de Weimar. Brecht conoció a muchos otros artistas, escritores y músicos, y visitó la innovadora exposición de arte «Neue Sachlichkeit» (Nueva objetividad), descrita por su organizador como «un nuevo realismo con sabor socialista». La nueva forma de ver el arte animó a Brecht a ser igual de atrevido en el teatro: su estilo se volvió más objetivo y comenzó a utilizar una iluminación estridente y una puesta en escena circular con el público alrededor (como en el boxeo).

Produjo, con su mayor colaborador de entonces, el compositor Kurt Weill, una serie de óperas: *La ópera de los tres centavos* (una adaptación de *La ópera del mendigo* del poeta británico John Gay), *Final feliz*, y *Ascenso y caída de la ciudad de Mahagonny*. Weill compuso la música y Brecht (y sus colaboradores, a menudo no reconocidos) escribieron el texto.

En el exilio

Cuando los nazis llegaron al poder en 1933, Brecht dejó Alemania y se estableció primero en Estados Unidos y luego en Suiza. Tras la guerra, escribió sus obras de teatro más conocidas, entre ellas *La vida de Galileo*, *El alma buena de Szechwan* y *El Círculo de tiza caucasiano*. Estas obras aplicaban los principios del Teatro Épico, un movimiento que reflejaba «la existencia contemporánea» y usaba una estructura en episodios con escenas conectadas de manera vaga, combinada con el efecto de distanciamiento (ver recuadro, derecha).

Tras la Segunda Guerra Mundial, se marchó a Berlín Este, donde fundó y dirigió el Berliner Ensemble. Representó obras que había escrito en el exilio y clásicos de Sófocles y Shakespeare. Continuó con la poesía y escribió sobre teoría teatral hasta su muerte en 1956.

△ **SELLO DE ALEMANIA ORIENTAL**
Cuando se marchó a Berlín Este en 1949, Brecht inicialmente respaldó las políticas de la República Democrática Alemana, incluida la represión del levantamiento popular en 1953, pero más tarde cambió su posición. Se le recuerda en este sello de Alemania Oriental.

◁ **ACTUACIÓN, 1930**
La obra satírica y no realista de Brecht *Ópera de los tres centavos* pone en evidencia su rechazo al teatro naturalista, en el que el público «cuelga sus cerebros con sus sombreros en el guardarropa».

ESTILO
Efecto distanciamiento

Brecht llamó a la técnica teatral por la que es conocido Verfremdungseffekt en alemán, o efecto distanciamiento. Se trata de alejar a los espectadores de la acción teatral para que no se involucren emocionalmente en ella. Se le recuerda al público que el teatro es artificio. Las técnicas de distanciamiento que Brecht utilizaba incluían: actores que se salían del personaje para resumir o comentar la acción o cantar, y escenarios sin decorado para evidenciar que la obra estaba siendo representada en un teatro. Brecht pensaba que estas técnicas le ayudaban a explicar los problemas sociales e históricos que tenían lugar en sus obras.

LA CANCIÓN SE USA EN *MADRE CORAJE Y SUS HIJOS* DE BRECHT

« La sociedad no puede compartir un **sistema de comunicación** común mientras esté dividida en **facciones**. »

BERTOLT BRECHT, *PEQUEÑO ORGANON PARA EL TEATRO*

Jorge Luis Borges

1899-1986, ARGENTINO

Borges es considerado uno de los mejores escritores de su generación. Su poesía y sus cuentos cortos desafían al lector con sus ricas imágenes y su combinación de realismo e imprevisto.

Jorge Luis Borges nació en 1899 en Buenos Aires. Su padre era de ascendencia parcialmente inglesa y creció hablando inglés en casa. La familia de su madre incluía héroes de la guerra de Independencia de Argentina de principios del siglo XIX.

Nacimiento de un poeta

Desde muy temprana edad, se animó a Borges a leer literatura española e inglesa. Ávido lector, consumió el contenido de la biblioteca de su padre, que incluía obras de Robert Louis Stevenson, Lewis Carroll, H.G. Wells y G.K. Chesterton. Entre 1914 y 1921, la familia vivió en Europa, primero en Ginebra, donde el joven Borges fue a la escuela, y luego en Madrid, donde Borges se involucró en el ultraísmo, movimiento poético vanguardista. Los ultraístas aspiraban a crear una poesía adaptada al dinamismo de la sociedad del siglo XX, subvirtiendo la rima y el metro tradicionales, utilizando metáforas, sorprendentes imágenes visuales y una disposición innovadora de las palabras. En 1921, Borges regresó a Argentina y dos años después publicó *Fervor de Buenos Aires*, una colección de poemas de estilo ultraísta (del que más tarde se distanció por sus «excesos»). Por aquel entonces, cofundó dos revistas literarias, *Proa* y *Prisma*, en las que publicó algunas de sus primeras obras, tradujo numerosos libros y escribió crítica poética.

◁ **BORGES, 1919**
Borges aparece aquí fotografiado a los 20 años, cuando vivía con su familia en Suiza. Su primera recopilación de poemas fue publicada dos años después.

CONTEXTO
Tradición argentina

Muchos escritores argentinos del siglo XIX y principios del XX evocaron la vida en la pampa, elogiando la libertad del gaucho en obras que se inspiraron en el poema épico de José Hernández, *Martín Fierro*. Borges era un admirador de esta obra, pero se apartó de esta tradición. Predicando con el ejemplo, Borges demostraba que los escritores sudamericanos podrían tener horizontes internacionales (abiertos a influencias tan diversas como la poesía anglosajona y los escritos islámicos) y alcanzar un reconocimiento similarmente global.

GAUCHO CON SUS CABALLOS, PATAGONIA, ARGENTINA

Cuentos cortos

En la década de 1930, Borges comenzó a publicar los cuentos cortos por los que es conocido internacionalmente, y en los que al principio contó con la colaboración de su amigo Adolfo Bioy Casares en relatos de fantasía y parodias de historias de detectives, que se publicaron con el seudónimo de H. Bustos Domecq. Su primer libro de cuentos como autor único fue *Historia universal de la infamia* (1935), una colección de biografías breves de ficción sobre criminales y aventureros reales. Este libro supuso un gran avance en su obra, ya que abarca temas como identidad y violencia por los que el autor se haría famoso. Sin embargo, unos volúmenes tan delgados como estos no le daban

« Cuando los **escritores mueren** se convierten en **libros**, que, después de todo, **no es una encarnación tan mala**. »

JORGE LUIS BORGES

△ **LABERINTO DE BORGES, VENECIA**
Borges usó con frecuencia el símbolo del laberinto, y en 2011 se construyó uno en Venecia para conmemorar el 25 aniversario de su muerte, patrocinado por la Fundación Internacional Jorge Luis Borges y la Fundación Giorgio Cini.

mucho dinero, por lo que Borges consiguió un trabajo como bibliotecario en Buenos Aires. En los años 1930 y 1940 siguió publicando cuentos, entre ellos *Ficciones* y *El Aleph*.

Fantasías complejas

Los cuentos cortos de Borges (la mayoría de ellos de solo unas pocas páginas) tratan diversas temáticas, aunque comparten varios aspectos distintivos. Describen un mundo onírico, paródico o fantástico; juegan con conceptos como el tiempo; se burlan de la pedantería y del mundo de la erudición; y muchas veces sumen al lector en una complejidad laberíntica. Los temas recurrentes (especialmente laberintos, bibliotecas y espejos) dan a las historias un tono inquietante que persiste en la memoria del lector. Muchos cuentos son también humorísticos y paradójicos: entre las imágenes más famosas cabe destacar al autor que reescribe *Don Quijote* palabra por palabra; el mapa que reproduce exactamente a la misma escala la zona que representa; y la «Biblioteca de Babel», que contiene todos los libros posibles del universo.

Política y peronismo

Borges odiaba los extremismos de todo tipo. Durante la Segunda Guerra Mundial, apoyó a los Aliados contra Hitler, pero también expresó su desagrado por el monolitismo de los estados comunistas. Sus opiniones liberales no concordaban con las de Juan Perón, el nuevo presidente electo de Argentina, que llegó al poder en 1946. Este comenzó a transformar el país en un Estado de partido único y a entregar puestos clave y sinecuras a sus partidarios leales, forzando a Borges a renunciar a su puesto como bibliotecario.

La vista empezó a fallarle como resultado de una enfermedad hereditaria, pero Borges continuó escribiendo ficción, mientras se ganaba la vida dando conferencias. Cuando el presidente Perón fue apartado del poder por un golpe de Estado en 1955, Borges fue elegido miembro de la Academia Argentina

OBRAS CLAVE

1935
En *Historia universal de la infamia,* Borges reúne los relatos publicados por primera vez en la revista *Crítica*.

1944
Se publica *Ficciones,* la colección de cuentos más famosa de Borges, en la que explora las paradojas y fantasías por las que es famoso.

1949
El Aleph incluye cuentos fantásticos sobre temas como la inmortalidad.

1970
El informe de Brodie es una colección de cuentos desarrollados en Buenos Aires, muchos de los cuales presentan vívidas pesadillas o violencia.

1975
Los cuentos tardíos de Borges, que están considerados sus mejores obras, se recogen en *El libro de arena.*

« Que otros **se jacten** de las páginas que han escrito; a mí me enorgullecen las que **he leído**. »

JORGE LUIS BORGES

e las Letras, además de ocupar un uesto como profesor de inglés y teratura estadounidense en la Jniversidad de Buenos Aires. Por ntonces ya estaba totalmente ciego y n «Poema de los dones» describe la onía de tener un trabajo ideal (la ustodia de los libros de la nación) justo n el momento de quedarse ciego.

'ama internacional

.os nombramientos como académico bibliotecario dieron a Borges una lataforma ideal para escribir y dar onferencias. Aparecieron más olúmenes de cuentos, y su trabajo omenzó a difundirse por el extranjero través de las traducciones de las olecciones *Ficciones* y *Laberinto*, ublicadas en Gran Bretaña, Jorteamérica y Francia. En 1961, 3orges recibió (junto con Samuel 3eckett) el prestigioso Premio Formentor, que aumentó aún más su proyección internacional.

Borges siguió escribiendo libros de cuentos cortos en los años 1960 y 1970. Estas obras tardías, que aparecieron en colecciones como *El libro de los seres imaginarios*, *El informe de Brodie* y *El libro de arena*, son densas, poéticas y alegóricas. Fueron escritas con la ayuda y el apoyo de su madre, con quien vivió gran parte de su vida. Tuvo un breve matrimonio en la década de 1960 con una viuda, Elsa Astete Millán y contó con la colaboración de su asistente personal, María Kodama con la que se casó hacia el final de su vida.

Giras como conferenciante

En la década de 1970, Borges era bien conocido en todo el mundo y viajaba mucho (a menudo acompañado por Kodama) para dar conferencias y aparecer en entrevistas de televisión. También siguió escribiendo poesía y afirmaba que, dado que se había vuelto totalmente ciego, le gustaba escribir poesía porque podía mantener un poema completo en la cabeza. Después de la muerte de su madre a los 99 años, Borges siguió viviendo en el apartamento que había compartido con ella, atendido por una asistente. Se casó con Kodama en 1986 y murió, a los 86 años, unos meses después.

◁ ***EL ALEPH***
El relato de Borges, aquí en una edición argentina de 1952, trata, como gran parte de sus obras, sobre ilusión, infinito y la insuficiencia del lenguaje para articular los sentimientos humanos.

Legado notable

Muchos críticos han considerado a Borges como el autor más importante en lengua española desde Cervantes. Su obra conecta las culturas del Viejo y el Nuevo Mundo, modernidad con tradición y ficción popular con filosofía. La influencia de los mundos mágicos e imaginarios de sus historias puede verse en el surgimiento del «realismo mágico» en América Latina (en las fascinantes narraciones de escritores como Gabriel García Márquez), así como en la obra de una nueva generación de escritores en América del Norte. Su legado es tan fuerte que ha dado nombre a un nuevo género: literatura borgiana.

◁ **MARÍA KODAMA**
Borges conoció a María Kodama cuando él tenía 54 años y ella 16. Se convirtió en su secretaria en 1975, le ayudó a escribir cuando quedó ciego y colaboró en varias obras. Se casaron en 1986, pocos meses antes de que Borges muriera de cáncer.

SEMBLANZA
Adolfo Bioy Casares

El escritor argentino Adolfo Bioy Casares (1914-99) se convirtió en un amigo de por vida de Borges en 1932. Es conocido sobre todo por su novela corta *La invención de Morel* (1940), la historia de un fugitivo que se esconde en una isla polinesia donde tiene varias experiencias extrañas, desde encuentros con personas que aparecen y desaparecen hasta la presencia de dos soles en el cielo. Bioy Casares colaboró en numerosos proyectos con Borges, incluidas colecciones de cuentos cortos y fantásticos, varios guiones de cine y la publicación de traducciones de las mejores novelas policiales inglesas.

ADOLFO BIOY CASARES, 1991

Ernest Hemingway

1899-1961, ESTADOUNIDENSE

Icono de la masculinidad, atraído por la guerra, la violencia y la muerte, Hemingway fue un genio del modernismo. Su estilo escueto y ágil tan radicalmente nuevo fue la voz más emulada de la literatura del siglo XX.

ESTILO

Teoría del iceberg

En *Muerte en la tarde*, Hemingway escribió: «La dignidad del movimiento de un iceberg se debe a que solo una octava parte de su masa aparece por encima del agua». Según la teoría del iceberg, Hemingway proporciona al lector solo los hechos esenciales de una historia; todo lo demás (la estructura, el trasfondo y los temas subyacentes) está implícito, de modo que el «significado» de una obra se encuentra debajo de su superficie. El cuento «El río de dos corazones», por ejemplo, evoca sutilmente el choque emocional, el dolor y la curación de un joven a su regreso de la guerra. Es mucho más que la simple salida para pescar que describe.

PRIMERA EDICIÓN DE *MUERTE EN LA TARDE* DE HEMINGWAY

◁ **CASA DE OAK PARK**
La casa de la infancia de Hemingway estaba en Oak Park, Illinois, a solo 16 km de Chicago, pero, en tanto que ciudad del Medio Oeste conservadora y religiosa, se hallaba a mucha distancia de las costumbres y conductas de la gran metrópoli.

Si bien es común que los escritores recurran a sus propias experiencias al escribir, Ernest Hemingway lo hizo en mayor medida que lo habitual, de modo que su vida y su obra están íntimamente entrelazadas. De hecho, vivió como un personaje de sus novelas, y construyó su famosa personalidad de machista y bebedor plasmándola en sus libros. Estas experiencias a menudo eran violentas y extremas, entre ellas el toreo, la caza mayor y la guerra. Desde el momento en que irrumpió en la escena literaria en la década de 1920 con *Fiesta*, era evidente que estaba explotando esta vida llena de acción para crear un nuevo estilo.

Aficiones de la infancia

El segundo de seis hijos, Ernest Miller Hemingway nació el 21 de julio de 1899 en Oak Park, Illinois, un barrio de clase media de Chicago que describió como dominado por «amplias praderas y mentes estrechas». Su padre, Clarence Edmonds Hemingway, era un respetado médico local, y su madre, Grace Hall Hemingway, música. Más tarde mantuvo que había odiado a su madre, porque durante los primeros años de su vida tenía la costumbre un tanto extraña de vestirle a él y a su hermana mayor, Marcelline, de manera idéntica, a menudo con vestidos. La agresiva masculinidad de Hemingway pudo deberse a la necesidad de compensar esta temprana ambigüedad, y la animosidad hacia su madre pudo estar en la raíz de su posterior relación con las mujeres.

En la escuela, Ernest participó, aunque sin sobresalir, en varios deportes, incluidos el fútbol americano y el boxeo. Fue un buen estudiante, que destacó en inglés y escribió para el periódico de la escuela, *Trapeze*, y el anuario, *Tabula*. Tan influyente como su educación fueron los veranos que pasó con su familia en Walloon Lake en Michigan, donde su padre le enseñó a cazar, pescar y acampar. Estas experiencias le inculcaron un amor por la aventura y el aire libre que mantuvo a lo largo de toda su vida.

Al terminar la escuela en 1917, en lugar de ir a la universidad, Hemingway se puso a trabajar como reportero

> «Todos los **buenos libros** tienen algo en **común**: son **más verdaderos** que si las cosas hubieran **ocurrido de verdad**.»
>
> ERNEST HEMINGWAY

▷ **ERNEST HEMINGWAY**
Hemingway fue una celebridad en su época, y era conocido por su robustez y sus hazañas. Se le fotografió escribiendo incluso al aire libre. Desdeñó esta imagen diciendo: «No trabajo así».

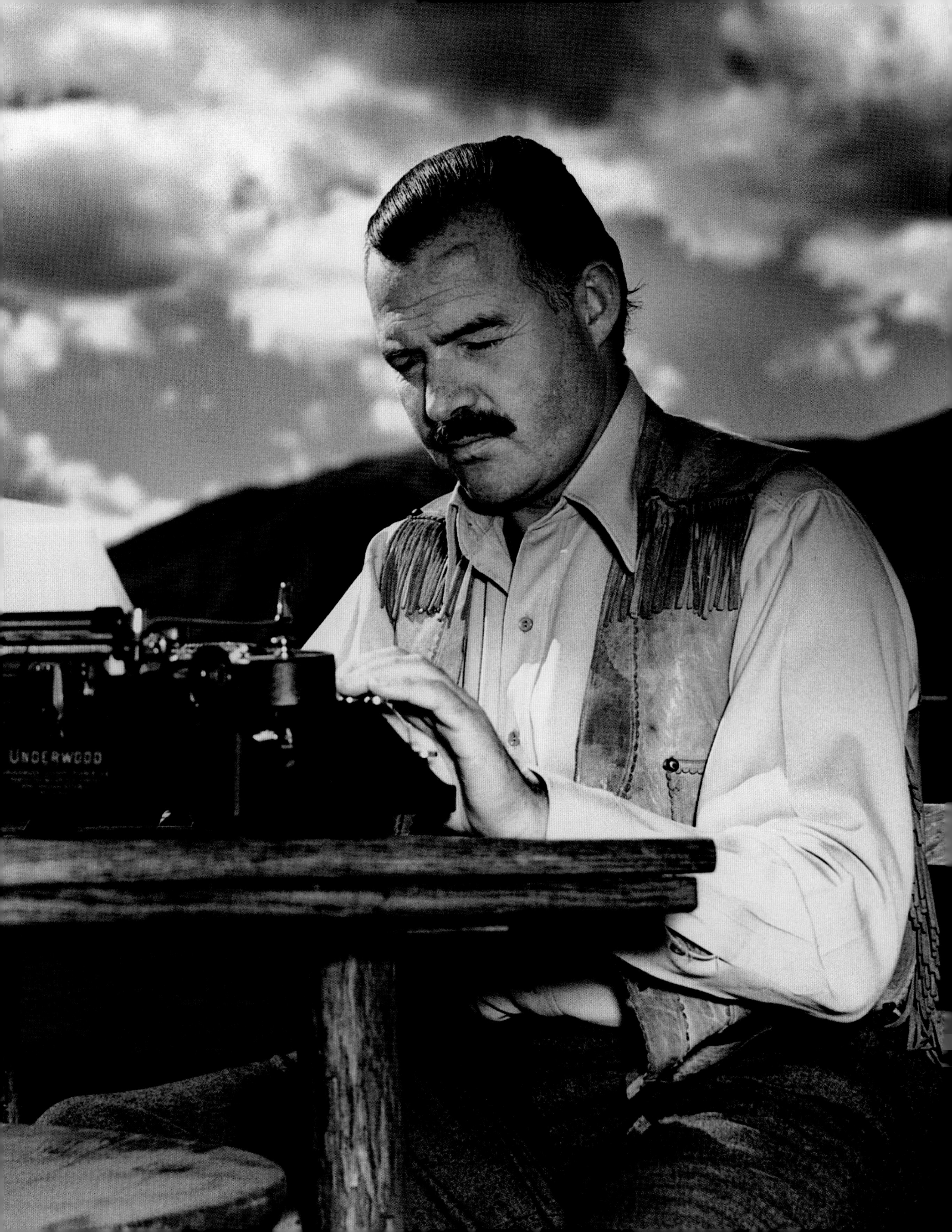
UNDERWOOD

△ **MÁQUINA DE ESCRIBIR ROYAL**
Hemingway a veces escribía de pie. Su máquina favorita era la Royal. Al parecer, le dijo a su amiga la actriz Ava Gardner que el único psicólogo con el que se sinceraría era su máquina de escribir.

novato en el *Kansas City Star*. Allí, escribiendo reportajes sobre la policía y emergencias, aprendió y practicó el estilo que se convertiría en su sello distintivo. Seguía el libro de estilo del *Star*, que empezaba: «Usa frases cortas. Usa párrafos cortos. Usa un inglés vigoroso. Sé positivo, no negativo», instrucciones básicas que serían la esencia del estilo declarativo, lúcido y engañosamente sencillo de Hemingway.

Aventuras bélicas

Hemingway trabajó para el *Star* solo seis meses. La Primera Guerra Mundial estaba en su apogeo, y ansiaba participar en lo que consideraba la gran aventura europea. Rechazado por el ejército por visión defectuosa, se ofreció como voluntario para conducir ambulancias de la Cruz Roja y fue enviado a Italia. Allí pudo experimentar de primera mano el horror de la guerra y fue herido en las piernas al intentar ayudar a soldados italianos a ponerse a salvo; más tarde se le otorgó la Medalla de Plata al Valor Militar. Mientras se recuperaba en Milán, se enamoró de la enfermera estadounidense Agnes von Kurowsky, que lo rechazó por un oficial italiano. Más tarde, se inspiró en esta relación en la novela bélica *Adiós a las armas*.

De vuelta a Estados Unidos con poco ánimo, Hemingway trabajó como reportero para el *Toronto Star*, primero en Toronto y luego en Chicago. Una excursión de acampada y pesca con amigos en los bosques de Michigan inspiró el aclamado cuento «El río de dos corazones» (1924), con el recurrente personaje semiautobiográfico Nick Adams.

En Chicago, Hemingway conoció a Hadley Richardson, una mujer ocho años mayor que él. La pareja se casó en septiembre de 1921 y a los dos meses se marcharon a París, después de que el *Toronto Star* le nombrara corresponsal en el extranjero.

△ **CASA DE CAYO HUESO**
Ernest y Pauline compraron esta gran casa colonial española en la isla de Cayo Hueso, Florida, en 1931. La casa es ahora un museo y un Monumento Histórico Nacional.

Viajes por Europa

En los años 1920, París era un foco de creatividad, y Hemingway se introdujo en él con entusiasmo. Sus amigos eran James Joyce, Gertrude Stein, Ezra Pound y F. Scott Fitzgerald, un grupo que Stein llamó la Generación Perdida (recuadro izquierda). Stein leyó y criticó sus borradores, mientras la corriente poética del imaginismo de Pound (ver p. 197) influía en su estilo sucinto y minimalista.

Hemingway viajó por Europa escribiendo artículos para el *Toronto Star* y reuniendo material para sus propios cuentos. En septiembre de 1923, la pareja regresó a Toronto para el nacimiento de su hijo, John Hadley Nicanor, pero en enero de 1924 ya estaban de vuelta en París.

Mientras tanto, Hemingway publicó su primer libro, *Tres relatos y diez*

CONTEXTO

La Generación Perdida

La expresión, creada por Gertrude Stein, se refiere al grupo de escritores estadounidenses expatriados que llegaron a la mayoría de edad durante la Primera Guerra Mundial, muchos de los cuales se congregaron en París, y sobre quienes Hemingway escribió su novela *Fiesta*. Estaban «perdidos» en el sentido de estar confundidos y sin rumbo tras los cambios causados por la guerra, alienados de los valores de preguerra que ya no parecían relevantes. Junto a Hemingway, estaban Archibald MacLeish, F. Scott Fitzgerald, John Dos Passos, e. e. cummings y John Steinbeck, todos los cuales tuvieron un gran éxito.

PRIMERA EDICIÓN DE *FIESTA* DE HEMINGWAY, 1926

« El **mundo** nos rompe **a todos** y después muchos se vuelven **más fuertes** en los lugares rotos. Pero **mata** a los que no rompe. »

ERNEST HEMINGWAY, *ADIÓS A LAS ARMAS*

poemas, y en 1925 su colección de cuentos, *En nuestro tiempo*, aclamados por la crítica neoyorquina.

Cayo Hueso, Florida

La siguiente obra, *Fiesta* (1926), lo llevó a la fama. Esta su primera novela trata sobre un grupo de expatriados que recorren bares y corridas de toros en Francia y España. Describe de forma novelada y en prosa limpia y sobria a sus amigos después de la guerra: cínicos, melodramáticos y dados a los excesos.

Mientras estaba escribiendo la novela, Ernest Hemingway empezó un romance con una mujer adinerada de Estados Unidos, Pauline Pfeiffer. En 1927, divorciado de Hadley, se casó con Pauline, con unas prisas que luego dijo lamentar. En octubre de ese año, publicó otra colección de relatos, *Hombres sin mujeres*, que contenía varios de sus relatos más elogiados, entre ellos «Los asesinos», «Colinas como elefantes blancos» y «En otro país».

En 1928, con Pauline embarazada, la pareja se trasladó a Cayo Hueso, Florida, donde nació su hijo Patrick. A finales de año, el padre de Hemingway se suicidó; desolado, el escritor comentó: «Probablemente seguiré el mismo camino». Pasó gran parte del año siguiente trabajando en *Adiós a las armas* (1929). Esta potente novela describe la guerra con un lirismo austero y narra la historia de un joven estadounidense conductor de ambulancias en Italia que se enamora de una enfermera inglesa; la obra está claramente basada en sus propias experiencias de guerra. El libro fue un éxito comercial y de crítica.

Pasión por los animales

Ahora que vivía en Cayo Hueso con su familia (su tercer hijo, Gregory, nació en 1931), Hemingway estaba inquieto y volvió a viajar. En su amada España regresó a las corridas de toros que tanto le habían fascinado años antes y que reflejó en *Muerte en la tarde* (1932). En este análisis enciclopédico del trágico ritual del toreo profundiza en la naturaleza del valor y el miedo, diciendo: «El toreo es el único arte en que el artista juega con la muerte». En 1933, en un safari por el este de África, desarrolló su pasión por la

▽ **CORRIDAS DE TOROS**
Hemingway sentía pasión por las corridas de toros y se hizo amigo de muchos de los matadores más glamurosos de España. Su descripción de los sanfermines de Pamplona en *Fiesta* contribuyó a dar fama mundial a este festejo.

> « **Todas las historias**, si van lo suficientemente lejos, **terminan en muerte**, y **no es un verdadero narrador** quien lo **oculta**. »
>
> ERNEST HEMINGWAY, *MUERTE EN LA TARDE*

caza mayor que inspiró dos de sus mejores relatos, «Las nieves del Kilimanjaro» y «La breve feliz vida de Francis Macomber», así como el reportaje *Verdes colinas de África* (1935). En 1934, compró un bote de pesca, el *Pilar*, con el que podía disfrutar de su amor por otro deporte varonil: la pesca deportiva.

Corresponsal de guerra

En 1937, Hemingway regresó a España como corresponsal de guerra para cubrir la guerra civil española. A España viajaba a menudo con la periodista estadounidense Martha Gellhorn, a quien había conocido el año anterior en su bar favorito de Cayo Hueso, Sloppy Joe's, e iniciaron una relación. Mientras se hospedaban en un hotel de Madrid, Hemingway escribió su única obra teatral, *La quinta columna* (1937), que fue mal recibida por la crítica.

Hemingway informó sobre la evolución de la guerra durante dos años y estuvo presente en la batalla del Ebro (julio-noviembre de 1938). Su novela de 1940, *Por quién doblan las campanas*, fue el exitoso resultado de sus experiencias en España; en ella describe el sentimiento de camaradería que crea la guerra pese a su brutalidad.

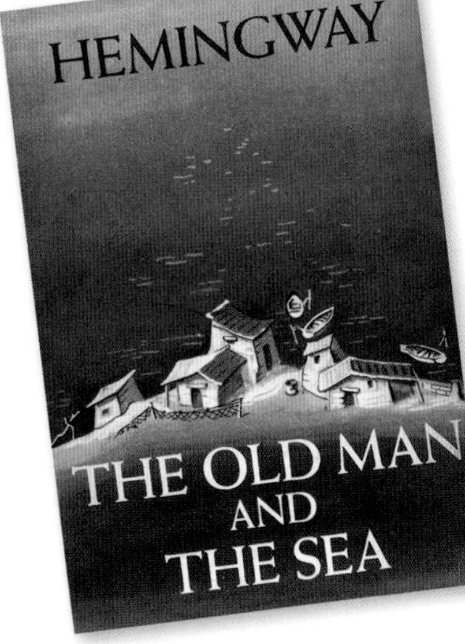

△ **GRAN LOGRO**
El viejo y el mar consolidó la fama de Hemingway y su fortuna. Un extracto de la historia publicado en la revista *Life* (que vendió cinco millones de ejemplares) despertó el interés del gran público.

▽ **TROFEO DE CAZADOR**
Hemingway se arrodilla sosteniendo un par de cuernos de antílope. Sus safaris en Kenia y Tanzania le ayudaron a cultivar su imagen de gran amante del aire libre y le proporcionaron material para escribir.

A su regreso de España, Hemingway se trasladó a Cuba con Gellhorn, y se establecieron en Finca Vigía, en las afueras de La Habana, donde cultivó su imagen machista, dedicando su tiempo a la caza, la pesca y el boxeo, y bebiendo mucho.

En 1940, él y Pauline se divorciaron y se casó con Martha. Al año siguiente, la acompañó a China para cubrir la guerra chino-japonesa, un encargo que a él no le gustaba. En 1944, la pareja viajó de nuevo, esta vez a Europa para informar sobre la guerra, pero por entonces su matrimonio tenía problemas. En Londres, Hemingway conoció a Mary Walsh, corresponsal de la revista *Time*, y ambos iniciaron una relación. Se casaron en 1946. En 1950, el escritor publicó *Al otro lado del río y entre los árboles*, novela destrozada por toda la crítica. Le siguió *El viejo*

△ **CASA EN CUBA**
Hemingway escribió *Por quién doblan las campanas*, *El viejo y el mar* y sus memorias, *París era una fiesta*, en su estudio de Finca Vigía, su hogar en Cuba.

y el mar (1952), una novela corta sobre la lucha de un viejo pescador cubano por pescar un enorme marlín, solo para que los tiburones lo devoraran de regreso a puerto. Este libro, que el autor llamó «el mejor que puedo escribir de toda mi vida», ganó el Premio Pulitzer en 1953 y tuvo una influencia determinante para la concesión del Nobel de Literatura en 1954.

Enfermedad y decadencia

Hemingway se hallaba en la cima de su carrera, pero pasaba un mal momento personal: tenía ansiedad y poca salud. Los años de mala vida y los numerosos percances, entre ellos dos accidentes de avión en un safari en 1954, le estaban pasando factura. A fines de 1956, en París, descubrió unas anotaciones en unos viejos cuadernos, y durante los años siguientes los trabajó en *París era una fiesta*. En 1960, dejó Cuba y se instaló en su casa de Idaho. Paranoico, deprimido y muy alcoholizado, fue hospitalizado dos veces y sometido a tratamientos de electrochoque en la Clínica Mayo de Minnesota. En 1961, le diagnosticaron una enfermedad que le impedía asimilar el exceso de hierro y en julio de ese año, se quitó la vida de un disparo de escopeta. (Hubo otros suicidios en la familia: su padre, dos hermanos y una nieta.)

La influencia de Hemingway fue enorme. Creó un nuevo estilo literario para escribir sobre la naturaleza y la experiencia humana que tuvo eco en la literatura del siglo XX. La novela póstuma *El jardín del Edén* (1986), una exploración sobre género, sugiere que su masculinidad agresiva pudo no haber sido tan innata como le gustaba dar a entender.

SEMBLANZA
Martha Gellhorn

La tercera esposa de Hemingway fue una novelista y periodista que se negó a ser una simple «nota a pie de página» en la historia de Hemingway. Martha Gellhorn (1908-98), una de las más grandes corresponsales de guerra del siglo XX, informó sobre todos los grandes conflictos del mundo durante sus 60 años de carrera. Cubrió la guerra civil española y el bombardeo de Londres y fue la única corresponsal femenina en los desembarcos del Día D en 1944; informó sobre la liberación de Dachau, el conflicto árabe-israelí y la guerra de Vietnam. Su matrimonio con Hemingway fue conflictivo; dijo de él que era celoso y acosador, y fue la única de sus esposas que le abandonó.

MARTHA GELLHORN HABLA CON LAS TROPAS BRITÁNICAS EN ITALIA

OBRAS CLAVE

1925
Se publica en Estados Unidos. *En nuestro tiempo*, versión ampliada de unos relatos publicados en París el año anterior.

1926
Fiesta, su primera novela, se basa en sus amigos y en hechos reales, como los sanfermines y la vida en los cafés de París.

1929
Se publica *Adiós a las armas*, que consolida su fama como importante escritor estadounidense.

1932
Muerte en la tarde es el resultado de la extensa investigación de Hemingway sobre las corridas de toros.

1940
Por quién doblan las campanas es nominada para el Premio Pulitzer y vende medio millón de copias a los pocos meses de su publicación.

1953
El viejo y el mar, escrito en ocho semanas, es un éxito de la noche a la mañana y gana el Premio Pulitzer.

1964
Se publica póstumamente *París era una fiesta*, con los conmovedores recuerdos de sus primeros años en París.

1986
El jardín del Edén, que explora la fluidez de género en una relación entre un escritor y su esposa, se publica tras ser editada.

Kawabata Yasunari

1899-1972, JAPONÉS

El sobrio estilo lírico de Kawabata expresa «la esencia de la mente japonesa» y le convirtió en el primer escritor de su país en ser galardonado con el Premio Nobel de Literatura.

La vida de Kawabata Yasunari estuvo marcada desde temprana edad por experiencias de pérdida, trauma y soledad, sentimientos que encontrarían expresión en el desapego que se aprecia con frecuencia en sus personajes y en su fascinación por la muerte. Kawabata nació en Osaka en 1899 y quedó huérfano a los cuatro años. Su hermana fue enviada a vivir con una tía y él fue criado por unos parientes de su madre. A los 15 años, su hermana y sus abuelos habían muerto, y se quedó solo.

Influencias de la infancia

Kawabata vivió en Tokio desde 1917, y estudió en la Universidad Imperial de la ciudad, donde se graduó en inglés en 1924. En Tokio, se comprometió con una niña de 14 años, Hatsuyo Ito, y quedó destrozado cuando ella le dejó tras ser violada por un monje. Los personajes basados en Hatsuyo y su relación trágica aparecerían más tarde en sus obras, incluso en el cuento que atraería la atención sobre él, «La bailarina de Izu» (1926), una obra semiautobiográfica sobre el amor de un estudiante melancólico por una joven bailarina. Otros relatos se harían eco de sus experiencias juveniles, explorando temas como el amor imposible y la búsqueda de consuelo.

△ ***EL MAESTRO DE GO*, 1951**
El maestro de Go de Kawabata es un relato seminovelado de una legendaria partida de Go que tuvo lugar en 1938. Algunos creen que el enfrentamiento de los dos jugadores es una alegoría de la Segunda Guerra Mundial.

Modernismo japonés

En los años posteriores a la universidad, Kawabata cofundó la revista *Época del Arte Literario* como una salida para los escritores neosensualistas japoneses. El movimiento, que tenía paralelismos con el expresionismo de Occidente, valoraba el «arte por el arte» y rechazaba la idea predominante de que el arte debe transmitir un mensaje moral.

En 1934, se trasladó de Tokio a Kamakura con su esposa, Hideko, con quien se había casado en 1926. Fue en esa época cuando comenzó a escribir sus obras más famosas, aunque a un ritmo muy lento: *País de nieve*, publicada por entregas entre 1935 y 1947; *Mil grullas*, iniciada en 1949 e inacabada, y *El sonido de la montaña*, que tardó seis años en escribir. Kawabata dejó muchas obras sin terminar, en parte porque era feliz creando viñetas, pero también porque no deseaba hacer frente a los finales. Esta pasividad se extendía incluso a sus opiniones políticas: se distanció del militarismo de la Segunda Guerra Mundial, por ejemplo, en lugar de expresar su protesta o apoyo.

Kawabata obtuvo el Premio Nobel de Literatura en 1968. La melancolía que marcó su obra salpicó su discurso de aceptación, que aludía al zen, al ikebana y, lo más importante, al suicidio. En 1972, fue encontrado muerto en su casa, con una manguera de gas en la boca y una botella de whisky vacía cerca, un final extraño para un hombre que había encontrado tanto consuelo e inspiración en la formalidad de las antiguas tradiciones japonesas.

SEMBLANZA
Yukio Mishima

Kawabata estuvo muy unido al escritor Yukio Mishima (1925-70). A principios de los años 1960, Mishima era un firme candidato al Premio Nobel, pero en 1968 su estrella languidecía, porque el jurado del premio pensaba (erróneamente) que era comunista. Dos años después de que Kawabata ganara el premio, Mishima se suicidó. Más tarde se supo que Kawabata había obligado a Mishima a recomendarlo para el Nobel a cambio de su apoyo en una disputa legal. Tal vez el sentido de culpabilidad alimentó las pesadillas sobre Mishima que Kawabata experimentó el año anterior a su suicidio.

YUKIO MISHIMA FOTOGRAFIADO EN TOKIO, 1970

◁ **MUSEO DE LITERATURA, KAMAKURA**
Kawabata se trasladó a Kamakura, al sur de Tokio, en 1934. Al principio, alternaba con los intelectuales de la ciudad, pero con la edad se hizo cada vez más solitario. Hoy en día, el Museo de Literatura en Kamakura alberga muchas de sus pertenencias.

▷ **KAWABATA YASUNARI, 1968**
Kawabata aparece aquí fotografiado el año en que recibió el Nobel de Literatura. La concesión del premio, exactamente 100 años después de la restauración Meiji, marcó el surgimiento de la literatura japonesa en la escena mundial.

Directorio

▽ Edith Wharton

1862-1937, ESTADOUNIDENSE

La escritora Edith Wharton, nacida Edith Newbold Jones, es famosa por sus novelas irónicas que atacan la sociedad privilegiada a la que ella misma pertenecía. Aunque escribió desde muy temprana edad, su rica familia neoyorquina la desanimó a seguir este camino.

Soportó un matrimonio infeliz con el socialmente aceptable Teddy Wharton, y no publicó su primera novela hasta los 40 años. El éxito le vino con *La casa de la alegría* publicada en 1905. La historia de una mujer machacada por las hipócritas costumbres sociales de la clase alta de Nueva York fue un éxito de ventas inmediato. Su fama se consolidó con la novela *Ethan Frome*, que se centra en el puritanismo de Nueva Inglaterra. Divorciada en 1913, Wharton pasó el resto de su vida en Francia. En *La edad de la inocencia*, la cima de sus últimas novelas, regresó al retrato crítico de la Nueva York de su infancia. Fue la primera mujer en ganar el Premio Pulitzer (1921).

OBRAS CLAVE: *La casa de la alegría*, 1905; *Ethan Frome*, 1911; *Las costumbres del país*, 1913; *La edad de la inocencia*, 1920

△ **EDITH WHARTON, c. 1885**

Maurice Maeterlinck

1862-1949, BELGA

Dramaturgo, poeta y ensayista simbolista que ganó el Premio Nobel de Literatura en 1911, Maeterlinck nació en Gante en una próspera familia flamenca de habla francesa. Irrumpió en el mundo literario en 1889 con la obra de teatro *La princesa Malena*, una adaptación de un cuento de los hermanos Grimm.

Creó un novedoso estilo teatral en el que personajes impotentes ante su destino toman nuevos caminos en una atmósfera saturada de simbolismo. En 1902, Claude Debussy adaptó a la ópera su triste historia de amor, *Peleas y Melisenda*. También destacó por sus ensayos, en especial por *La vida de las abejas*, en que utiliza el entorno natural como base para sus comentarios místicos sobre la existencia humana. En la primera década del siglo xx, obras de teatro como el cuento de hadas *El pájaro azul* mantuvieron el prestigio de la vanguardia. Pero en años posteriores, la moda literaria se volvió contra el esteticismo refinado de Maeterlinck y su creatividad se desvaneció.

OBRAS CLAVE: *La princesa Malena*, 1889; *Peleas y Melisenda*, 1892; *La vida de las abejas*, 1900; *El pájaro azul*, 1908

Gabriele d'Annunzio

1863-1938, ITALIANO

Extravagante personaje público, el escritor italiano Gabriele d'Annunzio fue famoso tanto por sus gestos políticos y relaciones sentimentales como por sus escritos. Publicó su primer libro de poemas, *Primo Vere*, a los 16 años y pronto se hizo famoso como original poeta y autor de relatos cortos. Comenzando con *El placer* en 1889, publicó novelas tórridas que reflejaban su propia y agitada vida sexual y emocional. *La Llama de la vida*, por ejemplo, se basa en su famoso romance con la actriz Eleonora Duse. También tuvo éxito como dramaturgo, con *Francesca da Rimini* (1901), escrito para Duse.

D'Annunzio fue un nacionalista agresivo que promovió la entrada de Italia en la Primera Guerra Mundial. Luchó por su país, perdió un ojo en combate y logró el estatus de héroe. Finalizada la guerra, tomó brevemente el control de la ciudad de Fiume (Rijeka), que gobernó como una dictadura personal.

OBRAS CLAVE: *Canto novo*, 1882; *El triunfo de la muerte*, 1894; *La llama de la vida*, 1900; *Francesca da Rimini*,1902

Constantino Cavafis

1863-1933, GRIEGO

El poeta griego más influyente del siglo xx, Cavafis nació en Alejandría, Egipto. Pasó parte de su juventud en Inglaterra, donde su familia tenía relaciones comerciales, pero volvió a vivir a Alejandría en 1885 y permaneció allí durante el resto de su vida. Trabajó como funcionario durante 30 años, y escribía poesía en su tiempo libre. Encontró su propio estilo hacia los 40 años, y escribió unos 150 poemas cortos.

Muchos de los poemas de Cavafis se sitúan en la Grecia y la Roma antiguas, como el célebre «Esperando a los bárbaros» y «El dios abandona a Antonio». Con gran sutileza hace que el mundo antiguo reflexione sobre el presente. También escribió poemas de amor que evocan de forma conmovedora los placeres intensos pero fugaces del sexo homosexual. Debido en parte a este tema íntimo, la mayoría de su poesía no se publicó hasta después de su muerte.

OBRAS CLAVE: «Esperando a los bárbaros», 1904; «Itaca», 1911; *Poesía completa*, 2011

▷ André Gide

1869-1951, FRANCÉS

Ganador del Nobel de Literatura, André Gide nació en el seno de una familia protestante, y publicó su primera novela a los 21 años. En los años 1890, mientras visitaba el norte de África, descubrió su inclinación por los niños y abrazó un paganismo nietzscheano que reflejó en la prosa lírica de *Los alimentos terrestres* (1897). Figura presente en la escena literaria parisina, fue fundador de la revista *Nouvelle Revue Française* en 1909. Su ficción incluye *Los sótanos del Vaticano* (1914), que introdujo el concepto de *acte gratuit*, un ejercicio arbitrario de libertad, y *Los monederos falsos*, una novela compleja que explora nociones de autenticidad. Gide defendió la homosexualidad, atacó el colonialismo y rechazó el comunismo soviético. Premio Nobel de Literatura en 1947, sus escritos autobiográficos, entre ellos *Si la semilla no muere* (1926) y *Diarios*, son sus obras más interesantes.

OBRAS CLAVE: *El inmoralista*, 1902; *La puerta estrecha*, 1909; *La sinfonía pastoral*, 1919; *Los monederos falsos*, 1926

△ ***ANDRÉ GIDE*, PAUL ALBERT LAURENS, 1924**

Colette

1873-1954, FRANCESA

Una de las escritoras más queridas de Francia, Sidonie-Gabrielle Colette fue introducida en el mundo de las letras por su primer marido, el escritor Henri Gauthier-Villars. Sus primeras novelas, como la exitosa serie de *Claudine*, aparecieron con su nombre. Tras su separación en 1906, se ganó la vida como actriz erótica en un teatro musical y tuvo relaciones con personas de ambos sexos, experiencias que expuso en novelas semiautobiográficas, como *La vagabunda*. Un segundo matrimonio le dio la seguridad financiera para concentrarse en la escritura. El amor entre una mujer y un hombre más joven se convirtió en un tema recurrente de su ficción (en especial *Chéri*) y de su vida. Tuvo un romance con su hijastro, y su tercer y último marido era 16 años menor que ella. Sus novelas expresan una cálida sensualidad, un amor por la naturaleza y el sentido sagaz de las debilidades de los hombres que le permitieron prosperar en un mundo sexista.

OBRAS CLAVE: *La vagabunda*, 1910; *Chéri*, 1920; *El trigo verde*, 1923; *Gigi*, 1944

Robert Frost

1874-1963, ESTADOUNIDENSE

El poeta Robert Frost nació en California y se trasladó a Nueva Inglaterra a los 11 años. Durante un tiempo sintió depresión y frustración: solo se publicaron algunos de sus poemas y la muerte de sus hijos destrozó el matrimonio. En 1912, se marchó a Gran Bretaña, donde encontró un ambiente literario más comprensivo. Se hizo famoso con la publicación de sus primeras dos colecciones, A *Boy's Will* (1913) y *Al Norte de Boston* (1914), poemas ambientados en la zona rural de Nueva Inglaterra y que reflejan los ritmos del habla común. De regreso a Nueva Inglaterra en 1915, publicó versos como «The Road Not Taken» (1916) y «Stopping by Woods on a Snowy Evening» (1922). Indiferente a las presiones del modernismo literario, continuó produciendo poesía sutil y sencilla y leyó «The Gift Outright» (1941) en la toma de posesión de John F. Kennedy en 1961.

OBRAS CLAVE: *Al Norte de Boston*, 1914; *Un valle en las montañas*, 1916; *Nueva Hampshire*, 1923; *A Further Range*, 1936

Rainer Maria Rilke

1875-1926, AUSTRIACO

Rilke, poeta lírico exaltado que influyó en el desarrollo del modernismo, nació en Praga, entonces parte del Imperio austrohúngaro. A pesar de sus inclinaciones poéticas, sus padres le obligaron a pasar cinco años en una academia militar. Sus primeros poemas exhiben la mezcla de sensualidad y espiritualidad típicas de la decadencia de fin de siglo.

A partir de 1902, después de caer bajo la influencia de la vanguardia francesa, desarrolló su *Dinggedichte*, que describe la experiencia de la alienación espiritual en el mundo moderno con imágenes intensas y concretas. Escribió la primera de sus famosas *Elegías de Duino* en 1912, durante su estancia en el castillo de Duino en Trieste. La Primera Guerra Mundial perturbó su vida, y hasta 1922, en un estallido tardío de creatividad, no completó las *Elegías*, además de escribir los *Sonetos a Orfeo*. Estas obras tardías expresan un misticismo estético distintivo en poemas de excepcional belleza y opacidad.

OBRAS CLAVE: *Nuevos poemas*, 1907; *Los cuadernos de Malte Laurids Brigge*, 1910; *Elegías de Duino*, 1912-22; *Sonetos a Orfeo*, 1923

Hermann Hesse

1877-1962, ALEMÁN

El novelista y poeta Hermann Hesse era hijo de misioneros protestantes, y aunque se rebeló contra su educación religiosa, mantuvo una visión espiritual de la vida. Después del éxito de su primera novela, *Peter Camenzind,* en 1904, se dedicó a escribir. Durante la Primera Guerra Mundial, tuvo una crisis espiritual y sufrió una dolorosa crisis matrimonial. Encontró la salvación en las filosofías orientales y el psicoanálisis junguiano.

En la década de 1920, su novela *Siddhartha* popularizó el budismo en Occidente, y el «teatro mágico» de *El lobo estepario* fomentó la exploración de los límites de la imaginación. Trabajó en *El juego de los abalorios*, una fantasía utópica de un mundo espiritualmente organizado, desde 1932 hasta su publicación en 1943. Pasó los últimos años de su vida en Suiza y recibió el Premio Nobel de Literatura en 1946. Las novelas de Hesse tuvieron muchos seguidores en la contracultura de los años 1960.

OBRAS CLAVE: *Demian: historia de la juventud de Emil Sinclair*, 1919; *Siddhartha*, 1922; *El lobo estepario*, 1928; *El juego de los abalorios*, 1943

Robert Musil

1880-1942, AUSTRIACO

El novelista y escritor de cuentos Robert Musil nació en el seno de una familia prominente en la ciudad de Klagenfurt. Destinado al ejército, fue educado en una academia militar, una experiencia dolorosa en que se basa su primera novela, *Los extravíos del colegial Törless.*

Rechazó la carrera militar y estudió ingeniería y filosofía mientras escribía las historias que aparecieron como *Uniones* en 1911. Tras servir como oficial en la Primera Guerra Mundial, se forjó una reputación entre los literatos con su obra *Los alucinados* (1921) y otro libro de cuentos cortos, *Tres mujeres*. El primer volumen de su obra monumental *El hombre sin atributos*, ambientada en los últimos años del Imperio austriaco, apareció en 1930. Ahora considerada una obra maestra de la literatura modernista, fue un fracaso comercial. Nunca terminó el último volumen. Musil murió en Suiza, donde había huido con su esposa judía para escapar del nazismo.

OBRAS CLAVE: *Los extravíos del colegial Törless*, 1906; *Uniones*, 1911; *Tres mujeres*, 1924; *El hombre sin atributos*, 1930, 1932, 1942

△ KATHERINE MANSFIELD

Nikos Kazantzakis

1883-1957, GRIEGO

Nikos Kazantzakis nació en Creta, entonces bajo el dominio del Imperio otomano turco. Creció en un contexto violento entre rebelión griega y represión turca. Publicó las primeras novelas y obras teatrales en su veintena, defendiendo el uso del griego cotidiano como lengua literaria.

Kazantzakis viajó mucho, y recibió la influencia del budismo y el comunismo. Para ganarse la vida, se dedicó a traducir y escribir libros de viajes y textos escolares. Trabajó durante muchos años en un poema épico, *La Odisea: una secuela moderna*, terminado en 1938.

Su libro más famoso, *Zorba el griego,* lo escribió durante la Segunda Guerra Mundial y con él inició una serie de novelas en las que expresó su fascinación por Creta y su visión personal de la fe religiosa. Su controvertida novela, *La última tentación de Cristo*, publicada en 1955, fue condenada tanto por la Iglesia ortodoxa como por la católica.

OBRAS CLAVE: *La Odisea: una secuela moderna*, 1938; *Zorba el griego*, 1946; *Cristo de nuevo crucificado*, 1948; *Capitán Michalis*, 1950; *La última tentación de Cristo*, 1955

◁ Katherine Mansfield

1888-1923, NEOZELANDESA

La escritora de cuentos Katherine Mansfield Beauchamp nació en Wellington, Nueva Zelanda, hija de un próspero hombre de negocios. Se rebeló contra las limitaciones de sus antecedentes y marchó a Inglaterra en 1908 para dedicarse a escribir. Vivió una vida bohemia y tuvo muchas relaciones complejas (su primer matrimonio duró solo unas semanas). Su desarrollo como escritora fue rápido: una conocida revista comenzó a publicar sus narraciones en 1910 y pronto siguió su primera colección, *En un balneario alemán.*

Inspirada por el ejemplo de Antón Chéjov, Mansfield escribió una aguda ficción, que sus colegas reconocieron como distintivamente moderna. Estuvo en contacto con el grupo de Bloomsbury y en 1918 se casó con el crítico John Middleton Murray. Algunos de sus mejores relatos posteriores, como «Preludio» y «Fiesta en el jardín», se desarrollan en la Nueva Zelanda de su infancia. Tras una larga lucha contra la tuberculosis, murió en Francia a los 34 años.

OBRAS CLAVE: *En un balneario alemán*, 1911; «Preludio», 1918; «Felicidad», 1920; «Fiesta en el jardín», 1922

Fernando Pessoa

1888-1935, PORTUGUÉS

Pessoa, brillante poeta modernista, creció en Durban, Sudáfrica, donde su padrastro era cónsul. A los 17 años regresó a su Lisboa natal, donde vivió el resto de su vida. Figura prominente de los círculos literarios portugueses, era desconocido por el público. Aparte de algunas poesías en inglés, idioma de su primera educación, el único libro de versos que publicó en vida fue *Mensaje*. Inventó una amplia gama de «heterónimos»: personajes ficticios en cuyos nombres escribió poesía y prosa desde diferentes puntos de vista y estilos. Sus principales heterónimos poéticos fueron Alberto Caeiro, Ricardo Reis y Álvaro de Campos. Su «autobiografía sin hechos», *Libro del desasosiego*, es atribuido a su contable Bernardo Soares.

Los poemas publicados con su nombre muestran una obsesión melancólica por el hastío y la nostalgia. Su fama ha crecido desde su muerte.

OBRAS CLAVE: *Mensaje*, 1934; *Poesías de Fernando Pessoa*, 1942; *Poemas de Alberto Caeiro*, 1946; *Libro del desasosiego*, 1982

Borís Pasternak

1890-1960, RUSO

El poeta y novelista Borís Leonídovich Pasternak se convirtió en el centro de la controversia política al ganar el Premio Nobel de Literatura en 1958. Nacido en una familia culta de San Petersburgo (su padre ilustró la obra de Tolstói), publicó su primer poemario en 1914. Tras la Revolución de 1917, decidió quedarse en Rusia. En la década de 1920, publicó versos líricos muy admirados que muestran la influencia del simbolista Aleksandr Blok y del futurista Vladímir Mayakovski. Sin embargo, durante la dictadura de Stalin disminuyó su producción creativa. En 1949, su amante, Olga Ivinskaya, fue enviada a un campo de trabajos forzados, pero a él no le tocaron.

En 1956, completó la novela *Doctor Zhivago,* una historia de amor ambientada en el período de la Revolución. Aunque no era una obra abiertamente anticomunista, la novela fue prohibida en la Unión Soviética. Cuando se publicó en Occidente, Pasternak obtuvo el Premio Nobel, pero bajo la presión de las autoridades soviéticas se vio obligado a rechazar el premio.

OBRAS CLAVE: *Mi hermana la vida*, 1922; *Temas y variaciones*, 1923; *Doctor Zhivago*, 1956; «Cuando aclara», 1959

▽ J.R.R. Tolkien

1892-1973, INGLÉS

Padre de la ficción fantástica moderna, John Ronald Reuel Tolkien nació en Sudáfrica y creció en Inglaterra. Huérfano a los 12 años, fue puesto bajo la tutela de un sacerdote católico. Mientras ejercía como oficial subalterno en la Primera Guerra Mundial, comenzó a elaborar el mundo mítico que sería el escenario de toda su ficción. Acabada la guerra, fue profesor de filología inglesa en Pembroke College, Oxford.

La principal influencia de sus obras fue la poesía inglesa antigua, en especial el poema épico *Beowulfo*. *El hobbit*, escrito para sus hijos, fue un éxito cuando se publicó en 1937, lo que le alentó a comenzar la trilogía de *El Señor de los Anillos*. Acabada en 1948, fue publicada en la década de 1950 y se convirtió en un gran éxito de ventas internacional en la década siguiente. Su trabajo inicial incompleto, *El Silmarillion*, apareció póstumamente en 1977.

OBRAS CLAVE: *El hobbit*, 1937; *La Comunidad del Anillo*, 1954; *Las dos torres*, 1954; *El retorno del rey*, 1955

Federico García Lorca

1898-1936, ESPAÑOL

El poeta y dramaturgo Federico García Lorca era hijo de un terrateniente de Granada. A partir de 1919 estudió en Madrid y formó parte de la generación del 27, que incluía escritores y pintores como Salvador Dalí. Su primer libro de poemas apareció en 1921. El estilo de Lorca, que mezclaba el modernismo europeo con las tradiciones populares andaluzas, encontró su expresión más popular en *Romancero gitano* de 1928. Al año siguiente, visitó América y escribió el poema surrealista *Poeta en Nueva York* (1930). En 1931, el nuevo gobierno republicano le confió la gestión de *La Barraca*, una compañía de teatro ambulante que llevó el arte escénico clásico por ciudades y pueblos. Mientras viajaba, escribió varias obras de teatro, como *Bodas de sangre* y *Yerma* (1934), que dramatizan los trágicos dilemas de las mujeres españolas de su tiempo. En agosto de 1936, a principios de la guerra civil, fue fusilado por los nacionalistas. Su cuerpo nunca ha aparecido.

OBRAS CLAVE: *Canciones*, 1927; *Romancero gitano*, 1928; *Bodas de sangre*, 1932; «Lamento por Ignacio Sánchez Mejías», 1934; *La casa de Bernarda Alba*, 1936

△ **J.R.R. TOLKIEN**

RESTO DEL SIGLO XX

CAPÍTULO 5

Vladimir Nabokov

1899-1977, ESTADOUNIDENSE, RUSO DE NACIMIENTO

Nabokov se hizo famoso por su novela *Lolita*, impactante y aún polémica en la actualidad. Fue un maestro de la novela en inglés, autor de una obra que incluye novela, poesía, cuento, autobiografía y crítica.

△ **ADAPTACIÓN PARA EL CINE**
La *Lolita* de Nabokov combina un humor oscuro, juegos de palabras eruditos y pasajes de gran belleza lírica que sitúan la novela por encima del erotismo obsceno. Magistral estudio sobre una obsesión irresistible, también es una aguda sátira de la cultura basura de Estados Unidos en los años 1950. La novela fue adaptada al cine por Stanley Kubrick en 1962.

Vladimir Nabokov, el mayor de cinco hermanos, nació en el seno de una familia privilegiada de San Petersburgo en la Rusia prerrevolucionaria. Creció hablando ruso, inglés y francés, y afirmó que tuvo «la infancia más feliz que se pueda imaginar». En 1919, tras la Revolución bolchevique, su padre, un prominente líder de la oposición, se exilió con la familia a Londres y luego a Berlín; tres años más tarde, fue asesinado por un fanático monárquico.

Tras estudiar en la Universidad de Cambridge, Nabokov se trasladó a Berlín. Ya había publicado dos poemarios en Rusia, y comenzó a hacerse famoso como poeta entre la comunidad de emigrantes rusos, escribiendo con el nombre de V Sirin. En 1925, se casó con una mujer rusa judía, Véra Slonim, con quien tuvo un hijo, Dmitri, nacido en 1934.

De Europa a Estados Unidos

Nabokov publicó su primera novela, muy autobiográfica, *Mashenka* en 1926. Le siguió *Rey, Dama, Valet* (1928), que marcó el comienzo de las innovaciones estilísticas y el juego de palabras que le darían fama. Durante la siguiente década, ayudó a su familia publicando en ruso y dando clases de tenis, boxeo e idiomas, mientras que su esposa trabajaba como traductora. Con el estallido de la guerra, la familia huyó a Estados Unidos Nabokov consiguió un puesto como profesor en el Wellesley College, Massachusetts, lo que le permitió tener suficiente tiempo libre para escribir y satisfacer una de sus pasiones: coleccionar mariposas (llegó a publicar 18 artículos sobre entomología). Su primer libro en inglés, *La verdadera vida de Sebastian Knight* (1941), se inspiró en sus experiencias en Cambridge; el segundo, *Barra siniestra* (1947), es una historia ambientada en un régimen totalitario que termina con la aparición del propio autor.

En 1945, Nabokov se convirtió en ciudadano de Estados Unidos y en 1948 fue nombrado profesor de literatura rusa de la Universidad de Cornell, Nueva York. Conseguida la seguridad económica, se embarcó en la novela que lo catapultaría a la fama internacional: *Lolita*. Aparecida en Francia en 1955, esta «bomba de relojería», como él describió la novela, se publicó finalmente en Estados Unidos en 1958: vendió 100 000 ejemplares en las primeras tres semanas. Trata sobre la obsesión del narrador, un hombre de mediana edad, por una adolescente de 12 años. La novela fue, y sigue siendo, controvertida por su tema. Con *Lolita* llegó la fama, la notoriedad y mucho dinero.

La novela de Nabokov, *Pnin* (1957), historia de un profesor emigrante ruso en Estados Unidos, aunque escrita después de *Lolita*, se publicó antes. *Pálido fuego* (1962) es una novela compuesta como un poema de 999 versos de un poeta y un comentario sobre él de un crítico, ambos ficticios.

Nabokov murió en 1977, dejando un manuscrito inacabado, *El original de Laura*. La influencia de su prosa hermosa y detallada influyó en escritores como Martin Amis, Thomas Pynchon y John Updike.

◁ **ÚLTIMOS AÑOS**
Nabokov aparece aquí en Ithaca, Nueva York, en 1958. Tres años después, se marchó a Montreux, Suiza, donde vivió con su esposa, Véra, en el Hotel Montreux Palace el resto de su vida.

CONTEXTO
Fichas

Nabokov escribía en fichas y usaba cientos de ellas para cada novela. Comenzaba a escribir una vez que el «patrón de la cosa» estaba claro en su mente y en lugar de hacerlo de forma lineal, «escojo un poco aquí y un poco allá, hasta llenar todos los huecos sobre papel». Reorganizaba las fichas y las numeraba hasta acabar la obra; luego las dictaba a su esposa, que las mecanografiaba por triplicado. Su última e inacabada novela, *El original de Laura*, publicada póstumamente (en contra de sus deseos) en 2009, es un documento de alto valor sobre esta técnica en su estado original.

NABOKOV USA FICHAS PARA DICTAR A SU ESPOSA, VÉRA, 1958

John Steinbeck

1902-1968, ESTADOUNIDENSE

Gigante de las letras estadounidenses, escribió con gran mordacidad sobre la Gran Depresión y sobre el destino y la injusticia de familias corrientes, lo que le valió el calificativo de conciencia de la nación.

John Ernst Steinbeck trabajaba en sus vacaciones en los campos de remolacha, donde tuvo las primeras impresiones sobre la difícil situación de los trabajadores emigrantes, un tema clave en sus novelas sociales de los años 1930. Había nacido en el seno de una familia de clase media en Salinas, California, donde su madre, una exmaestra, fomentó su amor por los libros. Abandonó la Universidad de Stanford después de cursar de manera inconstante estudios de literatura y biología, y se dirigió luego a Nueva York, donde trabajó en la construcción y como reportero. A su regreso a California, trabajó en granjas, bosques y pesquerías lo que le dio materia para escribir.

Sus primeros tres libros se vendieron mal, pero el éxito llegó finalmente en 1935 con *Tortilla Flat*, una historia de obreros hispanomexicanos borrachos, inspirada en la leyenda artúrica de los Caballeros de la Tabla Redonda. Siguió *De ratones y hombres*, sobre dos trabajadores emigrantes, el gigante Lennie y su protector, George.

A raíz de su épica novela *Las uvas de la ira* (1939) se desató una auténtica tormenta: la obra narra la historia de una familia de Oklahoma que emigra a California desde el *Dust Bowl* (ver recuadro, derecha) para escapar de la miseria. En su momento de más éxito la obra vendió 10 000 ejemplares a la semana, y le valió a Steinbeck el Premio Pulitzer, pero generó al mismo tiempo una reacción en contra de su denuncia del sueño americano.

Años de la posguerra

Durante la Segunda Guerra Mundial, Steinbeck fue corresponsal de guerra para el *New York Herald Tribune*. En este período escribió *La luna se ha puesto* (1942), sobre los efectos de la guerra y la ocupación de una aldea antaño pacífica (un análisis levemente velado de la ocupación nazi de Noruega). Residente en Nueva York, volvió a sus raíces con *Los arrabales de Cannery* (1944) sobre el distrito conservero de Monterrey, y con la épica *Al este del Edén* (1952) basada en su historia familiar. En la década de 1960, perdió credibilidad como voz liberal por su apoyo a la guerra de Vietnam. *El invierno de mi descontento* (1961), un estudio de la degeneración moral estadounidense, fue el retorno al estilo que le haría ganar el Nobel de Literatura en 1962. Autor de casi 30 libros murió en diciembre de 1968.

△ ***LAS UVAS DE LA IRA***
De tono bíblico, la novela de Steinbeck narra la peripecia vital de la familia Joad. «Traté de escribir este libro de la forma en que se viven las cosas, no como se escriben en los libros», dijo.

CONTEXTO
El *Dust Bowl*

Tras el crac financiero de 1929, Estados Unidos se sumió en una gran depresión económica; mediados los años 1930, el 25 % de la población estaba en paro. Los precios de las cosechas cayeron un 60 % y una combinación de sobreexplotación del suelo, erosión y sequía redujeron las fértiles Grandes Llanuras a un «recipiente de polvo» (*Dust Bowl*). Miles de pequeños propietarios perdieron sus casas y sus tierras, confiscadas por terratenientes y bancos y se vieron forzados a emigrar hacia el Oeste, atraídos por la promesa de trabajo en las granjas de California.

UNA FAMILIA SE REFUGIA DE UNA TORMENTA EN EL *DUST BOWL*

« Lo que algunos **encuentran en la religión**, un escritor lo puede encontrar **en su oficio**... una especie de **irrupción en la gloria**. »

JOHN STEINBECK

▷ **STEINBECK, c. 1939**
El escritor aparece aquí el año en que se publicó *Las uvas de la ira*, ganadora del Premio Pulitzer. Poco después, se fue al mar de Cortés para recoger ejemplares marinos con su amigo el biólogo marino Ed Ricketts.

BBC

George Orwell

1903-1950, INGLÉS

Orwell escribió oscuras obras satíricas que describen el presagio y el desafecto de las dos devastadoras guerras mundiales. Socialista y moralista comprometido, incluso arriesgó su vida en busca de la verdad.

George Orwell era el seudónimo de Eric Arthur Blair. Nació en 1903 en Motihari (ahora Bihar) en la India colonial británica, donde su padre era funcionario del departamento que supervisaba la exportación legal de opio. Con solo un año, Orwell regresó a Inglaterra con su madre, Ida, que se instaló con sus hijos en Oxfordshire, y la familia estuvo separada del padre hasta 1912. Más tarde, Orwell describió la posición social de la familia como de «baja clase media-alta»: descendía de la aristocracia inglesa pero con escaso dinero.

Educación escolar privada

Orwell tuvo una infancia solitaria y encontraba consuelo escribiendo relatos y poemas, algunos de los cuales se publicaron en la prensa local. A los ocho años, fue enviado a un internado «elitista» de East Sussex con una beca parcial y fue aquí donde se enfrentó a la realidad del sistema de clases inglés, ya que sufrió la disparidad entre el mal trato que le daban él y a los más ricos, los chicos de «alta alcurnia».

Obtuvo una beca para Eton, donde participó en la revista del centro, pero no destacó académicamente. Al terminar sus estudios, y sin poder pagarse la universidad, fue aceptado en el servicio de la Policía Imperial India. Eligió un puesto en Birmania, donde vivía su abuela. Describe su desagrado por el trabajo en un ensayo titulado «Matar a un elefante», que comienza con una declaración audaz: «En Moulmein, en la Baja Birmania, fui odiado por un gran número de personas; se trató de la única vez en mi vida en que he sido lo bastante importante para que me ocurriera eso». Las autoridades y el gobierno imperial generaron en él una profunda desconfianza y aversión, pero su amor por el país se transmite en la prosa florida de *Los días de Birmania* (1934).

△ **KATHA, MYANMAR**
Un caballo y un carro pasan delante de una oficina de policía en Katha, Myanmar (antiguamente Brimania), donde transcurre la novela de Orwell *Los días de Brimania.*

Londres y París

Orwell regresó a Inglaterra en 1928 decidido a convertirse en escritor. Alojado en el West London, se aventuraba en el menos salubre East End, ansioso de obtener experiencias de primera mano sobre la vida de la clase obrera. Para ello, se creó un *alter ego*: se vestía con ropas harapientas, dormía en asilos y albergues para pobres, e incluso terminaba en la cárcel. No tardó en

SEMBLANZA
Influencias clave

La ambición juvenil de Orwell era escribir un libro similar a *Una utopía moderna*, de H.G. Wells, parte análisis filosófico y parte narrativa. Se inspiró en *La gente del abismo* (1903) de Jack London, que narra las experiencias del escritor en los barrios pobres de Londres. Orwell declaró: «Los escritores que más en serio me tomo y nunca me canso de releer son: Shakespeare, Swift, Fielding, Dickens, Charles Reade, Flaubert y, entre los modernos, James Joyce, T.S. Eliot y D.H. Lawrence. Pero... el escritor que más influencia ha tenido sobre mí es W. Somerset Maugham, a quien admiro inmensamente por ese talento suyo de contar una historia de forma directa y sin adornos inútiles».

W. SOMERSET MAUGHAM, NOVELISTA

◁ **ORWELL EN LA BBC**
Orwell aparece aquí transmitiendo desde la BBC en Londres en 1943, durante la Segunda Guerra Mundial. Se incorporó a ella en 1941 como productor para el Servicio Oriental, pero renunció en 1943.

« **Todos los animales** son **iguales**, pero **algunos** animales son **más iguales** que **otros.** »

GEORGE ORWELL, *REBELIÓN EN LA GRANJA*

△ **CARTEL REPUBLICANO**
Orwell luchó en la guerra civil española, pero finalmente tuvo que huir de los comunistas apoyados por los soviéticos que estaban reprimiendo a los disidentes.

△ **WIGAN PIER, 1939**
Wigan Pier, Gran Mánchester, puede verse aquí (a la derecha) junto al canal. La lúgubre novela de Orwell *El camino a Wigan Pier* (1937) se centra en la pobreza y la hipocresía de la sociedad clasista inglesa.

ampliar su investigación a París, donde pudo contar con el apoyo ocasional de su tía, residente en la ciudad. Rechazó las camarillas literarias parisinas, prefiriendo meterse en la piel de la ciudad y de sus gentes. Recopiló sus experiencias en un manuscrito que era en parte comentario social y en parte literatura de viajes. El trabajo, que incluía relatos muy controvertidos sobre violación y tráfico de drogas, fue rechazado inicialmente por la industria editorial. Orwell, al igual que su contemporáneo, el novelista inglés D.H. Lawrence, concluyó que los editores británicos eran una panda de «cobardes». Sin embargo, encontró un agente literario, gracias al cual publicó sus memorias, *Sin blanca en París y Londres*, en 1933.

Pobreza en el norte

Mientras trabajaba de día como docente, Orwell escribió su primera novela completa, *Los días de Birmania* (1934). Dejó la enseñanza y se estableció en Hampstead, al noroeste de Londres, para trabajar en una librería y, a través de su círculo de amistades, conoció a Eileen O'Shaughnessy, con quien se casó un año más tarde. *Que no muera la aspidistra* (1935) es un relato de ficción sobre esta época, pero la relativamente cómoda vida de la pareja iba a durar poco.

Instado por sus editores a escribir sobre el deprimido norte de Inglaterra, donde millones de personas se enfrentaban a la pobreza, Orwell se puso de nuevo en marcha. Combinó sus observaciones de la vida en las ciudades del norte con su manifiesto socialista personal en *El camino a Wigan Pier* (1937). Esta obra atrajo la atención de los servicios de seguridad británicos, que sospechaban que era comunista, en parte porque «se vestía de una manera bohemia»; estuvo bajo vigilancia durante más de una década.

Guerra civil española

En 1936, Orwell decidió unirse a los voluntarios que luchaban contra el levantamiento fascista del general Franco en España. De camino a Barcelona, se encontró con el escritor Henry Miller en París, quien le advirtió que cualquier creencia que tuviera sobre la derrota del fascismo era «una idiotez». En realidad, muchas facciones republicanas pasaron gran parte del

« **Todas las cuestiones** son cuestiones **políticas**, y la política misma es una masa de **mentiras**, evasiones, locura, **odio**. »

GEORGE ORWELL

OBRAS CLAVE

1933
Sin blanca en París y Londres narra el tiempo que Orwell vivió en una zona casi indigente con vagabundos y obreros.

1937
El camino a Wigan Pier proporciona una descripción sombría pero convincente de la pobreza en el norte industrial.

1938
Homenaje a Cataluña describe la participación de Orwell en la guerra civil española.

1939
Subir a por aire es un ejercicio de nostalgia, que se centra en la infancia de Orwell.

1945
Se publica con gran éxito *Rebelión en la granja*, una visión sombría del totalitarismo.

1949
Orwell publica *1984*, una pesadilla sobre la vida bajo una dictadura.

tiempo luchando entre sí en lugar de combatir a los fascistas. Orwell se dirigió haca el frente, pero su participación en la guerra terminó con la bala de un francotirador, que le impactó en el cuello y casi acabó con su vida.

A su regreso a Inglaterra, Orwell registró sus vivencias en la guerra civil española en *Homenaje a Cataluña*, libro publicado en 1938. La salud del autor, frágil desde la infancia, se deterioró y le diagnosticaron tuberculosis. Después de pasar el invierno en el Marruecos francés financiado por un patrocinador anónimo, escribió *Subir a por aire* (1939), una novela de nostalgia en la que recordaba una Inglaterra que consideraba cegada por el desarrollo y la mercantilización.

Obras de posguerra

Como amenazaba guerra, Eileen asumió un puesto en el Departamento de Censura del Ministerio de Información en Londres, mientras que Orwell trabajaba para el Servicio Oriental de la BBC. Amargado, lo dejó para escribir para la revista socialdemócrata *Tribune*, donde se convirtió en editor literario en 1943, y se puso a trabajar en una novela, *Rebelión en la granja*, una alegoría de la traición de Stalin a la Revolución rusa. El libro fue inicialmente rechazado por los editores y censurado por las autoridades, porque, en ese momento, Stalin era el aliado de guerra de Gran Bretaña. Sin embargo, después de su publicación en 1945, tuvo gran éxito. Hacia el final de la guerra, los Orwell adoptaron un bebé, Richard Horatio, pero su tiempo juntos fue trágicamente corto. Su casa de Londres fue destruida por una bomba alemana, Eileen murió durante una histerectomía y Orwell se convirtió en padre solitario. Afligido y con mala salud, se puso a escribir ensayos y artículos, y comenzó lo que sería su gran clásico, *1984*. Aceptó el ofrecimiento de su patrón, David Astor, dueño del periódico, para alojarse en su finca aislada en la isla de Jura, en las Hébridas. Fue allí donde terminó el libro, una visión distópica y escalofriante de las consecuencias del control estatal bajo un régimen dictatorial. George Orwell murió en enero de 1950 después de un matrimonio apresurado con Sonia Brownell, quien donó el trabajo de su esposo a la academia.

ESTILO
Neologismos

Una de las mayores contribuciones de Orwell a la literatura fue la introducción de neologismos en el idioma inglés. En su novela *1984*, combina palabras cotidianas para acuñar conceptos nuevos. Las citas orwellianas siguen siendo relevantes hoy en día, y tienen un considerable eco en la era moderna de la comunicación de masas. Orwell usó neologismos para ilustrar su creencia de que el lenguaje es poder. Le gustaba mostrar cómo los ciudadanos pueden ser adoctrinados a través del lenguaje y los medios, y cómo los regímenes son capaces de manipular a las personas desconcertándolas deliberadamente y socavando el pensamiento crítico.

CUBIERTA DE LA PRIMERA EDICIÓN BRITÁNICA DE *1984*

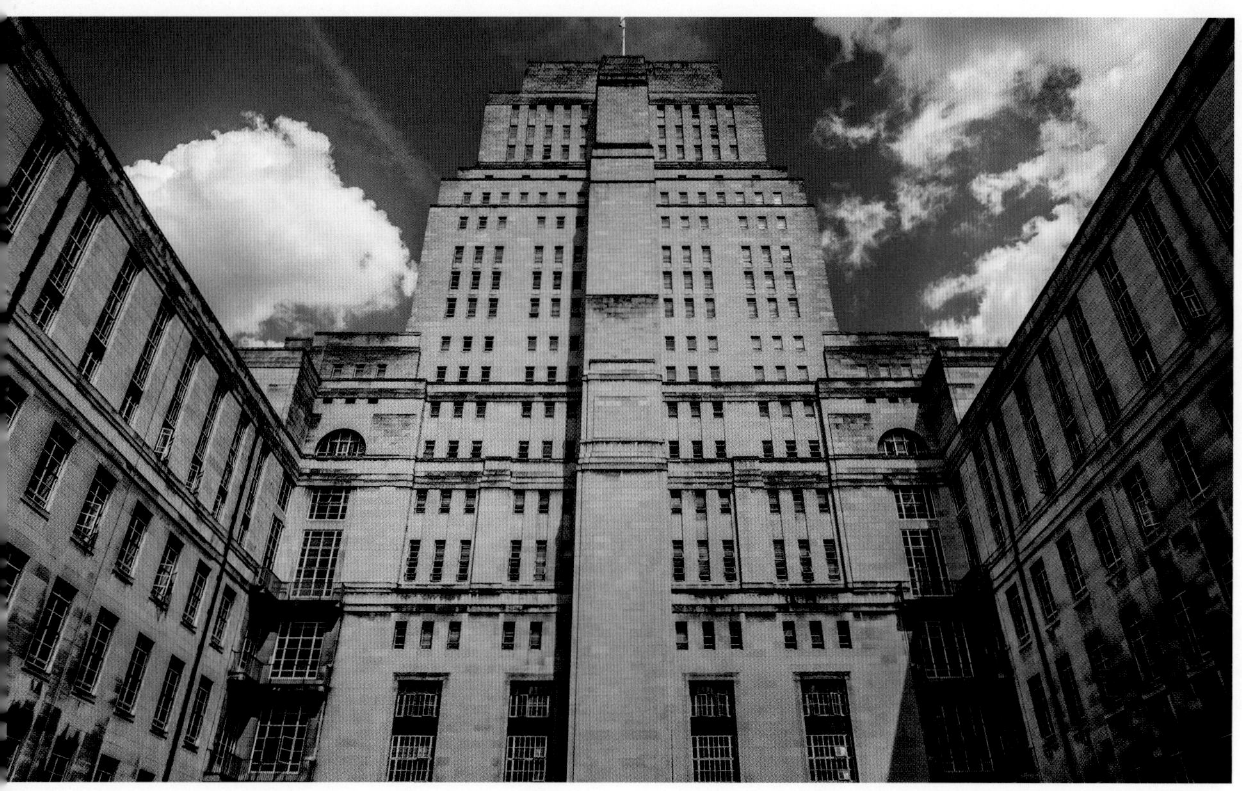
◁ **SENATE HOUSE**
Senate House, el centro administrativo de la Universidad de Londres, inspiró a Orwell el escalofriante Ministerio de la Verdad en *1984*, un organismo responsable de la propaganda estatal y el revisionismo.

Pablo Neruda

1904-1973, CHILENO

El prolífico Neruda dejó una obra rica y diversa, que abarca poemas de amor tiernos y apasionados, epopeyas, versos políticos y la poesía de objetos y animales comunes.

Pablo Neruda, poeta, diplomático y político, seudónimo de Ricardo Eliécer Neftalí Reyes Basoalto, nació en la ciudad de Parral, en el sur de Chile. Su madre, una maestra, murió poco después de su nacimiento, y dos años más tarde, su padre, un trabajador del ferrocarril, se trasladó a la ciudad de Temuco, donde volvió a casarse. Neruda empezó a escribir poesía a los diez años, a pesar de la oposición de su padre, y de 1918 a 1920 contribuyó con varios trabajos en revistas y periódicos locales, alentado por Gabriela Mistral (ver recuadro, derecha). En 1920, adoptó el seudónimo de Pablo Neruda (que fue legal en 1946) para evitar la oposición de su padre.

Neruda se trasladó a Santiago, en 1921, y se matriculó en la universidad para estudiar francés, con la intención de convertirse en profesor. Dos años más tarde, con solo 18 años, publicó su primer volumen de poesía, *Crepusculario*, seguido en 1924 de *Veinte poemas de amor y una canción desesperada*, un libro de poemas de amor románticos y melancólicos que causó un gran revuelo gracias a su franca sensualidad; el primer poema comienza: «Cuerpo de mujer, blancas colinas, muslos blancos, / te pareces al mundo en tu actitud de entrega».

Neruda utilizó imágenes y metáforas originales para seguir el curso de sus aventuras amorosas, evocando y entrelazando el mar, el clima y el paisaje de su tierra de origen, así como el carácter físico de su pasión. Le siguió en 1926 un tercer volumen de poesía, *Tentativa del hombre infinito*, junto con una novela, todo lo cual contribuyó a su prestigio como escritor.

▽ **ESCAPADAS A URUGUAY**
El escritorio de Neruda aparece aquí en una casa del complejo turístico de Atlántida, cerca de Montevideo, Uruguay, donde iba a menudo con su esposa, Matilde.

SEMBLANZA
Gabriela Mistral

La poeta, diplomática y pedagoga chilena Gabriela Mistral (seudónimo de Lucila Godoy y Alcayaga; 1889-1957) fue la primera mujer y la primera latinoamericana en ganar el Nobel de Literatura, que se le concedió en 1945. Cuando era directora de la escuela secundaria para niñas de Temuco, conoció a un adolescente Pablo Neruda, y su apoyo fue vital para su crecimiento como poeta. Mistral participó activamente en la reforma del sistema pedagógico de Chile y México. *Desolación*, su primer poemario importante, se publicó en 1922.

ESTA ESTATUA EN MONTEGRANDE CONMEMORA LA VIDA DE MISTRAL

Nombramientos consulares

En 1927, Neruda aceptó un puesto como cónsul honorario en Rangún, Birmania (hoy Myanmar), y durante los siguientes años pasó de un consulado a otro. Vivió en Ceilán (ahora Sri Lanka), Java y Singapur, aunque su existencia

▷ **NERUDA, c. 1952**
Neruda sigue siendo una figura destacada de la historia y la política de Chile; pero su vida activa y aventurera no eclipsa su obra. Gabriel García Márquez le llamó «el mejor poeta del siglo xx en cualquier idioma».

« Que ningún poeta tenga más enemigo esencial que su propia **incapacidad** para **entenderse** con los más **ignorados** y **explotados**... »

PABLO NERUDA, DISCURSO DEL NOBEL

« Nuestras estrellas son la lucha y la **esperanza**. Pero **no hay** lucha ni **esperanza solitarias**. »

PABLO NERUDA, DISCURSO DEL NOBEL

▽ **LA SEBASTIANA**
La casa de la colina de Pablo Neruda le ofrecía vistas espectaculares de Valparaíso y del Pacífico. Decoró la casa de manera alegre, pintando las paredes en tonos brillantes para «hacerlas bailar». En su estudio había un retrato a tamaño natural de Walt Whitman, a quien tanto admiraba.

era muy humilde, ya que el puesto de cónsul no era remunerado, y le afectaba mucho ver las privaciones a su alrededor. Su creciente identificación con las masas empobrecidas de Asia le llevó a la publicación de *Residencia en la Tierra* (1933 y 1935). Estos poemas le dieron fama internacional; tienen un estilo muy diferente del lirismo tradicional de *Veinte poemas de amor*. De estilo surrealista, reflejan el sentido de Neruda de alienación y su respuesta al caos y la insensatez del mundo.

En Java, Neruda conoció a María Antonieta Hagenaar, una holandesa con quien se casó en 1930. En 1932, la pareja regresó a Chile, y al año siguiente Neruda fue nombrado cónsul en Buenos Aires, donde se hizo amigo de Federico García Lorca.

Republicanismo español

En 1934, Neruda asumió el cargo de cónsul en Barcelona, y luego se trasladó a Madrid, donde nació su hija, Malva. A través de la amistad con García Lorca, formó parte de un círculo literario cuyos miembros estaban involucrados en la política de izquierdas. Con el estallido de la guerra civil española en 1936, Neruda trabajó para movilizar el apoyo a los republicanos, y se politizó aún más cuando García Lorca fue asesinado por los nacionalistas.

Por entonces, la poesía de Neruda adquirió un tono menos personal y más social y político, y en 1937 la publicación de *España en el corazón*, un poema en apoyo del movimiento republicano, le costó el cargo de cónsul. Fue llamado a Chile, donde se involucró en la política de izquierdas. Se había separado de su esposa y estaba viviendo con su amante, la pintora argentina Delia del Carril.

Después de ocupar el consulado de París, se convirtió en cónsul general en la Ciudad de México, donde se casó con Del Carril en 1943. Ese año, viajó a Perú y visitó la ciudadela inca de Machu Picchu, que le inspiró *Alturas de Machu Picchu* (1945), un extenso poema en 12 partes que rinde homenaje a las antiguas civilizaciones de Sudamérica. Este trabajo pasó a formar una parte importante de su *Canto general*, un poemario en el que trabajaba de manera intermitente desde 1938.

△ **PROTESTAS CONTRA LA JUNTA**
El golpe de 1973 en Chile derribó al presidente Allende, amigo y compañero de Neruda, y puso fin al gobierno democrático. Grupos de izquierdas protestaron contra la junta militar.

Política y exilio

A su regreso a Chile en 1943, Neruda se lanzó a la política nacional, se convirtió en senador y se afilió al Partido Comunista. Hizo campaña en nombre del candidato presidencial de izquierda, Gabriel González Videla, quien, tras resultar elegido en 1946, se pasó inesperadamente a la derecha. Por criticar las medidas represivas de González Videla, Neruda fue inhabilitado como senador y amenazado de detención. En 1948, se vio obligado a esconderse, y después de más de un año viviendo en la clandestinidad, marchó al exilio, huyendo a caballo a través de los Andes hacia Argentina. Durante los siguientes tres años, viajó por Europa, incluida una visita a la Unión Soviética, a cuyo dictador, Iósif Stalin, admiraba

OBRAS CLAVE

1924
Se publica *Veinte poemas de amor y una canción desesperada*; el libro de poesía más vendido en español.

1935
Residencia en la Tierra se publica en dos volúmenes; en 1945 aparece un tercer volumen.

1945
Alturas de Machu Picchu es un homenaje a la ciudad sagrada y a sus masas oprimidas.

1950
Canto general se publica en México durante el exilio de Neruda. En Chile aparece una edición clandestina.

1954-57
Odas elementales (tres volúmenes) versa sobre objetos cotidianos, plantas y animales en un lenguaje sencillo.

1959
Cien sonetos de amor está dedicado a su querida tercera esposa y musa, Matilde Urrutia.

1964
Memorial de Isla Negra contiene más de 100 poemas autobiográficos y reflexivos.

por entonces. Neruda inició un romance con una mujer chilena, Matilde Urrutia, que sería su gran amor y la mejor musa de su vida; se casaron en 1966.

Neruda continuó trabajando en *Canto general,* que fue finalmente publicado en México en 1950; el poemario refleja sus simpatías comunistas y su orgullo nacional. Alrededor de 330 poemas organizados en 15 cantos exploran el pasado y el presente de América Latina; celebran el mundo natural de la región, así como sus exploradores y conquistadores, héroes y mártires e individuos comunes.

Obra en Chile

En 1952, Neruda pudo regresar a Chile, donde prestó su apoyo a la campaña presidencial (infructuosa) de Salvador Allende, y publicó un libro de poemas de amor dedicado a Urrutia, *Los versos del capitán*, que apareció de forma anónima para no causar dolor a Del Carril, con quien todavía estaba casado. En 1955, la pareja se separó definitivamente y, a partir de ese momento, Neruda y Urrutia vivieron juntos.

Por entonces Neruda era rico y famoso, y sus obras habían sido traducidas a muchos idiomas. En sus últimas dos décadas escribió febrilmente, y publicó más de 20 libros. En 1954, sacó a la luz *Odas elementales*, que marcó un cambio de estilo, con versos cortos centrados en cosas pequeñas y cotidianas descritas en términos sencillos: el lenguaje de la calle. «Oda al vino», por ejemplo, comienza: «Vino color de día, / vino color de noche, / vino con pies de púrpura / o sangre de topacio». Su siguiente trabajo importante fue *Estravagario* (1958), con poemas introspectivos y algunos de amor. Durante este período, también escribió poesía sobre la naturaleza, así como poemas personales, políticos y públicos.

En 1970, el recién elegido presidente socialista, Salvador Allende, nombró a Neruda embajador en Francia. El año siguiente, recibió el Nobel de Literatura. Enfermo de cáncer y con muy mala salud, regresó a Chile en 1972, donde murió en 1973, solo unos días después del golpe militar que acabó con la vida de su amigo Allende y destruyó sus esperanzas para su tierra natal. La multitud que asistió al funeral convirtió el duelo en improvisada protesta pública contra la nueva dictadura. Los rumores de que Neruda fue asesinado por el general Pinochet persisten hasta el día de hoy.

△ **MACHU PICCHU**
Considerada una de las mejores obras de Neruda, *Alturas de Machu Picchu* trata del viaje del poeta a la ciudad perdida de los incas en los Andes peruanos. Homenajea los logros de quienes construyeron la ciudad y se identifica con su sufrimiento, remontándose en el tiempo a las verdades universales sobre la condición humana.

CONTEXTO

Simpatías comunistas

Después de la guerra civil española, Neruda continuó siendo un ferviente comunista durante el resto de su vida. Al igual que muchos otros intelectuales idealistas de izquierdas de la época, apoyó a la Unión Soviética y a su dictador, Iósif Stalin. Escribió varios poemas en alabanza al régimen (como «Canto a Stalingrado», 1942), y en 1953 recibió el Premio de la Paz Stalin (más tarde Lenin). Escribió una oda a Stalin a su muerte ese mismo año. También admiró a Lenin, llamándole «el gran genio de este siglo». Aunque Neruda nunca perdió la fe en el comunismo, más tarde renegó de su apoyo a Stalin.

CARTEL SOVIÉTICO DE 1948
(«STALIN ES NUESTRA BANDERA»)

Graham Greene

1904-1991, INGLÉS

Novelista, ensayista y dramaturgo, Graham Greene escribió obras populares y fácilmente legibles en las que aborda temas de gran complejidad moral, a menudo desde un punto de vista católico.

Henry Graham Greene nació en 1904 en Hertfordshire, Inglaterra, en una gran familia influyente. Acosado en la escuela donde estaba interno y de la que su padre era director, intentó suicidarse varias veces, antes de ser enviado al psicoanalista con 16 años. Al año de graduarse en la Universidad de Oxford, en 1926, Greene (un ateo) se convirtió al catolicismo para casarse con Vivien Dayrell-Browning.

Su primera novela, *Una historia de cobardía* (1929), un romántico relato sobre contrabando y traición, tuvo buena aceptación. Renunció a su trabajo como subeditor en *The Times* y se centró en el periodismo independiente y en escribir sus novelas.

◁ **GRAHAM GREENE, c. 1940**
El escritor aparece aquí en el año que publicó *El poder y la gloria*, su primera gran novela y una de sus obras favoritas.

Entretenimiento serio

El éxito comercial le llegó con *El tren de Estambul* (1932), un trepidante *thriller* en el estilo que Greene llamó de «entretenimiento» (obras para el gran público). *Brighton Rock* (1938), una de sus novelas más famosas, introduce tanto elementos de este tipo (se persigue al protagonista) como temas más profundos sobre moralidad y el mal. Ese mismo año, Greene huyó a México para no ser juzgado y relató su experiencia en *Los caminos sin ley* (1939). Además, escribió la novela *El poder y la gloria* (1940), sobre un sacerdote católico corrupto durante los años de la supresión de la Iglesia en México.

Gran mujeriego, Greene tuvo una relación con Catherine Walston, una católica casada, de 1946 a 1951. Este idilio le inspiró otra de sus novelas más conocidas, *El fin de la aventura*, publicada ese mismo año. Greene había dejado a Vivien en 1947, pero la pareja nunca se divorció oficialmente.

Viajes por el mundo

Greene viajó por todo el globo a «lugares salvajes y remotos» y utilizó los escenarios de conflictos y guerras para intensificar la ambivalencia moral y los dilemas éticos a los que se enfrentan los personajes de sus novelas. Su estancia en Haití en 1954 le inspiró *Los comediantes* (1966), una novela que narra la represión política del país. Sus visitas a las colonias de leprosos en el Congo belga le llevaron a escribir *Un caso acabado* (1960), una tragedia sobre la posibilidad de la redención de la persona. Los viajes de Greene a Cuba le condujeron a *Nuestro hombre en La Habana* (1958), una comedia negra situada justo antes de la revolución de Castro.

En 1966, Greene se marchó a Antibes, Francia, donde vivió con su amante Yvette Cloetta. De allí se fueron a Vevey, Suiza, donde pasaron juntos los últimos años del escritor. En 1966 y 1967 fue candidato al Premio Nobel y continuó escribiendo hasta su muerte. *El cónsul honorario* (1973) y *El factor humano* (1978) son las obras más destacadas de esta época. Su estilo claro, sus diálogos realistas y sus elaborados argumentos, junto con la seriedad moral de su trabajo, le han asegurado un lugar entre los grandes literatos del siglo XX.

◁ **CITY HOTEL, FREETOWN**
Greene sirvió como oficial de inteligencia en Sierra Leona. En su novela *El revés de la trama* (1948), el hotel de Freetown que se muestra aquí, llamado Bedford Hotel en la ficción, simboliza las devastadoras ambiciones de un Imperio en decadencia.

CONTEXTO
Adaptaciones al cine

El estilo de Greene se adapta bien a la pantalla, y muchos de sus *thrillers* de entretenimiento se convirtieron en películas. Escribió el guion del clásico del cine negro de Carol Reed, *El tercer hombre* (1949), basándose en la novela corta del mismo nombre que había elaborado para construir el entorno, la caracterización y la atmósfera. Para ambientarse, visitó la Viena de posguerra, le guiaron por callejones, alcantarillas y clubes nocturnos de la ciudad dividida, y se reunió con soldados y timadores del mercado negro. El original final feliz de Greene difiere del pesimista fin de la película, pero el escritor más tarde reconoció que Reed había estado acertado.

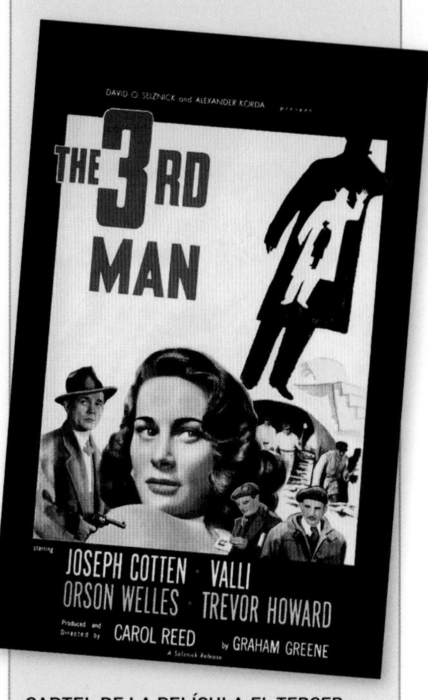

CARTEL DE LA PELÍCULA *EL TERCER HOMBRE* DE CAROL REED

Jean-Paul Sartre

1905-1980, FRANCÉS

Filósofo, novelista y dramaturgo existencialista, Sartre consideraba que las personas estaban «condenadas a ser libres». Pasó la vida reivindicando la libertad y la acción, ideas que conformaron su filosofía y sus escritos.

◁ **CLASE DE 1922**
Esta foto muestra la clase preparatoria de humanidades para entrar en l'École Normale Supérieure. Sartre está sentado en la primera fila, segundo por la derecha. Dos puestos más a la izquierda está su amigo, el escritor Paul Nizan.

Jean-Paul Sartre nació en una familia de clase media en París. Su padre, un oficial naval, murió de fiebre amarilla cuando Jean-Paul aún no tenía dos años, y su madre regresó con sus padres a los suburbios de París. Su abuelo, Charles Schweitzer, un respetado intelectual (y hermano mayor del Premio Nobel Albert Schweitzer), le educó en casa y le introdujo en la literatura clásica.

Educación e influencias

Cuando Sartre tenía 12 años, su madre se volvió a casar y la familia se marchó a La Rochelle en la costa atlántica de Francia. Tras ser acosado en la escuela secundaria, con 15 años le matricularon en una escuela en París. Sobresalió en los estudios y en 1924 le aceptaron en l'École Normale Supérieure, una de las universidades más prestigiosas de Francia, donde se le reconocieron sus facultades intelectuales y como bromista.

Mientras se preparaba para ser profesor de filosofía, conoció a Simone de Beauvoir, que se convertiría en su compañera de toda la vida, su «amor necesario», la mujer con la que estaba comprometido sobre todas las demás, a pesar de la famosa relación abierta que la pareja cultivaba. Tras hacer el servicio militar desde 1929 hasta 1931, Sartre pasó los siguientes 14 años enseñando filosofía en varias escuelas secundarias. También estudió en Berlín, donde recibió la influencia de la filosofía de la fenomenología de Edmund Husserl, que tendría un gran impacto en su propio pensamiento.

Manifiesto existencialista

En 1938, Sartre publicó su primera novela, *La náusea*, una obra filosófica, en parte autobiográfica, influida por la fenomenología (estudio de los objetos / la realidad tal como la experimentamos de manera consciente). En *La náusea*, el protagonista, Roquentin, se siente desesperado, cada vez más superado por las náuseas, a medida que se evidencia la falta de sentido de su existencia. Esta es la condición humana de la libertad que (en la filosofía existencialista) según Sartre solo podía ser mitigada si las personas se responsabilizaban de su propia existencia. Abordó ideas similares en su colección de cuentos *El muro*, publicada al año siguiente.

CONTEXTO
Les Temps Modernes

Esta revista de izquierdas fue fundada en 1949 por un grupo de intelectuales, entre ellos Sartre y Simone de Beauvoir. El editorial del primer número de Sartre anunciaba que el propósito de la revista era publicar «literatura comprometida», en consonancia con el concepto existencial de compromiso personal y político. Publicaba obras de muchos escritores nuevos y comentarios sobre los acontecimientos del mundo, incluida la guerra de Vietnam, la lucha por la independencia de Argelia y el conflicto árabe-israelí.

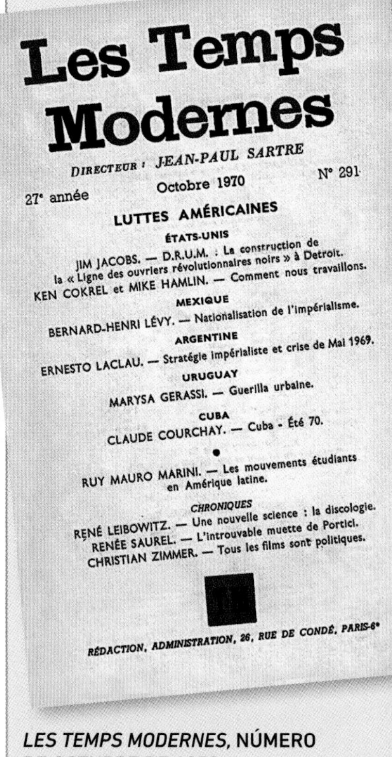

Les Temps Modernes
DIRECTEUR : JEAN-PAUL SARTRE
27e année — Octobre 1970 — N° 291
LUTTES AMÉRICAINES
ÉTATS-UNIS
JIM JACOBS. — D.R.U.M. : La construction de la « Ligne des ouvriers révolutionnaires noirs » à Detroit.
KEN COKREL et MIKE HAMLIN. — Comment nous travaillons.
MEXIQUE
BERNARD-HENRI LÉVY. — Nationalisation de l'impérialisme.
ARGENTINE
ERNESTO LACLAU. — Stratégie impérialiste et crise de Mai 1969.
URUGUAY
MARYSA GERASSI. — Guerilla urbaine.
CUBA
CLAUDE COURCHAY. — Cuba - Été 70.
•
RUY MAURO MARINI. — Les mouvements étudiants en Amérique latine.
CHRONIQUES
RENÉ LEIBOWITZ. — Une nouvelle science : la discologie.
RENÉE SAUREL. — L'introuvable muette de Portici.
CHRISTIAN ZIMMER. — Tous les films sont politiques.
RÉDACTION, ADMINISTRATION, 26, RUE DE CONDÉ, PARIS-6e

***LES TEMPS MODERNES*, NÚMERO DE OCTUBRE DE 1970**

« El **hombre** está **condenado** a ser **libre**; porque una vez **arrojado** al **mundo**, es **responsable** de **todo** lo que hace. »

JEAN-PAUL SARTRE, *EL SER Y LA NADA*

▷ **JEAN-PAUL SARTRE, 1946**
Sartre, durante la representación de su obra *La puta respetuosa* en el teatro Antoine de París. La obra trata de la división racial y la idea de libertad en Estados Unidos.

OBRAS CLAVE

1938
Publica su primera novela, *La náusea*, en la que plantea su filosofía existencialista en forma de ficción.

1943
El drama político *Las moscas* evita la censura nazi del París ocupado.

1943
Se publica *El ser y la nada*. Es considerada su obra filosófica más importante.

1944
Se representa *A puerta cerrada*, una versión existencialista del infierno, que incluye las palabras «el infierno son los otros».

1945
Se publican *La edad de la razón* y *El arrepentimiento*. Ambos forman parte de lo que debería haber sido una obra de cuatro volúmenes.

1948
En el drama *Las manos sucias*, Sartre narra los motivos de un crimen que podría ser personal o político.

1960
Se publica *Crítica de la razón dialéctica*, obra filosófica por la cual Sartre dice que desearía ser recordado.

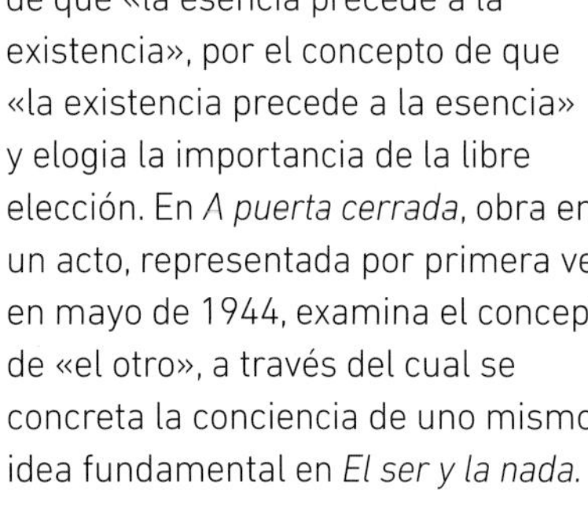

▽ ***A PUERTA CERRADA*, 1946**
Esta obra de Sartre, aquí escenificada en Nueva York, tiene tres personajes encerrados en una habitación del infierno. Su mutua compañía es su castigo eterno por sus vidas pecaminosas. La obra fue elogiada por los críticos de Estados Unidos, y uno de ellos incluso la consideró «un fenómeno del teatro moderno».

A principios de la Segunda Guerra Mundial, Sartre fue reclutado por el ejército francés. Capturado por los alemanes en 1940, pasó nueve meses en un campo de prisioneros, una experiencia que le llevó a su despertar político. Si bien su trabajo anterior se había concentrado en la idea de libertad individual, poco preocupado por los asuntos del mundo, sus escritos posteriores pusieron mucho más énfasis en conceptos de la responsabilidad social y el compromiso político.

En 1941, Sartre fue liberado por motivos de salud y se le dio un puesto de profesor en París. Se involucró en la Resistencia, pero tras el fracaso del grupo clandestino que había ayudado a fundar, decidió que la pluma era su mejor herramienta. En 1943, escribió *Las moscas*, un drama sobre el mito de Electra. La obra, estrenada en un París ocupado en teatros casi vacíos, logró escapar a la censura alemana recurriendo al simbolismo de la mitología griega para ocultar su mensaje de resistencia contra la opresión. También incorporaba los temas existencialistas de libertad y responsabilidad. La noche del estreno, Sartre conoció a Albert Camus, quien le reclutó para un grupo de la Resistencia llamado Combat, y Sartre comenzó a aportar artículos al periódico clandestino del mismo nombre.

En ese año, publicó su monumental tratado filosófico *El ser y la nada*. En él, cambiaba la idea filosófica tradicional de que «la esencia precede a la existencia», por el concepto de que «la existencia precede a la esencia» y elogia la importancia de la libre elección. En *A puerta cerrada*, obra en un acto, representada por primera vez en mayo de 1944, examina el concepto de «el otro», a través del cual se concreta la conciencia de uno mismo, idea fundamental en *El ser y la nada*.

Compromiso político

Sartre fundó *Les Temps Modernes*, una revista que pretendía publicar literatura existencialista y obras de valor social y no solo cultural. También ofrecía un espacio donde publicar las propias obras de Sartre, así como las de otros pensadores prominentes de la posguerra, como Simone de Beauvoir y el filósofo Raymond Aron (ambos

SEMBLANZA
Simone de Beauvoir

La reconocida novelista, ensayista, filósofa existencialista y feminista, Simone de Beauvoir (1908-86) fue la compañera de Sartre de toda su vida. De Beauvoir y Sartre nunca se casaron o vivieron juntos, pero siempre leían y comentaban sus respectivas obras e influían en el pensamiento del otro. Su vida personal fue turbulenta y tuvo muchos amantes. Fue despedida de un trabajo en la enseñanza por seducir a una de sus alumnas, y ella y Sartre solían compartir amantes femeninas. En 1949, De Beauvoir publicó *El segundo sexo*, piedra angular del feminismo, que combina la filosofía existencialista y las ideas feministas. Murió en París en 1986 y fue enterrada junto a Sartre en el cementerio de Montparnasse.

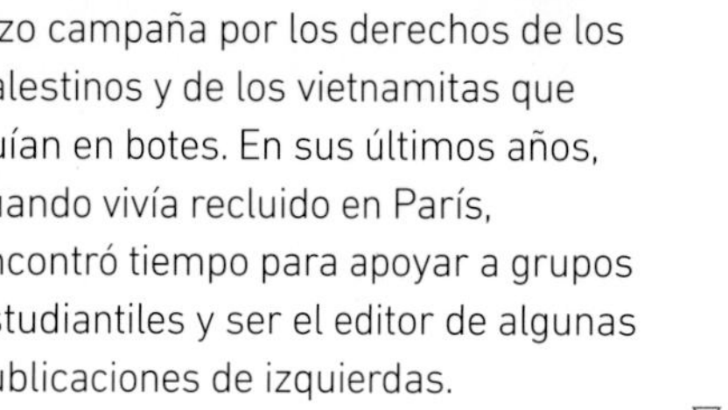

SIMONE DE BEAUVOIR Y JEAN-PAUL SARTRE, 1970

parte del comité editorial), Jean Genet y Samuel Beckett.

En 1945, Sartre publicó *La edad de la razón* y *El aplazamiento*, los dos primeros volúmenes de lo que se convertiría en la trilogía *Los caminos de la libertad*. El tercer volumen, *La muerte del alma* se publicó en 1948. En parte autobiográfica, la trilogía trata de sus temas predilectos: compromiso, libertad, responsabilidad, autoengaño y autenticidad. *El aplazamiento* está escrito en un estilo experimental con puntos de vista cambiantes y poca puntuación, mostrando la influencia de las técnicas modernistas de John Dos Passos y Virginia Woolf. La trilogía muestra la transformación de su ideología de preguerra, centrada en el individuo, a la de posguerra basada en la importancia de la acción y el compromiso político. Consideró el marxismo, más que el existencialismo, como la«filosofía de nuestro tiempo». Sin embargo, aunque al principio apoyó a la Unión Soviética, nunca se afilió al Partido Comunista.

Su compromiso con el comunismo soviético se vio sacudido por la invasión de Hungría en 1956 y por la represión posterior a los escritores, pero permaneció políticamente activo, oponiéndose al antisemitismo y al colonialismo y haciendo campaña contra el gobierno francés en Argelia. En consecuencia, sufrió un atentado con bomba en 1961. Partidario de la Revolución cubana, viajó a Cuba con Simone de Beauvoir en 1960 y conoció a Fidel Castro y al Che Guevara, a quien llamó el «ser humano más completo de nuestra era».

El resto de su vida siguió defendiendo las causas de izquierdas, incluido el mayo de 1968 francés, Además, se opuso a la intervención de Estados Unidos en Vietnam y a la represión soviética de la Primavera de Praga, e hizo campaña por los derechos de los palestinos y de los vietnamitas que huían en botes. En sus últimos años, cuando vivía recluido en París, encontró tiempo para apoyar a grupos estudiantiles y ser el editor de algunas publicaciones de izquierdas.

Años finales

En 1964, Sartre fue galardonado con el Nobel de Literatura, pero lo rechazó, ya que no quería «convertirse en una institución». Ese mismo año, publicó *Las palabras*, una brillante e ingeniosa autobiografía que constituyó su adiós a la literatura. Dejó de escribir a mediados de la década de 1970 al empezar a fallarle la vista. En los años 1960 había empezado una biografía de Flaubert que dejó inacabada. Murió a los 74 años, y 50 000 personas acudieron a su funeral por las calles de París.

▽ ***LAS MANOS SUCIAS*, 1948**
En la obra *Las manos sucias*, Sartre buscó el compromiso político y argumentó el uso de la violencia política en la acción revolucionaria.

« **Nuestra responsabilidad** es mucho **mayor** de lo que podríamos **suponer**, pues compromete a la **humanidad entera**.»

JEAN-PAUL SARTRE, *EL EXISTENCIALISMO ES UN HUMANISMO*

Samuel Beckett

1906-1989, IRLANDÉS

Famoso sobre todo por su absurdo y lúgubre teatro, también fue un respetado poeta y novelista modernista. Pasó gran parte de su vida adulta en París, donde escribió muchas de sus obras más relevantes en francés.

◁ **TRINITY COLLEGE, DUBLIN, C. 1920**
Beckett destacó en la universidad, y ganó una medalla de oro al graduarse. Como profesor, le desesperaron las pretensiones del mundo académico.

Al igual que Oscar Wilde, George Bernard Shaw y W. B. Yeats, Beckett nació en una familia protestante de clase media en Dublín. Su padre, aparejador, había construido la casa para su numerosa familia en el barrio de Foxrock, donde nació Samuel Barclay Beckett el 13 de abril de 1906. Disfrutó de los privilegios y la educación que se esperaba de un miembro de una acomodada familia angloirlandesa de la época, y fue enviado a Portora Royal School en Enniskillen. Buen estudiante y atleta, se interesó por el críquet, llegando a jugar de manera profesional, y luego se convirtió en su pasión para el resto de la vida.

En 1923, Beckett ingresó en el Trinity College de Dublín para estudiar lenguas romances. Después de licenciarse en 1927, siguió la carrera académica. Enseñó en Belfast y luego tuvo un puesto de lector en inglés en la École Normale Supérieure de París, donde se instaló en 1928.

Joyce y Beckett

A Beckett le gustaba París, pero le frustraba la vida académica. Por fortuna, encontró los estímulos que buscaba cuando conoció a James Joyce, un irlandés que también se había instalado en la ciudad. Joyce ya se había hecho famoso con la controvertida novela *Ulises*, y se había convertido en una figura prominente en los círculos literarios parisinos. Joyce se convirtió en su mentor y presentó a Beckett a los demás escritores y artistas. Reconociendo su inmenso talento con el lenguaje, Joyce le pidió ayuda en la investigación para la novela *Finnegans Wake*.

Cuando Beckett empezó a tomarse su trabajo más en serio, se preocupó por no salir nunca de la sombra de su mentor: «apesta a Joyce», escribió sobre uno de sus cuentos cortos. La relación entre los dos se volvió tensa por los avances sexuales no deseados de la hija de Joyce, Lucía, hacia Beckett y este decidió regresar a Dublín en1930. Empezó a enseñar francés en el Trinity College, pero renunció el año siguiente. Tras dar

ESTILO

Teatro del absurdo

El concepto «teatro del absurdo» lo acuñó el crítico húngaro Martin Esslin para describir un género teatral que surgió en los años 1950. Se caracterizaba por el humor negro y los argumentos surrealistas o sin sentido. Entre las obras de esta época destacan *Esperando a Godot*, *Final de partida* y *Los días felices*, las tres de Beckett. Esslin las consideró la máxima expresión de la noción existencialista de Camus sobre la absurdidad de la existencia. El mismo Beckett negó cualquier pretensión filosófica, y presentó sus obras como un retrato tragicómico de la humanidad. Como dice Nell en *Final de partida*. «Nada es más gracioso que la infelicidad, eso lo admito. Sí, sí, es la cosa más cómica del mundo».

REPRESENTACIÓN EN NUEVA YORK DE *LOS DÍAS FELICES* DE BECKETT, 2008

▷ **BECKETT, 1976**
La apariencia austera de Beckett ayudó a construir su fama de severo y distante. Sin embargo, según amigos y colegas, tenía una personalidad cálida y humorística.

« Siempre lo intentas. Siempre **fracasas**. No importa. **Inténtalo** otra vez. **Fracasa** otra vez. **Fracasa mejor**. »

SAMUEL BECKETT, *RUMBO A PEOR*

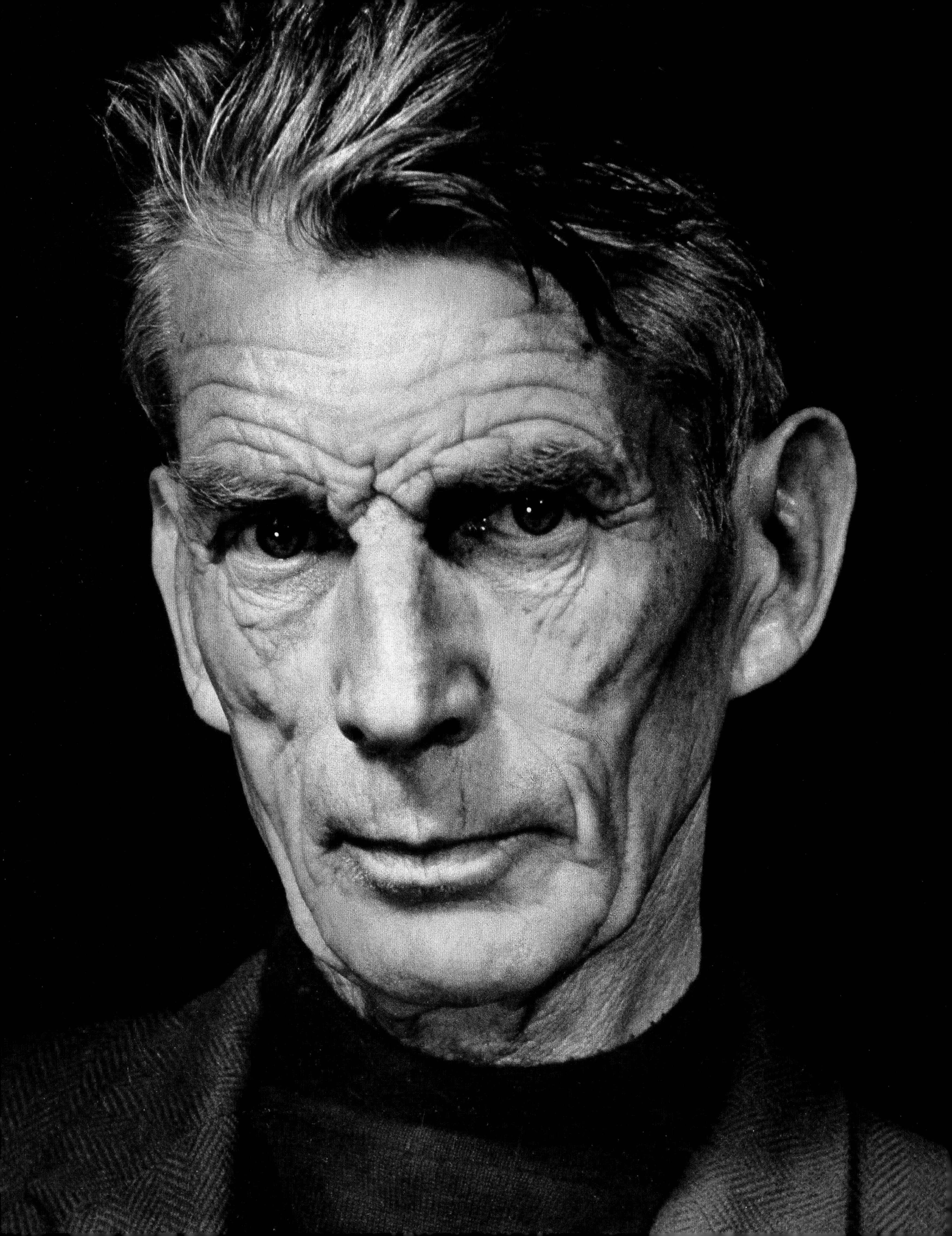

△ ***ESPERANDO A GODOT*, 1953**
Este trascendental drama del teatro del absurdo se estrenó en 1953 en el Théâtre de Babylone, París. La famosa crítica Vivian Mercier escribió sobre la obra en dos actos, que «no pasa nada, dos veces».

la espalda a una carrera académica, realizó varios viajes por Europa que duraron seis años. Mientras, Beckett empezó a escribir en serio, y produjo un volumen de poesía, numerosos cuentos y una novela, *Dream of fair to Middling Women*, para la que no encontró editor en vida, pero le proveyó material para la colección *Más aguijones que patadas* (1934).

Su padre murió en 1933, lo que le provocó una crisis existencial y ataques de ansiedad que afrontó con dos años de psicoanálisis en Londres. Aprovechó esta experiencia para crear los oníricos escenarios y los personajes de mente torturada de sus posteriores obras. Mientras estuvo en Londres escribió una segunda novela, la obra maestra del teatro del absurdo *Murphy*. Esta comedia trágica trata de un hombre que se retira a una mecedora al darse cuenta de que no puede alcanzar la satisfacción en el mundo físico.

Residencia en París

Tras viajar a Alemania, Beckett regresó a Irlanda en 1937. Los graves conflictos con su madre y la ruptura entre ambos, supusieron que partiera de Irlanda para siempre y se estableciera de forma fija en París. De vuelta en Francia, se reincorporó a la sociedad artística parisina, renovó su amistad con Joyce e inició un romance con Peggy Guggenheim. Durante su primer invierno en la ciudad, casi perdió la vida cuando fue apuñalado por un proxeneta. Tras un período en el hospital con el pulmón perforado, Beckett se enfrentó a su agresor en los tribunales y le preguntó por qué le había atacado. La respuesta del hombre, «no lo sé, señor. Lo siento», tocó la fibra sensible del escritor y retiró todos los cargos. Mientras se recuperaba, Beckett recibió la visita de Suzanne Deschevaux-Dumesnil, que había conocido algunos años antes, y comenzaron una relación que duraría el resto de sus vidas.

Guerra y resistencia

Las tropas alemanas invadieron París en 1940. Como ciudadano de Irlanda, un país neutral, se le permitió a Beckett quedarse en la ciudad con Suzanne. Indignado por la ocupación y la brutalidad de los nazis, se unió a la Resistencia francesa, trabajando como un mensajero clandestino. Se vieron obligados a esconderse en 1942, cuando miembros de su unidad fueron arrestados por la Gestapo, y la pareja acabó huyendo a un pueblo del Rosellón, en el sur no ocupado de Francia. Es probable que el recuerdo de su largo e inhóspito viaje hacia el sur, a través del campo, le sirviera de inspiración para *Esperando a Godot*.

Después de la guerra, Beckett regresó a París para reanudar su carrera como escritor. Visitó Irlanda para ver a su madre y fue en su dormitorio que tuvo una «revelación» sobre la dirección que debería tomar su obra futura: tenía que aceptar la oscuridad interior que «incluye

« Ellas **paren** a horcajadas sobre **una tumba**, la **luz brilla** un instante; luego, **otra vez la noche**. »

SAMUEL BECKETT, *ESPERANDO A GODOT*

▷ **CRUZ DE GUERRA**
Beckett trabajó para la Resistencia en París y en el sur de Francia. Tras la guerra, le concedieron la Cruz de guerra y la Medalla de la Resistencia.

la locura, el fracaso, la impotencia y la ignorancia». Empezó a escribir desde la confusión y el desconocimiento, eliminando palabras en lugar de agregarlas.

También escribió en francés, lo que le permitió hacerlo «sin estilo» y libre de la herencia literaria inglesa. Siguió un período prolífico, en el que Beckett produjo la innovadora trilogía en prosa: *Molloy*, *Malone muere* y *El innombrable*. Estos monólogos autorreferenciales sin trama o caracterización, han sido considerados el equivalente literario de las pinturas abstractas. Suzanne acabó por encontrar editor para *Molloy* en 1951, y su relativo éxito aseguró la publicación de muchos otros libros de Beckett.

Obras de teatro

En 1948, comenzó a trabajar en lo que se convertiría en su obra maestra *Esperando a Godot*. Es la historia de un encuentro continuamente pospuesto, contada por unos andrajosos e impenetrables personajes. Estrenada en París en 1953, algunos críticos aclamaron la obra como un momento revolucionario del teatro y la fama de Beckett pronto se extendió. No solo logró reconocimiento como escritor, sino que había encontrado el estilo y el género en el que se sentía cómodo. A partir de entonces, dedicó la mayor parte de su tiempo y esfuerzo a ser autor y director de teatro. A finales de los años 1950, se dedicó a escribir para la radio, y de vez en cuando pasaba un tiempo en Londres trabajando para la BBC. Allí conoció a una joven editora de guiones viuda, Barbara Bray, con la que comenzó una aventura que duraría el resto de su vida, a pesar de haberse casado en secreto con Suzanne en una ceremonia civil en 1961.

Reclusión y poesía tardía

Beckett continuó viviendo en París, pero encontró el aislamiento que necesitaba para trabajar en una remota casa del valle del Marne. Como hombre reservado, evitó las apariciones públicas y se negó a dar entrevistas. Cuando recibió la noticia de que había ganado el Premio Nobel de Literatura en 1969, él y Suzanne, de vacaciones en Túnez, se escondieron y enviaron a un amigo a Estocolmo para recibir el premio en su nombre. Sin embargo, en la vejez, Beckett volvió a escribir prosa y poesía. En 1986, tras haber sido diagnosticado de un enfisema, y posiblemente también de Parkinson, se trasladó a un asilo de ancianos. Suzanne murió en julio de 1989 y, cinco meses después, falleció Beckett a los 83 años. Los dos fueron enterrados juntos en París.

◁ ***NO YO*, 2014**
En esta obra corta de Beckett (dura apenas 14 minutos), solo se ve la boca del actor rodeada de oscuridad y de ella surge un monólogo sobre su problemática vida.

FORMA
Maestro de los medios

Beckett llegó tarde al teatro, pero pronto se convirtió en un maestro de artes escénicas. Adaptó su capacidad de llevar sus creaciones al límite a gran variedad de medios, y en especial, a sus obras escritas para televisión, como *Eh Joe* (1965). La experimentación modernista en este medio se caracterizó por una verbalización limitada, decorados minimalistas y la concentración en una acción demasiado lenta. Al final de *Eh joe*, la cámara se mueve muy despacio hacia Joe y termina con un intenso primer plano de su cara. Las obras para la radio fueron también innovadoras, sobre todo por la ingeniosa interacción de sonido, música y palabra. Hizo un cortometraje protagonizado por Buster Keaton.

CÁMARA DE TV DE LOS AÑOS 1960

OBRAS CLAVE

1934
Se publica *Más aguijones que patadas*, una colección de cuentos cortos.

1938
Tras dos años de rechazos, se acaba publicando su novela *Murphy*.

1948-49
Trabaja en *Esperando a Godot*, su primera gran obra de teatro. Se estrena en 1953 en París.

1951
Se publica *Molloy*, la primera obra de su trilogía de novelas en francés. Le siguen *Malone muere* y *El innombrable*.

1972
Se estrena *No yo* en el Lincoln Center de Nueva York.

1989
Se publican las novelas cortas *Compañía*, *Mal visto mal dicho* y *Rumbo a peor* con el título *Nohow on*.

▷ **MAHFOUZ EN EL CAIRO**
Mahfouz aparece fotografiado en 1989 en el barrio de Gamaliya de El Cairo, donde creció. Publicó 34 novelas y cientos de cuentos cortos. Varias de sus obra han sido adaptadas al cine.

Naguib Mahfouz

1911-2006, EGIPCIO

Mahfouz fue el primer escritor árabe en ganar el Premio Nobel de Literatura Es sobre todo conocido por sus novelas realistas que retratan la vida en E Cairo en la primera mitad del siglo xx.

« Este hombre del **Tercer Mundo**, ¿cómo encontró la **paz mental** para escribir **historias**? »

NAGUIB MAHFOUZ, DISCURSO DE ACEPTACIÓN DEL PREMIO NOBEL

Naguib Mahfouz nació en 1911 en la tradicional y densamente poblada Gamaliya, una de las zonas más antiguas de El Cairo. Era el hijo menor de un rígido y anticuado funcionario, que imponía un estricto código de conducta islámico en la familia. Con ocho años, fue testigo de los violentos eventos de la Revolución egipcia de 1919 (ver recuadro, derecha). Fue a una escuela coránica hasta que entró en la universidad. En los años 1930, fue partidario del partido nacionalista antibritánico Wafd.

Falto de recursos económicos, entró en el funcionariado egipcio, donde tuvo una exitosa carrera de por vida. Pero su verdadera ambición era escribir. Después de probar con novelas históricas ambientadas en el Egipto faraónico, encontró su temática y estilo en *El callejón de los milagros* (1947). Ubicada en el viejo Cairo durante la Segunda Guerra Mundial, la novela describe una sociedad en que el único escape a la pobreza y a la frustración parece ser la modernización occidental. Incluye una enorme variedad de personajes, entre ellos, un traficante de drogas gay, una casamentera, una despiadada belleza que se prostituye a los oficiales extranjeros y un mutilador profesional que maneja a los pobres para que se vayan a mendigar como lisiados.

Ideas progresistas

A El callejón de los milagros le siguió *Trilogía de El Cairo*. Esta apasionante saga, que narra las vidas de la familia Abd al-Jawad desde los años 1910 hasta la década de 1940, hizo a Mahfouz famoso en todo el mundo árabe. El primer volumen, *Entre dos palacios* (1956), describe el mundo que Mahfouz vivió de niño. El cabeza de familia es un hombre que, siguiendo los principios islámicos, mantiene a su esposa encerrada en casa mientras él sostiene varias relaciones extramatrimoniales. La reacción de varios miembros de la familia a esta tiranía patriarcal constituye la trama central del libro. Le siguieron el segundo y tercer volumen *Palacio del Deseo* y *La azucarera* en 1957. Relatan los conflictos políticos y sociales de un Egipto en tiempos de rápidos cambios, como la lucha por la independencia y la presencia militar británica.

Sus novelas posteriores tienen una estructura más experimental y alegórica. *Hijos de nuestro barrio* (1959), en la que el profeta Mahoma aparece como un personaje, fue condenado por los conservadores islámicos y prohibido en Egipto. En *Miramar* (1967), que transcurre en Alejandría, cuatro narradores ofrecen diferentes versiones de los mismos hechos.

El inesperado Premio Nobel de Literatura en 1988 hizo que el mundo occidental fijara su atención en Mahfouz. Sus novelas realistas fueron de las más vendidas en América del Norte y Europa. En los últimos años de su vida, se convirtió en una polémica figura políticamente comprometida. Sobrevivió a un atentado de un fundamentalista islámico en 1994. Murió en 2006, a los 94 años.

CONTEXTO

Revolución egipcia, 1919

En la Primera Guerra Mundial, Egipto se convirtió en Protectorado británico y base militar. Las tropas australianas y británicas aterrorizaban a los habitantes de El Cairo, y poco después de la guerra, los nacionalistas egipcios, encabezados por Saad Zaghlul, solicitaron al Alto Comisionado británico terminar el Protectorado. En 1919, se organizaron grandes manifestaciones pidiendo la salida de los extranjeros. Cientos de egipcios fueron asesinados por los británicos durante la represión de estos disturbios. En 1922, ante la continuada resistencia, Gran Bretaña otorgó la independencia formal a Egipto, pero mantuvo una importante presencia en el país. Los hechos de la Revolución de 1919 aparecen en el libro de Mahfouz *Entre dos palacios*.

INFANTERÍA AUSTRALIANA EN LA GRAN PIRÁMIDE DE GUIZA, 1915

◁ **BAZAR DE EL CAIRO**
El Cairo de los años 1950 es el telón de fondo de la mayoría de las obras de Mahfouz. Sus personajes, gente común, se enfrentan al choque entre la cultura tradicional y la occidentalización.

Albert Camus

1913-1960, FRANCÉS

Figura clave del modernismo y del grupo de intelectuales radicales de París, Camus rechazó las convenciones de la prosa literaria clásica y noveló su filosofía de lo absurdo de la existencia humana.

COMBAT

Numéro spécial

VIVE LA FRANCE

Charles de Gaulle

A TOUS LES FRANÇAIS

VIVE LA FRANCE !

LA RAISON D'ETRE DE LA FRANCE COMBATTANTE c'est :

SOMMAIRE

△ **EN LA RESISTENCIA**
Camus participó activamente en la Resistencia francesa durante la Segunda Guerra Mundial con la edición del periódico *Combat*, que pedía libertad y justicia y el procesamiento de los culpables de atrocidades.

«Hoy ha muerto mamá. O quizá ayer. No lo sé». El comienzo de la primera novela de Camus, *El extranjero*, transmite el desapego emocional del protagonista del libro, Meursault, y resume la filosofía del absurdo que plantea el autor, en que la humanidad debe aceptar la vida como algo caótico y sin sentido. Sus frases sencillas y cortas evitan la metáfora y el adorno, y en su lugar trasladan de primera mano los pensamientos y los aparentes motivos del protagonista.

Adversidades en la infancia

Camus nació en una relativa pobreza en Mondovi (ahora Dréan) en la Argelia francesa en 1913. Al año siguiente, su padre, Lucien, murió en la Primera Guerra Mundial, y su esposa Catalina, analfabeta y casi sorda, quedó al cuidado de su hijo en un barrio pobre de Argel. Más tarde, Camus fue admitido como estudiante de filosofía en la Universidad de Argel. Se afilió al Partido Comunista y fundó, junto a sus compañeros, el Théâtre du Travail como plataforma para representar obras políticas de izquierdas. Además de producir y dirigir, Camus coescribió obras de teatro, incluida su primera pieza publicada, *Rebelión en Asturias*. Tenía pasión por el fútbol, pero se vio obligado a abandonar el deporte al contraer tuberculosis en 1930. Cuando más tarde le pidieron elegir entre su amor por el teatro y el fútbol, Camus respondió: «El fútbol, sin duda». Rechazado por el ejército por mala salud, durante la ocupación de París por los alemanes (1940-44), escribió para diversas revistas de la capital francesa, antes de trasladarse a Burdeos para completar *El extranjero* y *El mito de Sísifo* (ambos de 1942). Redujo su trabajo periodístico para centrarse en escribir una segunda novela, *La peste* (1947). Utilizó una epidemia de esta devastadora enfermedad en la ciudad argelina de Orán como alegoría para profundizar en la condición humana. Escribió numerosas obras de teatro y ensayos a través de los cuales indagó sobre el concepto de libertad individual en un mundo hostil e incomprensible. Fue galardonado con el Premio Nobel de Literatura en 1957.

Amores turbulentos

Los dramas personales repercutieron en la obra de Camus. Mujeriego y varias veces adúltero, su primer matrimonio, con Simone Hié, terminó en divorcio. Aunque quería a su segunda esposa, Francine Faure, renunció públicamente a la institución del matrimonio. Noveló la crisis emocional de Francine en su novela *La caída* (1956). Camus murió en un accidente de coche a la edad de 46 años, junto con su amigo y editor Michel Gallimard.

◁ **EL ARGEL FRANCÉS**
Duro crítico de las autoridades coloniales francesas en Argelia, Camus apoyó las propuestas de los años 1930 para otorgar a los argelinos plena ciudadanía francesa.

SEMBLANZA
Jean-Paul Sartre

Camus conoció a Jean-Paul Sartre a través de su implicación en la Resistencia francesa. Durante una época, ambos fueron estrellas emergentes de la intelectualidad de la izquierda que se reunía en el Café de Flore de París. Se revisaban mutuamente el trabajo y Sartre incluso le ofreció a Camus un papel en su obra *A puerta cerrada*. Sin embargo, las rivalidades personales y políticas pronto agriaron su amistad: Camus sedujo a la amante de Sartre, Wanda, y atacó su pensamiento comunista.

CAFÉ DE FLORE, BOULEVARD SAINT-GERMAIN, PARÍS, 1946

> « La gente se **apresura a juzgar** para no verse juzgada **ella misma**. »
>
> ALBERT CAMUS, *LA CAÍDA*

▷ **VISIÓN FORÁNEA**
Camus es considerado un gigante de la literatura francesa, pero su nacimiento y trasfondo argelino le otorgaron una perspectiva distinta. Aquí aparece en 1947, cuando se publicó *La peste*.

▷ **AIMÉ CÉSAIRE, 1967**
Césaire aparece aquí a los 54 años, durante la época en que escribía «teatro en verso» con gran carga política, en el cual el diálogo estaba escrito en verso.

Aimé Césaire

1913-2008, MARTINIQUÉS

Poeta y político caribeño, Césaire cofundó el movimiento Negritud, que instaba a los pueblos colonizados a sentirse orgullosos de su herencia y rechazar la política de asimilación bajo el régimen colonial.

« Estoy del lado de aquellos que están oprimidos. »

AIMÉ CÉSAIRE

◁ **BASSE-POINTE**
Sello impreso en Martinica en los 1960. Muestra la ciudad de Basse-Pointe, lugar de nacimiento de Aimé Césaire.

Aimé Césaire nació en la caribeña colonia francesa de Martinica. El segundo de seis hijos, creció en malas condiciones en Basse-Pointe, una población que había sido casi destruida por la erupción del volcán Mount Pelée una década antes. Césaire demostró ser un estudiante brillante en la escuela secundaria y obtuvo una beca para acudir al prestigioso Lycée Louis-le-Grand de París y luego entrar en la École Normale Supérieure.

En París, se mezcló con un grupo de intelectuales negros y cofundó la revista *L'Étudiant noir*, en la que él y varios otros pensadores desarrollaron nuevas formas de responder al racismo innato y a la explotación del colonialismo (ver recuadro, derecha). Formularon el concepto de Negritud, que llamaba a los pueblos del Caribe a considerarse unidos por su herencia africana y a rechazar el papel secundario que les habían impuesto los colonizadores blancos europeos.

Regreso a Martinica

Recién casado y con un hijo pequeño, Césaire volvió a enseñar en el Lycée Schoelcher de la capital de Martinica, Fort-de-France, justo antes de la Segunda Guerra Mundial. Con su esposa Suzanne creó la revista literaria *Tropiques*, que defendía la identidad de Martinica y la poesía afrocaribeña.

En esta época, publicó *Cuaderno de un retorno al país natal* en una revista literaria francesa. En este largo poema, en parte autobiográfico, Césaire crea su propio lenguaje combinando imágenes oníricas, coloquialismos, documentos históricos y francés literario. Utilizó esta forma revolucionaria de expresión para profundizar en la identidad negra.

La obra de Césaire en la siguiente década estuvo muy influida por el surrealismo (fue amigo de André Breton). Más tarde, escribió nuevas colecciones de poesía, obras de teatro y ensayos, mientras aumentaba su participación en la política. Césaire fue elegido alcalde de Fort-de-France en 1945, cargo que ocupó durante 56 años, y fue fundamental para la obtención para isla de Martinica del estatus de departamento de ultramar de Francia.

Generaciones posteriores han considerado a Césaire como una figura conflictiva porque, aunque criticó a los antiguos colonizadores europeos, escribió en el francés de la metrópoli, fue aceptado en el panteón francés y se convirtió en una figura clave para acercar Martinica a Francia.

▽ **FORT-DE-FRANCE**
Césaire se inspiró en los paisajes de Martinica y se convirtió en alcalde de la capital, Fort-de-France. El aeropuerto de la isla lleva su nombre en su honor.

CONTEXTO
Negritud

Césaire pertenecía al grupo de estudiantes que introdujeron el concepto de Negritud en la revista literaria *L'Étudiant noir*. El escritor Léopold Sédar Senghor, que en 1960 se convirtió en el primer presidente de Senegal, formaba parte del grupo. Promovían la idea de una identidad panafricana para todos los pueblos colonizados del Caribe y consideraban la Negritud como fenómeno histórico que había evolucionado a partir de las experiencias comunes de los pueblos colonizados, y en especial la esclavitud. Césaire se convirtió en mentor del escritor Frantz Fanon, que rechazaba de forma radical el colonialismo, y que influyó en figuras como el Che Guevara y Malcom X.

LÉOPOLD SÉDAR SENGHOR, LÍDER DE LA INDEPENDENCIA DE SENEGAL

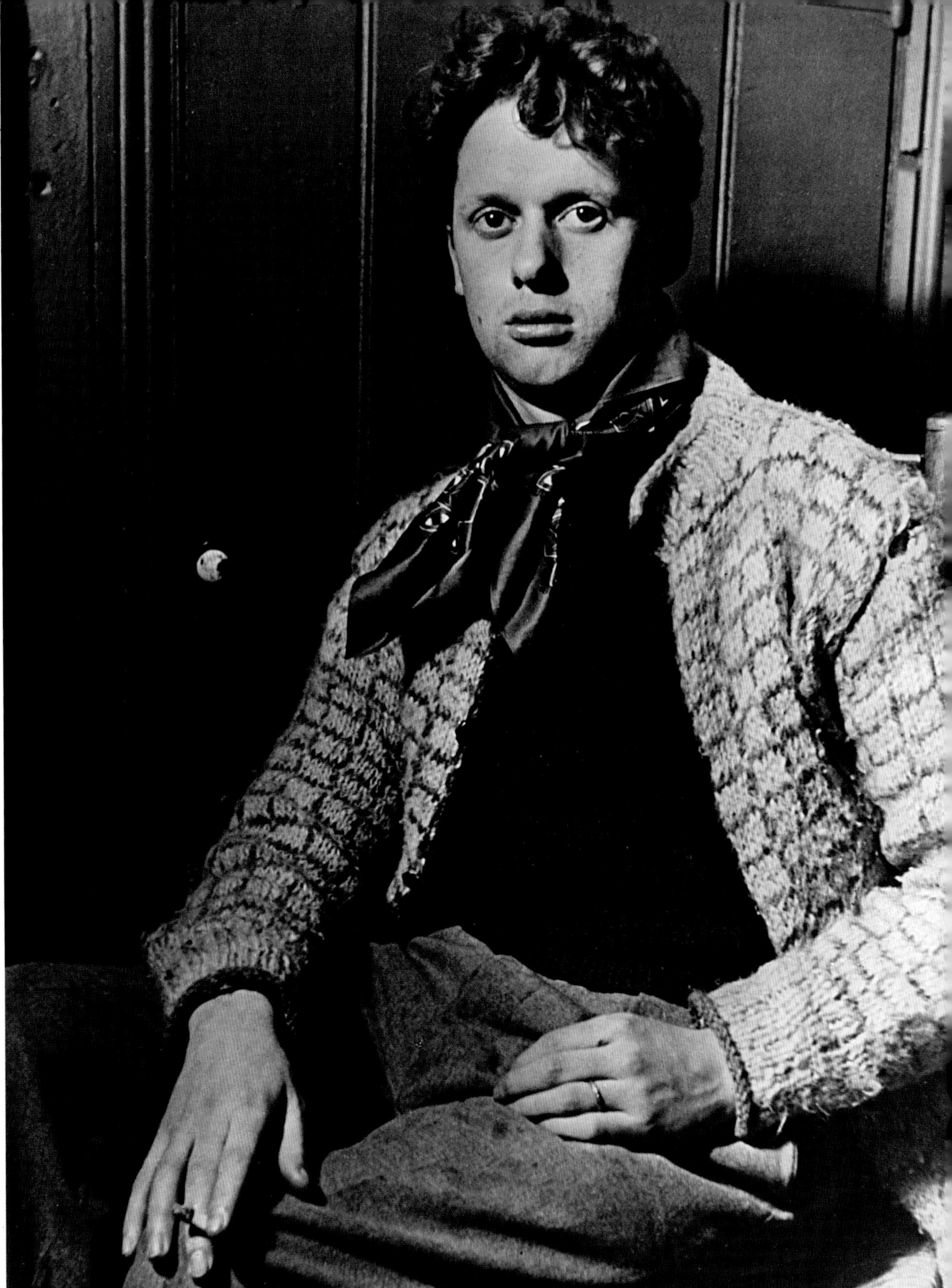

▷ **THOMAS EN 1936**
Thomas, fotografiado aquí en su veintena, era extremadamente teatral. Leería sus muy elaborados versos en voz alta con entonación musical galesa y enfatizando asonancias y consonancias. Inspiró a muchos otros poetas para que leyeran su obra en público.

Dylan Thomas

1914-1953, GALÉS

Escritor de poesía y prosa poética de mediados del siglo XX, Thomas tenía un don para la alta retórica y un astuto sentido del humor. El consumo excesivo de alcohol acortó su vida.

CONTEXTO
Radioteatro

Dylan Thomas escribió en la época dorada del radioteatro, promovido en especial por la BBC, cuya dirección tenía un serio compromiso con las artes. Antes del auge de la televisión, el radioteatro tenía gran audiencia y acercaba el drama a millones de personas que nunca se hubieran acercado a un teatro. La BBC encargó a Thomas *Bajo el bosque lácteo.* Lo emitió por primera vez en enero de 1954, protagonizado por Richard Burton, dos meses después de la muerte de su autor. También escribieron para la BBC Samuel Beckett, Harold Pinter y Joe Orton.

SYBIL THORNDIKE Y RICHARD BURTON LEYENDO *BAJO EL BOSQUE LÁCTEO*

« El **tiempo** me tenía **bisoño** y **muriendo** aunque **yo cantara** preso como el **mar** en mis **cadenas**. »

DYLAN THOMAS,«LA COLINA DE LOS HELECHOS»

Dylan Thomas nació en Swansea, Gales, donde su padre enseñaba literatura inglesa. El nombre Dylan proviene de la mitología galesa, pero nunca aprendió a hablar galés. Al carecer de la capacidad de estudio de su padre, se desenvolvió mal en la escuela. Como niño malcriado por una madre demasiado indulgente, se ganó la fama de travieso. También mostró un talento precoz para la poesía. Thomas comenzó a llenar cuadernos con poemas a los 15 años, y a los 19, ya había escrito algunos de los más famosos, incluido «Y la muerte no tendrá dominio». Quizá influido por el diagnóstico de cáncer de su padre cuando el poeta tenía 20 años, Thomas escribió una serie de poemas intensos, oscuros y surrealistas, entre ellos «La fuerza que por el verde tallo impulsa la flor» y «La luz irrumpe donde ningún sol brilla». Publicados en 1934 como *Dieciocho poemas*, la crítica los consideró una nueva y poderosa voz poética. En 1936, salió a la luz un segundo volumen, *Veinticinco poemas*, más de la mitad de los cuales extraídos de sus cuadernos de adolescente. Por entonces, todavía le costaba escribir nuevos poemas.

De Londres a Laugharne

Aún en su veintena, Thomas se marchó a Londres y se convirtió en una figura familiar de los pubs del Soho frecuentados por escritores y artistas. En 1937, se casó con Caitlin Macnamara, una ardiente bailarina y modelo de artistas irlandesa. Tuvieron tres hijos durante una tormentosa relación marcada por infidelidades de ambos lados y la escasez de efectivo. Comenzó a publicar relatos cortos, memorias y poemas como *Retrato del artista cachorro* (1940), inspirado en sus años en Swansea.

Siempre con mala salud, Thomas fue considerado no apto para el servicio militar en la Segunda Guerra Mundial, por lo que, en este período, escribió guiones para documentales cinematográficos y comenzó una fructífera carrera en la radiodifusión y el radioteatro. También recuperó la inspiración para la poesía con, entre otros, «La colina de los helechos», inspirado por sus visitas de verano a la granja de una tía y su poema sobre los bombardeos de Londres «Una negativa a llorar la muerte, por fuego, de una niña en Londres». La publicación de estos y otros poemas en *Muertes y entradas* (1946) convirtió a Thomas en una celebridad literaria.

Desde 1949, vivió en Boathouse, Laugharne, en la costa de Gales. Utilizó este pueblo como modelo del ficticio Llareggub, escenario de la obra de radioteatro *Bajo el bosque lácteo,* estrenada en 1954. En 1952, preparó una *Poesía Completa* que incluye «Sobre la colina de Sir John», inspirado en el paisaje de Laugharne, y el famoso poema «No entres dócilmente en esta buena noche», dedicado a su padre moribundo. Desde 1950, realizó varios viajes a Estados Unidos, donde cautivó a la audiencia con sus retransmisiones y la horrorizó con sus excentricidades y borracheras. Murió de neumonía en 1953, a los 39 años, en Nueva York.

△ **RELATOS AUTOBIOGRÁFICOS**
En *Retrato del artista cachorro,* el perro es, sin duda, el propio Thomas, que cuenta historias sobre sus aventuras y amores juveniles, y sobre los extraños personajes que conoció en sus primeros años en Gales.

▷ **COBERTIZO DE LAUGHARNE**
El cobertizo donde escribía Thomas, situado sobre el Boathouse en Laugharne, le brindó inspiradoras vistas de cuatro estuarios durante los cuatro años en que vivió allí. El primer poema que escribió aquí, «Sobre la colina de Sir John», describe la vista.

Marguerite Duras

1914-1996, FRANCESA

Duras fue una novelista, dramaturga, guionista, ensayista y cineasta experimental francesa, en cuya obra se desdibuja la línea entre autobiografía y ficción, lo que hace difícil precisar su errática vida.

◁ ***HIROSHIMA MON AMOUR***
La memoria y el olvido, explorados en una larga conversación entre dos amantes, son los principales temas de esta película de 1959, para la que Duras escribió el guion.

Marguerite Duras, seudónimo de Marguerite Donnadieu, nació en Gia Dinh, Indochina francesa (actual Vietnam). Su padre murió cuando ella tenía cuatro años, y junto a su madre y sus dos hermanos se marcharon a un pequeño terreno en Camboya. La tierra se inundaba con facilidad y era difícil de cultivar. Eran muy pobres.

Su temprana pobreza, y la violencia y la degradación que experimentó a manos de su madre y su hermano mayor, quedan reflejadas en sus obras. Más tarde, afirmaría que la historia de *El amante*, sobre la relación entre una niña de 15 años y un chino de 27, era autobiográfica. La afirmación la convirtió en una estrella de los medios, pero los detalles de la vida de Duras siempre fueron objeto de controversia ya que confundía realidad y ficción de forma deliberada.

◁ **DURAS EN 1955**
Figura provocativa tanto en su vida como por su obra, Duras tuvo una relación difícil con directores y editores. Una vez comentó que bebía tanto que le resultaba «asombroso» que llegara a escribir.

Amores y política

Duras fue a la universidad en París con 18 años, y en 1939 se casó con el escritor Robert Antelme. Tuvieron un hijo que murió al nacer. Duras comenzó a beber mucho y tuvo como amante a otro escritor, Dionys Mascolo. Tanto Duras como Antelme se unieron a la Resistencia francesa durante la Segunda Guerra Mundial. En sus memorias de la guerra, *El dolor*, Duras describe cómo cuidó a su marido después de ser liberado de un campo de concentración alemán. La pareja se divorció y Duras se casó con Mascolo, con quien tuvo un hijo. Se afilió al Partido Comunista en 1945 y fue un miembro activo durante diez años, antes de abandonarlo por no estar de acuerdo sobre la libertad artística.

La novela *Los imprudentes* (1943) fue la primera de muchas que publicó bajo el seudónimo de Duras. También escribió guiones, incluido el del clásico de culto *Hiroshima mon amour*, y comenzó a hacer sus propias películas, convirtiéndose en pieza clave del glamuroso mundo del cine francés. Fue diagnosticada de cirrosis hepática pero se desintoxicó aunque casi murió. Luego estuvo en coma cinco meses y finalmente sucumbió al cáncer de garganta en 1996.

FORMA

El *nouveau roman*

Duras, junto a escritores como Michel Butor y Claude Simon, está asociada al movimiento *nouveau roman* que se desarrolló en los años 1950. Sus partidarios consideraban que las convenciones de la trama y el diálogo de la novela clásica, su narrativa lineal, y sus intereses humanos se adaptaban mal a describir el mundo de la posguerra. La obra de Duras tiene algunas de sus características más notorias, como su falta de descripción de los personajes y sus diálogos no personalizados. Sin embargo, Duras no se movió tanto por un teórico deseo de cambiar la literatura como por la sensación de que era la única forma en que podía expresar en su obra la complejidad psicológica y la pasión.

▽ **EL MEKONG**
Duras pasó parte de su infancia en Sa Dec, una población en el delta del Mekong, en Vietnam. Aquí escribió su novela semiautobiográfica *El amante*.

« Tienen que **gustarte mucho** los **hombres**. **Mucho, mucho**. Tienen que gustarte mucho para **amarlos**. De lo contrario, son **simplemente insoportables**. »

MARGUERITE DURAS

Saul Bellow

1915-2005, ESTADOUNIDENSE, CANADIENSE DE NACIMIENTO

Ensayista y novelista, Bellow se adentró en la locura y el materialismo del mundo moderno en busca de cordura. Mezcló el registro formal e informal, el humor y el patetismo de forma muy efectiva.

Saul Bellow nació Solomon Bellows en el seno de una familia judío-lituana en Quebec, Canadá. A los nueve años, se mudaron a Chicago, la ciudad en la que más tarde situaría varias de sus novelas. Se graduó en sociología y antropología en la Northwestern University en 1935 y dos años más tarde se casó por primera vez (de cinco). Mientras servía en la marina mercante, Bellow escribió su primera novela, *Hombre en suspenso* (1944), un perturbador relato sobre la angustiosa espera de un hombre a ser enviado a la guerra. Más tarde criticó esta obra por imitar el estilo literario europeo.

Literatura urbana

A finales de los años 1940 y principios de los 1950, Bellow vivía en Nueva York, una ciudad cuya «estremecedora energía» le fascinaba. Escribió su primer éxito, *Las aventuras de Augie March* (1953), en París con una beca Guggenheim. Situada en Chicago, es una innovadora novela con un sencillo lenguaje coloquial que retrata la comunidad judía que Bellow conocía desde su infancia. Con gran éxito de crítica y comercial, ganó el National Book Award.

En 1955, se volvió a casar y al año siguiente publicó la novela situada en Nueva York, *Carpe Diem*, con la que retomó el estilo meticuloso de sus primeras obras. *Henderson el rey de la lluvia* (1959), ubicada en África, es una aventura picaresca sobre un hombre de mediana edad en busca de «cualidades superiores». La novela, una de las favoritas del autor, combina la comedia con una visión filosófica.

Tras un tiempo enseñando en la Universidad de Minnesota a finales de los años 1950, Bellow regresó a Chicago con su tercera esposa. Su novela *Herzog* de 1964 trata de un profesor que escribe irreflexivamente cartas (no enviadas) a una serie de personas (amigos, filósofos, Dios) para intentar entender su desesperación tras ser engañado por su mujer con su mejor amigo (acontecimientos reales en la vida de Bellow). A pesar de su naturaleza intelectual, esta conmovedora, oscura y cómica novela estuvo 42 semanas en las listas de los libros más vendidos. Ganó el Premio Pulitzer con *El legado de Humbold* (1975), una «cómica novela sobre la muerte», basada en su relación con el autodestructivo genio y poeta Delmore Schwartz, su protector.

Estilo en la madurez

En sus obras posteriores, escritas tras ganar el Nobel de Literatura en 1976, Bellow perfeccionó su estilo mezclando «inteligencia callejera», sofisticación cultural y una vena absurda llena de angustia emocional. Aunque se resistió a ser encasillado como escritor judío, sus introspectivos, intelectuales y alienados héroes son casi todos judíos; él mismo representaba al sabio judío de próspera familia inmigrante.

En 1989, Bellow se casó por quinta vez. Su última novela, *Ravelstein*, se publicó en 2000, un retrato ficticio de su amigo y colega Allan Bloom (ver recuadro, derecha). Murió en 2005.

SEMBLANZA
Allan Bloom

A los 85 años, y tras una pausa de 13 años, Bellow escribió su última novela, *Ravelstein*, un relato de ficción sobre los últimos años de su gran amigo, Allan Bloom (1930-92). De carácter exuberante, Bloom era un intelectual conservador, filósofo y académico de la Universidad de Chicago, famoso por su polémica *El cierre de la mente americana* (1987) en que criticaba la devaluación de la enseñanza clásica en la educación universitaria. El libro se convirtió en un éxito inesperado y Bloom se volvió el centro de atención.

***Ravelstein* de Bellow tiene como protagonistas al moribundo Abe Ravelstein; su amante masculino, personaje basado en el amante en la vida real de Bloom; y a un narrador/biógrafo, el mismo Bellow. La novela fue controvertida por su sugerencia de que Bloom (cuya orientación sexual, aunque no se ocultaba, no era de dominio público) había muerto de sida.**

PRIMERA EDICIÓN ESTADOUNIDENSE DE *RAVELSTEIN* DE SAUL BELLOW

◁ **LA CIUDAD DEL VIENTO**
Bellow reconoció la influencia de la ciudad de su infancia en la primera línea de su novela *Las aventuras de Augie March*: «Soy un americano, nacido en Chicago –Chicago, esa sombría ciudad– y me enfrento a las cosas como me he enseñado a mí mismo, estilo libre, y logrando las cosas a mi manera...».

▷ **BELLOW EN PARÍS, 1982**
Bellow era una persona compleja. Podía ser encantador y las mujeres lo encontraban muy atractivo. Sin embargo, no aceptaba las críticas con facilidad y, a menudo, discutía con sus amigos.

Aleksandr Solzhenitsyn

1918-2008, RUSO

Moralista conservador, Solzhenitsyn pintó un cuadro amargo e irónico de la vida en la Unión Soviética y especialmente de los campos de prisioneros, de los cuales tuvo una experiencia directa.

Aleksandr Isayevich Solzhenitsyn nació en Kislovodsk en el Cáucaso un año después de la Revolución rusa. Fue criado por su madre y estudió física y matemáticas en la universidad, mientras soñaba con ser escritor. En la Segunda Guerra Mundial fue un distinguido oficial de artillería del Ejército Rojo Soviético.

En 1945, fue arrestado por la policía secreta por hacer comentarios irrespetuosos sobre el dictador Iósif Stalin en su correspondencia. Fue condenado a ocho años en los campos de prisioneros, y pasó parte de este tiempo en un campo especial donde los reclusos con educación universitaria investigaban en nombre del régimen soviético, una experiencia que le servirá de base para escribir la novela *El primer círculo* (1968). El resto del tiempo sufrió la dureza de las condiciones del trabajo manual, que más tarde describiría en *Un día en la vida de Ivan Denisovich* (1962).

◁ **SOLZHENITSYN EN EL EXILIO**
Tras la publicación de *Archipiélago Gulag* en Occidente, el líder soviético Brézhnev declaró que «este *hooligan*, Solzhenitsyn, está fuera de control». Fue enviado al exilio en 1974. Vivió en Zúrich con su esposa Natalia y sus hijos antes de irse a Estados Unidos.

Liberación y publicaciones

Solzhenitsyn fue liberado en 1953, coincidiendo con el día de la muerte de Stalin, pero fue condenado al exilio permanente en Kazajstán. En 1956, el nuevo líder soviético, Nikita Jrushchov, denunció el régimen de terror de Stalin y restituyó a Solzhenitsyn la plena ciudadanía. No esperaba que las obras que estaba escribiendo salieran a la luz, pero en 1961, la revista *Novy Mir* aceptó *Ivan Denisovich* y se publicó, con la aprobación de Jrushchov, al año siguiente. Su relato directo y abierto de la vida en un campo de prisioneros causó sensación en la Unión Soviética. Una colección de cuentos, *Por el bien de la causa*, apareció en 1963.

Solzhenitsyn siguió siendo hostigado tras la caída de Jrushchov y en la URSS sus obras volvieron a circular solo como literatura clandestina o «samizdat», aunque fueron traducidas en los países occidentales.

Durante años, también escribió sobre el sistema de campos de prisioneros soviéticos, en *Archipiélago Gulag*. Su publicación en Occidente en 1973 fue la última gota para el liderazgo soviético y fue exiliado. Se estableció como un recluso en Vermont, Estados Unidos, rechazando el estatus de celebridad y denunciando el materialismo irreligioso de la sociedad occidental. Había empezado un gran ciclo de novelas, *La rueda roja*, concebido como un retrato épico tolstoiano sobre la historia moderna rusa. El primer volumen, *Agosto de 1914*, fue publicado en 1971, pero con posterioridad solo aparecieron algunos fragmentos más. Pudo regresar a Rusia en 1991; murió allí en 2008, como figura semiolvidada de una época anterior.

CONTEXTO
El Gulag

Gulag es un acrónimo que hace referencia a los campos de trabajo de los primeros años de la URSS y desarrollados a gran escala por Stalin desde los años 1930 hasta 1953. Al menos 14 millones de personas fueron enviadas a ellos durante el período estalinista y millones murieron por las penalidades sufridas. En su obra en tres tomos, *Archipiélago Gulag*, Solzhenitsyn usó islas como metáfora de los campos secretos dispersos por la Unión Soviética. Para retratar el sufrimiento y la injusticia de las masas, describió sus propias experiencias y las de cientos de compañeros.

EDICIÓN ITALIANA DE *ARCHIPIÉLAGO GULAG*

▷ **LIBERACIÓN, 1953**
Solzhenitsyn aparece aquí el día en que fue liberado del Gulag. En ese momento, estaba luchando contra el cáncer, una lucha que luego se reflejó en su novela *Pabellón del cáncer* (1966).

Primo Levi

1919-1987, ITALIANO

El relato de Levi sobre su año en el campo de concentración de Auschwitz es ampliamente reconocido como uno de los más profundos y conmovedores sobre el Holocausto.

Nacido en 1919, Primo Levi fue un niño tímido y estudioso, que se educó en casa durante un año debido a una enfermedad. Junto con su hermana menor, Anna Maria, fueron criados en un gran apartamento familiar del Corso Re Umberto en Turín, un regalo de bodas para consolidar el matrimonio de su madre Ester (Rina), una intelectual de clase media, y su padre Cesare, un ingeniero 20 años mayor que ella. Para Primo, ser judío era una preocupación que se reducía a no tener un árbol de Navidad, aprender hebreo para su Bar Mitzvá y tener prohibido comer salami (aunque lo hacía). A pesar de la tensión entre una madre dominante y su extrovertido padre, la familia compartía su pasión por las artes y la literatura. Como sus padres, Primo leía mucho. A los 14 años, entró en la escuela superior y, aunque destacó en los clásicos y literatura, estudió química y biología tras ser cautivado por *Sobre la naturaleza de las cosas*, una exploración de la ciencia basada en las conferencias impartidas por el Nobel de Física sir William Bragg.

Como todos los jóvenes de la Italia de Mussolini, Levi se unió al movimiento *Avanguardisti* para jóvenes fascistas, pero optó por esquiar en lugar de practicar tiro. En 1937, Levi se matriculó en la Universidad de Turín para estudiar química. Fue afortunado porque cuando el Manifiesto de la raza prohibió a los judíos asistir a colegios y universidades estatales, Levi ya era estudiante y, por tanto, se le permitió continuar. La universidad se convirtió en un refugio seguro de la creciente agresión contra los judíos. Levi se graduó con las mejores calificaciones en 1941, con las palabras «de raza judía», añadidas a su diploma.

◁ **TURÍN NATAL**
Aunque creció en Turín, se sentía ligado a los montes del Piamonte alrededor de la ciudad. Narró la recuperación espiritual en sus caminatas por estas montañas.

Años de persecución

Tras la invasión alemana del norte y el centro de Italia, Levi tuvo que asumir una identidad falsa para poder trabajar. Encontró empleo extrayendo níquel de los desechos de una mina de amianto y más tarde trabajó para una empresa química suiza en Milán.

La deportación de judíos a campos de trabajo se aceleraba y, tras la muerte de su padre en 1942, Levi trasladó a su madre y hermana a un pequeño hotel cerca de la frontera suiza, para mantenerlas seguras.

Se unió a un caótico grupo de resistencia y fue arrestado junto a otros dos compañeros casi de inmediato. Ante la elección entre una muerte segura como partisano, o la deportación como judío, Levi admitió

CONTEXTO
Avance de la guerra

En 1939, el líder fascista de Italia, Benito Mussolini, firmó el «Pacto de Acero» con la Alemania nazi. Influido por Hitler, Mussolini introdujo la política antisemita del Manifiesto de la Raza, y tras la guerra relámpago y la conquista alemana de Europa, Italia declaró la guerra a Gran Bretaña y Francia en junio de 1940. Sin embargo, después de tres años de reveses, Mussolini fue depuesto. Reintroducido como dirigente títere por las fuerzas invasoras alemanas en el norte, comenzó la deportación de judíos a los campos de exterminio nazis. Unos 10 000 judíos italianos fueron enviados a Auschwitz, Polonia, donde la mayoría pereció. En total murieron allí 1,1 millones de personas.

POSTAL CONMEMORATIVA DEL «PACTO DE ACERO»

▷ **PRIMO LEVI, ENERO, 1986**
Primo Levi aparece aquí en su estudio de Roma, el año antes de morir. A lo largo de su vida, escribió más de una docena de obras, incluyendo memorias, cuentos, novelas, poesía y ensayos.

« ¿Por qué el **dolor** de cada día se **traduce** tan **constantemente** en nuestros **sueños**, en la escena repetida de la narración que **nadie escucha**? »

PRIMO LEVI, *SI ESTO ES UN HOMBRE*

△ **DEFENSA DE LA RAZA**
El Manifiesto de la Raza se publicó en 1938. Sus diez puntos fueron desarrollados por un grupo de profesores universitarios, bajo los auspicios del Ministerio de Cultura Popular. Su objetivo era que Italia «evitara la catastrófica peste del cruce de razas».

sus orígenes. Levi fue uno de los 650 hombres, mujeres y niños que se amontonaban, en febrero de 1944, en los trenes de Fossoli para el viaje de cinco días al campo de concentración de Auschwitz, Polonia. Sin agua ni saneamiento a bordo, tres personas murieron en el camino. Cuando llegaron, solo 96 hombres y 29 mujeres fueron considerados capaces de trabajar; las demás mujeres, niños, ancianos y enfermos murieron en cámaras de gas. Levi fue asignado a trabajo esclavo en Monowitz, que daba servicio a la fábrica de caucho Buna. Puede que al menudo joven de 24 años le faltara fuerza física, pero descubrió que su espíritu era capaz de sobrevivir a un año de terribles penurias. Para registrar sus vivencias, tras la guerra escribió una de las obras clave de la literatura sobre el Holocausto.

En *Si esto es un hombre*, Levi narra de forma objetiva y sin amarguras la vida en el *Lager* (campo): el rapado y afeitado de cabeza; el tatuaje del número que le reduce al *Häftling* (prisionero) 174 517; los finos trajes de algodón a rayas y los zapatos desparejados; las noches hacinados en estrechas literas; y la temida llamada a trabajar a las 4 de la mañana. Describe las escasas raciones de pan y sopa aguada, y el agotamiento por

△ **EL INFIERNO EN LA TIERRA**
Soldados nazis seleccionan a los prisioneros al bajar del tren en Auschwitz-Birkenau en 1944. La mayoría de ellos nunca llegan a trabajar, sino que son directamente enviados a las cámaras de gas.

OBRAS CLAVE

1958
Se publica *Si esto es un hombre*. Es considerada una lúcida narración del descenso de un hombre al infierno.

1963
La Tregua describe el caótico viaje en tren de Levi de regreso a Turín desde Polonia.

1975
El sistema periódico toma diferentes elementos químicos como comienzo de 21 relatos autobiográficos.

1978
En *La llave estrella*, la resolución de problemas por un ingeniero mujeriego forma el marco de una colección de cuentos cortos.

1982
Se publica *Si ahora no, ¿cuándo?*, un relato ficticio sobre unos rusos, polacos y partisanos judíos atrapados tras las líneas enemigas.

1986
Los hundidos y los salvados sondea la mente de los opresores y oprimidos.

« Existe **Auschwitz**, por lo tanto **no puede existir** Dios. No encuentro una **solución** a este dilema. **Sigo buscando**, pero **no la encuentro**. »

PRIMO LEVI

el duro trabajo a temperaturas bajo cero. En el cercano campamento de Birkenau, los cadáveres ardían día y noche. Tras selecciones regulares de prisioneros a las que intentaban sobrevivir, los débiles y viejos desaparecían del campamento de Levi para ser gaseados.

Resistencia y supervivencia

Combinando el detallado testimonio con una inquebrantable moralidad, Levi mostraba la dignidad de las personas apresadas en ese infierno. En vez de una masa indefinida de víctimas, describe a los individuos que sobrevivieron gracias a la tenacidad, el ingenio y la suerte. Los prisioneros eran de todas las nacionalidades y muchos no entendían las órdenes en alemán que podían sellar su destino en segundos. Levi sobrevivió gracias a intercambiar pan por lecciones de alemán y a su estrecha amistad con su compatriota Alberto Dalla Volta. También a la amabilidad de Lorenzo Perrone, un trabajador civil, que compartía con él sus raciones con regularidad. Levi escribió: «Gracias a Lorenzo, logré no olvidar que era un hombre».

En enero de 1945, al acercarse las tropas rusas, los prisioneros del campo, incluyendo a Alberto, fueron evacuados y llevados a la muerte por los alemanes en retirada, pero Levi, con escarlatina, fue uno de los 800 abandonados en la enfermería.

Volver a la humanidad

En su siguiente libro, *La tregua*, Levi recuerda los días pasados esperando ser rescatado. Junto a 100 o más sobrevivientes, fue rescatado por los rusos e hizo un innecesario viaje en tren de siete meses, pasando por Bielorrusia antes de llegar a Turín en el otoño de 1945. Fue una de las tres únicas personas del tren original en volver a casa.

Éxito literario

Levi empezó a escribir al cabo de pocos meses de regresar y su primera lectora y editora, Lucia Morpurgo, se convirtió en su esposa. La primera edición de *Si esto es un hombre*, de 1947, tuvo poco impacto y Levi volvió a trabajar de químico y luego de gerente de una fábrica de pinturas. En 1958, se tradujo una nueva edición del libro a varios idiomas y se convirtió en un éxito. Le siguió *La tregua* en 1963.

En 1975, se confirmaba la fama de Levi como uno los escritores con más talento del siglo con *El sistema periódico*, una colección de cuentos cortos llenos de vida, cada uno asociado a uno de los 21 elementos de la Tabla Periódica de Mendeleev.

Levi se retiró a escribir nuevas colecciones de memorias sobre Auschwitz, poesía y la novela *La llave de estrella*, ganadora del Premio Strega, sobre el trabajo técnico, narrada a través de las aventuras de un ingeniero italiano.

En 1987, se cayó desde la barandilla de su apartamento y fue encontrado muerto a los pies de la escalera. Hay quien cree que se pudo suicidar por las atrocidades vividas en Auschwitz, mientras que otros opinan que sufrió un accidente.

ESTILO

Dar testimonio

Levi describe Auschwitz con el lenguaje de un testigo en lugar de una víctima. Explica los rituales en los campos, el trabajo y la casi inanición, y reserva las discusiones filosóficas para su análisis de los optimistas, los pesimistas, los colaboradores, los trepadores y los Kapos (presos designados como supervisores). Las anécdotas dicen mucho de la naturaleza humana: por ejemplo, un Kapo muestra la pérdida de todo sentimiento al limpiar su mano sucia en el hombro de un prisionero; y Levi siente una oleada de felicidad al recitar el «Canto de Ulises» de Dante a un prisionero francés.

EDICIÓN INGLESA DE *SI ESTO ES UN HOMBRE*

◁ **AUSCHWITZ-MONOWITZ, 1942**
Primo Levi fue encarcelado en el campo de trabajos forzados de Monowitz. Proporcionaba trabajadores a la fábrica de IG Farben, que aparece en la foto. Elaboraba muchos productos químicos, incluido el gas venenoso Zyklon B.

▷ **JACK KEROUAC**
Kerouac se convirtió en un icono de la Generación Beat. Sin embargo, su asociación con lo que muchos críticos literarios consideraban una moda, limitó su éxito como escritor.

Jack Kerouac

1922-1969, ESTADOUNIDENSE

Portavoz de la Generación Beat de los años 1950, Kerouac fue un escritor distintivo, cuya obra refleja una vida en busca de la espiritualidad. Es sobre todo conocido por sus memorias noveladas *En el camino.*

« La **única gente** que me interesa es la que está **loca**, la gente que está **loca por vivir**. »

JACK KEROUAC, *EN EL CAMINO*

Jean-Louis Kerouac, hijo de padres francocanadienses, nació en la decadente ciudad de Lowell, Massachusetts. Era francófono y no habló inglés con fluidez hasta la adolescencia. Cuando el negocio de impresión de su padre quebró en la Gran Depresión, se dio a la bebida y Jack fue criado por su madre. Dotado para el deporte, ganó una beca de fútbol americano de la Universidad de Columbia, Nueva York, pero abandonó y se unió a la marina mercante.

La primera vez que Keroauc fue asociado al grupo de aspirantes a escritores formado por Allen Ginsberg, William Burroughs y Neal Cassady fue a mediados de los años 1940, en Nueva York. Tenían un estilo de vida bohemio, rechazaban el materialismo, experimentaban con las drogas, el misticismo y el amor libre. Kerouac, más tarde, los bautizó como «los beats».

Prosa espontánea

La primera novela de Kerouac, *El pueblo y la ciudad*, obra bastante convencional, atrajo poca atención cuando se publicó en 1950. Para entonces, ya había empezado a escribir en un estilo radicalmente diferente que llamaría «prosa espontánea», un improvisado flujo de palabras en parte influido por el jazz moderno. Utilizando este método, en 1951, escribió *En el camino*, un despreocupado relato de sus viajes a través de Estados Unidos con Neal Cassady. Durante seis años, solo fue uno de los muchos manuscritos inéditos que llevaba en su mochila. Se marchó al Oeste cuando el foco del movimiento Beat cambió a San Francisco. Bajo la influencia del poeta Gary Snyder, se interesó por el budismo. *Los Vagabundos del Dharma*, escrito en 1957, relata una expedición para escalar con Snyder en busca de inspiración y aire fresco. Ese mismo año, la vida de Kerouac se transformó con la publicación de una versión de *En el camino*, con gran éxito. Aclamado como la voz de la generación, se convirtió en una celebridad. Pronto empezaron a aparecer sus demás obras: *Los Vagabundos del Dharma* y *Los subterráneos* en 1958, y *Doctor Sax* y *Maggie Cassidy* en 1959.

◁ ***EN EL CAMINO*, PRIMERA EDICIÓN**
Fusionando ficción y autobiografía, *En el camino* narra un viaje hedonista, y a menudo caótico, de autodescubrimiento realizado por Sal Paradise (personaje basado en el propio Keroauc) y su místico amigo Dean Moriarty.

El precio de la fama

Aunque a los jóvenes les gustaban las obras de Kerouac, los críticos las despreciaban y el escritor acabó siendo un alcohólico. Sus novelas sufrieron las consecuencias y escribía cada vez menos. En *Big Sur* (1962) trata su lucha contra la depresión y la adicción, y en *La vanidad de Duluoz* (1968) vuelve a contar sus años de formación. Pero sobre todo, bebía y jugaba a las cartas, mientras vivía con su madre en Nueva York. Como conservador y persona que apoyaba la intervención de Estados Unidos en Vietnam, estaba en desacuerdo con los jóvenes radicales y *hippies* de los años sesenta. Murió por su abuso del alcohol a los 47 años.

SEMBLANZA
Neal Cassady

Protagonista de *En el camino* como Dean Moriarty, a Neal Cassady (1926-68) se le ha descrito como la musa de Kerouac. Bisexual con antecedentes penales por pequeños delitos, tuvo ambiciones literarias cuando se juntó con los escritores de la Generación Beat en Nueva York. Aparentemente fue el estilo espontáneo de las interminables cartas de Cassady lo que inspiró el enfoque innovador del estilo de *En el camino* de Kerouac. En los años 1960, Cassady empezó a tomar LSD junto con el escritor Ken Kesey y condujo el psicodélico autobús en el viaje de los Merry Pranksters por Estados Unidos, en 1964.

NEAL CASSADY

▽ **ROLLO PARA ESCRIBIR**
Para poder escribir sin interrupciones, Kerouac hizo un rollo con hojas de papel pegadas adaptado a la máquina de escribir. El manuscrito de *En el camino* medía unos asombrosos 36 metros.

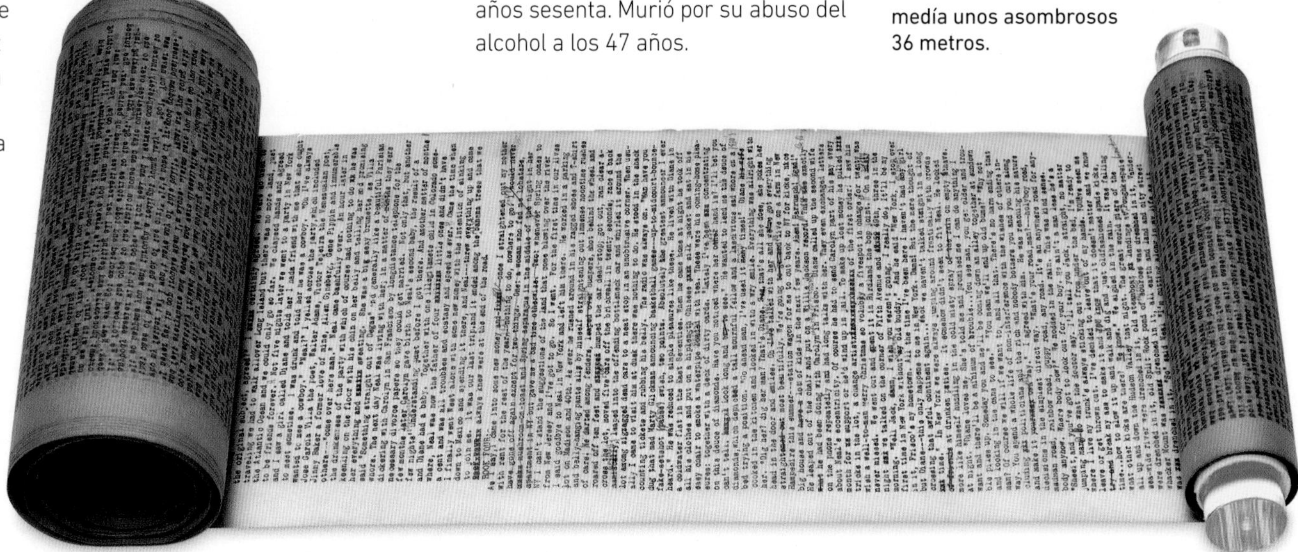

▷ **ITALO CALVINO, 1984**
En esta foto, Calvino aparece en su casa de Roma. Su muerte un año después motivó mensajes de condolencia del Papa y del presidente de Italia, tal era su nivel de popularidad. El ingenio e inventiva sin fin lo distinguieron de sus contemporáneos.

Italo Calvino

1923-1985, ITALIANO

Los relatos posmodernos, eruditos y lúdicos, de Calvino le han situado entre los escritores más importantes del siglo xx. Sus narraciones subvierten las perspectivas tradicionales entre estilo y contenido, autor y lector.

Italo Calvino nació en Cuba en 1923 de padres italianos, ambos científicos. La familia se trasladó a San Remo, Italia, donde Italo pasó la infancia, y a los 18 años, a pesar de su amor por la literatura, se matriculó para estudiar agricultura en la Universidad de Turín (más tarde se trasladó a Florencia).

Después de la Segunda Guerra Mundial, durante la cual se hizo comunista y se unió a la Resistencia antifascista, volvió a estudiar a Turín y obtuvo un máster de literatura. Comprometido políticamente, escribió para el periódico comunista *L'Unità*, pero dejó el Partido Comunista 12 años después, desilusionado por la invasión de Hungría por las tropas soviéticas en 1956.

Las experiencias en la Resistencia le proporcionaron materia para dos de sus obras de ficción: la novela neorrealista *El sendero de los nidos de araña* (1947), que ve la resistencia desde la perspectiva de un niño, y el cuento corto *Una tarde, Adán* (1949). En 1955, Calvino sostuvo una relación tórrida con una mujer casada, Elsa De Giorgi. Sus eróticas cartas a la actriz causaron un escándalo cuando se publicaron póstumamente en 2004. A Calvino, hombre muy reservado, no le habría gustado este escrutinio de su vida privada.

El oficio de novelar

En la década de 1950, Calvino empezó a escribir fantasía y alegoría, con tres novelas en particular que le valieron el reconocimiento internacional: *El vizconde demediado* (1952), *El barón rampante* (1957) y *El caballero inexistente* (1959). A partir de este momento, en obras que tienen claros ecos de Borges, Cervantes y Kafka, Calvino se alejó del realismo de sus libros y de la noción de que el autor controla el significado del relato. A partir de la década de 1960, por ejemplo, en la colección de cuentos cortos *Tiempo cero* (1967), los relatos toman la forma de un elaborado juego, en el que se alienta al lector a participar en el desarrollo de la historia.

Calvino se casó con la traductora argentina Esther Judith Singer en 1964. Tras instalarse en Roma, donde nació su hija Giovanna, dirigió su atención a los cuentos, que formarían una de sus obras más aclamadas:

◁ **CARTEL COMUNISTA**
Tras la Segunda Guerra Mundial, Calvino creía que el Partido Comunista Italiano lideraría una renovación internacional del comunismo.

Las cosmicómicas (1965-c. 1968). Con referencias tan diversas como Samuel Beckett, Lewis Carroll, álgebra, astronomía, semiótica, estructuralismo y cómics de Popeye, estos cuentos se proponen volver a contar la creación y evolución del cosmos.

Poco antes de la revolución de 1968, Calvino se mudó con su familia a París y se unió al grupo literario radical OuLiPo (ver recuadro, derecha). En 1972 publicó *Las ciudades invisibles*, un texto bellamente escrito que explora la idea de que el «significado» no es estable, sino que cambia sin cesar, negando así la posibilidad de una verdad única y unitaria.

Su obra metaficticia más famosa, *Si una noche de invierno un viajero* (1979), consta de diez novelas sin terminar. Es un libro sobre el acto de leer y el proceso literario en sí, con algunos pasajes escritos en segunda persona, dirigidos al lector, convertido en un personaje central del libro: «Estás a punto de empezar a leer la nueva novela de Italo Calvino, *Si una noche de invierno un viajero*. Relájate. Recógete. Aleja de ti cualquier otra idea».

En 1980, Calvino regresó a Roma y, tres años después, publicó *Palomar*, su último libro. Murió en 1985, en un hospital de Siena de una hemorragia cerebral, a los 61 años. En el momento de su muerte, era el escritor italiano contemporáneo más traducido.

◁ ***EL BARÓN RAMPANTE* (1957)**
La fascinante fantasía de Calvino cuenta la historia de Cosimo, un niño de noble nacimiento que trepa a un árbol y vive una vida plena y llena de acontecimientos sin bajarse de él. Es una historia utópica de rebelión, huida y separación.

CONTEXTO
OuLiPo

A fines de la década de 1960, Calvino se incorporó al activo grupo experimental de escritores de París conocido como OuLiPo, abreviatura de *Ouvroir de littérature potentielle* (Taller de literatura potencial). Allí conoció a escritores y teóricos como Roland Barthes, Raymond Queneau, Claude Lévi-Strauss y Georges Perec, que influyeron notablemente en su enfoque teórico de la literatura y la escritura. El grupo exploró, entre muchas cosas, los vínculos potenciales entre números, sistemas y literatura, y «el potencial infinito del lenguaje para nuevas formas».

ROLAND BARTHES, PARÍS, 1979

« Pienso en el libro que **no escribiré jamás**, pero que **me gustaría** poder leer, poder colocar junto a otros **libros amados**. »

ITALO CALVINO

▷ **VOZ DE UNA GENERACIÓN**
Günter Grass, fotografiado aquí en 1981, escribió cerca de 40 novelas, memorias, cuentos cortos, poemas, obras de teatro y ensayos políticos. Se casó dos veces, fue padre de ocho hijos y tuvo 18 nietos.

Günter Grass

1927-2015, ALEMÁN

Escritor, artista y poeta, Grass fue descrito como «la conciencia de una nación» después de que su novela *El tambor de hojalata* hiciera un retrato satírico de alemanes comunes en el régimen nazi y su negación del pasado.

« Durante **decenios** me **negué** a admitir esa **palabra** y esas dos letras (**SS**). »

GÜNTER GRASS, *PELANDO LA CEBOLLA*

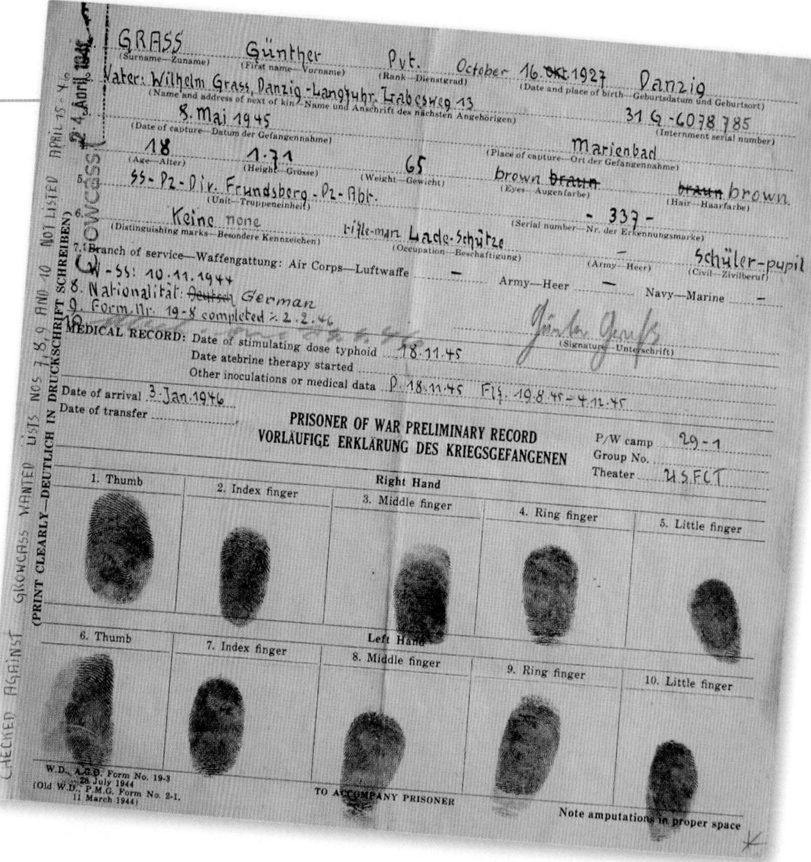

GRASS (Surname—Zuname) Günther (First name—Vorname) Pvt. (Rank—Dienstgrad) October 16. ~~Okt.~~ 1927 Danzig (Date and place of birth—Geburtsdatum und Geburtsort)

Vater: Wilhelm Grass, Danzig-Langfuhr Labesweg 13 (Name and address of next of kin—Name und Anschrift des nächsten Angehörigen)

8. Mai 1945 (Date of capture—Datum der Gefangennahme) 31 G-6078785 (Internment serial number)

18 (Age—Alter) 1·71 (Height—Grösse) 65 (Weight—Gewicht) Marienbad (Place of capture—Ort der Gefangennahme)

SS-Pz-Div. Frundsberg-Pz-Abt. (Unit—Truppeneinheit) brown ~~braun~~ (Eyes—Augenfarbe) ~~braun~~ brown (Hair—Haarfarbe)

Keine none (Distinguishing marks—Besondere Kennzeichen) rifle-man Lade-Schütze (Occupation—Beschaftigung) - 337 - (Serial number—Nr. der Erkennungsmarke)

7. Branch of service—Waffengattung: Air Corps—Luftwaffe — Army—Heer — (Army—Heer) — Navy—Marine — Schüler-pupil (Civil—Zivilberuf)

W-SS: 10.11.1944

8. Nationalität: ~~Deutsch~~ German

9. Form. Nr. 19-8 completed 2.2.46

(Signature—Unterschrift) Günter Grass

MEDICAL RECORD: Date of stimulating dose typhoid 18.11.45
Date atebrine therapy started
Other inoculations or medical data P. 18.11.45 Flf. 19.8.45 – 4.12.45

Date of arrival 3. Jan. 1946
Date of transfer

PRISONER OF WAR PRELIMINARY RECORD
VORLÄUFIGE ERKLÄRUNG DES KRIEGSGEFANGENEN

P/W camp 29-1
Group No.
Theater USFCT

(PRINT CLEARLY—DEUTLICH IN DRUCKSCHRIFT SCHREIBEN)

Right Hand: 1. Thumb | 2. Index finger | 3. Middle finger | 4. Ring finger | 5. Little finger

Left Hand: 6. Thumb | 7. Index finger | 8. Middle finger | 9. Ring finger | 10. Little finger

W.D., A.G.O. Form No. 19-3, 28 July 1944 (Old W.D., P.M.G. Form No. 2-1, 11 March 1944)

TO ACCOMPANY PRISONER

Note amputations in proper space

Checked against Growcass wanted lists Nos 7, 8, 9 and 10 not listed April 15 46

Nacido en 1927, Günter Wilhelm Grass tenía 11 años cuando su ciudad natal, Danzig (ahora Gdansk, Polonia) fue anexada por la Alemania nazi. Aunque Danzig era una ciudad libre de la Liga de las Naciones, muchos de sus ciudadanos alemanes eran leales al Reich. Creció con su hermana menor, su padre alemán y su madre casubia, y fue testigo de la creciente influencia nazi y de la persecución de las minorías de la ciudad.

Lucha por la patria

Grass fue miembro de las Juventudes Alemanas nazis y, después del servicio militar obligatorio, se incorporó a la artillería de las temidas Waffen-SS cuando tenía solo 17 años y llegó a adulto durante los despiadados últimos años de la guerra. Resultó herido luchando frente al avance del ejército soviético y se estaba recuperando de las heridas en un sanatorio cuando las fuerzas estadounidenses lo detuvieron como prisionero de guerra. En *Pelando la cebolla* (2007), primer volumen de su trilogía de memorias, Grass lucha por identificarse con ese yo más joven, inmune al sufrimiento de otros durante la subida al poder del *Führer*. La propaganda sobre los héroes alemanes en el frente que transmitían los noticieros jugaron un papel importante: «Yo era un pelele para la "verdad" en blanco y negro que nos llegaba», escribió. Lamentó haber ocultado su pertenencia a las SS durante casi medio siglo.

Éxito y controversia

Terminada la guerra, Grass trabajó en granjas y en una mina de potasa antes de continuar su pasión por el arte en Düsseldorf y Berlín. En París se unió al influyente grupo de escritores Grupo 47 y publicó poesía, teatro y su primera novela, *El tambor de hojalata* (1959). El libro provocó acusaciones de blasfemia y pornografía en Alemania, y fue prohibido en Gdansk, la ciudad ahora comunista, donde se sitúa el libro. Sin embargo, dio fama mundial a su autor y el Nobel de Literatura, en 1999. Grass usó a su héroe, el pequeño Oskar Matzerath con su tambor de hojalata, para volver a los recuerdos de las atrocidades de la guerra y sus consecuencias, e ilustrarlos con una mezcla de magia, fantasía y memoria. Siguió desarrollando su estilo en *El gato y el ratón* (1961) y *Años de perro* (1963), que con *El tambor de hojalata* forman la Trilogía de Danzig. *A paso de cangrejo* (2002) se centra en un hecho real: el hundimiento del *Wilhem Gustloff*, un barco que transportaba a miles de refugiados alemanes y que fue torpedeado en 1945 por un submarino soviético.

Grass, que se convirtió en un serio moralista, fue el escritor en la sombra de los socialdemócratas de Willy Brandt y autor de varias obras políticas. Se enemistó con mucha gente cuando se opuso a la reunificación de Alemania en 1990, temiendo que un país unido se reinventara a sí mismo como un Estado nación agresivo. Murió a los 87 años, cerca de su casa de Lübeck, en el norte de Alemania.

△ **DOCUMENTO DE GUERRA**
Este formulario de las fuerzas de ocupación de Estados Unidos en la Alemania de posguerra registra la pertenencia de Grass a las Waffen-SS. El escritor afirmó enojado que fue reclutado y que nunca disparó.

▽ **RODABALLO EN LA MANO**
Escultor con talento, Grass realizó este bronce después de la publicación de su novela *El rodaballo* en 1977. El libro, basado en un cuento de hadas, se convirtió en un éxito de ventas en Alemania.

ESTILO
Realidad ampliada

Las novelas de Grass a menudo son calificadas de «realismo mágico» por la interacción entre hechos históricos concretos y destellos de fantasía y digresiones líricas. Grass prefería definir su estilo como «realidad ampliada». En *El tambor de hojalata,* socava las expectativas de una escritura realista con su «poco fiable narrador» Oskar, que empieza su historia en un manicomio. Grass pasa de la primera a la tercera persona, e incluso da voz a un tercer personaje para conseguir una perspectiva diferente.

CUBIERTA DE *EL TAMBOR DE HOJALATA* CON UN DIBUJO DEL PROPIO GRASS

Gabriel García Márquez

1927-2014, COLOMBIANO

Uno de los mayores escritores de la lengua española, García Márquez es el gran maestro del realismo mágico. Sus historias combinan fantasía, folclore e historia para desvelar la belleza y la locura de América Latina.

En 1967, Gabriel García Márquez escribió la novela que rescataría a su familia de la pobreza y que vendió más de 30 millones de ejemplares en todo el mundo. A los 40 años escribió *Cien años de soledad* en un frenesí de creatividad. Esta obra maestra se centra en un pueblo llamado Macondo, rodeado de plantaciones de bananos, recreación de la pequeña ciudad colombiana de Aracataca.

El 6 de marzo de 1927, García Márquez fue el primero de los 11 hijos de Luisa Santiaga Márquez Iguarán y Gabriel Eligio García, un telegrafista que se convirtió en farmacéutico. Durante sus primeros ocho años vivió con sus abuelos en Aracataca. Su abuelo, Nicolás Márquez Mejía, un general retirado del ejército que había luchado con los liberales en la guerra de los Mil Días, se convirtió en el centro de su mundo e inspiró muchos de sus futuros personajes. El escritor asimiló las historias de guerra del veterano y también le influyó su abuela, doña Tranquilina Iguarán Cotes, que llenaba la vieja casa con historias de fantasmas, premoniciones, augurios y signos con la convicción de la verdad. Reunido con sus padres, el niño vivió en varias poblaciones colombianas siguiendo al padre que luchaba por ganarse la vida con la homeopatía. Pudo salir de esta situación gracias a una beca para un internado estatal de las afueras de Bogotá. Garantizadas tres comidas al día, «el niño de la costa» se convirtió en ratón de biblioteca, poeta y estudiante brillante. La familia esperaba que su hijo mayor siguiera una profesión respetable, por lo que fue a estudiar derecho a Bogotá y luego a Cartagena. Continuó nutriendo su pasión por la escritura con contribuciones para los periódicos. Finalmente, abandonó el derecho, seguro de que quería ser escritor.

◁ A MÁQUINA
García Márquez afirmó que no podía «escribir en hoteles o con máquinas de escribir prestadas». Su máquina se ha convertido en un icono.

◁ CASA NATAL
La casa en Aracataca donde García Márquez creció escuchando las historias contadas por sus abuelos se ha transformado en un museo sobre el autor.

Experiencias tempranas

En su veintena, García Márquez se alojó sobre un burdel en Barranquilla mientras intentaba ganarse la vida con el periodismo. En su autobiografía afirma que su primer encuentro sexual fue con una prostituta cuando tenía 13 años; que a los 15 fue seducido por la esposa del capitán de un barco de vapor; y que fue obligado a jugar a la ruleta

ESTILO

Más allá de la realidad

Para evocar la riqueza y complejidad de Latinoamérica, García Márquez inyecta en sus relatos no los hechos históricos sino su sabor mediante el uso de técnicas innovadoras. Los símbolos que emplea, como los pájaros y las flores parlantes, reúnen elementos de la literatura occidental y de la cultura caribeña. El tiempo no es lineal, sino cambiante, fracturado o circular (como *Cien años de soledad*) y la perspectiva puede pasar de una narración omnipresente, al monólogo interior, o al comentario imaginario. La realidad se construye a partir de hechos ordinarios y mágicos descritos con los mismos términos, y está impregnada de aroma, sabor, sonido, tacto y visión, un enfoque multisensorial que incorpora personajes y su historia en su entorno.

EL SIMBOLISMO AMBIGUO, UN RASGO DE LA OBRA DE GARCÍA MÁRQUEZ

◁ UNA VIDA ESCRIBIENDO
García Márquez aparece aquí en 1982, el año en que recibió el Premio Nobel de Literatura. Continuó escribiendo hasta bien cumplidos los 70 años; la última novela, *Memorias de mis putas tristes,* se publicó en 2004.

« Todos los seres **humanos** tienen tres vidas: **pública, privada** y **secreta**. »

GABRIEL GARCÍA MÁRQUEZ

« No hay ni una **sola línea** en todo mi **trabajo** que no tenga una base en la **realidad**. El problema es que la realidad del Caribe se asemeja a la **imaginación más salvaje**. »

GABRIEL GARCÍA MÁRQUEZ

△ **UN ENFOQUE SINGULAR**
Trabajador obsesivo y fumador compulsivo, García Márquez dijo en relación con *Cien años de soledad:* «Me senté durante 18 meses y trabajé todos los días».

rusa después de que un oficial de policía lo descubriera en la cama con su esposa. Los encuentros sexuales escandalosos y la generosidad de las prostitutas se convirtieron en temas destacados de su obra.

El joven reportero se unió al Grupo de Barranquilla formado por escritores y periodistas, y se convirtió en un voraz lector de Hemingway, Twain, Melville y Faulkner, admirando la forma en que este último evocaba el Sur profundo. También leyó a Dickens, Tolstói, Kafka y Proust, y los monólogos interiores de Virginia Woolf y James Joyce. «No puedo imaginar cómo alguien pensaría siquiera en escribir una novela sin tener al menos una vaga idea de los 10 000 años de literatura que han pasado antes», dijo en una entrevista.

Primeros escritos de ficción

Las ideas políticas de García Márquez se radicalizaron frente a La Violencia, un período de diez años de guerra civil y represión en Colombia que causó hasta 300 000 muertos. En 1955, se publicó su primera novela, *La hojarasca*, y aquel mismo año sacó una historia sobre un marinero lanzado por la borda de un barco que transportaba contrabando. Sus artículos, que luego se publicaron con el título *Relato de un náufrago*, contradecían los relatos oficiales: entonces un hombre señalado, buscó refugio temporal en Europa. Viajó a Londres, París, Roma y Barcelona y por Europa del Este, antes de regresar a Venezuela. Trabajó para la agencia de noticias cubana Prensa Latina y se convirtió en su corresponsal en Nueva York. En 1958, regresó a Colombia para casarse con Mercedes Barcha Prado, su novia de primaria. Viajaron por los estados del sur Estados Unidos siguiendo los pasos de Faulkner, antes de establecerse en Ciudad de México, donde nacieron sus dos hijos.

Luchas y éxito

García Márquez continuó escribiendo ficción: una colección de cuentos, *Los funerales de la Mamá Grande,* ambientada en la ciudad de Macondo (que resurgiría más tarde en *Cien años de soledad*). *El coronel no tiene quien le escriba*, la historia de un oficial del ejército empobrecido muy parecido a su abuelo, fue su primer éxito literario. Sin embargo, también pasó por períodos de escasez, como cuando la familia tuvo que empeñar sus bienes para sobrevivir. Después de cuatro años de relativa improductividad le llegó la primera frase de *Cien años de soledad* en un viaje a Acapulco:

△ **SIMBOLISMO AMARILLO**
Las mariposas amarillas que pululan alrededor de Mauricio en *Cien años de soledad* se convirtieron en un emblema del propio García Márquez.

«Muchos años después, frente al pelotón de fusilamiento, el coronel Aureliano Buendía había de recordar aquella tarde remota en que su padre lo llevó a conocer el hielo». Terminó la novela en agosto de 1966, tras 18 meses escribiendo. La primera tirada de 8000 ejemplares se agotó en pocas semanas, un inmenso alivio para la familia, que para entonces debía un año de alquiler.

Cien años de soledad

En esta novela, García Márquez se remonta a las privaciones de su infancia, a los misterios de los adultos de la casa de Aracataca, a la masacre real de los trabajadores de las plantaciones de bananos en huelga contra la United Fruit Company y a las experiencias de su abuelo en tiempos de guerra. Se inspiró en tradiciones perdidas de magia, resurrección y

OBRAS CLAVE

1967
Cien años de soledad, traducido a 25 idiomas, describe 100 años de la familia Buendía en la población de Macondo.

1981
Crónica de una muerte anunciada narra la historia de un detective, con anticipaciones y retrocesos, basada en un caso real de asesinato.

1985
El amor en los tiempos del cólera es una celebración romántica del sexo centrado en el encuentro apasionado de dos examantes.

1989
El general en su laberinto combina ficción y hechos históricos en un retrato sobre los últimos días de Simón Bolívar.

2002
Vivir para contarla es una autobiografía evocadora de los primeros 25 años de García Márquez.

regeneración para forjar un nuevo tipo de narrativa: un comentario metafórico sobre los siglos de opresión y occidentalización de América del Sur. Al igual que Faulkner en sus obras sobre el Sur profundo, García Márquez había encontrado una manera de evocar Latinoamérica y su complejidad en la mente de los lectores.

◁ **UN NUEVO COMIENZO**
Cien años de soledad se publicó en español en 1967 con una gran acogida de público. Ha vendido más de 30 millones de copias en todo el mundo.

Héroe cultural

Cien años de soledad coincidió con la contracultura revolucionaria de los años 1960 y se convirtió en el icono más brillante de la explosión de creatividad literaria de Latinoamérica, conocida como el «boom latinoamericano». El realismo mágico no fue inventado por García Márquez, pero su maestría inspiró a escritores de todo el mundo, incluidos Isabel Allende en Chile y Salman Rushdie en Gran Bretaña. El autor temía que su trabajo futuro decepcionara, pero novelas como *El otoño del patriarca* (1975), *Crónica de una muerte anunciada* (1981) y *El amor en tiempos del cólera* (1985) se convirtieron en grandes *bestsellers*. Su producción literaria posterior incluye 17 novelas y colecciones de cuentos, ocho ensayos y guiones para más de 20 películas.

El autor tuvo un enorme prestigio entre la izquierda latinoamericana, y se le negó la entrada en Estados Unidos por sus opiniones políticas. Recibió muchos premios y honores en vida, entre ellos el Nobel de Literatura en 1982. El presidente estadounidense Bill Clinton levantó la prohibición de su entrada después de tres décadas.

García Márquez escribió hasta bien entrados los 70 años; publicó sus memorias, *Vivir para contarla*, en 2002 y la novela, *Memorias de mis putas tristes*, en 2004. Murió en su casa de Ciudad de México a los 87 años.

CONTEXTO
Compromiso político

El «boom latinoamericano» fue una explosión de creatividad literaria que atrajo la atención mundial gracias a autores como Gabriel García Márquez, Julio Cortázar y Mario Vargas Llosa. Estos intelectuales estaban profundamente comprometidos con las luchas políticas de América Latina, y su obra fue alimentada por la energía de la contracultura de los años 1960. García Márquez fue gran amigo y simpatizante de Fidel Castro, y un acérrimo adversario del dictador chileno Augusto Pinochet.

FIDEL CASTRO, 1998

◁ **ARACATACA (MACONDO)**
Lugar natal de García Márquez, Aracataca, Colombia, sirvió de modelo para Macondo, que aparece en varios de los libros del escritor. En su época, era un activo centro comercial dominado por la actividad de las empresas frutícolas de Estados Unidos.

▷ **MAYA ANGELOU, c. 1976**
La escritora aparece aquí unos años después de la publicación de sus desgarradoras memorias *Yo sé por qué canta el pájaro enjaulado*, por las que se hizo tan famosa. Según ella, mientras escribía el libro «estaba medio borracha por la tarde y lloraba toda la noche».

Maya Angelou

1928-2014, ESTADOUNIDENSE

Valiente y rebelde, Angelou sufrió una infancia de abuso y abandono y se convirtió en una escritora legendaria, clave en el empoderamiento de los afroamericanos. Fue tan deslumbrante en persona como escribiendo.

◁ **MISS CALYPSO**
En los años 1950, hizo una gira por Estados Unidos y Europa con un musical basado en el calipso. Esta foto ilustra la portada de su álbum *Miss Calypso*, 1957.

De niña, Maya Angelou soñaba con ser una agente inmobiliaria; a su muerte, fue aclamada como poeta, dramaturga, ensayista, directora de cine, cantante, bailarina, profesora y activista de los derechos civiles. Sirvió en dos comités presidenciales y recibió numerosos títulos honoríficos, tres premios Grammy por álbumes de recitales y la prestigiosa Medalla Presidencial de la Libertad (2010). Sin embargo, no siempre tuvo una vida tan fascinante.

Trauma de la infancia

Marguerite Ann Johnson, conocida como Maya Angelou, nació en San Luis, Misuri. Cuando sus padres se separaron en 1931, la mandaron en tren, con una etiqueta atada a la muñeca que decía «A quien pueda interesar», para ir a vivir con su abuela en la rural Stamps, Arkansas. A los ocho años, regresó a su casa en San Luis y fue violada por el novio de su madre, que más tarde sería asesinado. A causa del trauma, Angelou dejó de hablar durante cinco años: «Creí que mi voz lo había matado; yo maté a ese hombre, porque dije su nombre», declaró.

En la adolescencia, dejó la escuela para trabajar en San Francisco como la primera mujer, y la primera afroamericana, en conducir tranvías, pero al año siguiente reanudó sus estudios y quedó embarazada.

Su único hijo, Guy Johnson, nació en 1945, poco después de su graduación. Para mantenerlo, trabajó como camarera, cocinera e incluso prostituta, y en 1952 comenzó su carrera como bailarina y cantante en un club nocturno de San Francisco. Fue entonces cuando adoptó el nombre de Maya Angelou y se embarcó en el primero de sus tres matrimonios.

Asentada en Nueva York a fines de los años 1950, se involucró en el Movimiento por los Derechos Civiles y se unió al Gremio de Escritores de Harlem, donde escribió poesía y conoció a destacados escritores afroamericanos. En 1960 se trasladó a El Cairo, como editora del *Arab Observer*, y después a Ghana, como editora del *Africa Review*.

Logros literarios

Angelou regresó a Estados Unidos en 1964 y publicó muchas obras en las siguientes cuatro décadas. *Sé por qué canta el pájaro enjaulado* (1970) fue el primer volumen, y el mejor, de los siete que componen su autobiografía. Sincero relato sobre la violencia del racismo y su infancia en el Sur, triunfó de inmediato y fue elogiado por su innovadora combinación de ficción literaria y autobiografía.

Fue aclamada como poeta, con obras como las conmovedoras «Still I Rise» y «Phenomenal Woman» (ambas de 1978). Los temas tratados van desde el amor y el carácter indomable del ser humano hasta los problemas relacionados con la raza, el género y la discriminación.

En la inauguración de la presidencia de Bill Clinton en 1993, recitó su poema «En el curso de la mañana» que celebra la diversidad y da un mensaje de esperanza: «La historia, a pesar de su dolor desgarrador, / No se puede dejar de vivir, pero si se enfrenta / Con valentía, no es necesario volver a vivirla». Cuando Clinton le entregó la Medalla de las Artes en 2000, señaló que Estados Unidos tiene una «gran deuda» con ella por su incansable insistencia en presentar «la cruda verdad», pero también para «mantenernos mirando hacia el mañana». El último libro autobiográfico de Angelou, *Mamá y yo y mamá*, un homenaje a su madre y a su abuela, se publicó en 2013, el año anterior a su muerte.

△ **CHAPAS DE CAMPAÑA**
A través de su trabajo sobre los derechos civiles, Angelou conoció a Malcolm X, con quien planeó el inicio de la Organización de la Unidad Afroamericana, y a Martin Luther King, quien la instó a recaudar fondos para la Conferencia Sur de Liderazgo Cristiano.

CONTEXTO
Influencias literarias

Algunas de las obras de Angelou siguen la tradición iniciada por canciones y narraciones de esclavos, como *Vida de un esclavo americano contada por él mismo* (1845), de Frederick Douglass. También conocía la obra de autores afroamericanos del siglo xx, como Zora Neale Hurston, W. E. B. Du Bois, Paul Lawrence Dunbar y Ralph Ellison. Estos escritores fueron influidos por o participaron en el «Renacimiento de Harlem», llamado así al renacer del orgullo cultural afroamericano que surgió en Nueva York en la década de 1920 y 1930, y que se expresó en literatura, teatro, música y artes visuales.

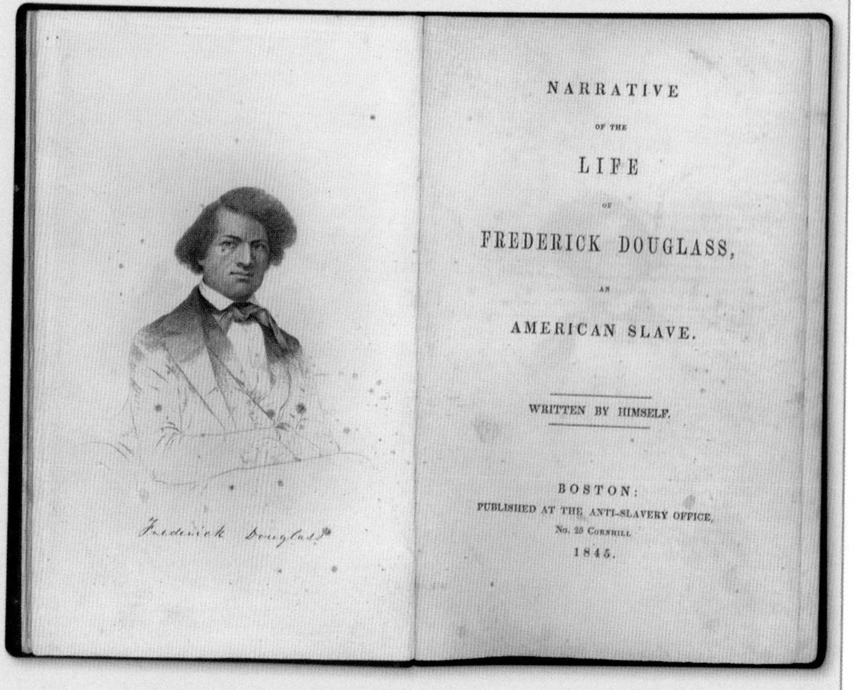
NARRATIVE

OF THE

LIFE

OF

FREDERICK DOUGLASS,

AN

AMERICAN SLAVE.

WRITTEN BY HIMSELF.

BOSTON:
PUBLISHED AT THE ANTI-SLAVERY OFFICE,
No. 25 CORNHILL.
1845.

***VIDA DE UN ESCLAVO AMERICANO CONTADA POR ÉL MISMO* DE FREDERICK DOUGLASS, 1845**

Milan Kundera

NACIDO EN 1929, FRANCÉS, CHECO DE NACIMIENTO

Novelista y ensayista, Kundera es famoso por su narrativa alegre y erótica, que refleja la agitación política de su país de nacimiento, Checoslovaquia.

Milan Kundera ha vivido casi la mitad de su vida en Francia, exiliado de su nativa Checoslovaquia (actual República Checa). Pero la mayoría de los lectores lo consideran checo por sus dos novelas icónicas, *El libro de la risa y el olvido* (1979) y *La insoportable levedad del ser* (1984), obras vinculadas por una afilada sátira sobre las invasiones de su país de mediados del siglo xx.

Libertad y opresión

Kundera nació en Brno en 1929, hijo de un pianista y musicólogo, y estudió música antes de dedicarse a escribir. De joven fue testigo de la devastación causada por la invasión alemana de Checoslovaquia durante la Segunda Guerra Mundial. Tras la toma del poder en 1948 por el Partido Comunista, se afilió a este, pero fue expulsado cuando era estudiante por «actividades antipartidistas». Estudió literatura y estética en Praga antes de pasar a estudiar dirección de cine, y se convirtió en profesor de literatura tras graduarse en 1952. Fue readmitido en el Partido Comunista en 1956.

Bajo Alexander Dubček, en la década de 1960 Checoslovaquia vivió un período de cierta libertad social conocido como Primavera de Praga. Durante este tiempo, escritores radicales checos, incluidos Kundera y el dramaturgo Václav Havel, alcanzaron fama internacional. Kundera pasó de la poesía y el teatro a una primera novela, *La broma* (1967), que evoca la era estalinista en su país. En el libro, una postal subversiva enviada a una novia formal, desata una cadena de consecuencias, incluido trabajo forzado en las minas.

La invasión soviética de 1968 dio lugar a la prohibición de las obras de escritores radicales. Kundera volvió a ser expulsado del partido y de su puesto universitario. En 1975, se le permitió emigrar con su esposa, Věra Hrabánková, y comenzó a enseñar en la Universidad de Rennes en Francia.

Años en Francia

Las siguientes tres novelas de Kundera se centran en personas desposeídas a merced de fuerzas externas. *El libro de la risa y el olvido* relata historias personales e imaginadas sobre la negación de la memoria y la destrucción de la verdad histórica, una práctica del régimen soviético que literalmente sacaría a los funcionarios indeseables de las fotos. *La insoportable levedad del ser* narra las vidas de cuatro intelectuales entre la Primavera de Praga y la invasión rusa. En 1990, le siguió *La inmortalidad*, último título de Kundera escrito en checo. En sus novelas más recientes en francés, como *La ignorancia* (2000) y *La fiesta de la insignificancia* (2014), y en sus ensayos, Kundera está más comprometido filosófica que políticamente.

Aunque la Revolución de Terciopelo de 1989 devolvió la democracia a lo que hoy son República Checa y Eslovaquia, Kundera rara vez regresa a su tierra natal. Ahora se considera escritor francés y su obra, literatura francesa.

◁ **LA INVASIÓN DE 1968**
Ciudadanos de Praga rodean los tanques soviéticos durante la invasión de Checoslovaquia el 20 de agosto de 1968. La operación fue lanzada por el líder soviético, Leonid Brézhnev, para reducir las reformas y el creciente fervor revolucionario del país.

▷ **KUNDERA EN PARÍS, 1979**
El escritor aparece aquí el año en que se publicó *El libro de la risa y el olvido*. La obra se compone de siete relatos separados.

ESTILO

Subvertir el realismo

En *El arte de la novela* Kundera deplora la escritura realista y rinde homenaje a la alegría sin límites de Cervantes y Rabelais. En sus novelas, el autor se entromete en el texto para cuestionar la elección de palabras y acciones. Los protagonistas son apenas bosquejados para que sean definidos por la imaginación del lector. La sátira política se mezcla con el erotismo y la diversión, pero imágenes perturbadoras de sexo y orgías sugieren un comentario sobre la humanidad. La lectura lineal se ve socavada por una cronología rota y reflexiones filosóficas, pero el desarrollo de varios temas, como «olvido» y «ángeles», da coherencia al texto.

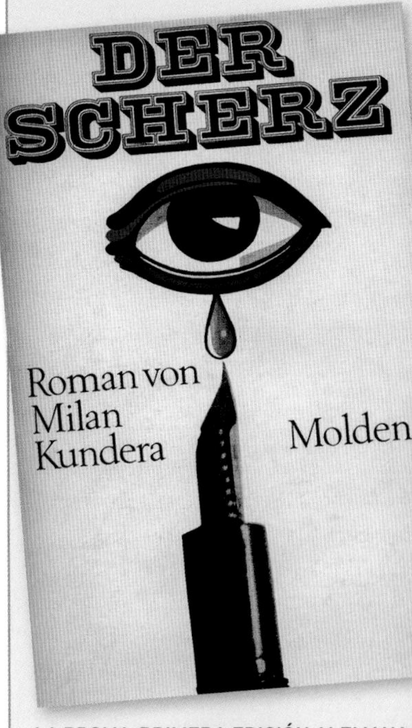

***LA BROMA*, PRIMERA EDICIÓN ALEMANA**

Chinua Achebe

1930-2013, NIGERIANO

Achebe es reconocido como el padre de la literatura africana. Sus novelas poscoloniales sobre Nigeria dieron voz a los desposeídos e inspiraron el desarrollo de un deslumbrante canon literario.

El novelista Chinua Achebe nació en 1930 en su hogar ancestral de Ogidi, un pequeño pueblo de Igboland en el sudeste de Nigeria. Fue bautizado como Albert Chinualumogu Achebe por sus padres, que habían abandonado la religión tribal para convertirse a la Sociedad Misionera de la Iglesia Protestante. Chinua asistió a la escuela dominical cristiana y aprendió inglés en la escuela, pero hablaba igbo en casa, donde los relatos de cuentos y las ceremonias tradicionales formaron parte integral de su infancia, que compartía con sus cinco hermanos. «Vivíamos en una encrucijada de culturas», recordó Achebe, que más tarde abandonó su tributo a la Inglaterra victoriana. Su generación fue la última en escuchar de sus mayores cómo era la vida antes del hombre blanco. La tensión entre las tradiciones tribales y el poder perturbador del colonialismo, se convirtió en la piedra angular de su obra.

◁ **CULTURA IGBO**
Interpretaciones de danza, música y teatro con máscaras son una de las características importantes de la cultura igbo. La obra de Achebe hunde sus raíces en cuentos, baladas y fábulas igbo.

Promesa académica

A los 13 años, Achebe aprobó los exámenes de ingreso al prestigioso Government College de Umuahia, una escuela colonial en la que se educaba a la futura élite de Nigeria. Siguiendo el modelo de la escuela privada inglesa, imponía el inglés como idioma común a los niños, que hablaban los distintos idiomas nigerianos. Achebe recordaría más tarde que fue castigado por emplear el igbo para pedirle a alguien que le pasara el jabón.

Achebe consiguió una beca para estudiar medicina en el University College de Ibadán, pero se pasó a literatura inglesa. Siguió su interés por las religiones del mundo y las culturas africanas, y leyó a los clásicos, pero encontró ofensivos sus planteamientos literarios sobre África. La novela del escritor irlandés Joyce Cary, *Mister Johnson*, era considerada un buen ejemplo de literatura sobre África, pero para Achebe y sus condiscípulos, su héroe nigeriano era un «bobo vergonzante» retratado con cierto menosprecio. En su semiautobiográfico *Hogar y exilio* (2000), Achebe sostiene que las descripciones de los salvajes de Joseph Conrad en *El corazón de las tinieblas* establecieron el modelo de literatura racista escrita durante los 500 años de presencia europea en África.

Trilogía africana

Tras graduarse, Achebe enseñó inglés en una escuela destartalada de Oba, antes de trasladarse a Lagos para ayudar a producir programas de radio para el Servicio de Radiodifusión de Nigeria. En 1956, realizó su primer viaje a Londres como parte de un programa de capacitación de la BBC. Se llevó consigo una historia que estaba escribiendo con la intención de divulgar el relato sobre el llamado

ESTILO

Enriquecer el inglés

Achebe fue educado en lengua igbo, pero escribió sus novelas en inglés, porque sintió que podía usar el lenguaje de los colonizadores como un arma poderosa en la lucha para contar la historia de su gente. En sus escritos, enriqueció el inglés estándar con pidgin, la cadencia del habla igbo y elementos de proverbios y mitos de la rica tradición oral nigeriana. Escribió en *Todo se desmorona*: «Sabía que no podía escribir como Dickens o Conrad. Mis relatos no lo aceptarían. Así que tenía que escribir en un inglés que fuera nuevo. Si iba a funcionar o no, no podía decirlo». Su lenguaje único lanzó el libro al éxito.

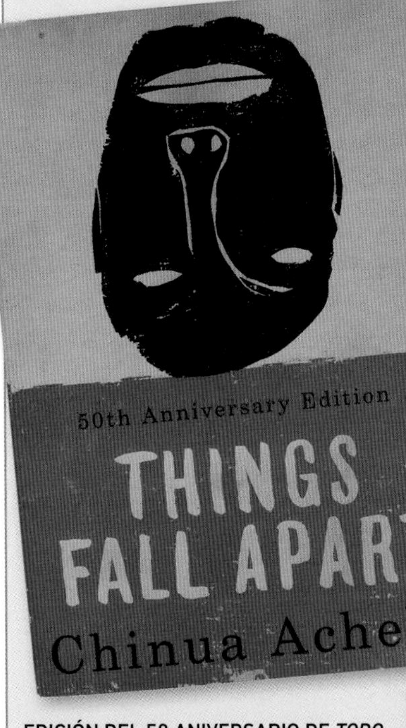

EDICIÓN DEL 50 ANIVERSARIO DE *TODO SE DESMORONA*

▷ **CHINUA ACHEBE, NUEVA YORK**
Achebe, durante su permanencia en el Bard College de Nueva York. A través de su obra, el autor dio una versión nueva y liberadora de la historia africana.

> « Había un **escritor** llamado **Chinua Achebe** en cuya compañía **cayeron los muros de la prisión**. »
>
> NELSON MANDELA

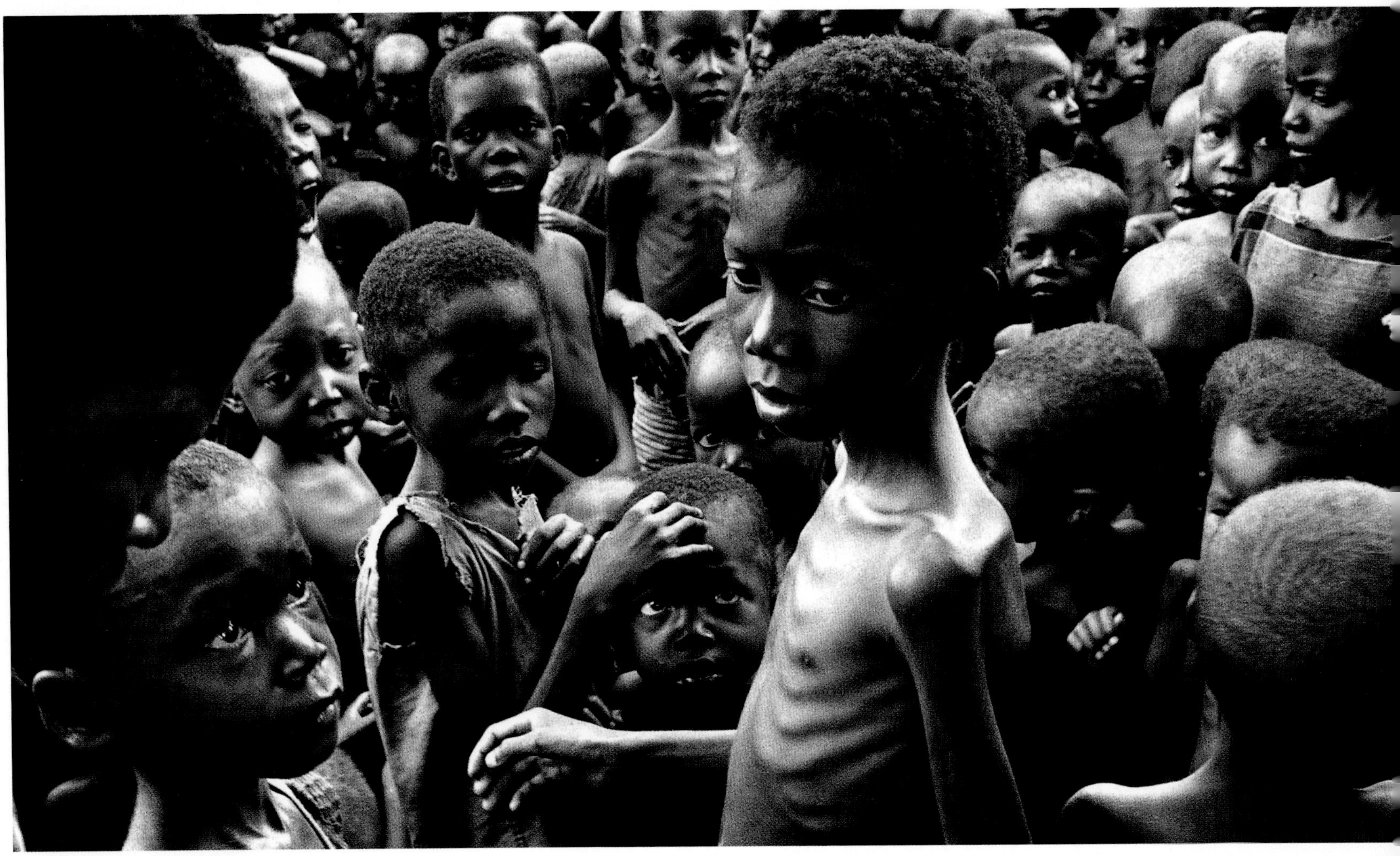

△ **GUERRA CIVIL DE BIAFRA**
En 1967, el pueblo igbo del este de Nigeria creó el nuevo Estado de Biafra. La guerra posterior con Nigeria causó la muerte de millones de biafreños, principalmente por inanición.

«continente oscuro». Esta historia, *Todo se desmorona*, se convirtió en la primera parte una trilogía basada en un pueblo nigeriano de ficción y su catastrófico contacto con los colonizadores ingleses a finales del siglo XIX. Protagonizada por un guerrero intransigente y orgulloso llamado Okonkwo, la novela describe una sociedad tribal rica en comercio, cultura, religión y justicia. Escrita en inglés, mostró al mundo que, en palabras de Achebe, «los africanos no habían oído hablar sobre civilización por primera vez de los europeos». Un amigo novelista de Londres se ofreció para ayudarle a publicar el libro, pero Achebe decidió continuar trabajando en el manuscrito en Nigeria. Cuando envió su única copia a una agencia literaria de Londres, el paquete se extravió durante meses; finalmente fue admitido por un editor. Achebe tomó prestado el título de su novela de un poema de W. B. Yeats «La segunda venida», escrito después de la Primera Guerra Mundial. El verso «Todo se desmorona; el centro no puede sostenerse...» describe el efecto de los colonizadores en las sociedades tribales. Publicada en 1958, *Todo se desmorona* está traducida a 57 idiomas y es la novela africana más leída del mundo. Mandela declaró que el libro fue un consuelo durante sus 27 años de prisión.

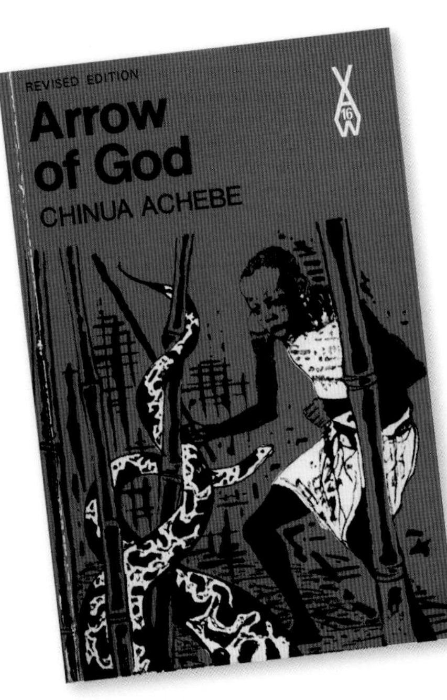

◁ ***FLECHA DE DIOS***
La tercera parte de lo que ahora se llama Trilogía Africana de Achebe se publicó en 1964. El título hace referencia a un dicho igbo según el cual la «flecha de Dios» es una persona que pronuncia el juicio de Dios.

Corrupción y colonialismo

De vuelta a Lagos, una ciudad llena de migrantes de las aldeas y en plena incertidumbre a medida que Nigeria se acercaba a la independencia, Achebe publicó su segunda novela, *Me alegraría de otra muerte* (1960),

> « Los que **ganan** cuentan **la historia**; aquellos que son **derrotados** no son **escuchados**. »
>
> CHINUA ACHEBE, *HOGAR Y EXILIO*

OBRAS CLAVE

1958
Todo se desmorona trata de un pueblo tribal ficticio y su catastrófico contacto con los colonizadores.

1960
Me alegraría de otra muerte se centra en la lucha de un hombre contra el soborno y la corrupción.

1983
En su polémica *The Trouble with Nigeria*, Achebe aborda el fracaso del liderazgo de su país.

1987
Termiteros de la sabana sigue la vida de tres amigos oprimidos por el régimen militar.

2000
Hogar y exilio analiza el poder de la escritura para desposeer o empoderar, según quién escriba.

2012
There Was A Country: A Personal History of Biafra reabre la discusión sobre la guerra civil de Nigeria.

△ **GENERAL SANI ABACHA**
Los líderes de la dictadura de Abacha (1993-98) se embolsaron la riqueza petrolera de Nigeria, su infraestructura decayó y la libertad de expresión se redujo, una acción marcada por el asesinato del escritor Ken Saro-Wiwa en 1995.

que retoma la historia del nieto de Okonkwo abriéndose camino en una ciudad sumida en la corrupción. La última novela de la trilogía, *Flecha de Dios* (1964), se basa en una historia que Achebe destapó cuando trabajaba en la radio sobre un sacerdote igbo encarcelado por negarse a colaborar con los colonizadores británicos. Durante este período en Lagos, Achebe conoció a Christie Chinwe Okoli, estudiante de la Universidad de Ibadán; la pareja se casó en 1961.

Un pueblo independiente

Un hombre del pueblo (1966) fue escrito como una sátira sobre un golpe de Estado, pero cuando la región de Biafra intentó independizarse de Nigeria, Achebe fue sospechoso por su profética historia. Huyó a Igboland, donde se involucró en misiones de mantenimiento de paz que centraron la atención del mundo sobre el hambre y la matanza de miles de niños igbo en la guerra civil de Biafra. Su propia casa fue bombardeada y su mejor amigo, el poeta Christopher Okigwo, asesinado. Su poemario *Beware Soul Brother* (1971) y un libro de cuentos cortos *Girls at War and Other Stories* (1972) recogen estas experiencias de tiempos de guerra.

Cuando el gobierno de Nigeria recuperó la región en 1970, Achebe enseñó en la Universidad de Nigeria en Nsukka y trabajó para establecer un catálogo de escritores africanos. En los años 1980, se dedicó a la política y la enseñanza en universidades de Nigeria y Estados Unidos. Su novela *Termiteros de la sabana* (1987) refleja una sociedad nigeriana paralizada por la corrupción, por un liderazgo fallido y sometida a manipulación extranjera. Uno de sus tres protagonistas, Ikem, describe el fracaso de los gobernantes para establecer vínculos con los pobres y desposeídos de su país como «el corazón herido que palpita dolorosamente en el núcleo del ser de la nación».

En Estados Unidos

Achebe había regresado a Nigeria desde Estados Unidos en 1990 para celebrar su 60 cumpleaños cuando tuvo un accidente de coche que le dejó parapléjico. Aceptó puestos docentes en varias universidades de Estados Unidos, pero mantuvo el compromiso político con su país de origen, denunciando el saqueo de la riqueza por parte del dictador militar Sani Abacha en los años 1990, y el más reciente conflicto entre musulmanes y cristianos por el poder.

En un conmovedor viaje de regreso a su tierra natal en 2009, Achebe fue recibido como una celebridad nacional y honrado por su dedicación a los mitos y leyendas de sus antepasados. A lo largo de su vida, escribió cinco novelas, cinco ensayos y varias colecciones de cuentos y poemas. Fue ganador del Premio Internacional de Ficción Man Booker entre muchos otros galardones.

Achebe continuó enseñando en Estados Unidos hasta su muerte en 2013 a los 82 años. Fue sepultado en su aldea natal de Ogidi.

CONTEXTO
Una vida en Nigeria

La vida y la obra de Achebe están ligadas a la problemática historia de Nigeria. Los recuerdos tribales de su familia, su infancia en una colonia y el contraste entre su vida como parte de la élite intelectual y la pobreza de la población general dieron forma a su obra. Tras 50 años de gobierno británico, la independencia de Nigeria se vio obstaculizada por golpes de Estado y contragolpes, asesinato de líderes, escritores y activistas, y el despilfarro presidencial de la riqueza de los campos petrolíferos. En 1967, Achebe fue testigo del fallido intento de Biafra por la autonomía y una guerra civil brutal. El cincuentenario de estos hechos estuvo marcado por protestas y renovadas demandas de independencia para su territorio de origen.

LA BANDERA DE BIAFRA ONDEA EN EL 50 ANIVERSARIO DE SU SECESIÓN

Directorio

Louis-Ferdinand Céline

1894-1961, FRANCÉS

Céline fue un novelista de primera fila cuya reputación fue dañada por sus actitudes políticas. De clase media baja, fue herido en la Primera Guerra Mundial y, después del conflicto, se convirtió en médico y decidió practicar en un distrito del extrarradio de París.

Su novela *Viaje al fin de la noche* fue un sorprendente debut, una comedia negra en un estilo coloquial repleta de vulgaridades. En *Muerte a crédito*, una novela sobre la llegada a la adultez, usa un novedoso recurso estilístico basado en la repetición de puntos suspensivos, que se convirtió en la marca de Céline.

En la década de 1930, publicó libros de tono antisemita, y en la Segunda Guerra Mundial se le asoció al colaboracionismo durante la ocupación nazi. Tras la guerra pasó un año en una prisión danesa. De regreso a Francia, publicó una serie de relatos ficticios de sus experiencias como testigo presencial del colapso del Tercer Reich, unos monólogos alucinantes y divagantes entre la amargura, la farsa y la tragedia.

OBRAS CLAVE: *Viaje al fin de la noche*, 1932; *Muerte a crédito*, 1936; *Guignol's Band*, 1943; *Norte*, 1960

Giuseppe Tomasi di Lampedusa

1896-1957, ITALIANO

Tomasi di Lampedusa es famoso por una sola novela póstuma. Miembro de la decadente aristocracia siciliana, heredó el título de príncipe de Lampedusa a la muerte de su padre en 1934. De joven, luchó en la Primera Guerra Mundial, pero por lo demás, tuvo una vida tranquila. Intentó evitar problemas durante el período fascista de Italia, aunque su palacio de Palermo fue destruido por los bombardeos aliados en 1943.

Comenzó a trabajar en su obra maestra, *El gatopardo*, a fines de la década de 1940; iba todos los días a un café donde se sentaba y escribía. Suntuosa novela ambientada en Sicilia durante el Risorgimento (movimiento que asistió a la unificación de Italia), fue rechazada por dos editores. Poco después de su muerte, el libro fue publicado con gran éxito. Sus otros trabajos consistieron en relatos como *La sirena*, algunas memorias y ensayos críticos.

OBRAS CLAVE: *El gatopardo*, 1958; *Relatos*, 1961

Witold Gombrowicz

1904-1969, POLACO

El novelista y dramaturgo Gombrowicz nació en el seno de una familia acomodada de la nobleza polaca, un grupo cuyas actitudes sociales y culturales subvirtió a lo largo de su vida. Cuando en 1933 publicó su primer libro de cuentos, *Memorias del período de la inmadurez*, ya era una figura relevante de los círculos literarios polacos.

Su primera novela, *Ferdydurke*, es una sátira grotesca sobre un adulto transportado a la adolescencia; ahora se considera una obra maestra modernista. Al estallar la Segunda Guerra Mundial, Gombrowicz se exilió a Argentina, donde vivió durante 24 años, la mayoría en la penuria. El régimen comunista de posguerra en Polonia prohibió sus obras. A partir de la década de 1950, sin embargo, sus novelas y obras de teatro comenzaron a llamar la atención al ser traducidas. Al regresar a Europa en 1963, vivió en Francia, disfrutando de una modesta fama. Sus excéntricos *Diarios*, que se publicaron entre 1957 y 1966, son sus obras más interesantes.

OBRAS CLAVE: *Ferdydurke*, 1937; *Yvonne, princesa de Borgoña*, 1938; *Transatlántico*, 1953; *Pornografía*, 1960

▽ W. H. Auden

1907-1973, INGLÉS

Wystan Hugh Auden fue un prolífico poeta que hizo un uso técnicamente hábil de los estilos tradicionales. Sus primeros poemas, oblicuos y crípticos,

△ W. H. AUDEN

están imbuidos por los paisajes industrializados de los Midlands ingleses donde se había criado. En la década de 1930, fue líder de un grupo de poetas de izquierdas de la Universidad de Oxford.

Auden mostró un firme compromiso con la causa antifascista durante la guerra civil española (1936-39). Sin embargo, sus poemas, en lugar de un punto de vista político específico, expresan frustraciones sobre homosexualidad y malestar cultural generalizado. En 1939, se trasladó a Estados Unidos y se convirtió en ciudadano estadounidense en 1946. Declaró su oposición a la poesía comprometida y proclamó que «la poesía hace que no suceda nada». Las últimas obras reflejan sus creencias cristianas y pesimismo sobre la civilización moderna. Destacan los poemas «Miss Gee» (1938), «Funeral Blues» (1938) y «September 1, 1939» (1940).

OBRAS CLAVE: *Poemas*, 1930; *Look, Stranger!*, 1936; *The age of Anxiety*, 1947; *The Schield of Achilles*, 1955

Alberto Moravia

1907-1990, ITALIANO

Alberto Pincherle, conocido con el seudónimo de Moravia, fue un novelista y escritor de relatos breves que narró las vidas de la burguesía italiana, dejando al descubierto sus anhelos, mezquindades e hipocresías financieras y sexuales.

En la infancia, Moravia sufrió tuberculosis, que describió como una de las dos experiencias más formativas de su vida: la otra era vivir bajo el régimen fascista. Se hizo famoso en la época de Mussolini; publicó su primera novela en 1929, trabajó como periodista y ayudó a crear dos revistas de crítica literaria. Varios de sus libros fueron prohibidos por la autoridad fascista.

Novelista popular, escribió con un estilo realista y directo, pero con una aguda visión para las oscuras raíces psicológicas de la sociedad de consumo y la defectuosa democracia italiana. A partir de los años 1960, su escritura decayó. Hacia el final de su vida, fue elegido diputado comunista italiano del Parlamento Europeo.

△ JORGE AMADO

OBRAS CLAVE: *Los indiferentes*, 1929; *El conformista*, 1951; *Cuentos romanos*, 1954; *La campesina*, 1957

Elizabeth Bishop

1911-1979, ESTADOUNIDENSE

Elizabeth Bishop, una de las poetas estadounidenses más importantes del siglo xx, nació en Massachusetts, pero después de la muerte de su padre y del confinamiento de su madre en una institución mental, pasó gran parte de su infancia con familiares en zonas rurales de Nueva Escocia.

Empezó a escribir poesía en Nueva York bajo la influencia de la poeta Marianne Moore. Su obra refleja una vida de viajes, con largas estancias en París, Florida y Brasil. Basada en una observación precisa y estilos poéticos tradicionales, su poesía evita las confesiones directas, pero refleja de manera oblicua su frecuente depresión, alcoholismo y relaciones lésbicas. Mujer perfeccionista, publicó solo 101 poemas en vida. Aunque se hizo famosa a partir de la década de 1950, su trabajo logró el reconocimiento que merecía póstumamente. Sus poemas más famosos incluyen «A Miracle for Breakfast» (1935), «The Fish» (1946) y «One Art» (1976).

OBRAS CLAVE: *North & South*, 1946; *Questions of Travel*, 1965; *Geography III*, 1976; *Obra completa*, 2016

△ Jorge Amado

1912-2001, BRASILEÑO

El novelista Jorge Amado era hijo de un propietario de una plantación en Bahía, norte de Brasil. Publicó su primer libro a los 18 años. Describió con estilo realista marxista la brutalidad y la explotación en el corazón de la sociedad brasileña. Bajo el gobierno del dictador Getúlio Vargas sus libros fueron quemados y tuvo que exiliarse. De regreso a Brasil en 1954, comenzó a escribir novelas más relajadas, ricas en fantasía, humor y sensualidad. *Gabriela, Clavo y Canela*, su primera novela, fue un éxito de ventas. *Doña Flor y sus dos maridos*, casi igualmente exitosa, se acercaron al realismo mágico con su resolución sobrenatural de conflictos insolubles.

A pesar de ser un novelista popular, Amado siguió siendo controvertido por sus representaciones francas de la sexualidad femenina. Continuó abordando temas importantes, como la necesidad de conciliar los elementos europeos y africanos de la cultura brasileña.

OBRAS CLAVE: *Jubiabá*, 1935; *Tierras del sin fin*, 1943; *Gabriela, Clavo y Canela*, 1958; *Doña Flor y sus dos maridos*, 1966

Octavio Paz

1914-1998, MEXICANO

El poeta y ensayista Octavio Paz nació en una familia de intelectuales en Ciudad de México. Escribió poesía desde edad temprana y publicó su primer poemario en 1933. Aunque estaba profundamente preocupado por su país natal (su ensayo *El laberinto de la soledad* es una meditación profunda sobre la identidad y la cultura mexicanas), Paz estuvo muy influido por el modernismo europeo, muy especialmente por los surrealistas franceses.

A partir de 1945, sirvió como diplomático en el extranjero. La poesía en su volumen *Ladera este* se inspiró en su estancia en la India, donde fue embajador desde 1962. En 1968, renunció al cuerpo diplomático en protesta por la masacre de estudiantes por el gobierno en la Ciudad de México. Considerado la figura intelectual más importante de México, recibió el Premio Cervantes en 1981 y el Nobel de Literatura en 1990.

OBRAS CLAVE: «Entre la piedra y la flor», 1941; *El laberinto de la soledad*, 1950; «Piedra del sol», 1957; *Ladera este*, 1969

Camilo José Cela

1916-2002, ESPAÑOL

El novelista Camilo José Cela y Trulock utilizó la innovadora técnica literaria del tremendismo para presentar una visión misantrópica de la sociedad española, decidida a no «disfrazar la vida con la máscara loca de la literatura». Nacido en Galicia, luchó en el bando franquista en la guerra civil española. Su primera novela, *La familia de Pascual Duarte*, describe los efectos brutales de la pobreza y el atraso a través de las confesiones en el corredor de la muerte de un campesino cruel y homicida.

Algunos de sus libros fueron prohibidos en España, como *La colmena*, que muchos consideran su obra maestra. Su sombría visión de la vida en Madrid está reflejada en cientos de personajes seguidos durante tres días. Cela llevó ese estilo a los extremos en sus obras posteriores. La novela *Cristo versus Arizona* (1988) está escrita como una sola oración en más de cien páginas. Fue galardonado con el Nobel de Literatura en 1989.

OBRAS CLAVE: *La familia de Pascual Duarte*, 1942; *Pabellón de reposo*, 1944; *La colmena*, 1950

△ HEINRICH BÖLL

Carson McCullers

1917-1967, ESTADOUNIDENSE

La novelista Lula Carson Smith, conocida como Carson McCullers, nació en Columbus, Georgia. Aunque pasó la mayor parte de su vida en Nueva York y París, el Sur profundo siguió siendo el territorio de su imaginación. McCullers publicó su primer cuento, «Wunderkind», en 1936. Sus novelas más famosas de la década de 1940 (*El corazón es un cazador solitario*, *Reflejos en un ojo dorado* y *Frankie y la boda*) son potentes y delicados estudios sobre exclusión social, discapacidad física y trastornos psicológicos. Ella misma tuvo una existencia problemática, plagada de enfermedades graves y alcoholismo. Su relación con Reeves McCullers, con quien se casó, se divorció y se volvió a casar, terminó con su suicidio en 1953. La novela *La balada del café triste* fue su última novela destacada. Escribió una obra de teatro, *The Square Root of Wonderful*, en 1958, así como una novela, *Reloj sin manecillas* en 1961.

OBRAS CLAVE: *El corazón es un cazador solitario*, 1940; *Reflejos en un ojo dorado*, 1941; *Frankie y la boda*, 1946; *La balada del café triste*, 1951

△ Heinrich Böll

1917-1985, ALEMÁN

El novelista y escritor de cuentos cortos Heinrich Böll provenía de una familia artística católica de Colonia. Su experiencia formativa fue como soldado en la Segunda Guerra Mundial bajo un régimen nazi que detestaba. Tras la guerra, relató la experiencia del soldado alemán sobre el conflicto, y la desilusión del regreso a un país física y moralmente arruinado. Su primer estilo, realista y directo, evolucionó en complejidad técnica cuando se convirtió en un crítico abierto de la sociedad de Alemania Occidental y su desalmado materialismo y amnesia sobre hechos históricos embarazosos.

La obra de Böll fue a menudo combativa, enfrentándose a la Iglesia católica en *Opiniones de un payaso* (1963) y a la prensa sensacionalista en *El honor perdido de Katharina Blum*. Fue el único escritor de Alemania Occidental ampliamente leído en la Alemania Oriental comunista. Fue galardonado con el Premio Nobel de Literatura en 1972.

OBRAS CLAVE: *El tren llegó puntual*, 1949; *Caminante, si vienes a Spa*, 1950; *Retrato de grupo con señora*, 1971; *El honor perdido de Katharina Blum*, 1974

J.D. Salinger

1919-2010, ESTADOUNIDENSE

Autor del clásico *El guardián entre el centeno*, Jerome David Salinger nació en una familia judía en Nueva York. Tras regresar de la Segunda Guerra Mundial, comenzó a construirse una reputación como escritor con el cuento corto «Un día perfecto para el pez banana» en *The New Yorker* en 1948.

El guardián entre el centeno tuvo un éxito instantáneo cuando apareció en 1951. La obra trata temas como la alienación y la rebelión de los adolescentes en voz de su problemático protagonista, Holden Caulfield, lo que contribuyó a que su popularidad creciera entre los adolescentes. Tras publicar *Nueve cuentos*, incluido el muy valorado «Para Esmé, con amor y sordidez», se marchó de Nueva York a Nuevo Hampshire, donde se recluyó para defender su privacidad. Desde 1953 solo publicó cuatro relatos, todos relacionados con la familia de ficción Glass de Nueva York. La opinión de la crítica y la del público sostienen que *Franny y Zooey* fue su último éxito. A partir de 1965, no publicó nada.

OBRAS CLAVE: *El guardián entre el centeno*, 1951; *Nueve cuentos*, 1953; *Franny y Zooey*, 1961

Doris Lessing

1919-2013, BRITÁNICA

Nacida como Doris May Tayler, Lessing creció en una granja en Rodesia del Sur (actual Zimbabue), propiedad de sus padres nacidos en Gran Bretaña. Cuando se trasladó a Inglaterra en 1949, era una comunista acérrima y anticolonialista comprometida, y había sobrevivido a dos divorcios. Sus primeros libros se sitúan en África, incluida su primera novela, *Canta la hierba*, y cuatro de los cinco volúmenes de su obra semiautobiográfica *Hijos de la violencia*.

En la década de 1950 se desilusionó con el comunismo. Publicado en 1962, *El cuaderno dorado* muestra su alejamiento del realismo político para acercarse al análisis psicológico y la innovación estilística. Entre 1979 y 1983, desafió las expectativas al experimentar con el género de ciencia ficción en su serie *Canopus en Argos*. *La buena terrorista* de 1985 fue un impresionante retorno a la temática política. Recibió el Premio Príncipe de Asturias en 2001 y el Nobel en 2007.

OBRAS CLAVE: *Canta la hierba*, 1950; *El cuaderno dorado*, 1962; *Shikasta*, 1979; *La buena terrorista*, 1985

Shusaku Endo

1923-1996, JAPONÉS

El novelista japonés Shusaku Endo era católico, una rareza en su sociedad. En los años 1950 estudió en Lyon, Francia, bajo la influencia de la radicalidad católica de escritores como George Bernanos. Por entonces, tuvo la primera de varias largas enfermedades (los hospitales ocupan un lugar muy destacado en sus libros).

Al regresar a Japón, publicó novelas críticas sobre la sociedad japonesa, a la que denunció como un «pantano de fango» sin corazón, inaccesible para el mensaje cristiano de amor. Su novela más conocida, *Silencio*, es una angustiosa historia de misioneros católicos cuya fe es puesta a prueba por la indiferencia y la crueldad de los japoneses. Pero Endo también criticó la postura autoritaria de la Iglesia católica, creyendo en Jesús como una figura de compasión y sufrimiento compartido, más que de autoridad y juicio. Obras como su última novela, *Río profundo*, sobre un grupo de japoneses que visitan la India, están llenas de cálida humanidad.

OBRAS CLAVE: *Hombre blanco*, 1955; *El mar y el veneno*, 1957; *Silencio*, 1966; *Río profundo*,1993

Yukio Mishima

1925-1970, JAPONÉS

Kimitake Hiraoka, conocido como Yukio Mishima, fue la personalidad cultural japonesa más destacada de la posguerra. Nacido en la sociedad elitista del Japón imperial, tuvo una juventud traumática debido a la disciplina sádica y la humillación de la derrota de Japón en la guerra. Su primera novela, *Confesiones de una máscara*, que relata su vida de fantasía homoerótica sadomasoquista, le hizo famoso a los 23 años. Combinando la influencia del modernismo occidental con una visión romántica del pasado samurái de Japón, alcanzó la cima no solo como novelista y escritor de relatos, sino también como dramaturgo, actor y cineasta. Políticamente era un extremista de derechas, defensor de la restauración del poder tradicional del emperador.

En 1970, cometió harakiri después de dirigir un intento fallido de golpe de Estado al frente de su milicia personal. Poco antes de su muerte, completó su trabajo final en cuatro volúmenes: *El mar de la fertilidad*, una epopeya sobre la vida japonesa en el siglo XX.

OBRAS CLAVE: *Confesiones de una máscara*, 1948; *El pabellón de oro*, 1956; *El marino que perdió la gracia del mar*, 1963; la tetralogía *El mar de la fertilidad*, 1965-70

▽ Sylvia Plath

1932-1963, ESTADOUNIDENSE

Famosa tanto por su problemática vida como por su poesía y prosa confesionales, Plath provenía de Massachusetts. Su padre, nacido en Alemania y profesor de biología, murió cuando ella solo tenía ocho años. Publicó poesía y relatos a una edad temprana y se graduó en 1955. Por entonces ya había tenido su primer intento de suicidio y se había sometido a un tratamiento psiquiátrico, incluidos los electrochoques. Estos hechos constituyeron más tarde el tema de su única novela, *La campana de cristal*.

Tras estudiar en la Universidad de Cambridge, Inglaterra, Plath se casó con el poeta inglés Ted Hughes. Su primer volumen de poesía, *El coloso*, atrajo una atención limitada. Plath y Hughes tuvieron dos hijos, pero en septiembre de 1962, la infidelidad de Hughes llevó a la ruptura. Por entonces, Plath escribió sus poemas más famosos, incluyendo «Papi» y «Lady Lazarus», publicados póstumamente en el poemario *Ariel*. Se suicidó en febrero de 1963.

OBRAS CLAVE: *El coloso*, 1960; *La campana de cristal*, 1963; *Ariel*, 1965; *Poemas completos*, 1981

△ SYLVIA PLATH

ESCRIBIR HOY

CAPÍTULO 6

José Saramago

1922-2010, PORTUGUÉS

De creencias políticas profundamente arraigadas, Saramago escribió obras desafiantes sobre temas como religión, poder, explotación, corrupción y desintegración social, a través de la sátira alegórica.

Hacia el final de su vida, José Saramago señaló que el punto de partida de su obra es «la posibilidad de lo imposible. Le pido al lector que acepte un pacto: incluso si la idea es absurda, lo importante es imaginar su desarrollo». Las oraciones largas, elegantes y poco ortodoxas (sin apenas puntuación ni párrafos, y con solo una letra mayúscula inicial para señalar el diálogo) impulsan al lector hacia viajes alegóricos magníficamente inventivos en que se entrelazan historia y fantasía, lo realista y lo extraño. Este estilo aparece, por ejemplo, en *Memorial del convento* (1982), que narra las hazañas de un soldado mutilado, su amante clarividente y una asombrosa máquina voladora; en *La balsa de piedra* (1986), en que la península Ibérica se desprende de Europa; en la desgarradora parábola política *Ensayo sobre la ceguera* (1995), en que una ciudad es reducida al salvajismo tras una epidemia de ceguera. El estilo metaficticio y de realismo mágico de las novelas de Saramago ha llevado a comparaciones con Cervantes, García Márquez, Borges y Kafka.

◁ **JOSÉ SARAMAGO, 1997**
Saramago posa para un retrato en París durante una gira promocional. Continuó escribiendo en la vejez, incluso publicando un blog diario.

Error administrativo

Saramago nació en una familia pobre en la aldea de Azinhaga. El apellido de su padre era De Sousa, pero un empleado, en estado de embriaguez o como broma, registró al niño como «Saramago», el apodo de su padre. En la adolescencia, se formó como mecánico de automóviles y más tarde se ganó la vida como traductor y periodista. *Tierra de pecado*, su primera novela, se publicó cuando tenía 24 años, en 1947, el mismo año en que nació su hija, Violante, de su matrimonio con Ilda Reis.

Energía vital

En la década entre 1966 y 1976, Saramago publicó tres poemarios, pero fue conocido sobre todo por sus novelas. En 1969, se afilió al clandestino Partido Comunista Portugués, principal oposición a la dictadura fascista de António de Oliveira Salazar, y siguió siendo un firme comunista y ateo toda su vida. En 1974-75, tras la Revolución de los Claveles, trabajó como editor del periódico revolucionario *Diário de Nóticias*, pero fue despedido por su línea dura: se dice que expulsó a todos los no comunistas del diario. La fama del escritor como hombre austero, arrogante y algo frío pudo surgir en este período, cuando quedaron tan abiertamente expuestas sus ideas políticas, impopulares en un país que durante mucho tiempo había estado inmerso en la ideología de extrema derecha.

Saramago no fue reconocido internacionalmente hasta los 60 años, con la publicación de *Memorial del convento*. Siguieron una serie de trabajos exitosos, y en 1998 se convirtió en el primer escritor de lengua portuguesa en ganar el Premio Nobel de Literatura. Murió en 2010 en Lanzarote a causa de la leucemia. Más de 20 000 personas asistieron a su funeral celebrado en Lisboa.

◁ **DESPACHO DEL ESCRITOR**
Se muestra aquí el estudio de Saramago en Lanzarote. En protesta por la censura de su trabajo por parte del gobierno portugués, el escritor se instaló en 1991 en las islas Canarias con su segunda esposa, Pilar del Río.

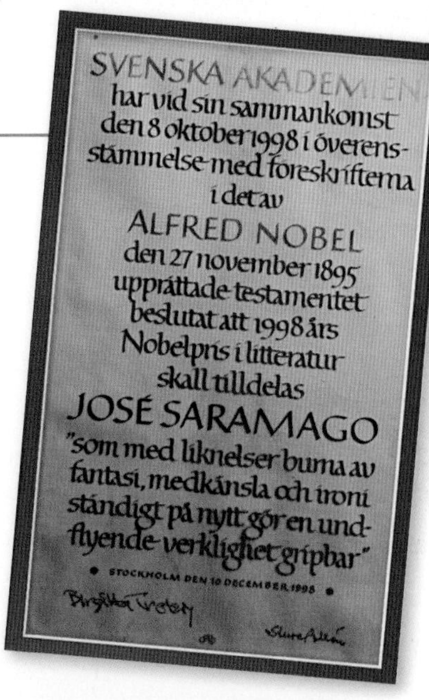

SVENSKA AKADEMIEN
har vid sin sammankomst
den 8 oktober 1998 i överens-
stämmelse med föreskrifterna
i det av
ALFRED NOBEL
den 27 november 1895
upprättade testamentet
beslutat att 1998 års
Nobelpris i litteratur
skall tilldelas
JOSÉ SARAMAGO
"som med liknelser burna av
fantasi, medkänsla och ironi
ständigt på nytt gör en und-
flyende verklighet gripbar"
STOCKHOLM DEN 10 DECEMBER 1998

△ **DIPLOMA DEL NOBEL, 1998**
Al otorgarle el premio en 1998, la Academia Sueca elogió a Saramago por sus «parábolas sostenidas por la imaginación, la compasión y la ironía».

CONTEXTO
Escritor y militante

Saramago declaró que no podía imaginarse viviendo «fuera de cualquier tipo de compromiso social o político». Sus ideas políticas y religiosas conformaron gran parte de su ficción y con frecuencia levantaron indignación y controversia. *La balsa de piedra*, por ejemplo (una alegoría sobre Iberia separada de Europa y a la deriva por el Atlántico), se publicó en 1986, coincidiendo con la entrada de España y Portugal en la Comunidad Europea. Una denuncia de esa unión, el libro fue criticado en Portugal y otros países. En 1991, *El Evangelio según Jesucristo* causó polémica entre los católicos de su país por presentar a Jesús como un ser falso e imperfecto, y a Dios como un manipulador hambriento de poder. El gobierno portugués, presionado por la Iglesia, prohibió el libro y bloqueó la nominación de Saramago para un premio literario en 1992. En 2002, el escritor causó aún más indignación en un viaje a Cisjordania al equiparar la situación de los palestinos bajo ocupación israelí con el sufrimiento de los judíos en Auschwitz.

Derek Walcott

1930-2017, SANTALUCENSE

Walcott describe, en pasajes de gran belleza lírica, la relación entre el brutal pasado colonial de su región y su compleja identidad moderna por cuestiones de origen, pertenencia, paisaje y memoria.

En 1990, Derek Walcott publicó *Omeros*, un poema épico de asombrosa riqueza que lo catapultó a la fama internacional. Dos años más tarde recibió el Nobel de Literatura. Aunque tenía 62 años, su nombre ya era famoso entre los lectores caribeños por sus obras publicadas con anterioridad.

Legado colonial

Walcott nació en Santa Lucía, una pequeña isla de deslumbrante belleza. Su padre era pintor y poeta, su madre, una directora de escuela que solía recitar los clásicos. La familia hablaba inglés en casa, aunque en la isla se usaba ampliamente el *patois* francés local. Walcott sentía respeto por su «buena educación inglesa», que incluía una inmersión en el canon literario occidental: Homero, Shakespeare, Dante, Milton, Eliot, Pound, Joyce y Yeats se convirtieron en las principales influencias.

Sus obras a menudo aluden al lenguaje y las formas de esta tradición occidental, pero siempre con el fin de explorar sus propias asociaciones únicas, muchas de las cuales se centran en cuestiones como el colonialismo y las identidades caribeña y africana. *Omeros*, por ejemplo, hace referencia a la *Odisea* y la *Ilíada* de Homero en su examen de temas como el viaje y el exilio en el entorno caribeño moderno.

Aclamación y controversia

Todavía en su adolescencia, Walcott publicó su primera colección de poemas con dinero que le había prestado su madre. Dos años más tarde, escribió y montó su primera obra de teatro, iniciando así una carrera que incluyó el galardonado *Sueño en la montaña del mono* (1970), *Ti-Jean y sus hermanos* (1972) y *El burlador de Sevilla* (1978). Fundó el Taller del Teatro de Trinidad (1959) y el Teatro de Dramaturgos de la Universidad de Boston (1981). Pero el escritor era conocido sobre todo por su poesía.

Walcott se graduó en la Universidad de West Indies en 1953, y a continuación se mudó a Trinidad para trabajar como reportero y crítico. En 1969, se publicó en Estados Unidos una colección de poesía, *En una noche verde*, que supuso un gran giro en su obra. Desde la década de 1980 hasta 2007, ocupó cargos en varias universidades, donde enseñó poesía, escritura creativa y teatro. Entre sus premios se encuentra el T. S. Eliot de poesía por *Garcetas blancas* (2010), su último poemario. De 2010 a 2013, fue catedrático de poesía en la Universidad de Essex.

La vida de Walcott fue turbulenta: tres matrimonios terminaron en divorcio y su relación con el escritor V. S. Naipaul acabó mal.

La amistad, y la admiración mutua, que mantuvo con poetas importantes como Seamus Heaney y Joseph Brodsky lo sitúan entre los poetas más respetados de la escena literaria mundial. Sin embargo, se identificó, «principalmente, absolutamente», como escritor caribeño, y continuó viviendo y trabajando en Santa Lucía. Walcott murió en su casa el 17 de marzo de 2017 y se le rindió un funeral de Estado.

△ ***GARCETAS BLANCAS***
En su poemario *Garcetas blancas*, publicado siete años antes de su muerte, Walcott eligió las elegantes garcetas blancas que adornan el cielo caribeño como representantes de sus reflexiones sobre amistad, mortalidad y paso del tiempo. Comparó la rapacidad de estos «ángeles abruptos» con su propia curiosidad intelectual: «el voraz apetito que posee el pico de mi lápiz, pinchando retorcidos insectos / como sustantivos y tragándoselos».

◁ **PINTOR Y ESCRITOR**
Derek Walcott, fotografiado aquí en su estudio, se formó como pintor. Sus acuarelas de vibrantes escenas caribeñas aparecen en algunas portadas de sus libros. Uno de sus paisajes marinos se ve arriba a la derecha de esta fotografía.

CONTEXTO
Paraíso perdido

El paisaje caribeño, en especial el marino, es un tema frecuente en la obra de Walcott. El escritor fue un crítico feroz de la industria turística, que está teniendo un impacto devastador en el frágil ecosistema de la región, de la codicia de los gobiernos y de la falta de respeto por el patrimonio nacional, cultural y ambiental. En 2013, le enfureció el plan del gobierno de Santa Lucía para construir un gran hotel a los pies de las espectaculares montañas de la isla: «¿Qué se puede decir cuando un país aprueba su propia degradación?», se desesperaba.

LOS PICOS VOLCÁNICOS IDENTIFICAN EL PAISAJE DE SANTA LUCIA

Toni Morrison

NACIDA EN 1931, ESTADOUNIDENSE

Las novelas de Morrison son exploraciones poéticas de la historia de la América negra. Su intensa y honesta obra le ha dado fama internacional, y ha sido la primera mujer negra galardonada con el Nobel de Literatura.

△ **DISTINCIÓN PRESIDENCIAL**
Morrison es una novelista muy premiada. En 1993, recibió el Premio Nobel de Literatura por una obra «caracterizada por la fuerza visionaria y la relevancia poética». En 2012, recibió la Medalla Presidencial de la Libertad (arriba), la más alta condecoración civil de Estados Unidos.

Chloe Wofford nació en la pequeña ciudad industrial de Lorain, Ohio. En su juventud fue conocida por su apodo, Toni, y más tarde publicó bajo el apellido Morrison, el de su marido Harold, con quien se casó en 1958 y de quien se divorció en 1964.

Morrison fue la segunda hija de George, soldador, y Ramah, ama de casa, que había huido de Georgia para escapar del racismo y la segregación del Sur. Su madre, metodista, tenía una habilidad para la música, el canto y la narración de cuentos, sobre todo historias de fantasmas transmitidas por su propia madre. Los cuentos y las canciones sobrenaturales influyeron claramente en los temas posteriores de Morrison y ayudaron a dar forma a un estilo fantasioso y a un diálogo sumamente estudiado.

Estudiante y maestra

Alentada por sus padres, Morrison sobresalió en la escuela y encontró una gran inspiración en la literatura, devorando todo tipo de libros. En 1949, se matriculó en la Universidad de Howard, Washington D.C., donde pudo mantener contacto con destacados intelectuales negros de la época, pero también tuvo que hacer frente a la realidad de vivir en una ciudad segregada, acosada por una opresiva jerarquía racial.

Tras un máster en la Universidad de Cornell, Nueva York, Morrison inició su carrera como profesora de inglés. Regresó a dar clases en Howard y se unió a un grupo de escritura creativa. Fue aquí donde escribió el cuento corto que anticipó lo que sería su primera novela, *Ojos azules* (1970), que explora la exclusión de las mujeres negras de la cultura popular.

△ **UNA SOCIEDAD DIVIDIDA**
Una fiesta en una plantación de Alabama muestra gráficamente la realidad de la discriminación y la segregación en el sur de Estados Unidos, injusticias que Morrison abordó en sus novelas.

La mayoría de las novelas de Morrison son históricas. A través de ellas, se propone recuperar aspectos de la historia afroamericana que ella considera «no contada ni analizada». Escribiendo desde dentro, pretende liberar voces silenciadas, un acto de recuperación de la memoria protagonizado por Sethe en *Beloved*. Morrison continúa escribiendo ficción; su última novela, *La noche de los niños*, se publicó en 2015.

◁ **CARRERA POLIFACÉTICA**
Morrison, fotografiada aquí en 1977, ha publicado 11 novelas y casi otros tantos títulos de no ficción. Es una destacada defensora de los derechos de los negros y una pedagoga consumada. Entre 1989 y 2006 ocupó una cátedra en Princeton, de donde ahora es profesora emérita.

> «**Su historia** era **soportable** porque también era la suya: **contarla, analizarla** y **volver a contarla.**»
>
> TONI MORRISON, *BELOVED*

CONTEXTO

Éxitos editoriales

Divorciada y con dos hijos, Morrison trabajó como editora en la editorial Random House en Nueva York desde 1967, escribiendo solo a primeras horas mientras sus hijos dormían. Fue promotora de escritores negros; para ello creó una colección, *Literatura contemporánea africana* (1972), que recoge la obra de Wole Soyinka, Chinua Achebe y Athol Fugard, entre otros. También publicó la polémica autobiografía de Muhammad Ali y escribió *The Black Book* (1974), en que documenta la vida de los negros en Estados Unidos desde la esclavitud en adelante.

CHINUA ACHEBE, ESCRITOR NIGERIANO PUBLICADO POR MORRISON

Alice Munro

NACIDA EN 1931, CANADIENSE

Munro, ganadora del Premio Nobel de Literatura, es famosa por revelar lo maravilloso de lo cotidiano e imaginar cuentos cortos sacados de la vida y los pensamientos de la gente común de su Canadá natal.

Nacida en 1931, Alice Ann Laidlaw creció en la granja de su padre en las afueras de Wingham, Ontario, Canadá. Alice y su madre no formaban parte natural de la comunidad: una era una maestra convertida en esposa de granjero y la otra, una niña «demasiado inteligente» que inventaba historias en el largo camino a la escuela. Cuando a su madre se le diagnosticó esclerosis múltiple, Alice se ocupó de la casa y del cuidado de sus hermanos menores.

Obtuvo una beca para estudiar inglés y periodismo en la Universidad de Western Ontario, pero los fondos se agotaron antes de graduarse. A los 21 años ya estaba casada con otro estudiante, James Munro, se había mudado a West Vancouver y había dado a luz a su primer bebé. Durante los siguientes 15 años, escribió cuentos para revistas y la radio, redactando sin parar durante los embarazos (y luego en las siestas de los bebés, las horas de colegio y por la noche) por temor a no volver a tener la oportunidad. Munro tuvo tres hijas más. En una entrevista al recibir el Nobel, dijo: «Estaba consumida cuando escribía, pero siempre logré dar de comer a mis hijos».

Dominar el cuento

Munro tenía 37 años cuando se publicó su primera antología, *Danza de las sombras felices* (1968), con la que ganó el Governor General's Award, el mayor premio literario de Canadá. Para entonces, la familia se había mudado a Toronto y abierto una librería. Munro trató de escribir novela juvenil, pero a mitad de camino volvió al más familiar formato del cuento, publicando una colección con el título *Las vidas de las mujeres* en 1971. «Fue entonces cuando supe que nunca iba a escribir una novela real porque no podía pensar de esa manera», recordó Munro. Como maestra de revelar más que de contar, escribe historias con poca acción pero con la profundidad de las novelas. Describe personajes ricos y complejos, y tiene una gran habilidad para profundizar en su esencia y revelar qué hace que todas las vidas sean excepcionales.

Últimos trabajos

A partir de la década de los años 1980, Munro publicó una colección de cuentos al menos cada cuatro años. Fue galardonada con una veintena de importantes premios canadienses, británicos y estadounidenses gracias a títulos como *Secretos a voces* (1994), *El amor de una mujer generosa* (1998) y *Escapada* (2004), así como con el Premio Man Booker en 2009 y el Nobel en 2013.

Tras su segundo matrimonio con el geógrafo Gerry Fremlin, Munro se trasladó a Clinton, en la zona rural de Ontario, a menos de 30 kilómetros de donde ambos habían crecido. Dejó de escribir en 2013, a los 81 años; su último libro, *Mi vida querida*, incorpora las «cosas más cercanas que tengo que decir sobre mi vida».

▽ **CONDADO DE HURON**
En su obra, Munro se inspiró en sus humildes orígenes en el condado de Huron, Ontario. Sus cuentos recuerdan los personajes de las comunidades rurales y las historias orales.

FORMA
Cuentos no lineales

Munro fue una innovadora de la narrativa no lineal, que salta entre el presente, el pasado y el futuro. Sus cuentos están velados y, a veces, nunca se revelan por completo: una reliquia en la mano evoca un recuerdo del pasado, o un secreto emerge en el presente a través de un recorte de periódico o de los labios de un testigo no fiable. La narración de un hecho por parte de un narrador puede luego ser contada por otro personaje, arrojando luz sobre el acto en sí de contar historias. Munro describe su escritura como un don «natural» pero no fácil. Sus anotaciones manuscritas son transcritas y escritas a máquina, y están sujetas a una revisión intensiva para captar la sutileza y la complejidad de la vida en una prosa cristalina.

***LAS VIDAS DE LAS MUJERES,* ALICE MUNRO**

▷ **CHÉJOV CANADIENSE**
Alice Munro recibió el Premio Nobel de Literatura a los 82 años, una de las 13 mujeres que ha recibido el premio. Su obra se ha comparado con la de Chéjov: poco sucede pero se revela mucho.

Nawal El Saadawi

NACIDA EN 1931, EGIPCIA

El Saadawi ha dedicado gran parte de su vida a denunciar la opresión de las mujeres en el mundo árabe y abordar temas de género y clase. Aclamada internacionalmente, ha sido perseguida en su propio país.

La obra de Nawal El Saadawi hunde sus raíces en el feminismo, la política y su experiencia como médica y psiquiatra en el mundo árabe. Una de sus novelas más conocidas, *Mujer en punto cero* (1975), cuenta la historia de Firdaus, una orgullosa y lúcida mujer condenada a muerte por matar a un proxeneta. Prohibida en muchos países del Próximo Oriente, la novela se basa en una reunión que El Saadawi mantuvo con una mujer, que estaba a la espera de ser ejecutada, en la prisión de mujeres de Qanatir en Egipto.

El Saadawi nació en 1931 en Kafr Thala, un pueblo a orillas del Nilo. Pronto desarrolló su conciencia política: en su autobiografía, relata que cuando su abuela le dijo que «un niño vale 15 niñas por lo menos... Las niñas son una plaga», se enfureció. A los seis años, sufrió la horrible experiencia de la ablación del clítoris, una práctica común en Egipto por razones religiosas y sociales. «El dolor estaba allí como un absceso en lo profundo de mi carne», escribió más tarde, y en su obra nunca dejó de cuestionar esta práctica abusiva.

CONTEXTO
Actividad política

El Saadawi ha hecho campaña contra la mutilación genital femenina y otras formas de opresión de la mujer en el mundo árabe; en 1979-80, fue asesora de la ONU para el Programa de la Mujer en África y Próximo Oriente. Se ha opuesto al islam político y se ha manifestado contra el imperialismo occidental y la estructura de clases en los países árabes, que considera fuerzas que conspiran para mantener a las mujeres como ciudadanas de segunda. En 2011, se sumó a las protestas en la plaza Tahrir de El Cairo que llevó a la caída del presidente Hosni Mubarak.

MUJER EN LA PLAZA DE TAHRIR DURANTE LA REVOLUCIÓN, QUE COMENZÓ COMO PROTESTA CONTRA LA BRUTALIDAD POLICIAL

Doctora, feminista y activista

El Saadawi estudió medicina en la Universidad de El Cairo y se especializó en psiquiatría. Regresó a su pueblo natal donde presenció de primera mano las brutalidades sufridas por las mujeres y escribió su primera novela, *Memorias de una joven doctora* (1958). En 1963, fue nombrada directora de Salud Pública de Egipto, pero fue despedida tras la publicación de *Mujeres y sexo* (1972), un análisis crítico sobre la mutilación genital femenina y otras prácticas opresivas. Las autoridades la consideraron una peligrosa subversiva, pero continuó escribiendo de manera prolífica.

Por sus críticas al presidente de Egipto, Sadat, en 1981 fue acusada de «crímenes contra el Estado» y encarcelada en Qanatir, donde escribió *Memorias de la cárcel de mujeres* usando un rollo de papel higiénico y un lápiz de ojos conseguido a escondidas. Fue liberada tres meses después, tras el asesinato de Sadat.

Debido a la creciente persecución y las amenazas de muerte, El Saadawi y su entonces esposo huyeron de Egipto a Estados Unidos, donde desempeñó varios cargos académicos. Regresó a Egipto en 1996, donde continuó escribiendo y participando activamente en política. Entre su obra reciente destaca *Zeina* (2009), novela que narra la vida de dos mujeres, Bodour y su hija abandonada Zeina, que se enfrentan a la opresión patriarcal.

« El **peligro** es parte de **mi vida** desde que tomé una **pluma** y **escribí**. Nada es más **peligroso** que la **verdad** en un mundo que **miente**. »

NAWAL EL SAADAWI

▷ **UNA FUERZA DE LA NATURALEZA**
Nawal El Saadawi es una autora prolífica y una ferviente activista. A pesar de las críticas y la censura, ha publicado más de 50 libros y recientemente afirmaba que se estaba «haciendo más radical con la edad».

▷ **JOHN UPDIKE, 1991**
Cuando se tomó esta fotografía, Updike vivía en Beverly, Massachusetts, con su segunda esposa, Martha Ruggles Bernhard, con quien se había casado en 1977.

John Updike

1932-2009, ESTADOUNIDENSE

Destacado escritor de relatos cortos y novelista prolífico, Updike se mantuvo en la cima de su profesión durante toda su carrera. Describió la realidad cotidiana con una prosa exquisita, sensual y reveladora.

« Mi **único deber** era **describir la realidad** como **me había llegado**, dar a lo **mundano** la **belleza** que se merece. »

JOHN UPDIKE, *EARLY STORIES*

John Updike nació en 1932 en Reading, Pensilvania. Aunque sus padres eran pobres, obtuvo excelentes notas en la escuela y consiguió una beca para Harvard, donde se convirtió en editor del *Harvard Lampoon*. Quería ser caricaturista, aunque ya ganaba dinero como escritor.

◁ ***THE NEW YORKER***
Colaborador habitual de la revista *The New Yorker* durante toda su vida, Updike escribió ficción, poesía, ensayo y crítica.

A mediados de los años 1950, casado y con una esposa embarazada, Updike vivió brevemente en Nueva York. Como joven colaborador de la prestigiosa revista *The New Yorker*, fue editado por el gran William Maxwell, impulsor de algunos destacados escritores del siglo xx como J. D. Salinger, Eudora Welty y John Cheever. En 1957, Updike se mudó con su familia al campo, donde sentía que pertenecía. Se instaló en Ipswich, Massachusetts, cuyos vecinos (gente trabajadora, de clase media suburbana) le inspiraron la temática de sus novelas en los años venideros. Desde joven fue un escritor tan prolífico y su trabajo tenía tanta demanda que a los 24 años podía mantener a su familia con sus publicaciones.

Crónicas de los suburbios

En 1959, Updike publicó su primera novela, *La feria del asilo*, y un año después, *Corre, Conejo*, la primera de la serie «Conejo» que lo convertiría en uno de los escritores más destacados de Estados Unidos, considerado por muchos como su mayor logro. Una serie de cuatro novelas y una novela corta narran la vida de Harry «Conejo» Angstrom, un hombre de clase media corriente en Brewer, Pensilvania, desde una juventud sin rumbo hasta su acomodada mediana edad (aunque infeliz e insatisfecha) y luego la muerte. La serie destaca por la rica prosa de Updike, en la que hace que cada detalle de la vida ordinaria brille con belleza y significado. También es notable porque Updike envejeció al mismo ritmo que su personaje, publicando los libros en intervalos de unos diez años. Con esta serie (1961-2000) ganó dos Premios Pulitzer y se erigió como un monumento artístico a la soledad, la obstinación y la desesperación en pleno auge económico de la posguerra en Estados Unidos.

Updike escribió sobre la decadencia de la moral cristiana de los años 1950 y los efectos en la sociedad de la revolución sexual de los 1960 en su novela *Parejas* (1968). El libro suscitó controversia por las descripciones detalladas (consideradas excesivas por algunos críticos) sobre el adulterio y la carnalidad entre un grupo de profesionales suburbanos que usan el sexo para enmascarar sus temores existenciales.

La productividad y la curiosidad de Updike no disminuyeron con los años y siguió experimentando sobre diversos temas, como por ejemplo novelas sobre la dictadura africana (*Golpe de Estado*, 1978); un futuro postapocalíptico (*Hacia el fin del tiempo*, 1997) y una precuela de *Hamlet* (*Gertrudis y Claudio*, 2000). Murió en Massachusetts tras una batalla contra el cáncer de pulmón.

◁ **CASA POLLY DOLE**
En esta encantadora casa histórica de Ipswich, Massachusetts, parte de la cual data de 1680, John Updike y su primera esposa, Mary, criaron a sus cuatro hijos. La pareja se divorció en 1974.

CONTEXTO
Personajes recurrentes

Novelistas como John Updike y su contemporáneo Philip Roth (que escribió nueve novelas sobre su *alter ego* Nathan Zuckerman) se hicieron famosos por series de libros con un mismo protagonista. Dichas series permiten al autor narrar el desarrollo de un personaje a lo largo del tiempo y explorar el contexto político y social cambiante, algo imposible en un solo volumen. La familiaridad con los protagonistas también tiene ventajas comerciales: a los lectores les gusta seguir la progresión de un personaje, y los autores disfrutan volviendo a las tramas. Para Updike, escribir sobre Conejo era «como volver a casa cada diez años y hacer una visita».

***CORRE, CONEJO*, PRIMERA EDICIÓN**

Cormac McCarthy

NACIDO EN 1933, ESTADOUNIDENSE

Uno de los escritores vivos más enigmáticos de Estados Unidos, McCarthy goza de gran popularidad gracias a sus sombrías y potentes novelas sobre hombres que luchan por sobrevivir en entornos hostiles.

Cormac (nacido Charles) McCarthy nació en Rhode Island y se crio en Knoxville, Tennessee. Su padre trabajaba en la Autoridad del Valle del Tennessee, y su trabajo era sacar a las personas de las colinas en que habían vivido durante generaciones para que la zona pudiera inundarse. Esto influyó en el joven McCarthy, quien mantuvo simpatía y respeto por los campesinos, cuyas vidas y situaciones inspiraron sus primeras cuatro novelas.

Género gótico americano

En la década de 1950, McCarthy pasó cuatro años en las Fuerzas Aéreas de su país y luego asistió a la Universidad de Tennessee, aunque optó por no terminar su carrera para tratar de abrirse camino como escritor. Sus primeras cuatro novelas, comenzando con *El guardián del vergel* en 1965, tuvieron buenas críticas y dieron a McCarthy suficientes premios y subvenciones para permitirle seguir escribiendo, pero su temática principal solía ser horripilante, como asesinato de niños, incesto, mutilación de cadáveres y necrofilia. Ninguno de los libros tuvo una segunda edición, por lo que McCarthy iba corto de dinero. A mediados de los 1980, se marchó a El Paso, Texas, para poder investigar mejor el material que necesitaba para *Meridiano de sangre*, una novela «antiwestern» semihistórica y extremadamente violenta que marcó una nueva madurez de su obra. Su carrera dio un giro con *Todos los hermosos caballos* (1992), que le valió el National Book Award. Primer volumen de la Trilogía de la Frontera, relata la vida de dos jóvenes en el sudeste de Estados Unidos y México. McCarthy escribe sobre hombres que luchan en un mundo despiadado, afrontando su propia capacidad para el mal en entornos igualmente hostiles.

◁ **CORMAC McCARTHY**
Esta fotografía muestra al solitario escritor en 1991. A McCarthy rara vez se le ve en público, y sorprendió al mundo literario cuando apareció en el Show de Oprah Winfrey en 2007.

△ **ESTILO SUREÑO**
McCarthy es conocido por sus novelas de moralidad retorcida, situadas en los estados del sur de Estados Unidos. Utiliza estos paisajes para subvertir el modelo tradicional del vaquero heroico.

Su obra ha sido considerada una seria contribución al género del gótico sureño, junto con William Faulkner y Flannery O'Connor. También ha agregado una dimensión oscura al género del *western* estadounidense.

En 1997, McCarthy se casó con su tercera esposa, con quien tiene un hijo (el segundo). Ha dicho que ser padre fue lo que lo llevó a escribir *La carretera*, *bestseller* sobre el viaje de un hombre con su hijo a través de un paisaje postapocalíptico.

ESTILO
Reducir distracciones

McCarthy ha rechazado durante mucho tiempo el uso de signos ortográficos para indicar un diálogo, y rara vez marca quién está hablando. De hecho, evita al máximo la puntuación. Sigue en esto los pasos de William Faulkner y James Joyce. Según McCarthy, «No hay razón alguna para manchar una página con pequeñas marcas extrañas... si escribes correctamente, no deberías tener que puntuar». Como resultado, las páginas impresas de sus libros parecen desnudas. En la obra de McCarthy, este estilo literario es un reflejo de los paisajes desnudos e impresionantes en que están ambientados sus libros, y quizá también de la sencillez y la fuerza de su narración.

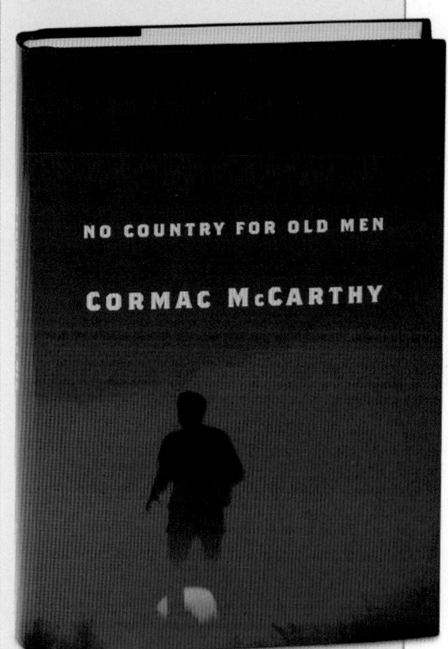

NO ES PAÍS PARA VIEJOS (2005), UN EJEMPLO DEL ESTILO DE McCARTHY

« **Mi día perfecto** es sentarme en una habitación con una **hoja en blanco**. Es el **paraíso**. Un **tesoro**, y cualquier otra cosa es una **pérdida de tiempo**. »

CORMAC McCARTHY

Seamus Heaney

1939-2013, IRLANDÉS

Heaney fue uno de los grandes poetas elegíacos modernos, además de notable crítico literario y traductor. Su obra explora los textos antiguos, los problemas de Irlanda del Norte y el amor en sus múltiples facetas.

△ **DERRY Y EL RÍO FOYLE**
Irlanda del Norte es el telón de fondo de la vida y la obra de Heaney. En su infancia disfrutó del amor familiar y estuvo muy arraigado en su comunidad local.

Seamus Justin Heaney nació en 1939, el primero de los nueve hijos del comerciante de ganado Patrick y su esposa Margaret. Creció en la granja de su familia católica en el condado de Derry, en la zona rural de Irlanda del Norte, y comenzó su educación en una escuela primaria cerca de Bellaghy, su pueblo natal. Más tarde reconoció los valores inculcados por la escuela y estaba orgulloso de haber sido educado en sus «chozas de hojalata».

Muchos de los poemas de Heaney, que se centran a menudo en pequeños detalles de la vida, comparten su veneración por el pasado, por la infancia y por los valores y tradiciones de su comunidad local. En «Sunlight», por ejemplo, recuerda a su tía cocinando, y en «La forja», el trabajo del herrero del pueblo (metáfora del oficio de poeta). Pero como niño que creció durante la Segunda Guerra Mundial, también fue testigo de las maniobras militares de una cercana base aérea estadounidense que evidenciaban un mundo muy distinto a la seguridad y la tranquilidad de Bellaghy. Estas influencias tempranas, que conformaban su paisaje personal, cultural y nacional, alimentarían más tarde su poesía.

Cielo e infierno

En 1951, Heaney obtuvo una beca para un internado católico de Derry, a unos 65 km de su casa, donde estudió latín e irlandés, idiomas que fueron fundamentales para su desarrollo como poeta. Se ha referido a esta primera etapa como un paso de «la tierra del trabajo agrícola al cielo de la educación», pero no duró mucho.

CONTEXTO

Surgen los problemas

A fines de los años 1960, la situación en Irlanda del Norte era inestable, con los extremistas católicos listos para luchar contra el dominio británico a favor de una República de Irlanda unida. El 5 de octubre de 1968, la Gendarmería Real del Ulster impidió una marcha sobre Derry por los derechos civiles, resultando heridos muchos manifestantes. En los años 1970, aumentaron las hostilidades entre unionistas (partidarios del gobierno británico) y republicanos católicos, y Heaney empezó a retratar la lucha a menudo violenta en un contexto histórico más amplio, como en las antologías *Huyendo del invierno* (1973) y *Norte* (1975).

***NORTE* (1975), POEMARIO DE SEAMUS HEANEY**

« Y **el poeta** extrae de su cúmulo de **palabras** un **cuento extraño** / De una **vida** y un **amor frustrados.** »

SEAMUS HEANEY, «ON HIS WORK IN THE ENGLISH TONGUE»

▷ **SEAMUS HEANEY, 1995**
Hombre popular y sociable, Heaney fue un profesor y comunicador carismático y un excelente lector de su propio trabajo. Aparece aquí el año en que recibió el Premio Nobel de Literatura.

CONTEXTO
Colaboración literaria

Los contactos literarios de Heaney incluían muchas figuras importantes, tales como Derek Walcott, Robert Lowell y Joseph Brodsky. Sin embargo, trabajó de manera particularmente estrecha con el escritor inglés Ted Hughes (1930-1998); los recuerdos de ambos sobre las atrocidades de la guerra configuraron gran parte de su poesía. Juntos compilaron y editaron *The Rattle Bag* (1982) y *The School Bag* (1997), antologías de poesía inglesa que han sido ampliamente utilizadas por profesores de todo el mundo en la enseñanza de poesía anglosajona.

TED HUGHES, 1970

△ **LAS CALLES DE DERRY, 1975**
Las fuerzas de ocupación británicas, armadas y pertrechadas, vigilan las calles de Derry, durante los disturbios, en agosto de 1975.

Cuando su hermano Christopher, de cuatro años, murió en un accidente de coche, Heaney describió la pérdida en verso escueto en «Mid-Term Break»: «Yacía en la caja de cuatro pies como en su cuna. / Sin cicatrices visibles del impacto. / Una caja de cuatro pies, un pie por cada año». Al terminar la escuela, estudió en la Queen's University de Belfast, graduándose en inglés. Permaneció en la ciudad, donde se formó como profesor en Saint Joseph y luego enseñó en la escuela secundaria Saint Thomas. Allí, el director era el escritor irlandés Michael McLaverty, que se convirtió en mentor de Heaney (cuyo poema «Fosterage» está dedicado a McLaverty), y le presentó a varios poetas, entre ellos a Patrick Kavanagh. En Belfast, Heaney también descubrió un taller de escritores conocido como el Grupo creado por Philip Hobsbaum, y estudió la obra de otros contemporáneos, como el poemario «Lupercal» de Ted Hughes (1960).

Carta de Dios

En 1962, los poemas de Heaney habían sido promocionados por varias publicaciones destacadas, entre ellas *The Irish Times* y *The New Statesman*. Sin embargo, en 1964 su vida dio un giro cuando Charles Monteith, nacido en Irlanda del Norte y director de la editorial británica Faber & Faber, escribió a Heaney pidiéndole que le mostrara su obra. Heaney dijo que la petición le había impactado: fue «como recibir una carta del Dios Padre». Dos años más tarde, Faber publicó el primer poemario importante de Heaney, *Muerte de un naturalista* (1966), que ganó cuatro premios, incluido el Somerset Maugham y el Geoffrey Faber. Heaney dedicó la obra a Marie (Devlan), con quien se había casado en 1965. Los 34 poemas del libro contienen desde la descripción del amor y la anticipación de una vida juntos, hasta la infancia, la familia, la naturaleza, la Irlanda rural y la guerra.

Cuando se recrudecieron las hostilidades en Irlanda del Norte a fines de la década de 1960, la obra de Heaney se implicó más en política, se volvió más crítico con la presencia británica y abordó cada vez más la turbulencia y la violencia en su país (ver recuadro, p. 318).

OBRAS CLAVE

1966
Muerte de un naturalista, primer poemario de Heaney, es publicado con un éxito de crítica instantáneo.

1975
Se publica *Norte*, primera recopilación de Heaney en abordar la violencia y el malestar político en Irlanda del Norte.

1980
Preocupaciones, primer libro en prosa de Heaney, incluye ensayos sobre Yeats, Wordsworth y Hopkins.

1984
En *Station Island*, una colección de versos, Heaney se centra en la relación entre historia y temas de actualidad.

2000
Se publica *Beowulf*, la adaptación de Heaney al inglés moderno de la epopeya anglosajona. Ganó varios premios.

2004
Sepelio en Tebas, la segunda de sus dos obras de teatro, compara a Creonte, gobernante de Tebas, con George W. Bush.

2010
Se publica *Cadena humana*, último poemario de Heaney. Muchos creen que incluye algunos de sus mejores versos.

« Entre **mi dedo** y mi **pulgar** / La **pluma pesada** descansa; ajustada **como un arma.** »

SEAMUS HEANEY, «CAVANDO»

Heaney expresó a veces ambivalencia acerca de convertirse en portavoz de Irlanda del Norte, aunque su poesía reconoce la trágica pérdida de vidas e invita al análisis. También continuó escribiendo sobre la vida doméstica y el paisaje, defendiendo el derecho del poeta a celebrar lo provinciano.

Huida de la violencia

En 1970, Heaney y su familia encontraron cierto respiro al pasar el año académico en la Universidad de California, Estados Unidos, donde Heaney asumió un puesto de docente.

A su regreso a Irlanda del Norte en septiembre de 1971, renunció a Queen's en Belfast y, en 1972, dio el importante paso de emigrar a la República de Irlanda, a una propiedad en Glanmore, Wicklow. Al final de su poemario *Norte* (1975), Heaney se refiere a su situación como «huida de la masacre». Le gustaba la ubicación remota de Glanmore, que se convirtió en una especie de musa: vivía allí sin teléfono, a menudo escribiendo de madrugada en un estado de trance.

Algunos comentaristas consideran que la siguiente recopilación de poemas, *Trabajo de campo* (1979), se aleja del compromiso político directo, mientras que otros, como el poeta estadounidense Joshua Weiner, lo ven como «un compromiso creciente para mantener la implicación, pero... con una visión a largo plazo, que, más que asumir posiciones, plantea preguntas». A finales de la década de 1970, había alcanzado fama mundial por su trabajo, particularmente en Estados Unidos. En 1979, pasó un semestre enseñando poesía en la Universidad de Harvard. Obtuvo dos doctorados *honoris causa* de universidades de Nueva York, y en 1981 regresó a Harvard, donde enseñó durante un semestre al año hasta 1997.

En la década de 1980, Heaney también trabajó con el dramaturgo Brian Friel y el actor Stephen Rea para crear la Field Day Theatre Company en Derry, siguiendo la tradición de Yeats y el Abbey Theatre de Dublín. Tras la muerte de sus padres en el plazo de dos años, su poesía se centró en el tema del duelo. *La linterna del espino* (1987) incluye un soneto-secuencia de elegías a la muerte de su madre llamado «Clearances». También tradujo poesía irlandesa en «Sweeney Astray» (1984), y finalizó el siglo con su premiada traducción al inglés moderno del poema épico anglosajón *Beowulf* (2000).
Heaney obtuvo el Nobel de Literatura en 1995 por lo que el jurado describió como «obras de belleza lírica y profundidad ética». Al aceptar el premio, pasó a formar parte del grupo de eminentes escritores irlandeses (Yeats, Shaw y Beckett) en recibir el Nobel. Comentó que era como «ser una pequeña estribación de una cordillera montañosa». Al año siguiente, el poemario *El nivel espiritual* ganó el Whitbread Book of the Year Award.

La poesía tardía de Heaney abordó el tema de la muerte. Reelaboró la *Eneida* de Virgilio en su colección *Viendo cosas* (1991), refiriéndose a la otra vida: «De todos modos, cuando la luz se apodere de mí... estaré a la altura de lo que se me escapa». Un derrame cerebral lo dejó «al borde», e inspiró su último poemario, *Cadena humana* (2010). Murió a los 74 años en Dublín, aunque decidió ser enterrado en Bellaghy, en la tierra donde describe a su padre y a su abuelo trabajando en «Cavando», uno de sus primeros poemas.

△ ***CADENA HUMANA***
La última colección de poemas de Heaney, *Cadena humana*, ganó el Forward Poetry Prize, uno de los premios de poesía más prestigiosos de Gran Bretaña.

▽ **TUMBA DE HEANEY, BELLAGHY**
La lápida funeraria del poeta reza: «Camina en el aire contra tu mejor juicio», un verso de su poema «Los paseos de grava» (1992). Heaney citó estas palabras en su discurso de aceptación del Nobel.

J. M. Coetzee

NACIDO EN 1940, SUDAFRICANO

Escritor, lingüista, ensayista y traductor, Coetzee ha ganado múltiples premios literarios, incluido el Nobel, con sus absorbentes y complejas obras que han llevado la novela a un nuevo e imaginativo territorio.

◁ **CIUDAD DEL CABO, 1985**
Estudiantes y profesores asisten a una gran manifestación contra las estructuras del *apartheid*, que incluían cuotas raciales para la admisión en la universidad.

Ahora en la setentena, John Maxwell Coetzee es el escritor más famoso de Sudáfrica. El reconocimiento le llegó con novelas que difuminan los límites entre ficción, ensayo y autobiografía. A pesar de ser un hombre público, lo único que se sabe sobre su vida privada es a través de sus tres novelas autobiográficas de ficción, todas ellas escritas en tercera persona: *Infancia* (1997), *Juventud* (2002) y *Verano* (2009).

Coetzee nació en 1940 de padres afrikáners, Zacharias (Jack) y Vera. Su padre, abogado, hundió a la familia en el caos y la pobreza por su negligencia y alcoholismo. Mientras él estuvo en la Segunda Guerra Mundial, Vera, una maestra de escuela, tuvo que luchar por cuidar de John y su hermano, David, viviendo en una serie de alojamientos temporales. El regreso de Jack supuso una enorme intrusión en una gran familia matriarcal.

Carrera académica

Los Coetzee eran angloparlantes liberales, con ideas alejadas de la línea del gobierno, que imponía la segregación racial. Sin embargo, aceptaban la forma en que operaba la sociedad y mientras vivieron en Ciudad del Cabo emplearon a un niño negro de siete años. El traslado a una nueva vivienda a las afueras de la ciudad supuso estar más cerca de la granja de su tío en el desierto de Karoo. Para Coetzee, se convirtió en una anhelada zona de libertad.

Cultura europea

En la escuela, Coetzee fue un niño solitario que se aferró a la enseñanza en inglés porque no quería tomar clases de afrikáans. Su educación le dejó una huella duradera; en su novela *La edad de hierro*, de 1990, describe a los políticos afrikáners como «los matones de la última fila de la clase, chavales torpes y huesudos, ya crecidos y ascendidos para gobernar la tierra». Mientras permaneció en una escuela secundaria católica en Ciudad del Cabo, Coetzee continuó desarrollando su pasión por la cultura europea centrada en los poetas modernistas T. S. Eliot y Ezra Pound, y en la música de Bach.

La Universidad de Ciudad del Cabo, donde Coetzee estudió matemáticas e inglés, era un hervidero de protestas contra un gobierno cada vez más autoritario. Observaba las masas desde fuera, porque la acumulación de gente le producía «algo parecido al pánico».

Un profesor de la universidad recuerda que su antiguo alumno era tan discreto que era prácticamente invisible. Coetzee estuvo ausente el día de la graduación porque había

ESTILO
Relatos posmodernos

Coetzee describe su estilo como un intento de introducir nuevas perspectivas y formas narrativas. Sus relatos se caracterizan por ser ambiguos y elusivos y tener una preocupación posmoderna por el lenguaje. Sus narradores son, a propósito, poco dignos de confianza y ofrecen versiones contradictorias de la historia. Si bien gran parte de la literatura sudafricana de los años del *apartheid* trataban el realismo social y la política, Coetzee quería «rivalizar con la historia». Al mezclar autobiografía, ficción y ensayos, y hacer que el pasado atormentase el presente pretende que sus novelas trasciendan el tiempo y el lugar.

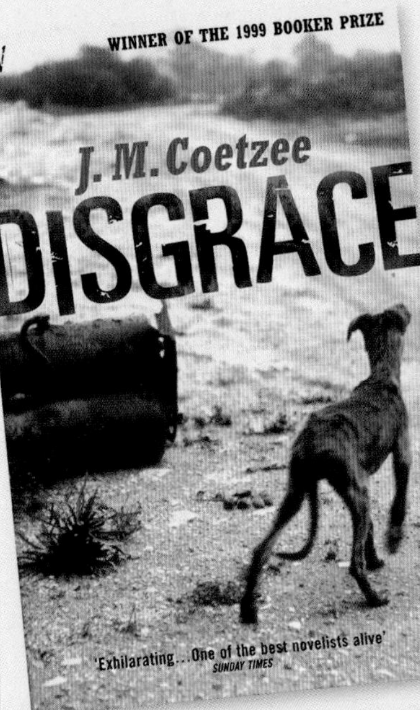

PORTADA DE LA EDICIÓN BRITÁNICA DE *DESGRACIA*, DE COETZEE

▷ **J. M. COETZEE**
Coetzee ha escrito 13 novelas, tres volúmenes de su biografía novelada, siete obras cortas de ficción, nueve colecciones de teoría literaria, crítica, cartas y muchas traducciones de poesía holandesa.

« Me temo que tengo por **norma no discutir** sobre **mi propia obra**. »

J. M. COETZEE

△ **EL KAROO DE COETZEE**
Coetzee pasó largos períodos de su infancia en el Karoo de Sudáfrica y desarrolló un profundo amor por los áridos paisajes de la región. En *En medio de ninguna parte*, el Karoo es el escenario de su segunda novela, la historia de una mujer afrikáner en una granja aislada.

zarpado en dirección a Southampton, Inglaterra, para evitar tener que hacer el servicio militar obligatorio.

Londres y Estados Unidos

Tras instalarse en Londres, Coetzee trabajó como programador mientras completaba su máster sobre el escritor inglés Ford Madox Ford. En *Juventud*, Coetzee recuerda sus amoríos y relaciones fallidas con gran vergüenza, pero omite cualquier referencia a Philippa Jubber, la estudiante de teatro que conoció en Ciudad del Cabo, y su breve regreso a Sudáfrica para casarse con ella.

Seis años de estudios y docencia en Estados Unidos dispararon su imaginación. El doctorado en la Universidad de Texas incluía lenguas germánicas, lingüística y un análisis informático de las obras de Samuel Beckett. Algunos ecos de los monólogos misantrópicos de este autor irlandés aparecen en la obra de Coetzee *En medio de ninguna parte* (1977), en que la soltera y virginal Magda ensaya diversas versiones de su propia historia en una remota granja de Sudáfrica.

Coetzee continuó su vida académica, ocupando un puesto en la Universidad de Buffalo, Nueva York, donde impartía un curso de literatura sudafricana. Quería quedarse en Estados Unidos, donde habían nacido sus hijos, pero su solicitud de residencia fue rechazada, en parte por su participación en una manifestación contra la guerra de Vietnam.

Reticente regreso a casa

Coetzee regresó a Sudáfrica en 1971 y comenzó una primera novela. *Tierras de poniente* traza paralelismos entre la degeneración moral de los colonizadores del siglo XVII en Sudáfrica y las atrocidades de Estados Unidos en Vietnam. Ocupó un puesto de profesor en la Universidad de Ciudad del Cabo, donde tras 30 años fue nombrado catedrático emérito de Literatura. En períodos sabáticos de la enseñanza y el estudio en Estados

« Lo que ahora pasa entre unos y otros es pura **parodia**. Nací en un **lenguaje** de **jerarquía**, de distancia, de perspectiva. Era la **lengua de mi padre**. »

J. M. COETZEE, *EN MEDIO DE NINGUNA PARTE*

OBRAS CLAVE

1974
Tierras de poniente contrapone la venganza de un bóer contra los hotentotes y un bombardeo con napalm en Vietnam.

1977
En medio de ninguna parte narra el descenso de una solterona a la locura a través de fantasías sobre el sexo y la muerte.

1980
Esperando a los bárbaros examina la complicidad con regímenes que ignoran la justicia y la decencia.

1983
Vida y época de Michael K sigue el viaje de un hombre que lleva a su madre moribunda a su tierra natal.

1999
Desgracia y su sombría historia van en contra del optimismo nacional después de las primeras elecciones libres.

2007
Diario de un mal año entremezcla las reflexiones profesionales del autor y las obsesiones de un profesor.

Unidos, empezó su novela, *Esperando a los bárbaros* (1980), en la que introduce la tortura, el interrogatorio y la violencia en un imperio imaginario de una época inespecífica. Con ella, obtuvo el Premio James Tait Black Memorial y ganó gran reconocimiento internacional.

Más allá de la historia

Su meticulosamente elaborada sucesión de novelas colocaron a Coetzee a la vanguardia de los escritores que luchaban contra el *apartheid*, pero él se consideraba un innovador narrador de historias más que un activista. Quería que sus novelas tomaran cierta distancia de los temas tratados, como el conflicto de clases o la raza. Mientras las obras de muchos otros escritores sudafricanos modernos fueron prohibidas, las posmodernas y complejas novelas de Coetzee tenían cierta protección: para los censores era difícil detectar delitos sexuales o políticos en sus genéricos entornos y decidieron que sus «difíciles» libros no serían muy populares.

Premios Booker

Vida y época de Michael K de Coetzee cuenta la historia de un jardinero con labio leporino que quiere llevar a su madre enferma al Karoo en carretilla. Tras ser encarcelado varias veces y casi morir de hambre, alcanza cierta libertad. Duro, inquietante y asombroso, ganó el Booker Prize en 1983.

Su segunda novela en ganar este premio, *Desgracia* (1999), se publicó cinco años después de las primeras elecciones libres en Sudáfrica. Supone un fuerte contraste con la optimista literatura del período *postapartheid*. A pesar de una trama violenta, por la que el libro fue criticado, es una obra equilibrada que narra historias antiguas y presentes por las que sus protagonistas caen en la deshonra. Coetzee tiene la fama de ser un autor difícil para los periodistas y críticos por sus habituales negativas a responder preguntas sobre el significado de sus obras. A finales de los años 1980 y 1990, escribió, sobre todo, crítica y teoría literaria. En *Paisaje sudafricano*, por ejemplo, examina el trabajo de los escritores blancos sudafricanos modernos «que ya no son europeos pero tampoco africanos».

Filosofía personal

Vegetariano desde los 30 años, Coetzee es un apasionado defensor de los derechos de los animales, tanto en persona como a través de su *alter ego* ficticio, Elizabeth Costello, en *Las vidas de los animales* (1999). Tras marcharse a Australia con la escritora Dorothy Driver, obtuvo la ciudadanía australiana en 2006. En 2012, colaboró con John Kannemeyer, biógrafo en lengua afrikáans, verificando detalles de sus primeros años y confirmando una serie de desgracias: la muerte accidental de su hijo con 23 años; las enfermedades debilitantes de su hija; y la pérdida de un hermano y su exesposa, Philippa.

En los últimos años, Coetzee ha seguido empujando los límites con las novelas de carácter filosófico *La infancia de Jesús* (2013) y *Los días de Jesús en la escuela* (2016).

◁ ***VIDA Y ÉPOCA DE MICHAEL K***
Publicada en 1983, la novela de Coetzee es un relato sobre la lucha de un hombre por sobrevivir y su búsqueda de la dignidad en un país embrutecido por la guerra civil.

CONTEXTO
Segregación tiránica

Las injusticias del *apartheid* fueron el contexto de la vida de Coetzee en Sudáfrica. Cuando tenía ocho años, todos los sudafricanos fueron divididos en grupos raciales: de color, negro, blanco e indio. Las leyes impusieron la discriminación en el empleo y la educación, prohibieron el sexo y el matrimonio interracial y reubicaron a millones de negros en «reservas tribales». En los años en que estudió Coetzee, la desobediencia civil, el sabotaje y la lucha armada condujeron a una brutal reacción del gobierno. Sudáfrica se convirtió en un Estado aislado por las sanciones comerciales y deportivas. Las negociaciones con el Congreso Nacional Africano llevaron a una transición eufórica a la democracia en 1994, con Nelson Mandela como presidente.

NELSON MANDELA CELEBRA SU VICTORIA EL 2 DE MAYO DE 1994

Isabel Allende

NACIDA EN 1942, CHILENA

Una de las escritoras latinoamericanas más queridas, Allende utiliza el realismo mágico para expresar la indomable fuerza de sus personajes ante la opresión política y la agitación emocional.

△ ***DE AMOR Y DE SOMBRA***
La segunda novela de Allende, publicada en 1984, es una historia de amor, sacrificio y traición, ambientada en un país en el que reinan el terror y la represión.

▷ **ISABEL ALLENDE, 2004**
La autora aparece aquí el año de la publicación de *El reino del dragón de oro*. Sigue escribiendo y su obra más reciente, *Más allá del invierno,* apareció en 2017.

Defensora de los marginados y los desamparados, a principios de su juventud, Isabel Allende pertenecía a la clase dirigente. En los años 1960 y comienzos de los 1970, disfrutó de gran éxito en su Chile natal como periodista y presentadora de televisión. Además, el primo de su padre, Salvador Allende, era presidente del país. Luego, en 1973, el general Pinochet dio un golpe de Estado (ver recuadro, derecha) apoyado por Estados Unidos, contra el gobierno socialista democrático. El presidente fue asesinado y se instauró una dictadura militar, transformando la vida de Isabel y la de los chilenos.

Novela de varias generaciones

Huyó a Venezuela, donde permaneció 13 años. En 1981, empezó su primera y más famosa novela, *La casa de los espíritus*, concebida como una carta a su moribundo abuelo de 100 años, quien la había criado tras la fuga de su padre. Su intención era mostrarle que siempre estaría en el corazón de los que dejaría atrás. Se convierte en la historia de varias generaciones de una familia chilena, contada a través de las luchas de sus mujeres. Publicada en 1982, convirtió a Allende en un importante referente de la literatura latinoamericana. Desde entonces ha escrito más de 20 libros (colecciones de cuentos, memorias y libros infantiles entre ellos) y ha vendido más de 70 millones de ejemplares. En 1989, se marchó a California, Estados Unidos, donde continúa escribiendo.

Realismo mágico

A menudo se considera a Allende una de las principales exponentes del realismo mágico: en sus obras, ocurren sucesos sobrenaturales como la clarividencia, la levitación y la aparición de fantasmas, en un entorno que, de lo contrario sería mundano y realista. Usa estos recursos para elaborar unos argumentos que son tan terribles o maravillosos que adquieren una complejidad casi surrealista. Aunque la autora extiende los argumentos más allá de los confines de la narrativa realista, logra un gran compromiso emocional con sus personajes, y sus obras narran las historias no contadas de los oprimidos (a menudo mujeres), mostrando su fortaleza y resistencia emocional, y el triunfo del amor. Por ejemplo, la mujer más joven de *La casa de los espíritus*, es encarcelada, torturada y violada, pero sobrevive y supera su trauma. En sus memorias, *Paula*, relata de forma apasionada la muerte de su hija a los 28 años por complicaciones de la porfiria.

Allende ha declarado que sus obras no tienen intención política, sino que sencillamente desean contar historias humanas. La clave de su popularidad es este compromiso con una narrativa convincente y emocionalmente veraz que será, con toda seguridad, parte de su legado.

CONTEXTO
Golpe de Estado

El golpe de Estado de 1973 en Chile que derrocó al gobierno socialista de Salvador Allende fue apoyado por la CIA, que veía la propagación del socialismo como una amenaza a la estabilidad de Estados Unidos. Allende fue asesinado y reemplazado por el dictador militar Pinochet, que hizo ejecutar o «desaparecer» a miles de opositores políticos. Decenas de miles más fueron torturados. La presión internacional hizo que legalizara los partidos de oposición en 1987, y perdió el poder en un plebiscito en 1988. Su arresto en 1998 fue la primera vez que un exjefe de Estado fue acusado por sus crímenes, aunque nunca fue encarcelado. Murió en 2006, antes de que el caso llegara a los tribunales.

GENERAL AUGUSTO PINOCHET (CENTRO) EN SANTIAGO, CHILE, 1983

Peter Carey

NACIDO EN 1943, AUSTRALIANO

Uno de los novelistas más exitosos del mundo, Carey es un escritor de gran energía y sensibilidad que también trata de temas importantes de la historia de Australia.

Peter Carey se ha forjado una carrera como novelista de grandes éxitos y es uno de los cuatro escritores que han ganado el Premio Booker dos veces. Nació en 1943 en Bacchus Marsh, cerca de Melbourne, en una familia de clase media baja que ahorró dinero para enviarle a uno de los mejores internados del país. Más tarde, contó que haber sido enviado a un internado a una edad tan temprana era el motivo por el que había incluido a tantos huérfanos en sus novelas, algo que también ocurría en el caso de Dickens. Luego, como un tributo subversivo a Dickens, Carey escribió *Jack Maggs*, una secuela informal de *Grandes esperanzas*.

Éxito literario

Tras abandonar la universidad y trabajar en una empresa de publicidad, Carey comenzó a escribir. En los años 1970, redactó numerosos cuentos cortos para revistas que fueron recopilados en 1974. Aunque publicó su primera novela, *Bendito Harry* (1981), a los 38 años (relativamente tarde para un escritor), el éxito no se hizo esperar. En 1988, ganó el Premio Booker con su tercera novela, *Óscar y Lucinda*, y otra vez en 2001, con *La verdadera historia de la banda de Kelly*.

En 2006, estuvo involucrado en un escándalo, cuando su exesposa le acusó de querer difamarla en su novela *Robo: una historia de amor*, en la que «La demandante», exmujer del narrador, es retratada como una derrochadora descerebrada. Carey negó que fuera verdad, aunque muchos señalaron que el narrador había nacido en Bacchus Marsh, Victoria, en 1943, como él. La autenticidad, el engaño y el fraude son temas que aparecen de forma recurrente en su obra. Su segunda novela, *El embaucador* (1985) cuenta la historia de un artista que afirma tener 139 años; *Robo* y *Mi vida de farsante* tratan sobre fraudes en diferentes sectores del mundo del arte.

Carey también escribe sobre la historia de Australia, abordando los crímenes del pasado colonial en *A long way from home* (2017), el colapso del gobierno a mediados de los años 1970 en *Amnesia* (2014) y la historia del proscrito y héroe australiano Ned Kelly en *La verdadera historia de la banda de Kelly*.

Es conocido por su inmensa habilidad para crear diferentes y convincentes personajes, como se puede ver en el tremendamente expresivo y difícil lenguaje vernáculo no gramatical que usa Ned Kelly. La crítica suele decir que es inquieto, exuberante, imaginativo y con gran curiosidad hacia la gente de otras épocas y lugares. Es conocido por ser difícil de ubicar.

◁ **EN NUEVA YORK, 2007**
Carey se marchó a Nueva York en 1991, y aún vive y enseña allí. Si bien es sobre todo conocido como novelista, su trabajo también incluye cuentos, relatos de viajes, guiones de cine y un libro para niños.

◁ **NED KELLY**
En *La verdadera historia de la banda de Kelly*, Carey narra la vida del proscrito colonial Ned Kelly, que aterrorizó el nordeste de Victoria en su busca de libertad. Sobrevivió a un tiroteo con una armadura casera, pero fue ahorcado poco después.

CONTEXTO
Inspiración literaria

Aunque gran parte de la obra de Carey trata temas esencialmente australianos, algunas de sus novelas se inspiran directamente en la literatura de Gran Bretaña y Estados Unidos. *Jack Maggs* (1997) continúa la historia de Magwich de *Grandes Esperanzas*, tras ser condenado a ser enviado a Australia; *La vida extraordinaria de Tristan Smith* (1994) es otra versión de *La vida y opiniones del caballero Tristram Shandy* de Laurence Sterne. *Parrot y Olivier en América* (2010) relata, de forma novelada, la vida de Alexis de Tocqueville, un noble francés que escribió *La democracia en América*, un influyente estudio de las costumbres y la política en Estados Unidos.

PARROT Y OLIVIER EN AMÉRICA, DE CAREY

« Nunca **he empezado una novela** que no me **empujara a ir más allá** de lo que ya había hecho antes. »

PETER CAREY

▷ **HWANG EN PARÍS, 2005**
La transición de Hwang Sok-yong de disidente político a autor de gran renombre y celebridad nacional ha tenido lugar en un período turbulento de la historia de su país e implicó un gran sacrificio personal.

Hwang Sok-yong

NACIDO EN 1943, SURCOREANO

Principal escritor coreano de la generación de posguerra, Hwang ha narrado en sus novelas y cuentos cortos la vida de las personas de una región dividida por la guerra y la política.

«A menos que **encontremos** una manera de **perdonarnos los unos a los otros**, nadie podrá **volver a mirar** al otro.»

HWANG SOK-YONG, *EL HUÉSPED*

Hwang Sok-yong nació en Hsinking, China, donde su familia vivió exiliada hasta 1945, cuando el Imperio japonés perdió Corea. Volvieron a un país dividido y ocupado por la URSS y Estados Unidos (ver recuadro, derecha).

Hwang creció en Corea del Sur y estudió filosofía en la Universidad de Seúl. Siempre tuvo presente la división de la Guerra Fría y la sensación de pérdida de identidad nacional. Así, se volvió políticamente activo, protestando contra el control extranjero del país, a pesar de la supuesta independencia. Fue encarcelado poco tiempo en 1964 por su activismo. Sin embargo, tras el servicio militar en la guerra de Vietnam a finales de los años 1960, decidió dedicar sus energías a escribir.

Al vivir bajo una dictadura represiva, Hwang decidió participar en movimientos de resistencia, que culminaron en el levantamiento de Gwangju contra el gobierno militar en 1980. Fue más prudente en su obra y publicó la serie de relatos *El camino a Sampo* (1974) y la epopeya serializada *Jang Gilsan*, en que usa parábolas sobre las injusticias de la dictadura para saltarse la censura. En los años 1980, Hwang se comprometió más en novelas como *La sombra de las armas* (1985), sobre la guerra de Vietnam, y en su crítica directa al gobierno de su país.

Justicia implacable

Demócrata comprometido, Hwang esperaba unir Corea tendiendo puentes entre los artistas del Norte y el Sur y, violando la ley, viajó a través de Japón y China a Pyongyang, Corea del Norte. En lugar de regresar a Seúl para enfrentarse a la justicia, Hwang se exilió voluntariamente en Estados Unidos, donde enseñó en la Universidad de Long Island. También pasó un tiempo en Alemania.

Sin embargo, la llamada de su tierra era muy fuerte y regresó a Corea del Sur en 1993, donde fue sentenciado a siete años de cárcel por delitos contra la seguridad nacional. En prisión, fue maltratado y se le negó material de escritura. Hwang respondió empezando una huelga de hambre, acción que fue apoyada por organizaciones de derechos humanos como Amnistía Internacional o PEN America. En 1998, tras presiones sobre el presidente electo Kim Dae-jung, fue liberado y perdonado después de haber cumplido cinco años de la sentencia.

La amplitud histórica y política de la obra del autor continúa expresando sus sentimientos de «falta de hogar», de pérdida y de aislamiento causados por la guerra y la ocupación, y de alienación y desaparición de los valores tradicionales debidos a la modernización.

△ **EL SEÚL MODERNO**
En el ambiente más liberal de Corea del Sur del siglo XXI, Hwang ha continuado señalando los abusos en un país dividido en novelas como *El huésped* (2001) y *Todas las cosas de nuestra vida* (2011).

◁ **NOVELAR EL CONFLICTO**
La experiencia de Hwang de «limpiar» las evidencias de masacres en la guerra de Vietnam queda reflejada en el cuento «La Pagoda» de 1970. Este mismo año, terminó su primera novela, *La crónica del señor Han*, la historia de un médico separado de su familia por la guerra de Corea.

CONTEXTO
Paralelo 38

Hasta 1945, Corea estaba unida bajo el dominio japonés, pero al final de la Segunda Guerra Mundial, el país fue dividido a lo largo del paralelo 38. Durante la posterior Guerra Fría, el Norte fue ocupado por la URSS y el Sur por Estados Unidos y, en 1948, se creó la República de Corea en el Sur y la República Popular Democrática de Corea en el Norte. Ambas reclamaban derechos sobre toda la península, lo que condujo a la guerra de Corea de 1950 a 1953. Desde entonces, una zona desmilitarizada alrededor del paralelo 38 separa las dos partes de la península.

CRUCE DEL PARALELO 38 DURANTE LA GUERRA DE COREA, 1950

W. G. Sebald

1944-2001, ALEMÁN

Académico alemán, Sebald entrelazó autobiografía, relatos de viaje, ensayo meditativo e historia para crear una prosa única y potente. Murió a los 57 años, cuando se encontraba en la cima de su fuerza creativa.

◁ **ALPES BÁVAROS**
Sebald creció a los pies de los Alpes en un pueblo de unos 1000 habitantes que está cubierto de nieve gran parte del año. Lo describió como «un lugar silencioso».

Winfried Georg Sebald nació en la aldea bávara de Wertach im Allgäu, en el sur de Alemania, en 1944, solo unos meses antes de que el país fuera derrotado en la Segunda Guerra Mundial. Sus padres eran católicos de clase trabajadora agrícola, aunque su padre, Georg Sebald, había sido ascendido a capitán del ejército. Permaneció retenido en un campo de prisioneros de guerra francés hasta 1947, por lo que el joven Sebald fue criado por su abuelo, que sería una figura importante en su vida.

◁ **W.G. SEBALD, 1999**
Sebald vivió en Inglaterra muchos años: se sentía muy cercano al sentido del humor inglés y a la antigua rectoría de Norfolk, que se convirtió en su vivienda.

Silencio generacional

Aunque creció en Alemania justo después de la guerra, Sebald no estuvo expuesto a imágenes de persecución de los judíos y de campos de concentración hasta los 17 años, cuando vio un documental sobre Belsen. Comentó: «De alguna manera, tuvimos que entenderlo todo, lo cual, por supuesto, no hicimos». Los años 1950 fueron llamados los de la conspiración de silencio en torno a la persecución de los judíos y los grupos minoritarios. Los ciudadanos alemanes, marcados por los horrores de la guerra y abrumados por la culpa y la vergüenza, no hacían referencia a este momento de su historia. Así, Sebald y toda su generación creció en su total desconocimiento. Para el escritor, el Holocausto se había convertido en «un secreto que unía a todos los alemanes». «Me llevó años», dijo, descubrir qué había ocurrido realmente. Para muchos alemanes de su generación, esta relación tan conflictiva con el pasado más tarde se convertiría en ira.

Inquietud y «exilio»

Al principio de la década de los 1960, Sebald entró en la Universidad de Friburgo para estudiar literatura alemana e inglesa. Se graduó en 1965, y al año siguiente marchó a Mánchester, Inglaterra, durante tres años, a trabajar como profesor lector en la universidad. Tuvo un casero judío, que más tarde inspiraría el personaje de Max Ferber en su novela *Los emigrados* (1992). La parte del libro sobre Ferber tiene un tono confesional: el narrador describe un despertar personal sobre el impacto del Holocausto en el judío alemán Ferber y su familia. En Mánchester, Sebald reflexionó sobre su placentera vida en Baviera, donde ciertamente, no tenía contacto con la diversidad ni con la cultura judía.

CONTEXTO

Transmitir la atrocidad

Sebald es, con Primo Levi, uno de los principales escritores sobre el Holocausto. Sin embargo, pensaba que era imposible transmitir con palabras las atrocidades de los campos de concentración. En obras como *Austerlitz* (2001), en la que se envía a un niño judío, Jacques, a vivir a Inglaterra, no aparecen escenas de horror. Sin embargo, están latentes por toda la novela, como una presencia ausente. Al decidir no abordar las atrocidades nazis de forma directa, Sebald quería transmitir al lector que «estos temas son una compañía constante; están presentes en cada inflexión de cada oración que uno escribe».

NIÑOS JUDÍOS LLEGAN A INGLATERRA EN UN *KINDERTRANSPORT*, 1939

« **Me parece claro** que quienes no tienen **memoria** tienen muchas **más posibilidades** de ser **felices**. »

W.G. SEBALD

△ **UNIVERSIDAD DE EAST ANGLIA**
Sebald dio clases en esta universidad de Norwich, Norfolk, desde 1970 hasta su repentina muerte en diciembre de 2001. Esta vista del campus, de estilo brutalista, fue tomada desde la otra orilla del lago conocido como Broad.

OBRAS CLAVE

1990
Vértigo, primer libro de su trilogía, cuenta episodios de la vida de Stendhal, Kafka, Casanova y del propio Sebald.

1992
Los emigrados, segundo libro de la trilogía, narra la vida de emigrantes alemanes en Inglaterra y Estados Unidos.

1995
En *Los anillos de Saturno*, el último libro de la trilogía, el narrador medita sobre verdad, arte e historia.

2001
En *Austerlitz*, el protagonista, había sido un niño refugiado, salvado de los campos de concentración.

En 1967, Sebald se casó con Ute, su compañera de origen austriaco. Dos años más tarde, en una etapa nómada en su vida, quiso vivir en Suiza y ser profesor, pero no se acababa de adaptar y se marchó a Inglaterra, y consiguió un puesto como profesor en la Universidad de East Anglia. Aunque vivió en Inglaterra el resto de su vida, nunca se sintió integrado, ni allí, según se dice, ni en ningún lugar.

Terminó su doctorado sobre el escritor alemán Alfred Döblin en 1973. La creatividad de Sebald se vio, sin duda, influida por el enfoque ecléctico de Döblin sobre la escritura, que incluía en su obra documentos de viaje, tratados filosóficos, ciencia ficción y novelas históricas. Sebald también citó al novelista austriaco Thomas Bernhard entre las influencias en su narrativa. En *Los emigrados* y *Los anillos de Saturno* (1995) hace referencia a Borges, Kafka y Nabokov.

En 1987, Sebald ganó una cátedra de Literatura Europea en la Universidad de East Anglia y siguió siendo catedrático de Literatura Alemana Moderna el resto de su carrera académica. En 1999, fundó el British Centre for Literary Translation que apoya el máster sobre este y otros temas de dicha universidad. El centro sigue ofreciendo conferencias anuales en honor al influyente autor y académico. Durante casi 20 años, Sebald se dedicó a escribir textos exclusivamente académicos. Era un formidable crítico de literatura alemana y austriaca, que publicó múltiples estudios y recopilaciones de ensayos.

Autor «de culto»

A mediados de su cuarentena, se había adaptado a la vida en Norfolk con Ute y su hija Anna, y Sebald comenzó a escribir en su lengua nativa, con un estilo y ritmo semejantes al de la prosa alemana del siglo XIX y a las obras de ensayistas ingleses como De Quincey. Las largas oraciones formales de Sebald tienen poco lenguaje descriptivo, e incluyen fuentes diversas (ver recuadro, izquierda). Afirmaba que «a diferencia de Conrad o Nabokov, las circunstancias no me forzaron a abandonar mi lengua nativa».

Los emigrados fue un gran éxito que ganó el Premio de Literatura de Berlín, el de Literatura Nord y la Medalla Johannes Bobrowski. El libro confundió y a la vez deslumbró a los críticos, y Sebald consiguió el estatus de autor «de culto».

En su reseña de *Vértigo*, la crítica Susan Sontag elogió la «apasionada desolación de una mente sin sosiego, insatisfecha de manera crónica».

ESTILO
Técnicas literarias

Escrita en alemán, la prosa de Sebald tiende a oraciones largas, con múltiples cláusulas y sin apenas párrafos. Las narraciones abarcan varios siglos y entrelazan temas y referencias históricas, personales y literarias aparentemente sin relación, que incluyen recuerdos, relatos de viaje y visitas a lugares históricos. Sebald usó sus propias fotografías en blanco y negro para ilustrar sus libros: las imágenes sin título, que fascinan y sorprenden al lector, sirven para cuestionar el significado y la certeza del texto. De estilo melancólico y revelador, su obra se ha comparado con la de Marcel Proust.

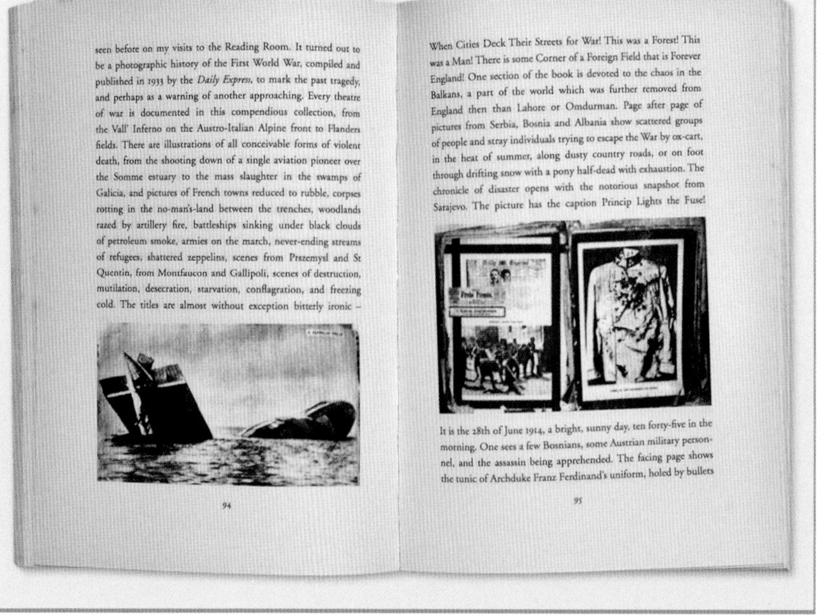

seen before on my visits to the Reading Room. It turned out to be a photographic history of the First World War, compiled and published in 1933 by the *Daily Express*, to mark the past tragedy, and perhaps as a warning of another approaching. Every theatre of war is documented in this compendious collection, from the Vall' Inferno on the Austro-Italian Alpine front to Flanders fields. There are illustrations of all conceivable forms of violent death, from the shooting down of a single aviation pioneer over the Somme estuary to the mass slaughter in the swamps of Galicia, and pictures of French towns reduced to rubble, corpses rotting in the no-man's-land between the trenches, woodlands razed by artillery fire, battleships sinking under black clouds of petroleum smoke, armies on the march, never-ending streams of refugees, shattered zeppelins, scenes from Prszemysl and St Quentin, from Montfaucon and Gallipoli, scenes of destruction, mutilation, desecration, starvation, conflagration, and freezing cold. The titles are almost without exception bitterly ironic –

94

When Cities Deck Their Streets for War! This was a Forest! This was a Man! There is some Corner of a Foreign Field that is Forever England! One section of the book is devoted to the chaos in the Balkans, a part of the world which was further removed from England then than Lahore or Omdurman. Page after page of pictures from Serbia, Bosnia and Albania show scattered groups of people and stray individuals trying to escape the War by ox-cart, in the heat of summer, along dusty country roads, or on foot through drifting snow with a pony half-dead with exhaustion. The chronicle of disaster opens with the notorious snapshot from Sarajevo. The picture has the caption Princip Lights the Fuse!

It is the 28th of June 1914, a bright, sunny day, ten forty-five in the morning. One sees a few Bosnians, some Austrian military personnel, and the assassin being apprehended. The facing page shows the tunic of Archduke Franz Ferdinand's uniform, holed by bullets

95

IMÁGENES EN *LOS ANILLOS DE SATURNO*

« Siento como si **los muertos regresaran.** »

W. G. SEBALD, *LOS EMIGRADOS*

Recuperar el silencio

Con el éxito llegó el deseo y la demanda de más libros. Sin embargo, a finales de la década de 1990, Sebald empezó a trabajar en un proyecto de no ficción, *Sobre la historia natural de la destrucción* (1999), una colección de ensayos que recoge obras alemanas centradas en los bombardeos aliados sobre ciudades de su país durante la Segunda Guerra Mundial. A partir de memorias escritas, el libro explora las descripciones literarias del sufrimiento de los ciudadanos alemanes en lugar de resaltar la persecución del Holocausto.

El autor puso el mismo empeño en este libro que en sus obras de ficción. Quería recuperar un momento silenciado de la historia poniendo de relieve los escasos trabajos existentes que describieran con suficiente precisión la devastación y las pérdidas humanas.

La publicación de *Austerlitz*, que resultó ser la última novela de Sebald, despertó gran entusiasmo. Además, había cambiado la editorial que publicaba sus libros por una más grande, Penguin. El libro de Sebald estaba inspirado en un inquietante documental de la BBC sobre una niña judía de tres años, Susi Bechhöfer, que fue evacuada de Alemania en 1939. Cuando llegó a Gran Bretaña, fue adoptada por un pastor galés y su esposa. Al llegar a la edad adulta, Bechhöfer descubrió que su verdadera madre había fallecido en Auschwitz y que su padre había sido un soldado nazi. El libro apareció en noviembre de 2001 y, apenas un mes más tarde, Sebald murió cerca de su casa en Norfolk, en un accidente de coche provocado por un aneurisma. Su hija, que iba con él, sobrevivió.

Austerlitz fue galardonado con el National Book Critics Award. La grandeza de la obra de Sebald ya estaba ampliamente establecida, e iba a ser candidato al siguiente Premio Nobel de Literatura. Los obituarios lamentaron la pérdida de un autor que además de enriquecer la cultura europea había cuestionado la forma en la que escribimos sobre la memoria y sobre el pasado.

△ ***LOS ANILLOS DE SATURNO***
En esta característica novela de Sebald de 1995, mezcla de ficción, historia y cuaderno de viaje, un anónimo narrador recorre a pie Suffolk, Inglaterra.

▽ **AVIONES ALIADOS EN KIEL, 1944**
En *Sobre la historia natural de la destrucción*, Sebald critica a los escritores alemanes de la posguerra por silenciar la pérdida de cientos de miles de vidas civiles por los bombardeos de las fuerzas aliadas de ciudades alemanas.

Lorna Goodison

NACIDA EN 1947, JAMAICANA

Una de las mejores escritoras caribeñas de la generación de posguerra, Goodison, de gran imaginación, escribe poemas y cuentos cortos en que explora el lenguaje, la historia, la familia, el género y la identidad racial.

△ **LIGA DE ESTUDIANTES DE ARTE**
Goodison se inscribió en esta escuela de arte de Nueva York en su veintena. Su talento como pintora se refleja en sus textos con ricos paisajes literarios.

Lorna Gaye Goodison explica que cuando nació en Kingston, Jamaica, en 1947, su madre sumergió un dedo en azúcar y «me lo puso debajo de la lengua para darme el regalo de las palabras». Sin embargo, atribuye su amor por la poesía a la educación colonial que recibió en la escuela primaria, cuyo plan de estudios se había importado de la «madre patria». Se centraba en escritores ingleses de sexo masculino como Shakespeare, Keats, Eliot y Lawrence cuyas referencias culturales tenían poco significado o relevancia en las islas. Fue, según ella, el famoso poema «Narcisos» de Wordsworth el que la «irritó» hasta llevarla a escribir poesía que reflejara su propia cultura.

Después de la escuela, trabajó como bibliotecaria y como redactora creativa de publicidad. Pero desde pequeña había soñado con ser pintora y en 1967 se matriculó en la Escuela de Arte de Jamaica, y luego en La liga de estudiantes de arte de Nueva York. Desde entonces, ha enseñado arte y ha trabajado como diseñadora e ilustradora varias veces; sus obras de arte han sido expuestas y aparecen en las cubiertas de sus libros.

En Nueva York, cuando aún estaba en la veintena, la poesía se apoderó de ella como un «dominante e intrusivo tirano». Inició su carrera con la colección de poemas, *Tamarind Season*, que trata temas como la lucha, la supervivencia, la familia, y la identidad nacional y de género. Se publicó en 1980, el año en que nació su hijo. Tres años más tarde, se convirtió en escritora visitante de la Universidad de Iowa, donde fue una gran recitadora de sus poemas. En 1986, publicó el segundo volumen de poemas, *I am becoming my mother*, en el que reflexiona sobre la mujer caribeña como milagrosa trabajadora («haría una prenda de vestir de un trozo de tela / en un lapso que define el tiempo») y las tensiones que resultan del autosacrificio y la negación. Sin embargo, quedó definitivamente confirmada como una de las mejores poetas del Caribe de la posguerra con *Roses: Poems* (1995).

Escritura pictórica

Goodison compara su técnica de escritura con el claroscuro en la pintura: «Con todas esas imágenes luminosas pongo en relieve los oscuros hechos históricos o los sostengo como talismanes contra el sentimiento de desesperanza o desesperación que puede abrumarnos como seres humanos». Además, su poesía apela a casi todos los sentidos con sus frecuentes homenajes a lo cotidiano, como por ejemplo, sus sensuales descripciones de alguien comiendo un mango, o el olor a menta, a ropa limpia o a la comida del domingo. También capta la distintiva cadencia del jamaicano y combina el inglés estándar, el criollo jamaicano y el dialecto rastafari en solo uno o dos versos.

Profesora emérita de la Universidad de Michigan, ha aprendido a vivir entre Jamaica y América del Norte, donde ha ocupado diversos cargos universitarios durante su carrera.

CONTEXTO
Historia ancestral

La primera obra en prosa de Goodison, *From Harvey River* (2007), es un evocador y tierno relato, exquisitamente escrito, sobre los antepasados de la autora. Entrelaza la historia de Jamaica con una fascinante historia familiar, en la que presenta al lector un gran elenco de personajes extraordinarios. El título del libro hace referencia al bisabuelo de Goodison, William Harvey, un inglés que dio nombre al pequeño pueblo y al cercano río de la parroquia de Hanover al noroeste de Jamaica, donde viviría la familia. Desde que publicó el libro, ha ganado fama, y el British Columbia National Award for Canadian non fiction (2008).

FROM HARVEY RIVER

« La **buena poesía** es como la **oración**, alimenta el **espíritu**, nutre, nos pone en contacto con fuerzas más grandes que **nosotros mismos**. »

LORNA GOODISON

▷ **LORNA GOODISON, 2017**
En el año que se tomó esta fotografía, Goodison fue galardonada como la segunda poeta laureada de Jamaica, una distinción que tendrá hasta 2020.

▷ **HARUKI MURAKAMI, 2004**
Haruki Murakami, fotografiado aquí a los 54 años, es famoso en todo el mundo y venerado en su país de origen. El intelectual más prominente de Japón, a menudo participa en el debate público sobre el estado de la nación. También es un experimentado corredor de largas distancias y un renombrado traductor.

Haruki Murakami

NACIDO EN 1949, JAPONÉS

Novelista y ensayista de gran éxito, Murakami combina en su ficción elementos de surrealismo y realismo mágico a través de los que explora cuestiones universales como el significado de ser humano.

« **Un recuerdo** es algo que **te caldea por dentro**, pero que, al mismo tiempo, **te desgarra.** »

HARUKI MURAKAMI, *KAFKA EN LA ORILLA*

Nacido en un Kioto ocupado por Estados Unidos, hijo de maestros de literatura japonesa, Haruki Murakami siempre se sintió forastero en su tierra natal. Creció en la ciudad portuaria de Kobe, donde se sumergió en la literatura occidental y rusa, en especial en las historias de detectives, y en el jazz. Afirma que rechazó la literatura japonesa porque si la hubiera leído, habría tenido que hablar sobre ella con su padre, cosa que no deseaba hacer. Sin embargo, le atraían las visiones de vidas alternativas que ofrecía la cultura occidental.

Rebelión y escritura

Tras estudiar teatro en la Universidad de Waseda, Tokio, donde conoció a su esposa, Yoko, se rebeló contra un futuro como «asalariado», se dejó crecer el pelo y se puso a trabajar en una tienda de discos (como Toru Watanabe, un personaje de *Tokio blues. Norwegian Wood* de 1987, novela sobre el amor y la juventud). Pudo ahorrar algo de dinero y abrir un bar de jazz con un piano vertical para ofrecer música en vivo, en Tokio.

En la introducción a *Viento / Pinball* (2015), Murakami explica cómo empezó su carrera como escritor. Mientras tomaba una cerveza y miraba un partido de béisbol en Tokio, en 1978, tuvo una revelación: en el preciso momento en que Dave Hilton bateaba un doble se vio asaltado por el deseo escribir una novela. Tras el partido, se fue directamente a comprar papel y pluma. Utilizando las obras contraculturales de Kurt Vonnegut y Richard Brautigan como inspiración, se pasó los siguientes diez meses escribiendo *Escucha la canción del viento* (1979), que ganó un premio para escritores noveles. Nunca miró hacia atrás, vendió el club de jazz, que había mantenido diez años, y comenzó a escribir a tiempo completo.

Disciplina física

Tokio blues. Norwegian Wood (1987) se hizo popular entre los jóvenes japoneses, vendió millones de copias, y convirtió al autor en una gran estrella. Murakami se sentía muy incómodo ante tanta atención y en 1986 dejó Japón y se estableció en Estados Unidos. Desde entonces, ha dividido su tiempo ente Hawái y Japón, siguiendo una estricta rutina que le permite seguir escribiendo: levantarse a las cuatro de la madrugada y ponerse a trabajar durante cinco o seis horas, antes de nadar y correr distancias largas, y retirarse a las 9 de la noche. En 1996, terminó su primer ultramaratón en Hokkaido, Japón y en sus memorias *De qué hablo cuando hablo de correr* (2007) cuenta la importancia que tiene para él correr.

En 2017, fue uno de los candidatos al Nobel de Literatura, pero como una vez dijo: «No, yo no quiero premios. Eso significa que uno está acabado». Así que quizá se sintió aliviado cuando el premio fue otorgado al escritor Kazuo Ishiguro, nacido en Japón.

ESTILO

Ficción de jazz

Murakami es uno de los novelistas más experimentales de Japón. Sus obras a menudo combinan el humor, la cultura pop y el realismo mágico. Una estructura que utiliza de forma recurrente es la narración realista en primera persona, salpicada de referencias a la cultura occidental y en la que intercala elementos surrealistas y, como en *Sputnik mi amor* (1999), mundos paralelos. A través de estos universos divertidos, realistas y simbólicos, explora temas como la pérdida, la memoria y la alienación.

***SPUTNIK MI AMOR*, DE MURAKAMI**

◁ **MÚSICA Y ESCRITURA**

La pasión de Murakami por el jazz comenzó en 1964, en un concierto de Art Blakey y los Jazz Messengers en Kobe. El jazz moldeó su destino y también el estilo improvisado de su escritura. Dijo que nunca sabía cómo sería exactamente la siguiente página.

Orhan Pamuk

NACIDO EN 1952, TURCO

Pamuk ha pasado toda su vida en el mismo distrito de su ciudad natal, Estambul, aparte de tres años en Nueva York. Sus novelas reflejan a menudo las tensiones pasadas y presentes entre Oriente y Occidente.

Cuando la República de Turquía, fundada por Kemal Atatürk en 1923, reemplazó el antiguo Estado otomano, el país experimentó un período de rápida modernización. La nueva Constitución miraba a Occidente como modelo para una sociedad en que emergía una nueva clase media gracias a la industrialización. El abuelo de Orhan Pamuk, perteneciente a esta élite, había hecho su fortuna construyendo ferrocarriles en Turquía.

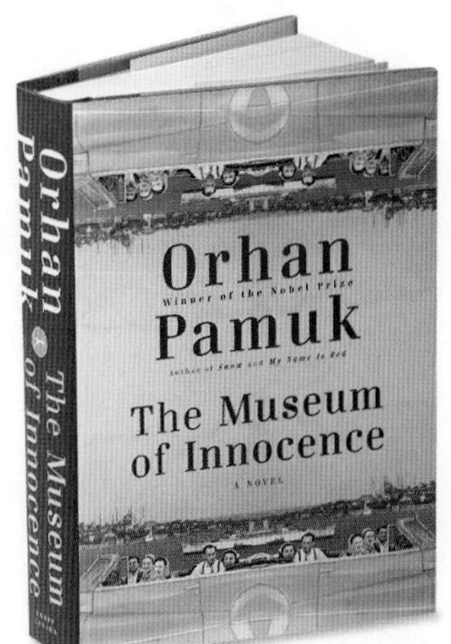

◁ **AMOR OBSESIVO**
El museo de la inocencia explora las actitudes hacia el amor y el sexo en Estambul. Narra el enamoramiento entre un hombre y su joven prima.

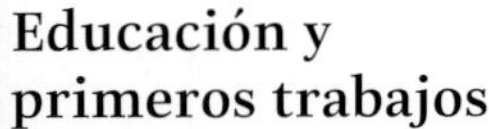

Educación y primeros trabajos

Cuando Orhan nació en 1952, la riqueza de su familia se había reducido, pero se crio en uno de los distritos más elegantes de Estambul, Nişantaşı, en el lado europeo del Bósforo. Se esperaba que Orhan siguiera la tradición familiar y se convirtiera en ingeniero civil, pero él soñaba con ser escritor. Tras graduarse en el American Robert College de Estambul, sucumbió a la presión familiar y se matriculó en la Escuela Técnica para estudiar arquitectura. Descontento, abandonó esta carrera a los tres años y se trasladó a la Universidad de Estambul, donde se graduó en periodismo en 1976. A partir de los 23 años, vivió con su madre y se dedicó a escribir novelas. El primer libro publicado fue *Cevdet Bey e hijos* (1982), un relato sobre tres generaciones de una familia de Nişantaşı. La novela fue bien recibida por la crítica y ganó dos destacados premios literarios turcos, éxito que le permitió salir de casa y casarse.

De Oriente a Occidente

Un año después publicó *La casa del silencio* y en 1985, *El castillo blanco*, un examen de la relación entre amo y esclavo, ambientado en el Estambul del siglo xvii. Ese año, se trasladó a Nueva York, donde ejerció de profesor visitante de la Universidad de Columbia. En 1988 regresó a su hogar para seguir su carrera de novelista. *Me llamo Rojo* (1998), al igual que muchas de las obras de Pamuk, refleja las tensiones culturales entre el viejo mundo islámico y los valores occidentales, esta vez a través de una historia de intriga entre artistas en la corte otomana del sultán Murad III.

El lenguaje creativo de Pamuk y el uso de varios recursos literarios posmodernos, como múltiples e inusuales narradores (incluidos un perro y un cadáver), le valieron el reconocimiento internacional, y el gobierno turco le ofreció el prestigioso título de «artista estatal», un honor que él rechazó. Fue galardonado con el Premio Nobel de Literatura en 2006, y sigue viviendo y trabajando en su apartamento de Nişantaşı.

◁ **ORHAN PAMUK, 1992**
Fotografiado aquí en Estambul, Pamuk es el novelista más exitoso de Turquía, aunque es una figura controvertida en su país de origen. Su décima novela, *La mujer del pelo rojo* (2016) cuenta la relación entre un pocero y su aprendiz.

CONTEXTO
Insultar a Turquía

Pamuk no se considera un escritor abiertamente político, pero ha abogado por la adhesión de Turquía a la Unión Europea y, como defensor de la libertad de expresión, ha criticado al gobierno por la censura de escritores disidentes, y por el trato dado a los kurdos.

En 2005, también hizo referencia pública al genocidio armenio, una masacre llevada a cabo por los turcos durante la Primera Guerra Mundial, señalando que «Treinta mil kurdos fueron asesinados aquí, y un millón de armenios. Y casi nadie se atreve a mencionarlo». Por referirse a este tema tabú, Pamuk fue acusado de insultar a la República. La condena internacional por su procesamiento hizo que se sobreseyera el caso, pero después de una apelación, el autor fue declarado culpable y obligado a pagar unos 1500 euros de multa.

▽ **VISTA DEL BÓSFORO**
Pamuk escribe en un estudio con vistas al Bósforo en Estambul. La ciudad, la antigua capital imperial otomana, es el escenario de gran parte de su obra.

Mo Yan

NACIDO EN 1955, CHINO

Conocido por sus novelas de humor negro, Mo Yan combina realismo socialista y realismo mágico con la literatura y el folclore chinos para ofrecer una visión surrealista y satírica de la vida en China.

El «Pueblo del Nordeste» en el que se desarrollan muchas de las novelas de Mo Yan es una versión ficticia de su ciudad natal, Gaomi, en la provincia de Shandong, al nordeste de China. Sus padres eran agricultores cuando nació (con el nombre de Guan Moye) y durante el Gran Salto Adelante, un período entre 1958 y 1962, cuando las políticas del presidente Mao para modernizar la economía agraria de China desencadenaron una hambruna generalizada.

En 1966, en los últimos años del mandato de Mao, Guan Moye, de 11 años, dejó la escuela para trabajar la tierra. Siete años más tarde, se incorporó a una fábrica de algodón, donde empezó a interesarse por la literatura. Durante este tiempo, sus lecturas se limitaban a los libros de realismo social aprobados por las autoridades, y solo más tarde descubrió a los clásicos chinos y las traducciones de autores extranjeros. Aun admirando el realismo social de escritores chinos como Lu Xun, descubrió a William Faulkner y Gabriel García Márquez.

Guan Moye se alistó en el Ejército Popular de Liberación (EPL), pero dedicó gran parte de su tiempo libre a leer y escribir. Una de sus historias cortas fue publicada en 1981 en una revista literaria con el seudónimo de Mo Yan. Sus primeros relatos ya mostraban un estilo original influido por el realismo mágico de García Márquez y la literatura tradicional china, pero consciente de la máxima de Mao según la cual un escritor se debe antes a la política que al arte.

◁ **MO YAN, 2006**
Mo Yan ha alcanzado fama internacional. Su seudónimo, que significa «no hables», fue posiblemente una advertencia que recibió en la China de Mao Zedong.

Fama creciente

En 1984 se inscribió en la Academia de Arte del EPL para un curso de literatura de dos años. Mientras estuvo allí, publicó cuentos cortos, entre ellos «El rábano transparente» y «Explosiones», que fueron bien recibidos por la crítica, pero fue su primera novela, *Sorgo rojo*, situada en los años brutales de la segunda guerra sino-japonesa, la que le valió fama nacional y luego internacional. Originalmente, sus cinco partes se serializaron en revistas en 1986, pero la popularidad llevó a su publicación en forma de libro ese mismo año, y a una película basada en la novela en 1987. Muchas de las obras posteriores de Mo Yan ampliaron la exitosa mezcla de mito y realismo usada en *Sorgo rojo*. Así por ejemplo, *La república del vino* (2000) se aleja de una narrativa realista y adopta géneros tan diversos como la novela negra y los cuentos sobrenaturales chinos tradicionales para hacer comentarios sarcásticos sobre la sociedad china. Si bien sus obras tienen una estructura experimental y son consideradas posmodernas desde una perspectiva occidental, Mo Yan se inspira en el folclore chino y en las tradiciones narrativas del país. En 2012, recibió el Premio Nobel de Literatura y se convirtió en el primer escritor chino en recibir el galardón.

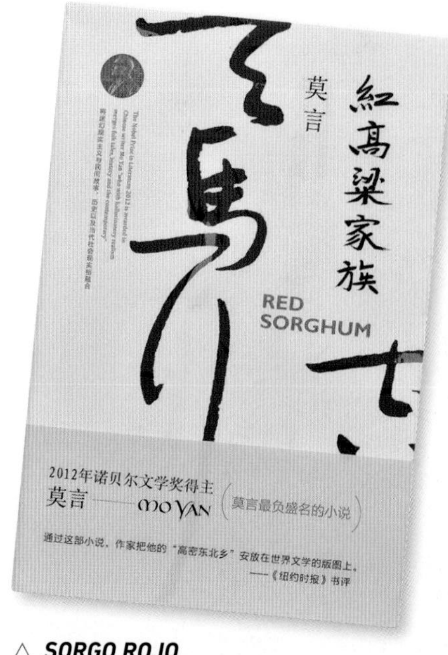

△ ***SORGO ROJO***
Sorgo rojo cuenta la historia de una familia de Gaomi en los turbulentos años del siglo xx. El libro fue adaptado al cine en una premiada película de Zhang Yimou.

CONTEXTO
Relatos tradicionales

Una influencia importante en la imaginación literaria de Mo Yan fue el *pingshu*, el arte tradicional chino de contar cuentos, que se remonta al menos a 2000 años. Sus practicantes aprendían este arte (que incluía memorizar largos pasajes de texto) a través de un largo aprendizaje con un maestro, y adornaban sus historias con sencillas aportaciones personales, como, por ejemplo, abrir un abanico o dibujar una espada. Los *pingshu* sobre soldados valientes y oficiales incorruptibles (como el sagrado Lord Bao, el defensor de la justicia) proporcionaron los valores sociales positivos que entraron a formar parte del folclore del pueblo chino.

SELLO DE 2015 QUE MUESTRA A LORD BAO, UNA FIGURA DEL FOLCLORE CHINO

Arundhati Roy

NACIDA EN 1961, INDIA

La primera novela de Roy, la única durante 20 años, ganó el Booker Prize y tuvo un gran éxito comercial. Activista en favor de las causas políticas y ambientales, Roy ha sido amenazada con la cárcel.

Suzanna Arundhati Roy nació en un entorno poco convencional. Su madre, Mary, era una cristiana siria y su padre, un hindú bengalí. A los dos años, sus padres se divorciaron, y Roy se fue a vivir con su madre y su hermano a la casa del abuelo. Luego, la familia se mudó a Kerala, en el sur de la India, donde Mary abrió una escuela (al principio con solo siete alumnos, dos de los cuales eran sus propios hijos) y destacó como activista de los derechos humanos.

La vida de Roy estuvo influida por su inconformista madre y por la falta de la presencia paterna. De joven se negó a hacer lo que se esperaba de una mujer india, y a los 16 años abandonó su pueblo natal para estudiar arquitectura en Delhi, donde vivió con su novio de entonces.

Tras una estancia en Goa, Roy regresó a la capital donde conoció al productor de cine Pradip Krishen, quien le dio el papel principal en la premiada película, *Massey Sahib* (1985). Se casaron, aunque luego se separaron.

◁ **ARUNDHATI ROY, 2017**
Roy ha aparecido en la lista de las 100 personas más influyentes en la revista *Time*. La publicación de su segunda novela, tras una pausa de 20 años, ha despertado un renovado interés.

◁ **DÍAS ESCOLARES**
Una niña en la escuela fundada por la madre de Roy. Arundhati ayudó en la escuela, hecho que la disuadió de tener hijos.

Éxito comercial

A los 31 años, Roy comenzó a trabajar en su primera novela, *El dios de las pequeñas cosas*, una obra en parte autobiográfica sobre una familia india que se va desintegrando debido a tragedias y escándalos. Tardó más de cuatro años en terminarla, pero fue una sensación comercial cuando se publicó en 1997. Además del éxito, el libro ocasionó problemas a su autora, que fue acusada de obscenidad en su estado natal de Kerala.

Escritura y activismo

Desde finales de la década de 1990, Roy ha escrito docenas de ensayos y libros de no ficción, ha realizado documentales y ha participado en protestas contra la política exterior de Estados Unidos en Afganistán, el programa de ensayos nucleares y la construcción de represas en la India, la globalización y el nacionalismo hindú. Esto la llevó a la cárcel y ante una multitud que le arrojaba piedras, acusada de sedición. En 2016, abandonó la India temiendo por su vida. Su posición cuestiona el modelo económico de la India, y ha dado voz a los desfavorecidos.

En 2017, Roy publicó una segunda novela, *El ministerio de la felicidad suprema*, en que pide a sus personajes que decidan qué editorial debería publicar el libro; tan brillantes e inconformistas como su creadora, eligen la que ofrece la mitad de dinero que los demás postores.

ESTILO
Creando un lenguaje

En *El dios de las pequeñas cosas*, Roy explora sus experiencias vitales en la India poscolonial, deconstruyendo al mismo tiempo el idioma inglés, en parte como una forma de resistencia frente a la dominación colonial británica. Su colorista e imaginativo estilo rompe las reglas de la gramática: escribe palabras en mayúscula e inventa frases inusuales y palabras compuestas. El escritor John Updike elogió a la autora por su capacidad de crear su «propio lenguaje».

EL DIOS DE LAS PEQUEÑAS COSAS

« Eso es lo que hacen las **palabras descuidadas**. Hacen que la gente **te ame un poco menos**. »

ARUNDHATI ROY, *EL DIOS DE LAS PEQUEÑAS COSAS*

Directorio

Roald Dahl

1916-1990, BRITÁNICO

Dahl se convirtió en vida en uno de los autores infantiles más queridos del mundo. Nació en Gales de padres noruegos, asistió a un internado en Derbyshire y trabajó en la industria petrolera. Como piloto de combate en la Segunda Guerra Mundial, aterrizó en Libia y se lesionó. Sus hazañas en tiempos de guerra inspiraron su primer trabajo publicado. Sus libros están poblados de grotescos villanos excéntricos y otros personajes descritos con malignos detalles. Sus cuentos cortos para adultos también alcanzaron gran popularidad. Giran alrededor de tramas diabólicas, y muchos de ellos han sido adaptados al teatro y a la televisión. Dahl también escribió dos populares volúmenes autobiográficos.

OBRAS CLAVE: *James y el melocotón gigante*, 1961; *El superzorro*, 1970; *Relatos de lo inesperado*, 1979; *Matilda*, 1988

Philip Roth

1933-2018, ESTADOUNIDENSE

Roth es un novelista autobiográfico cuya larga y exitosa carrera ha tenido un estallido de creatividad en los últimos años. Nacido en Newark, Nueva Jersey, de inmigrantes judíos de primera generación, su infancia y educación, así como sus relaciones sexuales con mujeres, han sido una fuente importante para su ficción.

Ganó el National Book Award por su primer libro, *Goodbye, Columbus* (1959), y diez años más tarde se hizo famoso con *Portnoy's Complaint*, la novela que parecía resumir las angustiosas actitudes de su generación hacia el amor y el sexo. En mitad de su carrera, Roth trató de difuminar la línea entre ficción y realidad, con novelas que incluían un imaginario narrador llamado Philip Roth. Tras sobrevivir al cáncer en la década de 1990, experimentó una renovación sorprendente, escribiendo gran cantidad de novelas consideradas obras maestras, varias narradas por sus *alter egos* de ficción Nathan Zuckerman y David Kapesh.

OBRAS CLAVE: *Goodbye, Columbus*, 1959; *Portnoy's Complaint*, 1969; *El teatro de Sabbath*, 1995; *Pastoral americana*, 1995

Kenzaburo Oe

NACIDO EN 1935, JAPONÉS

Uno de los escritores más innovadores de la posguerra en Japón, Kenzaburo Oe nació en 1935 en Shikoku, la más pequeña y distante de las cuatro islas principales de Japón. Como estudiante universitario, su timidez natural se vio agravada por el bochorno que sentía tanto por su acento rural como por su tartamudeo, por lo que se aislaba y trabajaba de noche en su carrera literaria.

Esta timidez tal vez contribuyó a la naturaleza interior de su ficción, que está muy influida por la filosofía del existencialismo. La vida de Oe se transformó en 1960 con el nacimiento de su primer hijo, Hikari, que tenía graves problemas de aprendizaje. Oe creó un fuerte vínculo con el niño y las dificultades de comunicación entre ambos se convirtieron en un elemento clave de sus novelas y cuentos cortos. En 1994, fue el segundo escritor japonés en recibir el Premio Nobel de Literatura.

OBRAS CLAVE: *Arrancad las semillas, fusilad a los niños*, 1958; *La presa*, 1958; *Una cuestión personal*, 1964

△ ANNIE PROULX, 2003

△ Annie Proulx

NACIDA EN 1935, ESTADOUNIDENSE

Novelista, escritora de cuentos cortos y crítica, Proulx nació en Norwich, Connecticut. Se graduó en la universidad a los 34 años, edad a la que ya se había casado y divorciado tres veces, y tenía cuatro hijos. Atraída por la naturaleza, después de licenciarse en 1973, se instaló en una cabaña en los bosques de Vermont y mantuvo a sus hijos escribiendo artículos periodísticos sobre caza, pesca y autosuficiencia.

Proulx llamó la atención por sus cuentos cortos, y aunque no tenía intención de escribir novela, se vio obligada a hacerlo por una cláusula de su contrato de publicación. Sorprendentemente encontró la fórmula adecuada y se hizo famosa con su segunda novela, *The Shipping News*. Su obra, rica en observación social, ha recibido numerosos premios. Destaca por su retrato de las duras realidades de la vida rural en Estados Unidos.

OBRAS CLAVE: *Atando cabos*, 1993; *Los crímenes del acordeón*, 1996; «Brokeback Mountain», 1997

Mario Vargas Llosa

NACIDO EN 1936, PERUANO

Vargas Llosa nació en una familia de clase media en Arequipa, Perú. Sus padres se divorciaron antes de que naciera y creció mimado por la familia de la madre. A los diez años, el matrimonio se reconcilió y el padre, desaprobando sus ambiciones literarias, lo envió a estudiar a una academia militar. Plasmó esta experiencia en su primera novela, *La ciudad y los perros*, en la que ataca la represión en las esferas tanto públicas como privadas; esta crítica de las instituciones peruanas causó controversia en su momento. Vivió durante períodos en París, Londres, Barcelona y Madrid, pero su ficción siguió arraigada en la vida peruana, denunciando (a menudo con gran invención cómica) la corrupción de la Iglesia y la dictadura.

Vargas Llosa formó parte del «boom latinoamericano» de los años 1960, que supuso la rápida difusión de la literatura sudamericana, gran parte de la cual tuvo una carga política. Primero izquierdista y luego un demócrata de centro, se involucró en la política peruana y se postuló para presidente en 1990. Ganó el Premio Nobel de Literatura en 2010.

OBRAS CLAVE: *La ciudad y los perros,* 1965; *Conversación en la Catedral,* 1969; *Tía Julia y el escribidor,* 1977

▷ Georges Perec

1936-1982, FRANCÉS

Georges Perec, nacido en Francia en una familia polaco-judía, perdió a sus padres en la Segunda Guerra Mundial, la madre en Auschwitz. Fue criado por familiares y, a los 20 años, mostraba gran interés por la escritura experimental. Su primera novela, *Las cosas*, con la estructura de un caso práctico sociológico, tuvo un gran éxito, al igual que las dos siguientes. Sintiéndose en un *impasse* creativo, se unió al OuLiPo (ver recuadro p. 283), fundado por el novelista Raymond Queneau y el matemático François Le Lionnais, e intentó crear una síntesis de matemáticas y literatura. Bajo estas premisas, Perec escribió *El secuestro*, una novela que omite por completo la letra «e» en francés (la «a» en la traducción española). Siguieron varios trabajos experimentales, incluido un palíndromo de 5.000 palabras y *La vida instrucciones de uso*, antes de su muerte prematura en 1982.

OBRAS CLAVE: *Las cosas,* 1965; *El secuestro,* 1969; *La vida instrucciones de uso,* 1978

Thomas Pynchon

NACIDO EN 1937, ESTADOUNIDENSE

Uno de los novelistas más enigmáticos de Estados Unidos, Pynchon nació en Long Island y se educó en Cornell. Sirvió dos años en la Marina y tras la publicación de su primera novela, *V.*, a los 26 años, y de trabajar como redactor técnico para Boeing, hizo todo lo posible para huir de los medios. Su misteriosa vida privada contribuyó al seguimiento de su obra, y debido a que sus novelas están arraigadas en la paranoia de la contracultura de los años 1960, han surgido teorías descabelladas sobre el escritor y su obra. Lo único que se sabe es que ha vivido en México, California y Nueva York, y que se casó con su agente literaria. En las últimas décadas, ha escrito largas novelas históricas tan alejadas en el tiempo como la expedición Mason/Dixon del siglo XIX y sobre la burbuja puntocom de finales de los 90; también ha experimentado con el género pastiche.

OBRAS CLAVE: *V.*, 1963; *La subasta del lote 49*, 1966; *El arco iris de gravedad*, 1973

△ **GEORGES PEREC, 1965**

Raymond Carver

1938-1988, ESTADOUNIDENSE

Carver es uno de los más grandes autores de cuentos cortos de Estados Unidos. Nacido en Oregón, a los 20 años estaba casado y tenía dos hijos. Realizó trabajos varios para mantener a la familia y empezó a escribir tras asistir a un taller de escritura creativa.

Abandonó la universidad dos veces, y su carrera como profesor y escritor se desarrolló lentamente: su genialidad no fue reconocida hasta su muerte a los 50 años. Las tristes historias poéticas de Carver relatan la angustia de las relaciones y la lucha de sus personajes para comunicarse y soportar las adversidades de la vida (la suya se vio afectada por el alcoholismo). En los años 2000, surgió la polémica al saberse que su editor había reelaborado sus mejores cuentos, dándoles mayor grandeza, pero conserva su lugar en el catálogo de escritores de cuentos cortos.

OBRAS CLAVE: *¿Quieres hacer el favor de callarte, por favor?*, 1976; *De qué hablamos cuando hablamos de amor,* 1981; *Catedral,* 1983

Ngũgĩ wa Thiong'o

NACIDO EN 1938, KENIATA

Novelista, dramaturgo, ensayista y crítico, Ngũgĩ nació en Kamirithu, Kenia. Su familia quedó atrapada en la guerra del Mau Mau de los años 1950, durante la cual su madre fue torturada.

En 1964, Ngũgĩ obtuvo una beca para la Universidad de Leeds, norte de Inglaterra, donde escribió *The River Between*, una novela sobre la rebelión del Mau Mau, que en la actualidad se lee en las escuelas de Kenia.

En 1967, rechazó el cristianismo, el idioma inglés y su nombre de nacimiento (James), y eligió escribir en kikuyu o en suajili. Más tarde se hizo famoso por crear un nuevo tipo de teatro que, con su extenso uso de la improvisación y la interacción con el público, era más accesible para el público no burgués.

En 1977, fue encarcelado en Kenia durante un año por el mensaje político de su obra de teatro *Ngaahika Ndeenda* (*Me casaré cuando quiera*); al ser liberado, huyó a Estados Unidos. En su país de adopción, ha enseñado en Yale y en la Universidad de California, y es candidato al Nobel de Literatura.

OBRAS CLAVE: *The River Between,* 1965; *El grano de trigo,* 1967; *Ngaahika Ndeenda,* 1976

△ ALICE WALKER

Margaret Atwood

NACIDA EN 1939, CANADIENSE

Atwood es una prolífica y premiada novelista y poeta. Nacida en Ottawa, Ontario, pasó los veranos de su infancia explorando la zona boscosa de Quebec, y en la adolescencia se interesó por la pintura y el diseño de ropa, antes de dedicarse a la escritura. En la Universidad de Toronto, tuvo como mentor al crítico Northrop Frye, que alentó su actividad poética. Se han publicado varios volúmenes de sus poemas con buena acogida, comenzando con *Double Persephone* (1961), pero la escritora ha tenido sus mayores éxitos como novelista.

Es sobre todo conocida por sus novelas históricas y de ciencia ficción (ella prefiere llamarla «ficción especulativa»), en las que utiliza el género para explorar la degradación ambiental, conexiones de la gente con la naturaleza y, especialmente, los temas de la misoginia y el lugar de la mujer en la sociedad. En su obra más famosa, *El cuento de la criada*, presenta una visión sombría del patriarcado ambientado en una distopía totalitaria en Nueva Inglaterra. Esta obra fue el texto literario número uno en las escuelas de Estados Unidos en 1995 y fue adaptada para cine y televisión.

OBRAS CLAVE: *Resurgir*, 1972; *El cuento de la criada*, 1985; *El asesino ciego*, 2000

△ Alice Walker

NACIDA EN 1944, ESTADOUNIDENSE

Alice Walker, ganadora del Premio Pulitzer, creó prácticamente de manera personal el campo de los estudios sobre las mujeres afroamericanas. Nacida en una familia de campesinos de Georgia, y medio ciega por un accidente cuando tenía ocho años, Walker era una niña tímida y estudiosa. Alentada por su madre, obtuvo una beca para el Spelman College de Atlanta, donde descubrió y se inspiró en las obras de la escritora y folclorista afroamericana Zora Neale Hurston (1891-1960).

Walker se involucró en el Movimiento por los derechos civiles, enseñó en varias universidades y escribió muchas novelas, cuentos cortos y poesía antes de conseguir una gran audiencia con *El color púrpura* (1982), una novela epistolar sobre una niña maltratada e inculta de Georgia, que se convirtió en una película ganadora de varios Oscar. Vive en California, sigue activa en política y continúa escribiendo sobre el sur de Estados Unidos y la vida de las mujeres afroamericanas.

OBRAS CLAVE: *Meridian*, 1976; *El color púrpura*, 1982; *En posesión del secreto de la alegría*, 1992

Paul Auster

NACIDO EN 1947, ESTADOUNIDENSE

Nacido en una familia judía en South Orange, Nueva Jersey, Auster desarrolló su amor por la literatura al hurgar en la biblioteca de su tío, el traductor Allen Mandelbaum. Estudió en la Universidad de Columbia y se licenció en 1970; poco después se marchó a París y luego a la Provenza, donde encontró trabajo como cuidador de una casa de campo. Regresó a Estados Unidos en 1974.

En la década de 1970 y principios de los años 1980, Auster sobrevivió como poeta, ensayista y editor con la ayuda de varias becas prestigiosas, antes de escribir su gran obra *Trilogía de Nueva York*, tres novelas cortas que exploran la identidad y la ilusión de forma brillante e inesperada.

Los libros de Auster suelen presentar paradojas o rompecabezas kafkianos que afectan al protagonista principal, a menudo un escritor. Sus obras son a la vez intelectualmente desafiantes y muy legibles, con un atractivo que lo ha llevado a la cima de las listas de libros más vendidos a nivel internacional. Auster vive en Brooklyn, Nueva York.

OBRAS CLAVE: *Trilogía de Nueva York*, 1985-86; *El libro de las ilusiones*, 2002; *Brooklyn Follies*, 2005

Salman Rushdie

NACIDO EN 1947, BRITÁNICO

Rushdie es sobre todo conocido por sus premiadas novelas de realismo mágico que tratan temas tan problemáticos como el poscolonialismo y el islam.

Nacido en una familia musulmana adinerada de Bombay, Rushdie se educó en la India e Inglaterra, y trabajó como redactor publicitario en Londres mientras escribía sus dos primeras novelas. La segunda, *Hijos de la medianoche*, tiene el mérito de haber ganado el Premio Booker tres veces: primero en 1982, y luego en dos premios retrospectivos, el «Best of Booker» de 1993 y 2008.

La vida de Rushdie sufrió un vuelco en 1989, cuando el ayatolá Jomeini, líder espiritual de Irán, lanzó una *fatwa* (sentencia de muerte) contra él por insultos al profeta Mahoma en su novela *Los versos satánicos*. Rushdie vivió escondido durante años rodeado de guardias armados, y aunque la *fatwa* fue declarada «concluida» por los funcionarios iraníes en 1998, nunca se ha levantado. Rushdie se ha casado cuatro veces y ahora vive en Nueva York.

OBRAS CLAVE: *Hijos de la medianoche*, 1981; *Los versos satánicos*, 1988; *El último suspiro del moro*, 1994

Javier Marías

NACIDO EN 1951, ESPAÑOL

El novelista y traductor Marías nació en Madrid, hijo del famoso filósofo Julián Marías, que fue encarcelado por oponerse al dictador Franco. Pasó parte de su infancia con su padre en Estados Unidos, para luego regresar a la Universidad de Madrid, donde comenzó a traducir al español algunas de las obras más importantes de reconocidos escritores, como Updike, Nabokov, Faulkner, Conrad y Hardy. Recibió el Premio Nacional de Traducción por la versión española de *Tristram Shandy* de Sterne.

Sus obras de ficción también están relacionadas con la traducción. Sus protagonistas son en su mayoría traductores o intérpretes, que donan o renuncian a sus propias voces de varias maneras, mostrando cómo la ficción puede incidir en los hechos y viceversa. Su trabajo más ambicioso sobre este tema es *Tu rostro mañana*, una trilogía terminada en la década de 2000.

En 2006, fue elegido miembro de la Real Academia Española; en su investidura declaró que encontraba «bastante infantil» escribir ficción.

OBRAS CLAVE: *Corazón tan blanco*, 1992; *Negra espalda del tiempo*, 1998; *Tu rostro mañana*, 2002, 2004, 2007

▷ Kazuo Ishiguro

NACIDO EN 1954, BRITÁNICO

Uno de los autores más condecorados de habla inglesa, Kazuo Ishiguro nació en Nagasaki; sus padres lo llevaron a Inglaterra en 1960, cuando apenas tenía cinco años.

Tras graduarse en la Universidad de Kent, Ishiguro se convirtió en uno de los primeros graduados del ilustre curso de Escritura Creativa de la Universidad de East Anglia, donde estudió con Malcolm Bradbury y Angela Carter.

Aunque sus dos primeras novelas, *Pálida luz en las colinas* (1982) y *Un artista del mundo flotante* (1986), estaban ambientadas en Japón, Ishiguro admitió más tarde que esta era una tierra imaginaria para él, ya que no había visitado su país natal desde que se fue en la infancia. En 1983, consiguió la ciudadanía británica, aunque ahora dice que siempre se ha considerado un escritor japonés. Por lo general, sus novelas están escritas en primera persona por personajes que aparecen como testigos con defectos o imperfecciones a medida que la trama se va desarrollando. Sus «novelas de gran fuerza emocional» le valieron el Premio Nobel de Literatura en 2017. Vive en Londres.

OBRAS CLAVE: *Los restos del día*, 1989; *Los inconsolables*, 1995; *Nunca me abandones*, 2005

Michel Houellebecq

NACIDO EN 1956, FRANCÉS

Houellebecq, escritor, crítico y guionista, nació en la isla de Reunión en el océano Índico. Abandonado por sus padres a los seis años, fue a vivir con su abuela en los suburbios parisinos. En la década de 1990, se embarcó en las novelas que lo hicieron internacionalmente famoso: retratos sombríos y cínicos de la futilidad de la vida moderna. A menudo nihilista, obsceno y ferozmente crítico con la ortodoxia liberal, su obra ha sido elogiada y criticada en igual medida.

Durante su gira publicitaria para *Plataforma* en 2001, Houellebecq fue acusado de incitar al odio religioso tras presuntamente insultar el islam. La controversia derivada de ello ha hecho incrementarse las ventas de sus libros, pero a veces ha requerido medidas de protección para garantizar su seguridad. Casualmente, una caricatura de Houellebecq aparecía en la portada de la revista satírica *Charlie Hebdo* el día de 2015 en que sus oficinas fueron atacadas por un comando de Al-Qaeda.

OBRAS CLAVE: *Ampliación del campo de batalla*, 1994; *Las partículas elementales*, 1998

△ **KAZUO ISHIGURO, 1995**

Índice

Los números de página en **negrita** remiten a las entradas principales.

H

I

J

K

L

Agradecimientos

Cobalt id agradece a Helen Peters la elaboración del índice. Los editores agradecen a las personas y entidades siguientes su permiso para la reproducción de sus fotografías:

(Leyenda: a: arriba; b: abajo; c: centro; i: izquierda; d: derecha; s: superior)

2 Getty Images: Stock Montage / Contributor (c). **3 Alamy Stock Photo:** maurice joseph (c). **5 Getty Images:** ullstein bild Dtl. / Contributor (c). **12 Getty Images:** Fine Art / Contributor (ca). **12 Alamy Stock Photo:** ART Collection (cdb). **13 Getty Images:** UniversalImagesGroup / Contributor (c). **14 Getty Images:** DEA / G. DAGLI ORTI / Contributor (bi). DEA / A. DAGLI ORTI / Contributor (sd). **15 Alamy Stock Photo:** Alexei Fateev (si). **15 Getty Images:** De Agostini Picture Library / Contributor (cd). **16 Alamy Stock Photo:** Hemis (bi). **16 Getty Images:** Heritage Images / Contributor (cdb). **17 Getty Images:** Leemage / Contributor (c). **18 Alamy Stock Photo:** Art Collection 3 (cb). jamesjagger / StockimoNews (cdb). **19 Alamy Stock Photo:** Classic Image (c). **20 Getty Images:** UniversalImagesGroup / Contributor (si). Fine Art Photographic / Contributor (bi). **20-21 Getty Images:** David Goddard / Contributor (sd). **21 Bridgeman Images:** © Christie's Images (cd). **22 Alamy Stock Photo:** Hemis (cia). ART Collection (cdb). **23 Bridgeman Images:** Chateau de Versailles, Francia (c). **24 TopFoto:** Roger-Viollet (si). **24 Getty Images:** Heritage Images / Contributor (sd). DEA / V. PIROZZI / Contributor (bi). **25 Getty Images:** DEA / J. E. BULLOZ / Contributor (bd). **26 Getty Images:** Christophel Fine Art / Contributor (c). **27 Alamy Stock Photo:** Hemis (bi). **27 Getty Images:** Culture Club / Contributor (bd). **28 Getty Images:** Leemage / Contributor (ca). Culture Club / Contributor (bd). **29 Alamy Stock Photo:** Granger Historical Picture Archive (c). **30 Getty Images:** ullstein bild Dtl. / Contributor (si). CURTO DE LA TORRE / Stringer (sd). Photo Josse/ Leemage / Contributor (bd). **31 Alamy Stock Photo:** robertharding (bd). **32 Alamy Stock Photo:** DavidCC (cia). **32 Getty Images:** Scott Barbour / Staff (cdb). **33 Getty Images:** Fine Art / Contributor (c). **34 Alamy Stock Photo:** Falkenstein / Bildagentur-online Historical Collect (sc). North Wind Picture Archives (ci). **35 Alamy Stock Photo:** Hirarchivum Press (s). **36 Getty Images:** Print Collector / Contributor (ci). DEA PICTURE LIBRARY / Contributor (sd). **37 Alamy Stock Photo:** ART Collection (sd). Michael Brooks (b). **38 Bridgeman Images:** National Portrait Gallery, Londres (c). **39 Getty Images:** Culture Club / Contributor (cia). De Agostini Picture Library / Contributor (cd). Universal History Archive / Contributor (bd). **40 Getty Images:** DEA PICTURE LIBRARY / Contributor (sd). **41 Getty Images:** PHAS / Contributor (sd). **41 Alamy Stock Photo:** PjrStatues (bi). parkerphotography (bd). **42 Alamy Stock Photo:** Lebrecht Music and Arts Photo Library (sd). **42 Getty Images:** Photo Josse / Leemage / Contributor (bd). **43 Getty Images:** Photo Josse / Leemage / Contributor (c). **44 Alamy Stock Photo:** Artokoloro Quint Lox Limited (c). **45 Bridgeman Images:** London Metropolitan Archives, City of London (sd). **45 Alamy Stock Photo:** Peter Horree (bd). **46 Alamy Stock Photo:** PersimmonPictures.com (bi). JTB MEDIA CREATION, Inc. (cdb). **47 Getty Images:** Apic / RETIRED / Contributor (c). **48 Getty Images:** Stock Montage / Contributor (c). **49 Getty Images:** Print Collector / Contributor (si). **49 Alamy Stock Photo:** Peter Horree (bd). **50 Alamy Stock Photo:** Florilegius (sc). **50 Getty Images:** Culture Club / Contributor (bi). **51 Alamy Stock Photo:** AF Fotografie (sd). **51 Getty Images:** MARTIN BERNETTI / Staff (b). **52 Alamy Stock Photo:** Ian Dagnall (sd). **53 Alamy Stock Photo:** Ian Dagnall (bi). AF Fotografie (cda). Chronicle (bd). **54 Getty Images:** Photo Josse / Leemage / Contributor (c). **55 Bridgeman Images:** Wallace Collection, Londres (cd). **55 Getty Images:** AFP / Stringer (bd). **56 Alamy Stock Photo:** Classic Image (bc). **57 Getty Images:** Christophel Fine Art / Contributor (si). **60 Alamy Stock Photo:** Heritage Image Partnership Ltd (c). **61 Alamy Stock Photo:** Novarc Images (bi). **61 Getty Images:** Ulrich Baumgarten / Contributor (bd). **62 Alamy Stock Photo:** FALKENSTEINFOTO (ci). **62 Getty Images:** Heritage Images / Contributor (bd). **63 Getty Images:** DEA PICTURE LIBRARY / Contributor (si). **63 akg-images:** Joseph Martin (bd). **64 Alamy Stock Photo:** Simon Whaley Landscapes (ci). **64 Getty Images:** Culture Club / Contributor (cdb). **65 Alamy Stock Photo:** Granger Historical Picture Archive (c). **66 Alamy Stock Photo:** SuperStock (si). Richard Allen (cib). **66 Getty Images:** Olaf Protze / Contributor (bd). **67 Alamy Stock Photo:** nobleIMAGES (ca). Paul Fearn (cb). **67 Alamy Stock Photo:** Pictorial Press Ltd (cdb). **68 Alamy Stock Photo:** Peter Titmuss (bi). **68 Getty Images:** Culture Club / Contributor (sc). DEA PICTURE LIBRARY / Contributor (bd). **69 Bridgeman Images:** Private Collection (c). **70 Alamy Stock Photo:** Ruby (si). **70 Bridgeman Images:** Private Collection / The Stapleton Collection (bc). **71 Alamy Stock Photo:** Steve Vidler (s). **71 Bridgeman Images:** British Library, Londres / © British Library Board. Todos los derechos reservados (bd). **72 Getty Images:** Heritage Images / Contributor (c). **73 Getty Images:** DEA / G. DAGLI ORTI / Contributor (bi). **73 Alamy Stock Photo:** Everett Collection Inc (cdb). **74 Alamy Stock Photo:** Glyn Genin (bi). Paul Fearn (cdb). **75 akg-images:** Pictures From History (c). **76 Alamy Stock Photo:** Peter Horree (sd). **77 TopFoto:** ©Roger-Viollet (sd). **77 akg-images:** Erich Lessing (bi). **77 Bridgeman Images:** Musee de la Ville de Paris, Maison de Balzac, París, Francia / Archives Charmet (bd). **78 Getty Images:** Photo Josse / Leemage / Contributor (c). **79 Getty Images:** Apic / RETIRED / Contributor (c). Mondadori Portfolio / Contributor (bd). **80 Getty Images:** Photo Josse/Leemage / Contributor (cib). **80 Alamy Stock Photo:** age fotostock (bc). **80 TopFoto:** Roger-Viollet (sd). **81 Getty Images:** Christophel Fine Art / Contributor (s). Popperfoto / Contributor (c). **83 Getty Images:** Bettmann / Contributor (sd). **83 Alamy Stock Photo:** Chronicle (bi). **83 Dorling Kindersley**: Dreamstime.com / Thomas Barrat / Tbarrat (bd). **84 Getty Images:** Bettmann / Contributor (sd). **85 Getty Images:** Culture Club / Contributor (si). Barry Winiker (bi). **85 Alamy Stock Photo:** BFA (bd). **86 Bridgeman Images:** Charles Dickens Museum, Londres (sd). **86 Getty Images:** Culture Club / Contributor (bd). **87 Getty Images:** Historical Picture Archive / Contributor (c). **88 Alamy Stock Photo:** Entertainment Pictures (bi). **88 Getty Images:** Culture Club / Contributor (sc). Epics / Contributor (bd). **89 Alamy Stock Photo:** VIEW Pictures Ltd (s). **90 Getty Images:** Culture Club / Contributor (si). **90 Alamy Stock Photo:** Paul Fearn (sd). **90 Getty Images:** Culture Club / Contributor (b). Mondadori Portfolio / Contributor (s). **92 Getty Images:** Fine Art / Contributor (c). **93 Alamy Stock Photo:** Steve Morgan (cd). **93 Getty Images:** Rischgitz / Stringer (bd). **94 Alamy Stock Photo:** Granger Historical Picture Archive (s). **94 Bridgeman Images:** Bronte Parsonage Museum, Haworth, Yorkshire, Reino Unido (bi). **95 Alamy Stock Photo:** Paul Fearn (si). Virginia Velasco (bd). **96 Alamy Stock Photo:** darryl gill (s). **96 Bridgeman Images:** Bronte Parsonage Museum, Haworth, Yorkshire, Reino Unido (bi). **97 Getty Images:** Culture Club / Contributor (sd). Fine Art Photographic / Contributor (bd). **98 Getty Images:** Mondadori Portfolio / Contributor (bi). **99 Alamy Stock Photo:** GL Archive (si). **100 Getty Images:** Print Collector / Contributor (sd). **101 Getty Images:** Print Collector / Contributor (bd). **104 Getty Images:** DEA PICTURE LIBRARY / Contributor (c). **105 Getty Images:** Culture Club / Contributor (sd). **105 Alamy Stock Photo:** Chronicle (bd). **106 Alamy Stock Photo:** David Lyons (cia). **106 Getty Images:** Michael Nicholson / Contributor (cdb). **107 Getty Images:** Bettmann / Contributor (c). **108 Getty Images:** Apic / RETIRED / Contributor (c). **109 Alamy Stock Photo:** Randy Duchaine (ca). Premium Stock Photography GmbH (cdb). **110 Getty Images:** Otto Herschan / Stringer (cib). Library of Congress / Contributor (cda). **111 Library of Congress:** (sd). **111 Getty Images:** GraphicaArtis / Contributor (b). **112 Getty Images:** De Agostini Picture Library / Contributor (cia). Photo 12 / Contributor (cdb). **113 Getty Images:** Apic / RETIRED / Contributor (c). **114 akg-images:** arkivi (si). **114 Bridgeman Images:** Tallandier (sd). **115 Getty Images:** De Agostini Picture Library / Contributor (sd). Christophel Fine Art / Contributor (bd). **116 Alamy Stock Photo:** Lebrecht Music and Arts Photo Library (c). **117 Getty Images:** Hulton Archive / Stringer (cia). adoc-photos / Contributor (cdb). **118 Bridgeman Images:** Tallandier (si). **118 Getty Images:** Photo Josse/Leemage / Contributor (b). **119 Getty Images:** Culture Club / Contributor (si). **119 Alamy Stock Photo:** Granger Historical Picture Archive (cdb). **120 Getty Images:** De Agostini Picture Library / Contributor (sd). Heritage Images / Contributor (bd). **121 Getty Images:** Fine Art / Contributor (c). **122 Alamy Stock Photo:** Paul Fearn (s). **122 Getty Images:** UniversalImagesGroup / Contributor (bi). **122 TopFoto:** RIA Novosti (bd). **123 TopFoto:** RIA Novosti (sd). RIA Novosti (cdb). **124 Getty Images:** Culture Club / Contributor (sd). **125 Alamy Stock Photo:** Paul Fearn (sd). **125 Getty Images:** Robbie Jack / Contributor (bd). **126 Getty Images:** Bettmann / Contributor (c). **127 Getty Images:** Bettmann / Contributor (sd). **127 Alamy Stock Photo:** Alexey Zarubin (bi). Art Collection 3 (bd). **128-129 akg-images:** Elizaveta Becker (si). **128 Alamy Stock Photo:** SPUTNIK (bi). **129 Alamy Stock Photo:** SPUTNIK (cda). **129 Getty Images:** Elliott & Fry / Stringer (cdb). **130 Alamy Stock Photo:** Granger Historical Picture Archive (sd). **131 Getty Images:** Universal History Archive / Contributor (sd). Hulton Archive / Stringer (bd). **132 Alamy Stock Photo:** Norman Eggert (bi). Granger Historical Picture Archive (cd). **133 Alamy Stock Photo:** IanDagnall Computing (c). **134 Getty Images:** Buyenlarge / Contributor (bi). Historical Picture Archive / Contributor (cd). **135 Getty Images:** Hulton Archive / Staff (c). **136 Alamy Stock Photo:** International Photobank (cia). **136 Getty Images:** Universal History Archive / Contributor (cdb). **137 Alamy Stock Photo:** Granger Historical Picture Archive (c). **138 Alamy Stock Photo:** Pictorial Press Ltd (ci). **138-139 Alamy Stock Photo:** David Noton Photography (sd). **139 Bridgeman Images:** British Library, London, UK / © British Library Board. All Rights Reserved (bi). **139 Alamy Stock Photo:** Chronicle (bd). **140 Getty Images:** Christophel Fine Art / Contributor (c). **141 Getty Images:** Photo 12 / Contributor (sd). DEA PICTURE LIBRARY / Contributor (bd). **142 Alamy Stock Photo:** IanDagnall (c). **143 Alamy Stock Photo:** Tim Jones (cb). **143 Getty Images:** Bettmann / Contributor (cd). **144 Alamy Stock Photo:** World History Archive (sd). **145 Getty Images:** DEA / A. DAGLI ORTI / Contributor (si). PHAS / Contributor (cda).

145 Lebrecht: Tristram Kenton (bd). **146 Getty Images:** Heritage Images / Contributor (c). **147 Getty Images:** DEA / J. L. CHARMET / Contributor (cia). Mondadori Portfolio / Contributor (cd). **147 Alamy Stock Photo:** Hemis (bd). **148 Alamy Stock Photo:** Heritage Image Partnership Ltd (sd). **149 Alamy Stock Photo:** Paul Fearn (bi). **149 Bridgeman Images:** British Library, Lomdres / © British Library Board. All Rights Reserved (sd). **149 Alamy Stock Photo:** Pictorial Press Ltd (bd). **150 Alamy Stock Photo:** ART Collection (bi). Everett Collection Inc (cd). **151 Alamy Stock Photo:** Granger Historical Picture Archive (c). **152 Getty Images:** API / Contributor (si). Universal History Archive / Contributor (sd). **152 Alamy Stock Photo:** Chronicle (bi). **153 Getty Images:** Caterine Milinaire / Contributor (s). **154 Alamy Stock Photo:** Peter Brown (bi). **154 Bridgeman Images:** Private Collection / The Stapleton Collection (cd). **155 Getty Images:** DEA PICTURE LIBRARY / Contributor (c). **156 Bridgeman Images:** Tretyakov Gallery, Moscú, Rusia (c). **157 TopFoto:** SCRSS (sd). **157 Alamy Stock Photo:** Heritage Image Partnership Ltd (cdb). **158 Alamy Stock Photo:** ITAR-TASS News Agency (si). **158 Getty Images:** SVF2 / Contributor (b). **159 Getty Images:** Heritage Images / Contributor (ca). **159 TopFoto:** SCRSS (bi). **159 Alamy Stock Photo:** Heritage Image Partnership Ltd (bd). **160 Getty Images:** Estate of Emil Bieber / Klaus Niermann / Contributor (sd). **161 Alamy Stock Photo:** volkerpreusser (bi). Xinhua (cd). **162 Getty Images:** De Agostini Picture Library / Contributor (sd). **163 Alamy Stock Photo:** Granger Historical Picture Archive (bd). **164 Alamy Stock Photo:** Art Collection 3 (bd). **165 Getty Images:** Imagno / Contributor (sd). **168 Alamy Stock Photo:** George Munday (bi). **168 Bridgeman Images:** Private Collection / Photo © Christie's Images (cdb). **169 Getty Images:** DEA PICTURE LIBRARY / Contributor (c). **170 Getty Images:** Edward Steichen / Contributor (sd). **171 Getty Images:** Universal History Archive / Contributor (ci). Evans / Stringer (cda). **171 Alamy Stock Photo:** ITAR-TASS News Agency (bd). **172 Alamy Stock Photo:** JTB MEDIA CREATION, Inc. (bi). **172 Getty Images:** Popperfoto / Contributor (bd). **173 TopFoto:** TopFoto.co.uk (c). **174 Alamy Stock Photo:** Masterpics (c). **175 Getty Images:** FRANCOIS GUILLOT / Staff (sd). **175 TopFoto:** The Granger Collection, New York (cib). **175 Getty Images:** Leemage / Contributor (bd). **176 Getty Images:** GAROFALO Jack / Contributor (si). **176 akg-images:** Catherine Bibollet (bi). **177 Getty Images:** Apic / RETIRED / Contributor (bi). **177 TopFoto:** Roger-Viollet (bd). **178 Getty Images:** New York Times Co. / Contributor (sd). **179 Alamy Stock Photo:** Michael Snell (bi). Paul Fearn (cdb). **180 Getty Images:** Edward Steichen / Contributor (c). **181 Alamy Stock Photo:** Keystone Pictures USA (cd). AF archive (bi). INTERFOTO (bd). **182 Getty Images:** Bettmann / Contributor (sd). **183 akg-images:** Pictures From History (cia). **183 Alamy Stock Photo:** SPUTNIK (cd). Henry Westheim Photography (cb). **184 Getty Images:** Photo 12 / Contributor (c). **185 Alamy Stock Photo:** Alain Le Garsmeur James Joyce Ireland (si). ART Collection (bd). **186 TopFoto:** Fine Art Images / Heritage Images (ci). **186 Getty Images:** Hulton Deutsch / Contributor (bd). **187 Getty Images:** Bettmann / Contributor (si). **187 Bridgeman Images:** Private Collection / Courtesy of Swann Auction Galleries (cd). **188 Alamy Stock Photo:** IanDagnall Computing (c). **189 Alamy Stock Photo:** Christopher Nicholson (bi). **189 Getty Images:** Culture Club / Contributor (cd). **190 Alamy Stock Photo:** INTERFOTO (si). Art Collection 3 (bi). **190 Getty Images:** Hulton Deutsch / Contributor (bd). **191 Alamy Stock Photo:** The National Trust Photolibrary (sd). **191 Getty Images:** Lenare / Stringer (cd). **192 akg-images:** Archiv K. Wagenbach (sd). **192 Getty Images:** Three Lions / Stringer (bd). **193 Getty Images:** Private Collection / Prismatic Pictures (c). **194 Alamy Stock Photo:** Lebrecht Music and Arts Photo Library (b). **195 Getty Images:** Mondadori Portfolio / Contributor (si). **195 Alamy Stock Photo:** INTERFOTO (bi). **195 akg-images:** Archiv K. Wagenbach (bd). **196 Getty Images:** Historical / Contributor (sd). **197 Getty Images:** Bettmann / Contributor (bi). **197 Alamy Stock Photo:** Paul Fearn (cdb). **198 Alamy Stock Photo:** Art Kowalsky (b). **199 Getty Images:** David Lees / Contributor (sc). **199 Alamy Stock Photo:** Granger Historical Picture Archive (cib). **199 Getty Images:** Print Collector / Contributor (cdb). **200 Alamy Stock Photo:** Granger Historical Picture Archive (cia). **200 Getty Images:** Central Press / Stringer (cdb). **200 Lebrecht:** Lebrecht Music & Arts 2 (bd). **201 Getty Images:** Hulton Deutsch / Contributor (c). **202 Getty Images:** John Springer Collection / Contributor (bi). **202 Cobalt id:** (cdb). **203 Alamy Stock Photo:** Pictorial Press Ltd (c). **204 Mary Evans Picture Library:** IDA KAR (sd). **205 Alamy Stock Photo:** Granger Historical Picture Archive (cd). **205 Getty Images:** Picture Post / Stringer (bd). **206 Bridgeman Images:** Pearl Freeman (sd). **207 Getty Images:** Bettmann / Contributor (ca). **207 Alamy Stock Photo:** Darryl Brooks (bi). **207 Cobalt id:** (bd). **208 Bridgeman Images:** © Tobie Mathew Collection (cia). **208 Alamy Stock Photo:** PRISMA ARCHIVO (cdb). **209 Alamy Stock Photo:** Paul Fearn (c). **210 Getty Images:** Oli Scarff / Staff (cia). **210 Alamy Stock Photo:** Everett Collection Inc (cdb). **211 Alamy Stock Photo:** Everett Collection Historical (c). **212 Getty Images:** Bettmann / Contributor (s). Culture Club / Contributor (cib). **213 Getty Images:** Hulton Archive / Stringer (cda). **213 Alamy Stock Photo:** Hemis (bc). **214 Alamy Stock Photo:** Pictorial Press Ltd (c). **215 Alamy Stock Photo:** Bhammond (bi). **215 Getty Images:** Chicago History Museum / Contributor (bd). **216 Getty Images:** Transcendental Graphics / Contributor (sd). Photo 12 / Contributor (b). **217 Getty Images:** Bettmann / Contributor (sc). **217 Royal Books, Inc:** (bd). **218 Getty Images:** John D. Kisch / Separate Cinema Archive / Contributor (si). Popperfoto / Contributor (cdb). **219 akg-images:** Olivier Martel (bi). **219 Getty Images:** John Springer Collection / Contributor (cda). **220 Getty Images:** ullstein bild Dtl. / Contributor (sd). **221 akg-images:** ullstein bild (sd). **221 Getty Images:** Imagno / Contributor (bi). Robbie Jack / Contributor (bd). **222 Alamy Stock Photo:** MARKA (c). **223 Getty Images:** DEA / P. JACCOD / Contributor (cda). **224 Alamy Stock Photo:** Greg Wright (s). **225 akg-images:** Album / Kurwenal / Prisma (ca). **225 Getty Images:** Rafa Samano / Contributor (bi). Ulf Andersen / Contributor (cdb). **226 Getty Images:** Raymond Boyd / Contributor (cia). Herbert Orth / Contributor (cdb). **227 Getty Images:** Lloyd Arnold / Contributor (c). **228 Alamy Stock Photo:** Cosmo Condina (si). Brian Jannsen (sd). Granger Historical Picture Archive (cib). **229 Getty Images:** Europa Press / Contributor (b). **230 Lebrecht:** Lebrecht Music & Arts 2. From *The Old Man and the Sea* by Ernest Hemingway, published by Jonathan Cape, Londres. Reproducido con permiso de The Random House Group Ltd. ©Septiembre de 2018 (sd). **230 Getty Images:** Hulton Archive / Stringer (bi). **231 Alamy Stock Photo:** john norman (si). **231 Getty Images:** Keystone / Stringer (cd). **232 Getty Images:** Mondadori Portfolio / Contributor (cd). John S Lander / Contributor (bc). **233 Getty Images:** The Asahi Shimbun / Contributor (c). **234 Alamy Stock Photo:** The Granger Collection (bi). **235 Alamy Stock Photo:** Archivart (ca). **236 Alamy Stock Photo:** Paul Fearn (ca). **237 Getty Images:** Haywood Magee / Stringer (bd). **240 Getty Images:** Carl Mydans / Contributor (c). **241 akg-images:** (sd). **241 Getty Images:** Carl Mydans / Contributor (bd). **242 Alamy Stock Photo:** Granger Historical Picture Archive (sd). **242 Getty Images:** Arthur Rothstein / Contributor (bd). **243 Getty Images:** Hulton Archive / Stringer (c). **244 Alamy Stock Photo:** Granger Historical Picture Archive (c). **245 Alamy Stock Photo:** Julio Etchart (c). **245 Getty Images:** Hulton Deutsch / Contributor (bd). **246 Getty Images:** Kurt Hutton / Stringer (s). Hulton Archive / Stringer (cib). **247 Alamy Stock Photo:** Scott Sim (bi). Granger Historical Picture Archive (cdb). **248 Getty Images:** MIGUEL ROJO / Stringer (bi). **249 Getty Images:** Keystone-France / Contributor (c). **250 Alamy Stock Photo:** Sueddeutsche Zeitung Photo (cib). World History Archive (sd). **251 Getty Images:** Justin Setterfield / Contributor (s). Heritage Images / Contributor (bd). **252 Alamy Stock Photo:** Everett Collection Historical (c). **253 Alamy Stock Photo:** Philip Dunn (bi). Everett Collection Inc (cdb). **254 Getty Images:** RDA/RETIRED / Contributor (cia). **254 Bridgeman Images:** PVDE (cdb). **255 Getty Images:** Lipnitzki / Contributor (c). **256 Getty Images:** Horst P. Horst / Contributor (bi). **257 Getty Images:** STF / Staff (sd). **257 TopFoto:** (bd). **258 Getty Images:** Hulton Archive / Stringer (cia). Hiroyuki Ito / Contributor (cd). **259 Getty Images:** ullstein bild / Contributor (c). **260 Getty Images:** Lipnitzki / Contributor (si). **261 Dorling Kindersley:** Gary Ombler / Wardrobe Museum, Salisbury (si). **261 Lebrecht:** John Haynes (cib). **261 Alamy Stock Photo:** ClassicStock (cdb). **262 Magnum Photos:** Chris Steele-Perkins (sd). **263 Getty Images:** Frederic Lewis / Staff (bi). Paul Thompson / FPG / Stringer (cd). **264 Alamy Stock Photo:** John Frost Newspapers (sd). Old Paper Studios (bi). **264 Getty Images:** Keystone-France / Contributor (bd). **265 Getty Images:** Kurt Hutton / Stringer (c). **266 Getty Images:** Lipnitzki / Contributor (sd). **267 Alamy Stock Photo:** Neftali (si). **267 Getty Images:** Andia / Contributor (bi). Hulton Deutsch / Contributor (bd). **268 Getty Images:** Hulton Archive / Stringer (sd). **269 Getty Images:** Evening Standard / Stringer (ci). **269 Alamy Stock Photo:** Antiques & Collectables (sd). Aled Llywelyn (bd). **270 Getty Images:** Lipnitzki / Contributor (c). **271 Alamy Stock Photo:** Everett Collection, Inc. (cia). ERIC LAFFORGUE (bd). **272 Getty Images:** Bettmann / Contributor (bi). **272 Cobalt id:** (cdb). **273 Getty Images:** Ulf Andersen / Contributor (c). **274 Getty Images:** James Andanson / Contributor (c). **275 Getty Images:** Mondadori Portfolio / Contributor (bi). Apic / RETIRED / Contributor (bd). **276 Alamy Stock Photo:** Zoonar GmbH (cib). **276 Bridgeman Images:** Peter Newark Military Pictures (cd). **277 Getty Images:** Gianni GIANSANTI / Contributor (c). **278 Alamy Stock Photo:** Shawshots (s). **278 Getty Images:** Fototeca Storica Nazionale. / Contributor (bi). **279 akg-images:** ullstein bild (bi). **279 Lebrecht:** Lebrecht Music & Arts 2. *If This Is a Man* by Primo Levi, Little, Brown Book Group (bd). **280 Bridgeman Images:** Prismatic Pictures (sd). **281 Alamy Stock Photo:** AF Fotografie (ca). **281 Getty Images:** Ted Streshinsky Photographic Archive / Contributor (cd). **281 Bridgeman Images:** © Christie's Images (bd). **282 Getty Images:** Gianni GIANSANTI / Contributor (sd). **283 Alamy Stock Photo:** MARKA (bi). **283 akg-images:** Fototeca Gilardi (sd). **283 Getty Images:** Ulf Andersen / Contributor (bd). **284 akg-images:** Marion Kalter (sd). **285 Getty Images:** Sean Gallup / Staff (sd). Bloomberg / Contributor (bi). **285 Alamy Stock Photo:** dpa picture alliance archive (bd). **286 Getty Images:** Bettmann / Contributor (c). **287 Getty Images:** EITAN ABRAMOVICH / Staff (ca). **287 Alamy Stock Photo:** Xinhua (bi). StellaArt (bd). **288 Alamy Stock Photo:** Everett Collection Inc (ci). Organica (sd). **289 akg-images:** Album / Oronoz (sc). **289 Alamy Stock Photo:** dpa picture alliance (bi). **290 Alamy Stock Photo:** Everett Collection Historical (sd). **291 Getty Images:** Gene Lester / Contributor (si). The Frent Collection / Contributor (sd). **291 Bridgeman Images:** Newberry Library, Chicago, Illinois, Estados Unidos (bd). **292 Getty Images:** Sovfoto / Contributor (bi). **292 Alamy Stock Photo:** INTERFOTO (cdb). **293 TopFoto:** Roger-Viollet (c). **294 Alamy Stock Photo:** PRAWNS (bi). Jonny White (cd). **295 Lebrecht:** Hollandse Hoogte (c). **296 Getty Images:** Romano Cagnoni / Contributor (s). **296 Lebrecht:** Lebrecht Music & Arts 2 (bi). **297 Getty Images:** ISSOUF SANOGO / Stringer (sd). STEFAN

HEUNIS / Stringer (bd). **298 Getty Images:** ADALBERTO ROQUE / Stringer (cd). Erich Auerbach / Stringer (bd). **299 Getty Images:** Ulf Andersen / Contributor (ca). **300 Alamy Stock Photo:** dpa picture alliance (sd). **301 Alamy Stock Photo:** Granger Historical Picture Archive (bd). **304 Getty Images:** Ulf Andersen / Contributor (c). **305 Alamy Stock Photo:** Martin A. Doe (sd). Martin A. Doe (bi). **306 Getty Images:** Brooks Kraft / Contributor (c). **307 Alamy Stock Photo:** Brian Jannsen (bd). **308 REX/Shutterstock:** SNAP (c). **309 Alamy Stock Photo:** Science History Images (ca). dpa picture alliance archive (sd). **309 Getty Images:** Eliot Elisofon / Contributor (bd). **310 Alamy Stock Photo:** Christopher Stewart (bi). **310 Getty Images:** Rene Johnston / Contributor (cdb). **311 Marion Ettlinger:** (c). **312 Getty Images:** FILIPPO MONTEFORTE / Staff (cda). David Levenson / Contributor (c). **314 Getty Images:** Boston Globe / Contributor (sd). **315 Getty Images:** Apic/RETIRED / Contributor (si). Boston Globe / Contributor (bi). **315 Alamy Stock Photo:** The Protected Art Archive (bd). **316 Marion Ettlinger:** (c). **317 Getty Images:** Education Images / Contributor (ca). Christian Science Monitor / Contributor (bd). **318 Alamy Stock Photo:** scenicireland.com / Christopher Hill Photographic (ci). Helen Thorpe Wright (cdb). **319 Getty Images:** Richard Smith / Contributor (c). **320 Bridgeman Images:** British Library, London, UK / © British Library Board. Reservados todos los derechos (ci). **320 Alamy Stock Photo:** Alain Le Garsmeur "The Troubles" Archive (sd). **321 Getty Images:** Tara Walton / Contributor (sd). **321 Alamy Stock Photo:** Paul McErlane (bd). **322 Getty Images:** Bernard Bisson / Contributor (cia). **322 Lebrecht:** Lebrecht Music & Arts 2. From *Disgrace* by J. M. Coetzee, published by Vintage, London, 2000. Reproducido con permiso de The Random House Group Ltd. ©Septiembre de 2018 (cd). **323 Getty Images:** Micheline Pelletier Decaux / Contributor (c). **324 Alamy Stock Photo:** AfriPics.com (s). **325 Lebrecht:** Lebrecht Music & Arts 2. From *Life & Times of Michael K* by J. M. Coetzee, published by Sacker & Warburg. Reproducido con permiso de The Random House Group Ltd. ©Septiembre 2018 (bi). **325 Getty Images:** Per-Anders Pettersson / Contributor (cdb). **326 Lebrecht:** Lebrecht Music & Arts 2. From *Of Love and Shadows* by Isabel Allende, published by Jonathan Cape, Londres 1987. Reproducido con permiso de The Random House Group Ltd. ©September 2018 (sd). **326 Getty Images:** ILA AGENCIA / Contributor (bd). **327 Getty Images:** The Sydney Morning Herald / Contributor (c). **328 Getty Images:** Ulf Andersen / Contributor (c). **329 Alamy Stock Photo:** GL Archive (c). **329 Getty Images:** Rick Madonik / Contributor (bd). **330 Getty Images:** Raphael GAILLARDE / Contributor (sd). **331 Getty Images:** ED JONES / Staff (s). Dominique BERRETTY / Contributor (bi). **331 Alamy Stock Photo:** Science History Images (bd). **332 Getty Images:** Gina Ferazzi / Contributor (c). **333 Getty Images:** ullstein bild Dtl. / Contributor (cia). Popperfoto / Contributor (cdb). **334 Alamy Stock Photo:** Jim Laws (si). **334 Cobalt id:** (bc). **335 Cobalt id:** (sd). **335 Alamy Stock Photo:** Photo 12 (b). **336 Alamy Stock Photo:** Sam Kolich (sd). **336 Cobalt id:** (bd). **337 Alamy Stock Photo:** GARY DOAK (c). **338 Alamy Stock Photo:** INTERFOTO (sd). **339 Getty Images:** Imagno / Contributor (bi). **339 Lebrecht:** Lebrecht Music & Arts 2 (sd). **340 Lebrecht:** Ulf Andersen/Aurimages (c). **341 Getty Images:** Steve Russell / Contributor (cia). **341 Alamy Stock Photo:** MARKA (bd). **342 Getty Images:** Ulf Andersen / Contributor (c). **343 Cobalt id:** (sd). **343 Alamy Stock Photo:** zhang jiahan (bd). **344 Getty Images:** Hindustan Times / Contributor (c). **345 Alamy Stock Photo:** Ruby (c). **345 Cobalt id:** (cdb). **346 Getty Images:** Fairfax Media / Contributor (sd). **347 Getty Images:** DEUTSCH Jean-Claude / Contributor (bc). **348 Getty Images:** Harcourt Brace / Stringer (s). **349 Getty Images:** David Levenson / Contributor (bd).

Imágenes de las guardas: *Delantera*: **Alamy Stock Photo:** Andrejs Pidjass; *Trasera*: **Alamy Stock Photo:** Andrejs Pidjass

Resto de las imágenes: © Dorling Kindersley. Para más información ver: **www.dkimages.com**

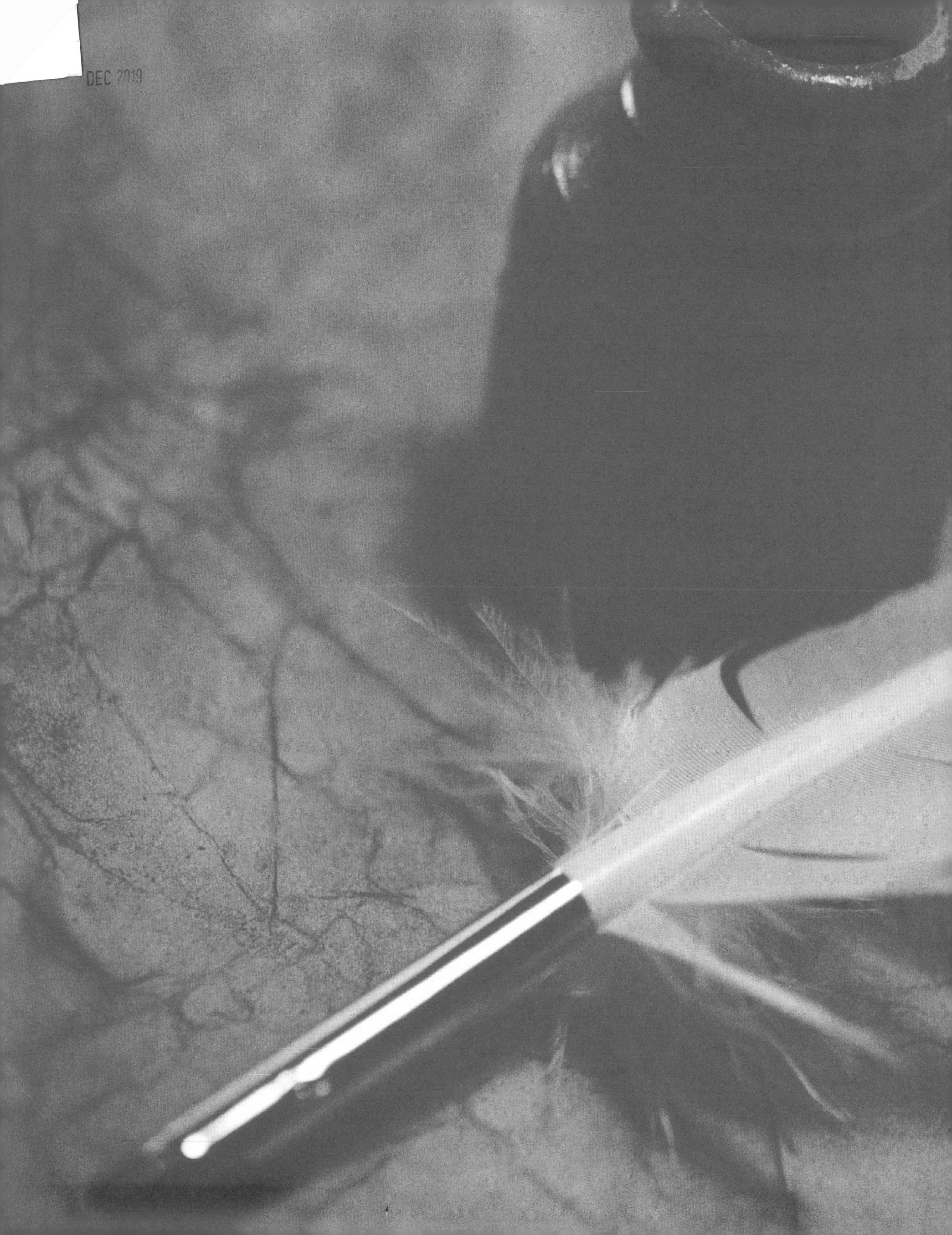